社科文献 SSAP 学术文库

| 文史哲研究系列 |

科举停废与近代中国社会

ABOLITION OF IMPERIAL EXAMINATIONS AND MODERN CHINESE SOCIETY

（修订版）

关晓红　著

社会科学文献出版社
SOCIAL SCIENCES ACADEMIC PRESS (CHINA)

出版说明

社会科学文献出版社成立于1985年。三十年来，特别是1998年二次创业以来，秉持“创社科经典，出传世文献”的出版理念和“权威、前沿、原创”的产品定位，社科文献人以专业的精神、用心的态度，在学术出版领域辛勤耕耘，将一个员工不过二十、年最高出书百余种的小社，发展为员工超过三百人、年出书近两千种、广受业界和学界关注，并有一定国际知名度的专业学术出版机构。

“旧书不厌百回读，熟读深思子自知。”经典是人类文化思想精粹的积淀，是文化思想传承的重要载体。作为出版者，也许最大的安慰和骄傲，就是经典能出自自己之手。早在2010年社会科学文献出版社成立二十五周年之际，我们就开始筹划出版社科文献学术文库，全面梳理已出版的学术著作，希望从中选出精品力作，纳入文库，以此回望我们走过的路，作为对自己成长历程的一种纪念。然工作启动后我们方知这实在不是一件容易的事。对于文库入选图书的具体范围、入选标准以及文库的最终目标等，大家多有分歧，多次讨论也难以一致。慎重起见，我们放缓工作节奏，多方征求学界意见，走访业内同仁，围绕上述文库入选标准等反复研讨，终于达成以下共识：

一、社科文献学术文库是学术精品的传播平台。入选文库的图书必须是出版五年以上、对学科发展有重要影响、得到学界广泛认可的精品力作。

二、社科文献学术文库是一个开放的平台。主要呈现社科文献出版社创立以来长期的学术出版积淀，是对我们以往学术出版发展历程与重要学术成果的集中展示。同时，文库也收录外社出版的学术精品。

三、社科文献学术文库遵从学界认识与判断。在遵循一般学术图书基本要求的前提下，文库将严格以学术价值为取舍，以学界专家意见为准绳，入选文库的书目最终都须通过各该学术领域权威学者的审核。

四、社科文献学术文库遵循严格的学术规范。学术规范是学术研究、学术交流和学术传播的基础，只有遵守共同的学术规范才能真正实现学术的交流与传播，学者也才能在此基础上切磋琢磨、砥砺学问，共同推动学术的进步。因而文库要在学术规范上从严要求。

根据以上共识，我们制定了文库操作方案，对入选范围、标准、程序、学术规范等一一做了规定。社科文献学术文库收录当代中国学者的哲学社会科学优秀原创理论著作，分为文史哲、社会政法、经济、国际问题、马克思主义等五个系列。文库以基础理论研究为主，包括专著和主题明确的文集，应用对策研究暂不列入。

多年来，海内外学界为社科文献出版社的成长提供了丰富营养，给予了鼎力支持。社科文献也在努力为学者、学界、学术贡献着力量。在此，学术出版者、学人、学界，已经成为一个学术共同体。我们恳切希望学界同仁和我们一道做好文库出版工作，让经典名篇，“传之其人，通邑大都”，启迪后学，薪火不灭。

社会科学文献出版社

2015 年 8 月

作者简介

关晓红 汉族，广东开平人，1957年出生于广州。中山大学历史系教授、博士生导师，历史学博士，广东文史馆馆员。从事晚清民国时期的社会政治与文化研究。曾获教育部、国务院学位办公室颁发的2002年全国优秀博士学位论文奖，获教育部颁发的第七届高等学校科学研究（人文社会科学）优秀成果二等奖、第六届广东省哲学社会科学优秀成果一等奖。在《中国社会科学》《历史研究》《近代史研究》等刊物发表多篇学术论文，主要代表作有《张之洞与晚清学部》《从幕府到职官——清季外官制的转型与困惑》《陶模与清末新政》《清末州县考绩制度的演变》《晚清局所与清末政体变革》《辛亥革命时期的省制纠结》等。专著《晚清学部研究》（广东教育出版社，2000）2001年获新闻出版总署颁发的第二届全国教育图书奖二等奖。近年曾主持国家清史纂修工程主体项目“清史·学政表”、教育部重大攻关项目“近代中国的知识与制度转型”子课题等多个国家科研项目，应邀到日本京都大学人文研究所等机构做访问学者。目前研究领域为近代政治制度、近代教育与文化、晚清史等。

内容提要

延绵近 1300 年的科举，是除皇帝世袭制外，对中国影响最长久与深远的制度。1905 年清廷下诏停止科举，于近代社会转型至为关键，亦为中西学地位转换之枢纽。科举终结百年仍众说纷纭，与其过程不少重要史实迄今未明不无关联。

晚清科举改革 60 多年，经历前后不同的两个阶段，前者试图纳学堂于科举，因开办经济特科、废八股、改策论成效不彰，新政伊始后转向纳科举于学堂。科举改革与清末政情关系密切，京师修复贡院的讨论是形势逆转之节点，枢机人事变动与六督抚联衔入奏配合，催生了清廷立停科举的诏令，也留下了翻案隐患。立停科举的初衷，旨在将科举、学堂合并为一，清末各类考试频繁的现象并非“科举余毒”，而是力求抡才与培才统一的失败尝试。停科举善后措施的实际观照面，较原计划覆盖更宽广，导致舆论非议及仕途拥挤，对有功名士子安排优渥，却忽视心理疏导及道德重建。直至清末民初，有旧学功名的士子不仅未被边缘化，反而凭借更多的权力资源和多样化的渠道，广泛进入各级权力圈，占据社会权势的重要位置。科举停废不仅导致了清末官制和铨选制改革，也在催兴百业、开民智及近代文化事业兴起等方面起到重要作用。科举改革本身因应社会变动而发生，其改革及停废又进一步加速了社会的变化。只是晚清以来“中学无用”“西学有用”的观念随着科举终结而尘埃落定，既往为科举考试主导内容的经史，在分科治学的西方学制引进后地位明显下降，已无力承担其在文化传承及道德教化方面的重任。因科举改革过程急功近利而遗留的若干重要问题，对百年来中国社会的道德失范与价值多元化不无负面影响。

Abstract

In existence for 1,300 years, the imperial examinations system in China was, in terms of both duration and influence, matched to the hereditary system of imperial powers. The order issued by the Qing government in 1905 to terminate the examinations not only marked a turning point in modern China's social transformation process, it was also a watershed in the on-going dynamic interactions between classical Chinese and traditional western knowledge systems and learning practices. That lively debates about how the examination system came to an end continue more than a hundred years after it happened has much to do with the fact that a good deal about what exactly transpired in the process remains unknown to us.

Over a period of about six decades toward the end of the Qing dynasty, the Qing government tried to reform the imperial examinations. In the first of the two phases of reform, the school system and the official curriculum were overhauled to form a better fit with the examinations. However, poor results of these efforts led the government to change course in the second phase in which it tried instead to overhaul the examinations so they would be better integrated with the existing school system and official curriculum. The entire reform process was deeply influenced by and to some degree intertwined with the political goings-on at the time. A number of high-profile issues and events helped shape the reform trajectory and determine its eventual outcome. For example, debates about renovations of the Imperial Examination Hall were critical in shifting the general orientation of the reform, and while personnel reshuffling at the court and the joint petition by six governors were catalysts for the government's decision to halt the examinations immediately, they also sowed the seeds for future reversal of that decision. The original motivation behind the immediate suspension of the exams was to integrate the school system and the examinations. The great excess in imperial examinations in the closing years of the Qing dynasty was not symptomatic of the alleged malaise that was the examination system itself but rather the result of a failed attempt at coordinating the selection and the cultivation of talents.

Measures put in place in the wake of the abolition of the examinations had a broader scope than had originally been envisaged, giving rise to controversies and misgivings. The move made the competition for government jobs fiercer than ever and while many of those who had established themselves in the circle were treated rather generously, in general the psychological wellbeing of those affected, the maintenance of morale and even the reconstruction of morals were largely overlooked. In the final years of the Qing dynasty and the early years of the Republican era, those who had obtained qualifications and credentials under the defunct examination system not pushed to the peripheries of the power circle. On the contrary, many of them were able to find their way into the upper echelons of the bureaucratic hierarchy and occupy important government positions by availing themselves of richer resources and more diverse channels of influence. The abolition of the examination system did more than paving the way for reform of the recruitment system for government jobs, it also facilitated the growth of other sectors of the economy, notably the cultural sector. In this dynamic process of two-way influence, changes in social conditions that had brought about the abolition of the examination system were in turn expedited when the curtain finally came down on it. Just as importantly, abolition cemented in the minds of many the notion that Chinese learning is useless while western learning useful. As the latter, noted for its fine disciplinary divisions, made further inroads into the practices of teaching and learning in Chinese society, the former's grip on the lettered class continued to loosen and its role in disseminating knowledge and passing down values from one generation to the next quickly diminished. The hastiness and even recklessness with which abolition was pushed through, however, did give rise to a number of problems to which the moral disarray and loss in value plurality in the past over one hundred years can largely be attributed.

目　录

Contents

绪　论

科举制度自隋唐设立，[①] 至1905年9月清廷颁布谕令停止，已有近1300年历史，宣布科举终结，迄今亦有百年之遥。[②]

停罢科举之际，时人于此事对中国社会的影响已多有预测，由西学背景而获得进士出身的严复曾断言："此事乃吾国数千年中莫大之举动，言其重要，直无异古者之废封建、开阡陌。"但他同时强调："造因如此，结果如何，非吾党浅学微识者所敢妄道。"[③] 一生致力于中西文化交流和传播的林乐知也认为，此事"于将来中国前途当有可惊可骇之奇效"。[④] 影响巨大毋庸置疑，究竟是积极抑或消极、正面还是负面作用，则见仁见智。

确实，除万世一系的皇位继承制外，中国历史上从未有过像

① 关于科举制始于何时，史学界并无定论，但近年来，以隋炀帝大业二年（606）为进士科创设、唐朝武德年间国家以科举贡士之始的观点，则为较多学者所采用。张希清：《中国科举考试制度》，吴宗国审定，新华出版社，1993，第12~13页。

② 广义的科举包括了文科举与武科举。鉴于时人及后世一般习称之"科举"，均为文科举，武科举则直接于科举前加"武"字以区别（或简称"武科"），故本书的研究对象亦循此习惯，一概专指文科举。

③ 《论教育与国家之关系》，王栻主编《严复集》第1册，中华书局，1986，第166页。

④ 林乐知：《中国教育之前途》，《万国公报》第39册，台北：华文书局，1968年影印本，第24014页。

科举制这样可以跨越时空障碍，延绵于隋唐宋元明清等几个最重要朝代的制度。科举自隋唐发轫，集多种功能于一身，成为传承文化、教育和选拔人才的主要载体。更为重要的是，远在欧洲文艺复兴之前的数百年，中国人已经将某种意义上机会均等的思想付诸实践，并形成一个历时悠久的制度贯彻于社会生活，使出身寒微的男性可通过不懈努力改变命运，进入官僚队伍，通过展示自身的才华和努力而获得经济与社会地位，光宗耀祖。士人借此而与乡村社会紧密结合，成为整个社会秩序的有效黏合剂。就此而论，虽然后人对科举制诸多批评，并且引进或试行过各种替代性制度，但都不能发挥科举制之于社会的特殊整合作用。甚至民国时乡村教育人士对国民教育的严厉抨击，有不少观念其实还是以科举时代为参照。因此，尽管经历了百年沧桑，早已停废的科举却并未“盖棺论定”。

耐人寻味的是，科举停废后最初的几年，曾参与或主持其事的梁启超、张之洞等人，先后在不同场合流露出对于废科举十分矛盾的心情，而清末民初社会对科举废除功过成效的评价，亦毁誉参半。

上述情况说明，客观地评价科举终结及其对中国社会的实际影响，绝非易事。百年的沉淀，或许仍不足以承载科举制及其历史的厚重，不过时光流逝，毕竟可以跳出时人单向的利害判断，拓宽视野，认真检讨各层面复杂的史事。至于能否走出当局者迷的误区，仍取决于研究者是否能广泛搜求与发掘相关史实，辨析与澄清真伪，进而重新审视那些既往耳熟能详的结论。细致爬梳整理残破的历史碎片，不难发现：从晚清议改科举至立停科举，其肇因与结果的寓意真相，不仅曲隐尚多，且当道与清廷内部对利弊得失的权衡，乃至实际的善后安排，也与学界迄今的认识有不少出入。

一　先行研究

一个世纪以来，关于清代科举制度改革与废除的研究，学术界宏论迭出，硕果累累。但国内外研究者对停罢科举的历史作用及影响依然众说纷纭，褒贬不一。[①] 对一种制度的评价与分歧如此之大，虽为古今中外所罕见，却是由科举制在中国历史与文化中的诸多功能与重要地位所决定。另一个不可忽视的原因，即清末为了效法泰西、追求富强，引进西方国家新式教育和文官制度取代科举，极具讽刺意味的是，据说科举制对于西方文官制度曾有直接的影响。

因科举历史漫长，研究历朝历代科举制的学人众多。但在很长一段时间，清代科举研究往往只是通论的部分内容。1934 年邓嗣禹所撰《中国考试制度》，开拓性地将科举的整个历史作为专题，清代科举为其中组成部分；其后又编辑了考试制度资料，为后来的研究者提供便利。1946 年日本宫崎市定的《科举》一书，扼要地全面介绍了科举制度的基本结构及运作程序，涉及科举改革与停止的叙述虽较简略，却有筚路蓝缕之功。此后，关于科举停废的研究多见于一些教育史的论著，或相关研究将其作为叙事背景而略有提及。因此，在 20 世纪 50 年代之前，科举停废的专题性讨论尚未展开。

值得注意的是，其他相关研究的进展对于科举停废问题的探讨有着更具实质性的推动。1955 年张仲礼关于中国绅士研究的名篇，对于认识绅士阶层的不同构成，太平天国前后绅士的变动，以及科举与社会的关系有着重要意义。作者大量使用了各省方志，细致观察分析了 5473 个案例后得出以下重要结论：19 世纪中叶以后，绅士阶层的成

① 其中不少论文只是若干理论概念的演绎及表述，而非真正意义上承前启后的学术研究，此类文章恕不列举。

分有较大变化，新进者多是通过捐纳途径进入，且自嘉庆朝以后比例大大增加，已严重影响了绅士阶层的总体素质。这一趋势意味着在科举停罢前很长的一个时期，由于捐纳制度的冲击，科举作为正途的作用已大幅度减小。对绅士阶层在科举停废前如此重要的变化，此前学术界甚少关注。对于张仲礼根据大量案例分析而得出“传统的由考试竞争的机会均等原则更不复存在”的重要结论，[①] 后来的研究者也缺乏应有的重视。结果必然导致研究前提的偏差，即将实际已变之科举，当作未变之科举来研究，其结论自然难以近真。

1958 年，85 岁高龄的末代（甲辰科）探花商衍鎏以亲历者的身份发表了《清代科举考试述录》一书，对清代科举考试的源流、类别、规制、程序、实施情况叙述甚详，文武科举均有涉及，作者搜集考订了零落散失的资料，提供了各种考试时间及相关文献，其对八股文程式的考辨和科场案及其逸闻等的记载，也为后人的研究提供了翔实信息，其中包括 50 多幅珍贵的图片和照片，成为清代科举研究百科全书式的参考资料。

20 世纪 60 ~ 70 年代，海外学者对清代科举及其改革有了相对集中的关注，最显著的成果为 1960 年哈佛大学出版的傅吾康《中国科举制度革废考》。[②] 尽管今天看来该书的内容稍显简略，可是其将科举改革和停废作为专门问题加以研究，具有重要的开拓意义；该书还将戊戌时期改科举与新政时期的废科举前后联系考察，划分为既相互联系又有所区别的不同阶段，给予后继研究者以有益启示。此后，1971 年出版的威廉·艾尔斯的《张之洞与中国的教育改革》，以及同年玛丽安·巴斯蒂的《二十世纪初中国教育改革概况》，都涉及科举改革

① 张仲礼：《中国绅士——关于其在 19 世纪中国社会中作用的研究》，李荣昌译，上海社会科学院出版社，1991，第 206、234 ~ 236 页。

② Wolfgang Franke, *The Reform and Abolition of the Traditional Chinese Examination System* (Cambridge, Mass.: Harvard University Press, 1960).

及停废的人物和史实，指出这一事件对中国近代教育的深刻影响。

20 世纪 70 年代，港台学界对于清代科举史事的兴趣浓厚，先是台南成功大学年已 81 岁高龄的刘兆璸于 1975 年出版了《清代科举》一书，其中第十六章“停科举后之各种考试”作者以亲历者的身份介绍了停科举后的考试优拔贡、举贡会考、留学生考试的概况；[①] 继之黄光亮的博士论文《清代科举制度之研究》于 1976 年问世，以清代科举为专门研究对象，重点在清代科举的程序，其在叙述清代科举渊源沿革方面，用力颇深。第十章第三节“科举废止后之措施”注意到中国古代旧制学校与新式学堂在教学内容方面的差异，认为这是通才教育与“专门实用之学”的差别。尽管作者尚未就此进一步展开论述，然对后来的研究者仍不无启发作用。该书还依据政务处《奏定举贡生员出路章程》文本的内容，述及科举停止后清廷对于举贡生员安置的相关规定。[②] 1979 年，珠海书院黄景声的硕士论文《清代考试制度》第六章“考试制度之废除及停科后之考试”，依据相关章程文本对科举停止后的旧学与新学考试进行了基本史实的梳理与概述。[③]

20 世纪 80 年代出版的王德昭遗作《清代科举制度研究》是较为全面论述清代科举发展变化线索的一部力作。作者运用包括清人文集和笔记小说在内的各种文献资料相互参证，对明清科举制的递嬗，科举与学校、书院的关系，清代科举制度的阶段性变化过程及其原因，都有颇为独到的见解。特别是他将改革科举的议论上溯至康熙与乾隆时期，并对道咸同光四朝议改科举的奏章建议及相关史实进行认真梳理，在厘清线索的同时，力求揭示清季朝野有关科举存废之争背后深刻的政治与社会根源，显示了作者在史实考证方面的深厚功力，也表

---

① 刘兆璸：《清代科举》，台北：三民书局有限公司，1975。

② 黄光亮：《清代科举制度之研究》，台北：嘉新水泥公司文化基金会，1976，第 344、345 ~ 347 页。

③ 黄景声：《清代考试制度》，香港珠海书院硕士学位论文，1979。

明其对于科举与社会关系的互动有着敏锐的触觉和关怀。尽管科举停废的部分着墨不多，主要是基本史实的铺陈，但全书研究方法的严谨，爬梳史料的细致，尤其是对各种不同类型史料的比勘，于后学者具有重要的示范意义。①

20 世纪 90 年代中后期，中国大陆的研究者对科举停废问题的关注，多从宏观角度立论，试图把握或揭示科举停废与近代中国社会变迁的关系。最为值得注意之处，是将多学科理论与研究方法引入专题研究，试图借此拓展研究空间并深入分析相关事件之间的关联。1995 年，罗志田在台湾《清华学报》发表《科举制的废除与四民社会的解体》一文，以刘大鹏日记为主要论据，用社会科学的眼光观察分析科举废除的影响，认为废科举的直接后果是四民社会的解体，科举废除之后，以刘大鹏为代表的旧式士子“生存条件和社会地位都每况愈下”，“四民之首的士（而且是那些主观上希望维持其原有的身份认同者）自己走下了等级社会的首席，四民社会也就随之解体，不复存在了”。② 此后，罗教授进一步深化自己的论点，认为“士的来源既因社会变迁而中绝，其在社会上的领导作用也就空出”，近代军人、工商业者和职业革命家等原处于边缘的新兴社群逐渐进据政统，形成了近代中国“正统衰落，异军突起”的显著特征。科举废除后的近代教育，其“开放性是不及以往的，在传统的读书做官心态尚大（意味着大量的人要走读书之路），而高等教育机构的容量又甚小的情形之下，势必产生大量的边缘知识分子”。③ 上述两文相继发表后，很快成为学术界关于废科举对近代中国社会变动影响颇具

---

① 王德昭：《清代科举制度研究》，中华书局，1984。

② 罗志田：《科举制的废除与四民社会的解体——一个内地乡绅眼中的近代社会变迁》，（新竹）《清华学报》新 25 卷 4 期，1995 年 12 月。

③ 罗志田：《近代中国社会权势的转移：知识分子的边缘化与边缘化知识分子的兴起》，《开放时代》1999 年第 4 期；罗志田：《清季科举制改革的社会影响》，《中国社会科学》1998 年第 4 期。

指向性的论点。其研究提示，由于科举本身是具有文化、教育、政治、社会控制等多项功能的基本体制，其废除对中国社会的影响必然是深刻而全面的。这一思路对于认识和理解科举停废与近代中国社会变化的关系，具有重要启发意义。至于废科举导致知识分子边缘化以及如何边缘化的论述，似与既往一些先行研究及近年研究者关注到的史实有所出入。

1996年萧功秦撰文，强调科举制同时具有特殊的社会整合与凝聚功能，并使社会文化价值高度统一，废科举则导致了近代以来文化的断裂。[①] 1998年，何怀宏从哲学和社会学的角度，对中国古代社会的平等思想与选举制度发展的历史重新审视，提出了"选举社会"的概念。他认为废除科举是一个渐进的、相互联系和衔接的过程，其结果是"原先的渐废派在内外形势的冲击下自己主动转成了立废派，从而亲手结束了这一延续了一千三百年，他们自己大多也是从中出来的科举制度"，[②] 并强调日俄战争对于废除科举的影响。

与许多研究者不同的是，何怀宏并不急于提供某种范式和结论，而是认识到科举及其废除，"还有许多问题需要继续研究，许多疑云需要继续澄清"。作者注意到社会对科举废除一事反应相当平静，并就原因做出了自己的判断。鉴于废除科举后绅权反而上升，在观察与评论科举对近代中国社会的影响时，作者认为与"边缘化"相比，社会的平等化也许具有更为广阔的视角和更为确切的意义。

同样在1998年，周振鹤也发表了自己的研究结论：由于奖励学堂出身的制度衔接，"废科举有了最广泛的社会基础，消除了士绅阶层的疑虑，成为官绅之间新的一种默契"，"清末的废科举与兴学堂的

---

① 萧功秦：《从科举制度的废除看近代以来的文化断裂》，《战略与管理》1996年第4期。

② 何怀宏：《选举社会及其终结——秦汉至晚清历史的一种社会学阐释》，生活·读书·新知三联书店，1998，第412、415、420~423页。

实现，实际上反映了当时社会文化背景的变迁”。[①] 换言之，科举革废是社会变化的结果，士绅阶层并非被动地参与这一过程。

进入新千年，关于清代科举的研究渐入高潮。显著的特点是国内外多学科学者从不同视角对清代科举重新审视，并重点考察革废的过程、影响和作用。

国外研究中最有影响的新作，是美国学者艾尔曼的《晚期中华帝国的科举文化史》。作者曾在经学及中国思想文化史方面下过功夫，可以驾驭一般外国学人难以掌握的研究对象，他对宋以后的科举制度进行全方位考察，不仅关注那些参加科考后落第的人，且在科举制度的公平性、开放性，以及对社会意识形态的作用等方面，提出了与既有成说不同的看法。[②]

国内研究方面，王先明从社会史的角度考察晚清绅士阶层的流动和变迁，认为由于诸多因素的影响，尽管功名与出身仍然是个人或社会集团获得社会地位的起点，但在科举停废前，实际就已打破了传统以功名实现社会流动的单一取向。[③] 这一结论可与前述张仲礼的研究相互印证。汪小洋、孔庆茂则爬梳了科举文体的历时变化；[④] 章清对议改科举时期改试“策问”的情况做了考察，认为凸显策问的作用，“实际与对新知的接引联系在一起”，可通过具体问题，测试士子掌握新知的程度。[⑤] 台湾学者刘龙心则通过对这一时期各类策问汇编出版物的研究，以及对闱墨中策问考题与答卷的分析，揭示了策论的困境，即“阻挠了中学在致用的意义上与西学接引的可

---

① 周振鹤：《官绅新一轮默契的成立——论清末的废科举兴学堂的社会文化背景》，《复旦学报》（社会科学版）1998 年第 4 期。

② Benjamin Elman, *A Cultural History of Civil Examinations in Late Imperial China* (Berkeley, C. A., 2000).

③ 王先明：《中国近代社会文化史论》，人民出版社，2000，第 71 ~ 81 页。

④ 汪小洋、孔庆茂：《科举文体研究》，天津古籍出版社，2005。

⑤ 章清：《“策问”中的“历史”——晚清中国“历史记忆”延续的一个侧面》，《复旦学报》（社会科学版）2005 年第 5 期。

能性”。[1] 章、刘所持观点虽有不同，但两人的研究均深入到科举改革的具体内容，对后来者不无启迪。

刘海峰先后撰文考察了最后一届乡试与会试的情况，肯定“科举制已进行了旷古未有的改革，从考试的内容到形式都试图跟上时代前进的步伐”，并提出一些传教士热衷批评科举的动机，似与其传教活动相关，因为科举是传播基督教的障碍，而八国联军烧毁京师贡院更是蓄意行为，此举与《辛丑条约》一道，造成强烈的冲击效应，可能影响到四年后科举的废除。这一论点颇具开阔视野的新意，揭示了外来势力对科举的冲击。[2]

杨齐福则从文化史的角度入手，分别考察了当时社会对科举改革的认识和主张及其付诸实行的情况，着重研究近代社会变迁及其价值观念变化对科举制度改革产生的影响。该书在鸦片战争后西方传教士的文化活动及其与科举变革的关系、近代诸多新观念的生成对科举制度的冲击等方面，论述相当深入。[3]

在科举改革的阶段变化方面，李绮注意到科举改革与李鸿章、张之洞、袁世凯等督抚对清廷决策的影响；[4] 刘绍春则认为科举的渐变在晚清内忧外患的急迫情形下，无法满足时势需要，科举与学堂并存成为新教育推广的障碍，故最终采取矫枉过正的过激手段停科举是历史必然。[5]

在停废科举的社会后果与影响方面，刘佰合、蒋保认为停废科

---

① 刘龙心：《从科举到学堂——策论与晚清的知识转型（1901～1905）》，《中央研究院近代史研究所集刊》第58期，2007年12月，第105～139页。

② 刘海峰：《中国科举史上的最后一科乡试》，《厦门大学学报》（哲学社会科学版）2003年第5期；刘海峰：《外来势力与科举革废》，《学术月刊》2005年第11期。

③ 杨齐福：《科举制度与近代文化》，人民出版社，2003，第282、286页。

④ 李绮：《地方督抚势力与晚清科举制度的改革》，《扬州教育学院学报》1999年第2期。

⑤ 刘绍春：《晚清科举制的改革与废除》，《社会科学辑刊》2001年第5期。

举导致社会整合的弱化，具体表现于信仰的崩溃与权威的丧失。① 徐辉强调这一举措对中国现代社会的转型产生重要作用；② 沈洁通过对废科举前后江苏等地乡村学务情况的考察，注意到“新旧之间并没有发生明显的断裂与冲突……除乡村社会未能登进，老苦无依的弱势群体外，还有变迁之际成功完成身份转型的原科举功名拥有者……他们继续在上升性流动中占据较为主动的位置”。③ 张亚群则认为废科举是近代高等教育转型的突破口，但因“未能吸取科举制的合理内核，在一定程度上对普及乡村教育，维护城乡、区域间的教育公平产生了负面影响”。④ 杨齐福、吴敏霞注意到新式教育虽然在废科举后取得了长足的发展，却出现了办学敷衍、各地发展不均衡、学生成分贵族化、人文精神失落、未能脱离科举陋习、官学特征制约自身发展等偏差。⑤

以典章制度研究见长的李世愉从清代科举史料考辩入手，揭示了制度建立过程及相关事件与清朝不同时期政治、经济、文化的关系。书中关于雍正年间河南封丘生童罢考事件的剖析，表明朝廷所给予生员的优待，已养成士子的特权意识，并借以挟持官府。而咸同时期大规模增广学额，成为清政府敛财以充军费的手段，直接导致了士风的败坏。⑥ 这一具有示范意义的研究表明，搜集、挖掘和梳理众多史料，通过资料呈现历史事件或人物在特定时空条件下的活动，实为史学的深厚根基和史家责任所在。

---

① 刘佰合、蒋保：《科举制度的废除与社会整合的弱化》，《安徽史学》2000 年第 3 期。

② 徐辉：《废除科举制与中国社会的现代转型》，《厦门大学学报》（哲学社会科学版）2003 年第 5 期。

③ 沈洁：《废科举后清末乡村学务中的权势转移》，《史学月刊》2004 年第 9 期。

④ 张亚群：《科举革废与近代中国高等教育的转型》，华中师范大学出版社，2005，第 5 ~ 6 页。

⑤ 杨齐福、吴敏霞：《近代新教育在废科举后发展取向的偏差》，《福建师范大学学报》（哲学社会科学版）2001 年第 2 期。

⑥ 李世愉：《清代科举制度考辩》，沈阳出版社，2005，第 29 ~ 47、187 ~ 208 页。

近年来，有学者尝试进一步重建改废科举的相关史实。马勇就1898年康、梁等维新派围绕废八股问题连续出奏，以及朝廷内部的不同反应，澄清了军机大臣刚毅和礼部尚书许应骙多方责难与阻挠的事实，以及光绪与慈禧对新旧党争在八股存废问题上的态度，展示了戊戌变法期间复杂的矛盾纠葛与政局变化的关系。[①] 其研究提示，决策者的认识对于制度兴革至为关键。

科举废除后，旧学士子的出路如何，一直是科举制研究的薄弱环节。2005年皮德涛、肖宗志分别从《江楚会奏三折》及其后科举改革的章程入手，依据相关文本规定，描述了清廷对旧学举贡生员出路安排的思路和决策、实施的部分情况，认为既往“无策善后”说与史实不符，且注意到“许多得到出路”的举贡生员，最终成为“清廷的异己力量”。[②] 在相近时间，赵利栋通过若干统计分析，指出科举改制、推广学堂乃至停罢科举之后，下层士绅获得晋升的机会，并借与官方的合作机会，大量介入了地方公共事务，扩展其权力，使下层士绅的角色合法化，成为推广与创办新式学堂的主体。[③] 2007年蒋纯焦考察了晚清以降的塾师状况，认为清末私塾改良并没有造成塾师生存状况的恶化，“直到清廷垮台，私塾相对于学堂，仍然占有绝对的优势”，塾师地位与生计的真正衰落，是在民国时期。[④] 王跃进也指出，废科举使醉心于八股的应试文人走出象牙塔，关心国计民生，清政府因此成为最大的输家。[⑤]

---

① 马勇：《从废八股到改科举：以1898年的争论为中心》，《商丘师范学院学报》2005年第1期。

② 皮德涛：《废科举前后关于旧有举贡生员出路初探》，《上饶师范学院学报》2005年第1期；肖宗志：《政府行为与废科举后举贡生员的出路问题》，《北方论丛》2005年第2期。

③ 赵利栋：《1905年前后的科举废止、学堂与士绅阶层》，《商丘师范学院学报》2005第1期。

④ 蒋纯焦：《一个阶层的消失——晚清以降塾师研究》，上海书店出版社，2007，第155、197~198页。

⑤ 王跃进：《论科举制的废除对晚清应试文人的影响》，《南京化工大学学报》（哲学社会科学版）2001年第4期。

这些研究不仅较多注意并利用了前人的相关研究，且将官方文献与报刊报道进行对比，所得结论与学界既往认识，似有较大反差。

各学科学人在从不同视角研究清代科举制的同时，对科举停废的意义和作用影响的评价差异，呈现日趋扩大之势。

关于废除科举的直接结果，不少人主张科举废除导致清朝灭亡说，进一步考究，又有被动与主动之分。以被动说为例，田澍提出：清政府“仓促废除科举而无相应的替代制度，对准备科举者的出路没有做出妥善的安排，导致人心的急速流失、政局的更加混乱和政权顷刻间的土崩瓦解”。[①] 杨天宏认为：“科举制度的废除，导致了传统的重文轻武价值观念的变化，知识阶层地位下降，军人地位急剧上升。更重要的是，科举这一维系文官政治的制度的废弃，为军人秉政打开了方便之门。民初延续几乎一代人的军阀统治，成因固然十分复杂，但科举废除而又无术以善其后，显然是一个不可忽视的重要原因”。[②] 萧功秦注意到绅士阶层的消失，以及科举废除后新旧学的断裂，认为其引发了社会的剧烈动荡和结构性的破坏，造成了知识精英的“游离”与农村文化的“无根化”。[③] 有人主张，科举的废除标志着传统的甚至唯一的社会流动渠道被堵塞，“于是统治阶层中昏庸无能分子激增而社会中精英分子却游离于政权之外，从而造成强大的社会参政压力，也加剧了社会的不稳定”。[④]

与上述论点截然相反，日本学者市古宙三指出，科举的废止使得士绅获得了更多的合法权利，扩展了其影响。[⑤] 何怀宏也认为社会精

---

① 田澍：《科举的利弊及清朝废除科举的教训》，《西北师大学报》（社会科学版）2005 年第 1 期。

② 杨天宏：《中国的近代转型与传统制约》，贵州人民出版社，2000，第 142 页。

③ 萧功秦：《从科举制度的废除看近代以来的文化断裂》，《战略与管理》1996 年第 4 期。

④ 杨齐福：《科举制度与近代文化》，第 262 页。

⑤ 市古宙三『近代中国の政治と社会』、東京大学出版会、1971、第 351 頁。

英并非因为没有出路而抛弃清朝，恰恰相反，在科举废除后的几年间，通过资政院与各省谘议局的选举，“绅士权力至此达到了一个扩张的顶点”。随着辛亥革命进程中绅权对王权的主动抛弃，绅权“很快被一种新起的、它更难于抗衡的权力所取代”。[①]

王先明考察了近代绅士阶层的历史，通过对大量数据的统计与分析，指出：“科举制的废除只是从历史发展趋向上，使绅士阶层缺乏社会继替而走向消亡，它还不能导致现存庞大的功名身分集团地位的失落。清末新学堂、商会、教育会乃至地方自治、谘议局的活动基本上都无一例外地落入绅士阶层的手中，就足以说明科举制度的废除对现存绅士阶层地位并未造成明显影响，作为一个封建阶层，它的历史命运将同封建等级制度相始终。”[②]

就废除科举的意义而言，有人主张其重要性在于“消除了横亘在中国社会现代转型道路上的一个综合性障碍。这项成功的制度改革，无疑对于中国的现代化进程产生了积极的作用和深远的影响”。[③]有人则认为，“科举残余的影响不仅仅局限于清末，甚至也不仅仅局限于民国时期，就其思想实质——‘读书作官’而言，其影响直到现在都不容低估，只是程度不同，表现方式迥异”。[④]

从科举废除后的社会变化来看，有学人认为，清政府在科举废除后，进行了文官录用制度改良，改变了旧的铨选制度，从此，中国的文官选拔录用呈现出专业化与技术化的趋势，加快了文官构成由旧有儒学官僚向新技术官僚的转变。[⑤] 该文没有提供经过验证的资料和事

---

① 何怀宏：《选举社会及其终结——秦汉至晚清历史的一种社会学阐释》，第421页。

② 王先明：《近代绅士——一个封建阶层的历史命运》，天津人民出版社，1997，第323页。

③ 徐辉：《废除科举制与中国社会的现代转型》，《厦门大学学报》（哲学社会科学版）2003年第5期。

④ 杨齐福：《科举制度与近代文化》，第288～289页。

⑤ 张晓东：《废除科举后清朝文官录用的专业化和技术化》，《临沂师范学院学报》2001年第1期。

例，难以了解其论据与论点的关系，所提问题却是既往研究所忽略之处。废科举后官吏选拔制度是否有所变化以及变化的趋势和特点值得进一步探究。杨念群则对奖励出身制度给予了正面肯定，认为这一措施使学堂学生可以通过正统身份而为传统学术所认同，虽然也有促使学生沉溺于功名利禄的负面作用，而且因遭到社会各界的抨击而终止，但其推动科学在中国制度化的中介作用不可忽视。① 其后左玉河的研究，通过分析科举与学堂在性质及功能上的差异，说明从传统科名奖励制经过学堂奖励出身制之过渡，最终转向现代学术奖励制度的复杂性与必然性。② 张昭军则指出，科举停废后，士人分流到新式教育及政治、经济、军事各部门，通过身份转变，担当起中国由传统社会向现代社会过渡的中介。③

由于停罢科举仅六年，清王朝就在辛亥革命冲击下垮台，不少学人对科举善后措施多持否定态度，认为因清廷无策善后才导致这些昔日精英的“游离”，使之投入反清斗争。因此对清政府善后措施的酝酿过程、具体内容、实施贯彻情况、社会舆论的评价，以及科举文化在用人方面的惯性作用、社会发展自身的延续性、停罢科举后新兴学科的出现及新职业的繁兴等一系列重要问题缺乏关注了解。更为重要的是，一些研究对于晚清以来的社会变动，以及停罢科举的直接影响并没有全面深入地了解，反而将新式教育本身产生的弊端，或是社会变动后道德文化重建的不足，张冠李戴地全部归咎于立停科举，④ 这些现象与原因的错位，有碍于对历史本相的认识。

① 杨念群：《儒学地域化的近代形态：三大知识群体互动的比较研究》，生活·读书·新知三联书店，1997。

② 左玉河：《论清季学堂奖励出身制》，《近代史研究》2008 年第 4 期。

③ 张昭军：《科举制度改废与清末十年士人阶层的分流》，《史学月刊》2008 年第 1 期。

④ 有学者近年注意到，“由于罢科举兴学堂出现了许多新问题，于是以此为借口，否定罢科举兴学堂的必要性”。王戎笙：《科举制度在清代从鼎盛走向衰亡》，陈捷先、成崇德等主编《清史论集》下册，人民出版社，2006，第 727 ~ 738 页。

二 取径与做法

由前人论著可见，停废科举的研究，现有成果主要集中于列举改废科举的各种议论、章程，以及废科举对于中国社会的宏阔影响等方面。尤其谈到影响，某些意见似有凭借一般性知识或个别史事做大胆悬想与普遍推论之嫌，时间与空间的界定不严谨，未能全面综合地证实相关各方情况，论点与论据似乎难以相互照应。改科举如何进行，虽然有所探究，观念还是新旧两分，对于文体、场次顺序等科举内在本意的变化，缺乏了解之同情。至于决策过程，则大都限于依据议改科举的奏章及谕旨的文本，勾勒推进的时间简表，未及背后的人事及曲折；而各自的理据，不出与新式学堂教育抵触、培养不出有用于时的人才之类。

终结一项影响千年的制度，虽然看似大势所趋、人心所向，但其间长达半个多世纪的议改与彷徨犹豫，既往鲜少关注，现有成果多集中于戊戌至新政的几年，对改科举的过程及实施效果、学堂与科举进退胶着方面涉及较少，相关史事还有大量可拓展的空间。

在科举研究方面，研究者对所论涉及的基本概念的界定、对史实的把握，以及局部与整体的观照，难免存在差异。恰当的研究态度，应是首先弄清楚事实及前人本意，而非发表看似义理虚悬的认识。例如，科举究竟是取士抑或选官制度，相关论著往往混淆不清，实则元代马端临的《文献通考》已经考证，举士选官在三代本为一事，“至唐则以试士属之礼部，试吏属之吏部。于是科目之法、铨选之法，日新月异，不相为谋，盖有举于礼部而不得官者，不举于礼部而得官者，则士所以进身之涂辙，亦复不一，不可比而同之也，于是立举士、举官两门以统之”。[①] 刘锦藻的《清朝续文献通考》于厘清源流

① 马端临：《文献通考》卷36，选举考九，中华书局，2006，总第5365页。

时强调："举士举官本合为一，自唐以试士属吏部，试吏属吏部，而其事始分"。[①] 科举停罢，清廷拟合并科举于学堂，导致取士举官再度合二为一，后科举社会出现一系列与此相关的问题，情形较为复杂，迄今未能厘清。[②] 诸如此类的问题，倘若不细致爬梳以重现史事，极易陷入无休止的争拗之中。

今人对于科举停废研究的诸多歧异，除观察角度和研究重心不同、涉及问题的方面与参照标准有别外，主要还是与科举停废密切联系的许多重要事实的发生演化依然笼统模糊，未能具体厘清相关。例如，关于科举由渐改到立停的过程、原因，许多著作依据相关奏折文本加以阐述，并未追根寻源，揭示这些奏章提出的具体时空条件等相关语境，及其意涵变化的内在联系；或虽有分析，亦主要就是否有利于新式教育的发展立论。

研究科举兴革及其实际影响，不能不了解其基本思路与决策、实施情况。尽管谕令与奏章，确为宣布决定的凭借，但不少真实原因和过程，矛盾冲突与人事纠结，恰好隐伏在章程文字之外。

中国为伦理社会，重视人伦、讲究人情之外，人治为专制之凭借，统治者的意志之于制度兴革具有重要作用，而统治集团的成员力求通过各种方式和渠道，使其意见与主张或多或少地参与决策过程。只有尽可能多地掌握相关的人事纠结与矛盾冲突，才能具体认识这些因素如何作用于决策内容和结果。至于社会舆论的影响，究竟通过怎样的方式或渠道影响决策，也要落实到具体人事。不同时间、空间里所发生的制度变化，本身就凸显出历史的逻辑。

倘若将废科举作为历史事实予以深究详解，则尚嫌粗疏、可以深

① 刘锦藻编《清朝续文献通考》卷90，选举七，浙江古籍出版社，1988，总第8499页。

② 职官铨选与科举既有联系又有区别，即举士与举官各有专司，因涉及太多，另著详论。

入扩展的方面比比皆是，除了由改科举转变为废科举之外，诸如戊戌时期的诸多科举改革举措，具体落实情况及成效如何？科举是否在所必废，清廷为何在十年三科减额渐停的决定颁布后，不到一年时间便推翻前议而遽然宣布直接废除？这一重大决策是在怎样的情形下，具体由何人动议、运作并最终做出的？科举停废后，对旧学士子有无善后措施以及如何实行？颁布的相关章程和施行的效果是否一致？不同年龄的旧学士子对于科举停废的感受和态度怎样？面对后科举时代，他们如何进行抉择，其命运有何变化？科举停废究竟引起了近代中国社会的哪些变化？这些变化又对国家命运和个人前途造成怎样的直接或间接影响？凡此种种，均有待于在认真细致爬梳材料、厘清史事的基础上，尽可能完整地呈现历史的实态。

尤其需要注意的是，制度作为社会规范的重要形式，绝非孤立存在。一方面，设制与施行是社会秩序稳定需求的产物；另一方面，制度的推行贯彻，需要相应条件的支持，尤其是一制度与其他制度的相互衔接与配合。由时代变动所引发的社会需求变化，必然导致与现行制度的不适应，必须及时进行相应的改变调整，又因此引起一制度与相关制度牵一发而动全身的连锁反应，如果没有周详的通盘规划和适当的调整步骤，必然造成相互制约，甚至引发体制崩盘。孤立地就科举而论科举，势必将多因交互作用的结果，归结为单一因素，人为割裂制度错综复杂的社会联系，破坏其原有生存与作用的环境，不能将制度归位于应有的社会联系之中，史事的复杂多样消解于简单化的理解之中，则所谓见解，非但不能近真，反而离事实更远，甚至混淆事实，妨碍他人的解读认知。

关于科举停废的作用与影响，评价最为分歧多样。对历史多样性的认识，本是史学的重要任务之一，具体问题具体分析的要旨，就是尽量避免片面化和绝对化。用单一观念观察解读历史，其实是相当危险而且有害无益的事。这绝不等于说历史真相不可求因而不必求，求真当为史学的重要功能，也是衡量史学研究有无贡献的准则，无益于近真的所谓历史研究，非妄即伪。只是历史本相永远不可能完全重合，所以近真的取径做法和程度各有不同。

美国史家柯文阐述其对于历史学的见解："不是历史学家的人有时以为历史就是过去的事实。可是历史学家应该知道并非如此。当然事实俱在，但它们数量无穷，照例沉默不语，即使一旦开口又往往相互矛盾，甚至无法理解。史学家的任务就在于追溯过去，倾听这些事实所发出的分歧杂乱、断断续续的声音，从中选出比较重要的一部分，探索其真意。"① 在他看来，尽管学者的最初愿望是忠实于事实，但所有历史研究都不可避免地引进大量的主观成分，因为在对众多事实选择并加以解读和分析的过程中，已经不自觉地在提出问题和进行假设的同时，反映了自己实际关心的主观意向。因此，如何约束主观而接近客观，是历史研究不容忽视的问题，直接影响其研究近真的程度以及效率的高下。

清季民初，各种东西方学说制度竞相传播实践，社会呈现出纷繁复杂的局面，新旧制度的因革兴替和新旧观念的交融转换混合交织，不仅使当事人的思维行为陷入困惑，也给后来者的认识理解造成困扰。如何约束主观，避免成见，尽可能全面地掌握理解各种历史意见，进而以其总合为时代意见，是接近历史本相和了解前人本意的必由之路。以往废科举研究存在的普遍而至关重要的问题是，看待科举及废科举，大体是依据近代废科举人士的意见和历史叙述，等于预设反科举的立场，在以废科举作为研究对象之前，先以废科举正确作为研究的态度，对于科举的设置立意及其运作程序，缺少从设置者和调整者立场看的了解之同情，对于改废科举的作用影响，

① 〔美〕柯文：《在中国发现历史——中国中心观在美国的兴起》，林同奇译，中华书局，2002，第41页。

也未能超越废科举的当事人那种时不我待的快速求富求强心理和以西为公的认识局限。在这样的语境下，并非废科举的积极主张者，也都相继接受了废科举中国才能富强的说法，并且逐渐失去话语权，甚至消失于后来历史叙述的视野中，在学人视而不见之下，被动地成为失语者。

转变观念和视角，似为老生常谈的废科举，可以探讨的问题量多而宏大。仅就以往研究的偏向而论，打破就科举论科举的局限，不能不关注道咸以降相关制度变动的事实联系及影响，力避预设以废科举为进步的立场以致看朱成碧，更须把握议改科举的立意、作用、实效，并体察清季国人希望根本解决一切问题以及一切以西为优的心态，分别了解朝野上下对于变革科举方式做法的各种意见考虑，在东流到海不复还之下看出此前江流曲似九回肠，必须依照时空顺序详尽展现史事进程，包括废科举之后的科举制余绪；要避免将各种社会变动都直接归结于科举存废的笼统宽泛，更须注意社会整体变动中各种制度乃至思想文化的综合作用。

此外，人物研究容易陷入以研究对象为中心，难以避免以其亲疏为取舍，甚至以其好恶为是非，不自觉地放大个人的作用，弱化甚至忽视相关因素（譬如地域、年龄、阅历、规制、习俗等）的影响，坠入以偏概全的怪圈；而以事件为中心的研究，又常常忽略领袖与权势之外，一般人物的言行及其交往所反映的真实社会生活场景，以及普通民众在社会制度变动中命运的跌宕起伏。制度研究，既要以整体驾驭具体，又要尽可能由碎立通，将人物、事件与制度等诸多因素按照史事变化发展的本来顺序加以呈现，逐渐接近历史丰富复杂的本相。

仅仅用新旧对立、传统与现代的范式来诠释后科举时代中国社会的变化，似乎过于简单，这些含有先入为主的褒贬之意的架构，难以理解近代中国知识与制度转型过程中，各种因素缠绕纠结下的社会变动，也难以广泛表达不同人群面对巨变两难抉择的复杂心态，[①] 解读其看似矛盾的种种言行。而这些恰是历史本身最为复杂丰富的面相与厚重且耐人寻味的内容。凡此种种，均须对科举改革与社会互动的联系进行具体、深入、尽可能贯通的全面观照。

因此，通过广泛搜求与利用各种官私文献资料，努力超越既往思维定式，多视角观察科举制直接、间接关联的各层面，尽可能全面、具体地了解晚清科举不同阶段的变化和特点，把握其历时变化与共时特征，认识与科举相关的各种制度变革纷繁复杂的动态变化，以求深入理解科举停废的决策过程及其后的连锁反应、实际遗留问题和错综复杂影响，正是本书努力的目标所在。

① 古往今来的诸多事实表明，一个制度的建立或废除，其影响往往不仅限于当时，常常会绵延至其后的若干年代，其文化或心理习惯的联系甚或依赖，在制度废止后相当时期内也不会很快消除。由于各种社会现象的产生，往往由多种因素综合影响而成，如何判断和区别造成该现象的直接原因和间接原因、主要原因及次要原因，常常会给我们解读史料、理解与认识历史造成困扰。透过现象看本质，去粗取精和去伪存真，绝非易事。

第一章

老树新枝：晚清科举改革的取向

晚清科举改革的兴起与展开，是近代中国社会遭遇千古未有之变局后，在朝野舆论推动下挽救危亡与励精图治的产物。①

自鸦片战后至甲午战争，被内忧外患所困扰的清朝，为应变局与救亡图存之需，对人才规格及其选拔更为重视。② 西学与西才如何纳入科举，使之取长补短，以便匡时济世的问题，不断被提出并在庙堂之上展开讨论。③ 道光、咸丰、同治、光绪四朝，内外官员先后有18个以上的科举改革方案，以奏章的形式呈递清廷，最高执政者亦多

---

① 甲午战争对中国朝野震动巨大，有识之士皆有亡国之虞。朱德裳：《癸卯日记》，《湖南历史资料》总第10辑，湖南人民出版社，1980，第209～210页。

② 科举停废百年之际，有论者以惋惜之情追缅这一历时千余年、对中国的社会文化影响至为深远的制度，甚至责怪当年的决策者操之过急。其实，科举改革取向的争议，尤其是学堂与科举的关系，并非一开始就采取彻底否定科举的方式。自道光中叶至新政初期（1842～1905）长达半个多世纪的时间里，议改科举多以保存科举为主旨，在此前提下，以将新增实学科目纳入科举考试为基本方向。换言之，当时人们的初衷并非停废科举，而是经过充实调整改造，兼容实学乃至西学，使之适应日新月异的新形势。

③ 晚清朝野关于科举改革的议论颇多，但私言与朝议，不惟性质截然不同，作用更难以相提并论。就对决策的影响而言，奏章建议较能引起重视与思考，故本章侧重于道光以来清廷有关科举的正式讨论。

次谕令部院大臣、礼部、总理衙门或政务处议复。① 这些方案大都强调学以致用，增加实科，将西学纳入科举之中，以老树嫁接新枝的方法，吸取西学之长，广开取士纳贤之途，试图重新激发科举制的活力，让这棵千年老树重现生机，发挥应有的效用。

“惟救时必自求人才始，求人才必自变科举始”的认识和呼吁，②成为科举改革持续不衰的动力。尽管人们在私下谈论与报刊舆论方面，或有更为激进的主张与言辞，但就朝臣疆吏正式提出奏议，并在庙堂之上据以展开的讨论而言，以科举接纳实学和西学的思路取径，在相当长的时间里始终是晚清科举改革的主导趋向。

第一节　变常科与开特科

科举考试按内容与类别，大致分为常科和制科两类。两者均以选拔人才为目的，常科系指固定时间、固定科目的考试，包括生童岁试、学政院试、乡试、会试；制科则是由皇帝临时下诏举行，由各地保荐或推荐考生，时间与科目不固定的考试。唐代常科内容丰富，科目包括秀才、明经、俊士、进士、明法、明字、明算、一史、三史、开元礼、道举、童子等诸科，制科亦名目繁多，有贤良方正、博学通艺等数十种。③ 清乾隆时官修史书称，本朝“惟进士一科孤行，议者所以有偏重之说也”，承认科举考试类型程式过于单一化。④ “汉以后

① 由议改科举到立停科举的60多年间，中国社会经历了急剧变化的不同阶段，追溯各种议改科举方案出现的背景，考察不同文本的内涵及持论者的本意，了解朝野上下的态度和未能实行的语境，无疑有助于加深对近代中国文化转型与制度变革艰巨曲折的认识。尤其是开经济特科后，科举仍然未能有效地以增开科目的方式进行自我改造，由此可对科举停废有了解之同情。

② 《会奏妥议科举新章折》，光绪二十四年五月十六日（1898年7月4日），汪叔子、张求会编《陈宝箴集》，中华书局，2003，第764页。

③ 任爽：《唐朝典章制度》，吉林文史出版社，2001，第206～208页。

④ 乾隆官修《清朝通典》，浙江古籍出版社，2000，第2130～2131页。

凡天子特诏曰制举，又曰制科是也”，因制科“系奉特旨举行，与常行科目不同”，[①] 故俗称特科。清代制科虽有孝廉方正与博学鸿词等科，但数十年难开一科，可遇而不可求。

甲午战前，西学传入中国已近半个世纪，官办新式学堂也有30多年历史，但在人才培养与选拔方面，西学只是作为科举选才之外的补充形式。鸦片战争后，朝野议改科举，正是从试图扩展科举考试的科目设置开始，其主要方向即包括变常科与开特科两个方面。

目前可以查实的晚清第一份议改科举奏章，应是1842年两广总督祁埙所呈《请推广文武科试疏》，[②] 其时正值第一次鸦片战争结束。

祁埙自称，其议改科举的动机，缘于对国家危难之时人才奇缺的切身感受。他于1841年临危受命，作为新任总督来到战事未停的广州，[③] 道光帝谕旨，特许其在所属文武官员中，如发现有“才能出众、民心爱戴、洞悉夷情、深通韬略”者，可“不拘资格，即行奏请升调”。但其留心查访的结果，却是“广东文武各官，凡久于其任者，均尚可熟悉夷情，而深通韬略者实难其选，已将无员可保”。大为吃惊之余，他开始对科举取士的方式进行检讨，并以亡羊补牢的心态，思考与探寻科举改革的方法。祁埙向朝廷提出：“似宜于奉行成法之中，微寓变通考选之制。”所提供的两个方案，一是调整常科考试的部分内容，即在乡试的第三场，定策问五道题目，内容包括博通史鉴、精熟韬钤、制器通算、阴阳占候、熟谙舆图，以扩大所有考生的知识面，以求经世致用人才；二是增开制科项目，仿唐宋科举广设科目，“将博通史鉴等五门分立五科，特诏举行”，无论现任或退休的大小文武职官、军民人等，准以所业，由地方官分别报送督抚考校，咨

① 乾隆官修《清朝文献通考》，浙江古籍出版社，2000，第5351页。

② 关于祁埙奏折的时间，有道光二十一年、二十二年及二十三年等三种不同说法，根据奏章内容判断，应为道光二十二年，即任两广总督的次年所奏。

③ 赵尔巽等撰《清史稿》卷371，中华书局，1998，第2956页。

明吏部、兵部调取入京考试，其确有才能者可奏请引见，分别酌用。①祁埙的本意是恢复唐宋时期科举广纳贤才的传统，通过多设科目变更取才标准等方式，大力扩展所有考生的求知取向，尤其是注重有裨时事的实用学问，改变仅以八股词章取士之习，同时拓宽人才录用的途径，鼓励和选拔专才。

然而，祁埙的建议，更多是按照战争期间对人才需要的感受来设计科举改革的内容。对清廷而言，战事结束后，求才尤其是能够应急的专才的迫切性有所减弱。而在如何操作的层面，所奏尚缺乏详细设计，所以主持科举事宜的礼部以“事多窒碍”为由予以奏驳。②

祁埙依据时势变动，首倡变更常科考试内容及通过特科增广科目的思路，引起朝野一定程度的关注，成为咸同光三朝议改科举的嚆矢。咸丰元年（1851），王茂荫在《敬筹振兴人才以济实用疏》中引用祁埙的奏章，并表示：“议虽未行，论者多谓切中时务，实足拔取真才。应请敕令部臣检录原奏进呈，恭候圣裁。”③ 同治元年（1862），贡生黎庶昌遵循祁埙议改科举的思路提出增广科目：求才“不可以例限”，应“扫除一切文法，仿汉代求贤之意，参之以司马光十科之议，责诸臣以求贤”，“谘以时务，兼举实行，而又广科目以待之”。④ 可惜再次遭到礼部议驳。

谙熟官场之道的湖广总督官文，知道制度变革并非易事，“军兴以来，论者多患科举之弊，请变通之法，于是有开特科、举人材诸议”，却屡遭罢斥，所以他独辟蹊径地提出：“臣愚以为今日访求人材，与其别设特科，何如就优贡旧章核实选举，务取乡党无间名望咸

① 《请推广文武科试疏》，盛康辑《皇朝经世文编续编》卷66，沈云龙主编《近代中国史料丛刊》第84辑之833，台北：文海出版社，1972，第49~51页。

② 《万国公报》第2册，第734页。

③ 盛康辑《皇朝经世文编续编》卷16《治体七·用人》（下），第14页。

④ 黎庶昌：《应诏陈言疏》，盛康辑《皇朝经世文编续编》卷13《治体六·治法》（中），第52~57页。

优。”他认为，优贡选拔“岁久成俗”，各地大多敷衍应付，只要各省督抚认真访求“通晓韬钤之士”，推荐给朝廷，将优贡朝考仿拔贡在殿廷考试，分别予以出身并擢用授职，即“无烦特科而皆能得士矣”。[①] 这种避开科举制度另辟蹊径、退而求其次的权宜变通之计，能否收到实效，大可疑问。更为重要的是，优贡选拔数额毕竟有限，[②] 于常科内增广科目，或开设特科以号召天下，表示朝廷鼓励人才的趋向，其作用与意义不可同日而语。

伴随着同治中兴的出现，以制夷为目标的“师夷”之学，重新提上议事日程。而在筑堤练兵，建设海防之时，数学等专才需求及实用学问的普及日显重要。1870 年 10 月（同治九年九月），闽浙总督英桂与船政大臣沈葆桢等附片奏请特开算学一科，礼部复议，以朝官中无人对此有研究、无法应付出题等为由，再次否决增开科举新科的提案，并以“康熙年间，杨光先与汤若望赌测日影于午门，九卿无一知其法者”为据，认为若开算学科，“将不独应试者人数不敷，即主试者亦恐骤难其选。至若定以程式，又必开剽窃等弊，而无济于用”。礼部援引成例，表示道光以来增开实科的多项议案，“均经臣部以事多窒碍奏驳，均奉旨允准在案，所有该督等奏特开算学一科，应毋庸议”。作为补救之法，礼部提出，对学习算法者，虽不设科考试授予出身之路，但有两条渠道进入职官队伍：一是允许有此类特长者通过保举形式直接得到录用擢拔；二是此类人才仍可参加乡会试，所考内容则与其他应试者无异。“其本系正途出身兼通是学者，即如该督等所请，别加优异，以示殊荣。若有资质明敏、愿学算法者，统归国子监算学照章学习。无论举贡生监及大员子弟，均准录取。其各省学政考试，仍一体录送科场，不阻其上进之路。总期由成法而得其变化，

① 官文：《请擢用优贡疏》，陈弢辑《同治中兴京外奏议约编》卷 5，上海书店，1985 年影印本，第 17～18 页。

② 优贡选拔，三年一届，大省 6 名，中省 4 名，小省仅 2 名。

即末艺而溯其本原，仰副朝廷造就人才之意。如此多设其途，较之特开一科，尤觉鼓励奋兴，不至以实求而以名应，庶算学不难日益精密矣。”① 礼部的用意，显然是担心特开一科，会导致士子舍成法弃本原，使人心浮动，动摇清廷求才的取向。

除奏稿所述冠冕堂皇的理由之外，礼部议驳似有不得已之隐衷。科举以文句辞章取士，已有固定程式。由于既往清廷长期以文章取才，官员多为习文出身和晋升者，而科举考试出题、阅卷者均有一定的资格要求，才能确保形同君临的权威性。倘若增开算学，朝官之中确实难以寻觅出题与阅卷之人。同治四年，奕䜣奏报同文馆学生考试外文的情况，多少可以反映类似困难：“因洋文非臣等所习，特饬总税务司赫德与各馆外国教习会同阅看，分别名次高下……因再行复试，由臣等密出汉话条字，按名交该学生等令其翻成外国言语，隔座向外国教习侍讲，再令外国教习将学生言语译汉写明，两相核对。”② 同文馆重资聘用西人教习，语言考试的出题阅卷尚如此麻烦，倘若设置特科，科举出身的朝官能胜任出题者几无其人，请西人参与出题，无疑具有讽刺意味，势必招致物议。

除了操作困难外，同治年间西学往往还被视为旁门左道。同治六年同文馆奏设天文算学专科，为减少压力，奏请入学者均须正途科甲出身，即使如此，仍饱受非议责难，③ 尽管有同治帝的支持，反对势力终未得逞，④ 但上下纷争，负面影响难以消除。倘在被视为“抡才大典”的科举中增设实学甚至西学科目，其阻力可想而知。因此，同治年间增开科目的议论终究难以付诸实施。

作为折中方案，同治六年四月，崇实上折提出：应准许各省举荐

① 《礼部奏请考试算学折稿》，《万国公报》第2册，第734页。

② 中国史学会主编《中国近代史资料丛刊·洋务运动》（以下简称《洋务运动》）第2册，上海人民出版社、上海书店出版社，2000，第16页。

③ 《洋务运动》第2册，第28~29页。

④ 《洋务运动》第2册，第30~39、51~52页。

有算学与机器之学特长之人，咨送总理衙门，“简派精于数学之大员详加核试”，不用设馆授业，确有才能者直接给予奖励和破格任用。[①]这一办法蕴含奖励和任用人才之意，可惜缺少提倡普及并使之常规化的规划。而且，科举不能接纳实学或西学，兴办新式学堂的努力也往往事倍功半。由于同文馆章程规定，在馆学习三年通过考试者，可作为翻译生员监生，准其一体乡试，一些同文馆学生被科举正途的光环所吸引，无心向学而专注于准备应考乡试。同治十年十月，两广总督瑞麟等奏：“该生等虽仍在馆肄业，然皆专意汉文，冀图乡试文理平通，以为期满保举府经、县丞、防御地步，志安小就，不思愤强，致将西文荒忽，未能精深，殊失设立同文馆之意。”[②] 同文馆学生的心猿意马，恰好说明与其时学堂的稚嫩及在仕途升擢方面的劣势相比，科举正途的吸引力依然难以抵挡，不将西学纳入科举，开设学堂再多也无法与之匹敌。

第二节 纳洋学于科目

随着洋务新政的推行，西学与实学逐渐融会。[③] 1875 年，薛福成、李鸿章、沈葆桢相继奏请按宋代司马光议设十科之意，拓展考试科目及增添学习内容，设洋学局及开特科以招纳贤才。[④] 薛福成强调：“求之既早，斯用之不穷，彼士大夫见闻习熟，亦可转移风气，不务空谈，功名之路开，奇杰之才出矣。”[⑤] 然而，此议很快招致反对者的

---

① 《洋务运动》第 2 册，第 40～41 页。

② 《洋务运动》第 2 册，第 118 页。

③ 晚清西学与实学的概念不断变化，各时期均有内涵与外延的差异，但声光电化等西方近代自然科学的概念，多被承认西来，而数学物理等不少具体内容，时人则多与实学混淆，并认为其中不少是中国古已有之。

④ 朱寿朋编《光绪朝东华录》第 1 册，张静庐等校点，中华书局，1958，第 59～60、67、74～75 页。

⑤ 《洋务运动》第 1 册，第 157 页。

攻击，同年 4 月 3 日，大理寺少卿王家璧奏折附片，明确指斥道："今欲弃经史章句之学，而尽趋向洋学，试问电学、算学、化学、技艺学，果足以御敌乎？……慎重科目以养明大义之人才，毋令佥壬之徒巧为尝试，斯为国家之福。"① 所议将纳洋学与科举置于水火不容的敌对状态，反映了士林领袖对洋学冲击选才准则根本的担忧。尽管时隔不久总理各国事务衙门在议奏中为李鸿章、沈葆桢辩护，宣称"请开洋学及请设特科，原与科目并行不悖，并非以洋学变科目"，但面对朝野的一片反对之声，为避免冲突，减缓压力，总署只得暂停增科之议，期待将来各项洋务成效显著，阻力消弭之时，再考虑增设新科。所谓"惟查现在情形，洋学特科，尚非仓猝所能举行……将来出使各国之人，著有成效，中外臣工皆知其有益于国家，则于设科、设学之举必且众论交孚，不至再有异议矣。奏入。报可"。②

总理衙门这一搁置，增科之事变得遥遥无期。可是内乱外患层出不穷，科举正途出身的深明大义之士越来越不足以应世变，办事之才与匡时济世之人奇缺，清朝统治的根基严重动摇。相比于承平之日的循吏即为好官的标准，此时的清王朝更加急需各具专才的能员干吏以救危局。一旦王朝崩溃，维系抡才体制的纯正意义何在？李鸿章、沈葆桢等所倡改科举、设特科被罢议七年后，一些具有忧患意识的朝臣官绅陆续再行倡议增设科目，奖励实学。

郑观应设想以特科专科延续另开洋学的思路："既于文、武岁科之外另立一科，专考西学……此于文、武正科外，特设专科以考西学，可与科目并行不悖，而又不以洋学变科目之名，仍无碍于祖宗成法也。且我朝有翻译生员、举人、进士、翰林异试异榜，于正科

① 《洋务运动》第 1 册，第 129 ~ 130 页。

② 朱寿朋编《光绪朝东华录》第 1 册，第 74 ~ 75 页。

诸士同赐出身，援例立科，必无扞格，又何不可于正科之外添一艺科乎？”[①] 考虑到西学科独立设置不仅难度较大，且容易变成众矢之的，此后不久郑观应退而求其次，即将独立设科更改为纳洋学于科目之中：“如能变通成法，广科目以萃人材，则天下之士皆肆力于有用之学矣。”他主张将旧学体系按西学程式稍为变通，文学分为文学、政事、言语、格致、艺学、杂学六科目，保留秀才、举人、进士、翰林之类名目，“一仍旧称”，三年一试，“改择通中、西实学者以为教习”，三年学习期间的学业情况也成为成绩评定的重要依据。[②]

光绪八年十二月十二日（1883 年 1 月 20 日），侍郎宝廷于福建乡试后奏报：一些注重时务和算学兵事的生员，确有才学，且有著作和新器发明，仅因考试之文不够出色，未能中式，令人惋惜。他提出：“明年会试，多士云集，可否榜前特开一科，以算学考试，愿应者赴部呈明，拔其尤者破格录用，既可得有用之材，即借以开风气。不数年天下当增无限通晓算学之人，又何患制造推测不及外国哉？”[③] 相隔三天，山西道监察御史陈启泰奏陈海防时也提出：“目今学额太滥，士习日卑，变通科举之制既有所难，可否特设一科，专取博通掌故、练达时务之士，无论举贡生监皆准赴考，试以有用之学，由督抚考定优等，咨送总理衙门，题请朝考引见，发往沿海各省委用，自较孝廉方正暨优贡、拔贡等项为有实际。武试亦可别设水师一科。”[④] 与前此不同的是，宝廷与陈启泰所奏设算学和时务特科，明确申明其考试内容应为“有用之学”的算学和时务，不仅与平常科举考试迥异，且放弃了在常科内增设新科的设想，再次尝试以另置特科的形式寻求包容实学与西学的出路。只是礼部固守前议，只要增设新科考官与阅卷的

---

① 《考试（上）》，夏东元编《郑观应集》上册，上海人民出版社，1982，第 295 ~ 296 页。

② 《考试（下）》，夏东元编《郑观应集》上册，第 299 ~ 300 页。

③ 《洋务运动》第 2 册，第 203 页。

④ 《洋务运动》第 1 册，第 223 页。

困难无法解决，各种建议都无非是立意虽好，难以采纳，所奏皆如泥牛入海。

1884 年 7 月 11 日，光绪谕令将国子监司业潘衍桐奏请特开艺学科以储人才折，著大学士、六部九卿会同总理各国事务衙门妥议具奏。[①] 左宗棠为此专门拟具说帖，对艺科的设置提出了具体操作办法，考试内容的设置，“大约艺事以语言、文字、制造三者为要，能通中西语言文字，则能兼中西之长，旁推交通，自成日新盛业”。[②] 至于录取比例，则以十取二三为宜。然而，保守势力对此坚决抵制，翰林院侍读王邦玺、御史唐椿森先后奏艺学开科流弊，不宜设科。由于议设与不设两种主张各持一端，针锋相对，清廷只好谕令大学士、六部九卿等一并妥议。会议结果，采取平衡折中方案，“不必别立科目，致涉纷歧”，“潘衍桐、方汝绍特请开艺学、实学科之处，均著毋庸置议”。考虑到不能设科鼓励实学，招才纳贤仍多不便，决定今后对“精于西法之人”，要因时制宜，切实保荐，“在京著各大臣保送同文馆考试；在外著各该督抚收入机器局当差；其无机器局省分，分别咨送南北洋大臣”。[③] 其结果即仍不愿给予习西学之人科举出身的名分，而仅通过保举途径使人才有机会得到任用。坚持正杂分途，关键还在维持中西的高下地位，西学之用不能动摇中学之体。其中固然有维护祖宗成法的顽固，也不乏对中国本色的坚守。只是这样的坚守并不能增强抗拒西潮的能力。

鉴于道光以来增设新科（包括在常科中加入新科和专设特科）之议屡屡受挫，一些官员希望暂时搁置争议，考虑先将科举考试程序稍微变通，待成效显著后再独立设科。1887 年 4 月 18 日，江南道监察御史陈琇莹奏请为避免因设科意见分歧导致“交讧互病”，使留心西

① 朱寿朋编《光绪朝东华录》第 2 册，第 1741 页。
② 《洋务运动》第 2 册，第 205 ~ 206 页。
③ 朱寿朋编《光绪朝东华录》第 2 册，第 1760 页。

学者难获选拔机会，只要求能在岁科考试时，准予报习算学卷面，于经古之外加试算学，即使正场文字稍逊也宽予录取；乡会试在第三场仿照翻译乡试例，加策问五题，专试算学，另编字号，于原有定额外酌取数名。中式后请予京职，遇有游历官员缺，令赴外国书院学习，学成后在总理衙门及各海关、驻外使节任职。陈琇莹特意解释道："如此虽不必特设专科，而此项人员，其学则参究中西，实事求是；其职则多居清要，进非他途，不至为时论所轻"；"下届中式者，即源源继往"，待人才兴盛，再开设专科。①

表面上看，陈琇莹的主张避开了长期以来纠缠不休的设科争议，退而求其次，仅将科举常规取士进行适当调整，放宽限制，使算学人才亦可通过一般科举考试而获得晋升之途，虽未立算学科之名，却有不废旧章而收纳新才之效，朝廷和考生双方各得其所，堪称务实。慈禧对此十分重视，颁布懿旨，将此折交由都察院会同吏部、礼部"妥议具奏"。醇亲王奕譞主张将旧学体系按西学程式稍为变通，文学分为文学、政事、言语、格致、艺学、杂学六科目，且一并参加讨论。1887 年 5 月 20 日，奕譞等奏：同治五年、六年，总理衙门已奏准仿照同文馆定章，学习算学人员三年学成后准其参加乡试（八旗作为翻译生员，汉人以监生资格参加考试），"至乡会试场取士，向有成法，事关典礼，难于率议更张"。并历数既往请开特科的诸多建议，均"先后部议，皆以格于成例中止"的事实，最后表示，"臣等就原奏所陈，公同商酌，试士之例，未可轻议变更，而求才之格，似可量为推广"，即在不增设科目的前提下，允许学习算学之人参加乡试。"如此则搜求绝艺之中，仍不改科举得人之法，似亦鼓励人才之一道。"希望在不变旧制的前提下获得新机。②

---

① 《洋务运动》第 2 册，第 207～208 页。
② 《洋务运动》第 2 册，第 209～211 页。

有学人认为该折标志着算学科的增设，庆幸西学内容已经纳于科举，① 其实未必如此。首先，陈琇莹原奏的前提是“不必特设专科”，而仅在考试程序中略予变通。其次，算学并非纯粹西学，中国古已有之，近代虽然增加了部分西学内容，仍不过是与文学相对的实学，前述同文馆设算学科的争论即可佐证。再次，会议的结果，并未正式将算学科目容纳于既定的科举程序，考试算学只是在岁科或乡试之前，而且单独在总理衙门进行。② 唯一的进展是报考算学者得以正式考生的身份参加科举乡试，且另编字号，可于定额之外酌取数名。这样表面看似符合陈琇莹的初衷，“将明习算学之人归入正途考试，令由科甲出身”，可是条件过于严苛，未必能有实效。

虽然将算学附入了科举考试，但由于未能单独设科，报考算学者所谓加试算学的前提，是岁科试中必须与其他应试者一道，在正场先考试四书经文诗策；乡试前则先到总理衙门考试算学、时务，经过筛选，再入乡试考场，“与通场士子一同试以诗、文、策问”，合格者才能录取。一言以蔽之，不单独设科，考试算学者非但没有任何优惠，反而比其他乡试士子多加了考试程序和内容，等于要求考生中西兼通，文实学俱佳。这样一来，自然使许多有心改弦更张的向学之人望而却步。

由于清廷始终不肯在科举的老树上嫁接新枝，对习实学西学者应试科举缺少实质性的鼓励措施，故整体而言，未能起到劝导鼓舞与激励的作用，推广实学西学的成效甚差。这次会议结束一年后，总理衙门将各省生监及同文馆学生试以算学题目，共录送 32 人，由顺天府统于卷面加印“算学”字样，按照 20 名以上取 1 名的规定，当年乡试只取 1 人。第二年，因投考者仅 15 人，与 20 名以上取 1 名的定规

---

① 杨齐福：《科举制度与近代文化》，第 48 ~ 49 页。

② 其基本操作参见《洋务运动》第 2 册，第 207 ~ 211 页。

不合，总理衙门奏请“应与监生一并散归南北中皿字号，一体应试，以免向隅”。[①] 则此项改革并未能获显效。

上述事实表明，自祁埙倡开五科至潘衍桐奏开艺学科，历经道咸同光四朝，议改科举的各种意见方案，屡屡在庙堂之上由部院大臣会议讨论。认真审视礼部及总理衙门议复的内容，以下问题始终没有解决：首先，观念上对西学仍存怀疑鄙视，认为是雕虫小技，既是末艺，便不能列于科举正途，更不能因其有用而让科举改制。因此，考试取才的标准不能改变，但在实际使用中，有实学才能或西学特长者，可得到任用。所谓“试士之例，未可轻议变更”，“求才之格，似可量为推广”是也。其次，科举重在检测文字文法和选拔通经致用的通才，其既定程式难以反映实学的多样性。无论建议者还是决策者，受限于知识积累和阅历，无法找到一种较好的兼容形式，以适应社会变化所产生的现实需要。一些方案的主要内容，集中于论证另设科目的必要性，而对具体操作的设计，过于简单粗略，缺乏切实可行的步骤。因此，“求才之格”与“试士之例”一直难以统一。

简言之，甲午战前（1842～1894）长达半个多世纪的议改科举，基本以增设算学或艺科为基本取向，相关议论与决策，多从洋务的角度，围绕及配合洋务活动的人才需求标准，提出调整改革方案。其时清廷内部因为中兴表象而缺乏紧迫感，对西学与西制的认识相当肤浅，对西学人才仅作器用，缺乏应有重视，不予认真提倡。算学和洋学等新科，本应增设科目，正式列入科举考试，从而广开中学西才并进之途，但礼部一味固守成法，对于求变心存抗拒，总理衙门则畏惧非议，导致即使在同治与光绪初年洋务大行其道之时，以老树嫁接新枝的做法，通过增加科目来充实和改造科举，纳实学和西学于科目的种种努力，仍然无法实现。

---

① 《洋务运动》第2册，第212页。

第三节 甲午战后的书院变革

在近代中国社会的演进过程中，甲午战争是一个明显而重要的界标。由于甲午战败给予朝野强烈的震撼与刺激，不变难以图存，向清廷提出变革科举以抵御外侮的建言日渐增多。

新疆巡抚陶模于1895年6月3日上《培养人才疏》，强调人才是国家强弱的重要标志，并提出："可否专设算、艺二科，钦派大臣特试，仿照翻译举人进士之例，不必兼试诗文，庶专门名家，各得自见。"① 这一方案最具实质性的进展，是继1884年潘衍桐奏请特开艺学科遭罢议11年后，再度提出增加实学科目，以改革既有科举程式，促使急需人才应世而出。尽管洋务时期习算学者亦许参加乡试，但要在与其他考生一道"同试诗文"之后，还要再考试各种内容繁杂的西学课程，"安有此奇才，一人而兼众长乎？"这不仅对考生不公平，更无益于新学的提倡与推广。陶模所提增加算学、艺学两科，其考生"不必兼试诗文"的建议，虽然仍基本沿袭道光朝以来，通过增加科目使科举包容新学的思路，可是其明确主张考试形式中西分途并行，标志着甲午战后议改科举进入新阶段。

清廷因甲午战败的压力，不得不做出一些顺应民意的改革姿态。1895年7月5日上谕，要求京官与外官举荐通达时务、精于各种专门实学的人才。② 也就是说，科举虽然未能以实学设科目，迫于时势，实学却不能不讲求。在甲午战败的刺激下，培养人才的方式也不能不更改。由于明代以来学校书院多为科举附庸，故晚清科举改革的议论和建议，除要求对考试内容及标准加以变通外，尝试利用现有的中学

---

① 麦仲华编《皇朝经世文新编》卷1（上），台北：文海出版社，1972，第26～28页。

② 中国第一历史档案馆编《光绪宣统两朝上谕档》第21册，广西师范大学出版社，1996，第208页。

形态与西学对接，从教学入手改变既往科举课士内容的空疏，是一个极为重要的方面。因学校与科举一样，属于正途根本，而学校不仅由官府管辖，且与科举直接对应（生员进学、岁贡与优贡、学政院试等均为重要环节），故遍布各省、不同层级的书院，形式灵活，便成为时人眼中最理想的改革依托。

书院自唐宋以来逐渐昌盛，除祭祀等不同类型的书院外，形式多样，官方与民间有较多的经费投入。清代中期，由于康熙、雍正、乾隆三帝的大力提倡和资助，书院数量不仅远多于明代，亦为历代之最。[①] 更为重要的是，晚清省垣、府郡、州县皆有授徒、讲学、研究、考课的书院，可以对应清中叶以后实际上变化很大的行政区划体制的层级，尤其是省垣书院，使得地位日显重要的直省也有了相应的教学机构（不同于学校只有府州县分设）。但明清书院受科举影响甚深，"充山长者十九为科目出身之人，肄业学子亦挟其科名目的与俱来，半多不知词章之外有学问（且仅仅八股试帖诗赋之词章），于是书院教育之宗旨、之科目、之实施状况，与学宫寄寓于考试之内无异矣"。[②] 尽管如此，在时人看来，未纳入官学体系的书院，其山长讲学与月课的方式，较之日渐废弛的府县学，更易与近代西式教育体制衔接。

由于不同类型的书院具有较强的包容性，伴随着欧风东渐以及洋务派对西学的推崇，同治年间上海率先出现了最早的西式书院，由徐寿、傅兰雅等中外人士发起，南北洋大臣同意，所开办的格致书院有别于同期的传统书院。该院延聘西人设置教授化学、矿学等课程，课

---

① 邓洪波：《中国书院史》，东方出版中心，2004，第405页。有统计表明，清代新建书院为明代的2.3倍，元代的13.1倍，宋代的5.4倍，唐代的82.3倍。朱汉民、邓洪波、高峰煜：《长江流域的书院》，湖北教育出版社，2004，第152页；白新良：《中国古代书院发展史》，天津大学出版社，1995，第129～137页。

② 江钟岷修、陈廷棻纂《贵州省平壩县志》卷7，《中国方志丛书·华南地方·第二七九号》，据民国21年铅印本影印，台北：成文出版社，1974，第487页。

试内容以洋务、西学和史学为主，南北洋大臣以及各关道大吏先后分别命题，课试给奖。[①] 也许是受到格致书院、龙门书院的启发，1884年郑观应在脍炙人口的《盛世危言》中建议清廷令各省设置西学书院，“将西国有用之书，条分缕晰，译出华文，颁行天下各书院，俾人人得而学之”。[②] 他还提出了利用府州县学宫及旧有书院兴学的主张，“由各省督抚改择通中、西实学者以为教习，且有已成之学宫、书院可以居住，无须另筹经费，另行建筑，一转移间，通国即可举行”。[③] 可惜郑观应的这一建议直至十年后才有了真正付诸实践的机会。

甲午战后，危难之世去奢华之风、倡实用之学，逐渐成为一些先行者的共识。1895 年 7 月，文廷式与皮锡瑞商议在江西倡开格致书院，“课以有用之学”，分设文学、政事、言语、艺学、格致、杂学、陆军、海军等科。[④] 按照学堂方式教授新学内容的新式书院，向民间扩展西式教育。一年后李端棻在《请推广学校以励人才折》中，奏请于京师、省府州县皆设学堂。[⑤] 1896 年，山西巡抚胡聘之、学政钱骏祥奏请变通书院章程，希望在书院增加天算、格致等课程。主张在坚持讲求经义的主旨下，“参考时务，兼习算学，凡夫天文地舆、农务兵事，与夫一切有用之学”，都在学习之列，以适应变化了的社会。[⑥] 在此前后，顺天府尹胡燏棻也具折奏请通饬各直省督抚，“弃章句小儒之习，求经济匡世之材”，先将省会书院归并裁撤，改为各项学堂，分印颁发总理衙门及江南制造局所译各种西学

① 《上李鸿章书》，《申报》1874 年 11 月 11 日。

② 夏东元编《郑观应集》上册，第 245 ~ 248 页。

③ 夏东元编《郑观应集》上册，第 291 ~ 303 页。

④ 汪叔子编《文廷式集》下册，中华书局，1993，第 1499 页。

⑤ 中国第一历史档案馆藏：军机处录副奏折全宗，文教类，学校项，7209 – 70，胶片号：537 – 2485。

⑥ 《请变通书院章程折》，《时务报》第 10 册，1896 年 11 月 5 日，第 631 页。

之书，延请西士或归国留学生为教习，妥定考取章程。数年以后将府州县各地大小各书院，一律裁改为学堂。[①] 这几个奏章相继要求将书院转为学堂，以推行与科举时代截然不同的新式教育，在当时朝野造成了一定声势与影响。

作为新式学堂先驱的湖北两湖书院，虽在教学内容上做了较大调整，但为招揽学生，仍不得不沿用旧式书院的管理方式，尤其是定额招生与奖励膏火，可兼顾入学方式公平及救济贫寒学子，故在改制初期推行比较顺利。1895 年该院招生时，"每府定额十名，每生月可领膏火银四两，月考绩优者，另有奖金"。所开设课程有论语、周礼、周易、尚书、地理、兵法、史略学、天文、数学、测量、化学、博物、体操等。考试除经史国文用纸笔，"其余各科俱在黑板出题作答，各生试题不同"。[②] 但在当时的中国，受限于观念和资源条件，类似的新式书院仍是凤毛麟角。要扩大西学教育的规模效应，还须从利用既有资源，改造旧书院处着手。

清廷方面，对于朝臣与疆吏的连番入奏，以及上述新旧书院改良的有效尝试，不能不有所触动和回应。1896 年 8 ~ 9 月，总理衙门在议复御史李端棻的奏请时提出："请由各省督抚酌拟办法，或就原有书院量加程课，或另建书院肄习专门，果使业有可观，三年后由督抚奏明，再行议定章程，请旨考试录用。"[③] 这一答复，实际兼采郑观应与李端棻的主张，意味着书院改革可以两种方式进行：一是在原来课程的基础上增加新的实学课程内容；二是旧有书院无须变更，另起炉灶设置西学书院，以适应实学分设专门的需要。此后各省督抚基本按照这一思路在此两种方式中自行选择，于所辖地域的书院进行改革。

① 中国史学会主编《中国近代史资料丛刊·戊戌变法》（以下简称《戊戌变法》）第 2 册，上海人民出版社、上海书店出版社，2000，第 289 ~ 290 页。

② 张文伯编《民国张怀九先生知本年谱》，台北：台湾商务印书馆，1980，第 3 页。

③ 中国第一历史档案馆藏：军机处录副奏折全宗，文教类，学校项，7209 - 70，胶片号：537 - 2485。

对于总署让督抚自行选择书院改革方式的决定，安徽巡抚邓华熙颇有异议。他主张讲求西学必须实事求是，认为“于旧有书院令其兼习”的办法难以造就所需人才，应要求各省均“于省城另设学堂”。为区别于京师大学堂之类的高等学堂，他将各省设置的学堂称为“二等学堂”。总署议复此奏时并未否定原有安排，但考虑到京师大学堂可通过此举与各地学堂衔接，最终采纳其设置“二等学堂”的建议，并咨行各省遵照落实。[①] 这一补充，实际使各省除传统书院改革外，设置新式学堂已为必需措施。其后各省陆续实施，不过1898年之前，各省改原有书院为学堂者鲜，另起炉灶开设西式新书院的居多，如湖北两湖书院、湖南东山精舍、陕西崇实书院、[②] 浙江求是中西书院等，[③] 而新开办的陕西崇实书院，就设在传统的味经书院之侧，所延请的山长，即原味经书院的主讲。

在时势渐变的背景下，各省旧式书院的课程内容亦有明显变通，如广东学海堂、广西经古书院均先后添设算学季课，“每季由书院监院禀请抚宪命题考试，问以算数、算理、天文、时务四项”；[④] 云南则在省城“经正书院隙地创建学舍数楹，名曰算学馆，分议章程，出示招考，并慎选精通算学之人主教其中……此外各属亦据该管州县先后禀报，均于旧有书院添课算学”。[⑤]

改革书院的目的，在于改变选拔人才的标准和途径。如郑观应广设新式书院的具体做法是遴选并延聘精通泰西各科实学者为教习，选

---

① 《总理各国事务衙门议覆安徽巡抚邓华熙添设学堂折》，《湘学新报》第3册，1897年5月12日。

② 刘锦藻编《清朝续文献通考》，第8593页。

③ 《民国杭州府志（一）》卷17，《中国地方志集成·浙江府县志辑一》，上海书店出版社，1993，第464页。

④ 《京外近事》，《知新报》第15册，第5页。

⑤ 《云贵总督崧蕃云南巡抚黄槐森奏为滇省于省城经正书院创建算学馆事》，中国第一历史档案馆藏：宫中档朱批奏折全宗，档号：04-01-38-0188-025，缩微号：04-01-38-008-2144。

择15岁至20岁粗通中外文理之学生，各自专习一艺，三年为期。由官方预备膏火经费，按书院考课章程按月出题课试，以各种有裨时务等实学出题，凡历次考为中等者，咨送院试，考取后名为艺生，大比之年，咨送京师大学堂录科。[①] 最后仍要与科举考试接轨。1896年7月，四川总督鹿传霖奏请给予其他省份西学堂学生参加乡试的资格，对未参加乡试而学业出众之人，则给予实官奖励。[②]

一旦涉及新式书院学生的出路，便不可避免地与科举考试发生关联。耐人寻味的是，对于改革书院以造就新式人才，李鸿章并不看好。因为进入书院课读的士子，仍是以举业为终极目标，若科举考试的内容不做根本改变，仅仅增开几门西学课程，并不能真正扭转士子学非所用的状况。由于自鸦片战后长达半个多世纪以来，于科举内增开实学、西学科目的建议屡屡被驳，因此，在李鸿章看来，上策"惟有尽罢各省提学之官，辍春秋两试，裁并天下之书院，悉改为学堂，分门分年以课其功，学成即授以官，而暂停他途之入仕者，庶二十年间风气变而人才出"。即罢学政、停科举，以学堂育才授官，试士与求才统一。由于触及根本体制，李鸿章预料这只是幻想而不可能成为现实，故曰"但亦不过托之空言耳"。[③] 几天后，与他有相似看法的吴汝纶也在私下议论：山西巡抚胡聘之请变通书院的主张"自是当今切务。然不改科举，则书院势难变通；不筹天（文）算（学）格致出仕之途，虽改课亦少应者"。由于原来"书院专讲应试之学"，要通过书院课试内容的变革取得成效，不容乐观：首先是因民穷财尽而难筹经费；其次是西学教师"在沿海尚且难求，在内地万难聘请，若但欲聘中国人为师，则恐非驴非马，如

① 《考试（上）》，夏东元编《郑观应集》上册，第295页。

② 《戊戌变法》第2册，第4页。

③ 《复皖幕陈》，光绪二十二年九月初四日（1896年10月10日），顾廷龙、戴逸主编《李鸿章全集》第36册，安徽教育出版社，2008，第110页。

龟兹王之学汉语矣”。若以招延西方传教士为师资，既恐因此招乱，又须防其借此传教。百般踌躇之下，只能变通而就“现时各属，力所能为，止有购置已译之书，入之书院中，高才生兼习之，似为简易可行”。[①] 关键还在于如何给予改弦易辙者出仕之途。

与此前书院改革的缓慢渐进相比，戊戌年是晚清书院改革最热闹的一年。1898 年 7 月 10 日，在康有为等维新派的推动下，[②] 清廷谕令督抚详查各地书院，并将书院按所属省会、郡城、州县改为兼习中西学之高等、中等和小学，“皆颁给京师大学堂章程，令其仿照办理。其地方自行捐办之义学社学等，亦令一律中西兼习，以广造就”。[③] 时任保定莲池书院山长的吴汝纶对此颇为疑虑，致函李鸿章，认为兴西学需根据国情现实循序渐进：“都下近多新政，初疑吾师与谋，及见所拟章程，则皆少年无阅历者所为。如议改书院为学堂，兼习中、西之学，外省府、县书院，束脩不过三百金，以之分请中、西两师，决无一人应聘。若用一人兼席，则耳目中尚少兼通二学之贤。通商都会之地，间有其人；若腹地则风气未开，安得千七八百兼通中、西之师，以兴新学！若不聘名师，但恃译书，则自师门在沪开方言馆，先后所译西书不少，海内何人读而通其说者！”吴汝纶甚至认为，清廷此谕在条件未具备时便通饬各省，有失轻率：“窃谓此等大政，不筹有着之款，不延名家之师，即京师大学堂尚难猝成，何况各行省、州、县？”[④] 条件未备而急行推广，不啻沙漠中的海市蜃楼。

---

① 《答牛蔼如》，《吴汝纶全集》第 3 册，施培毅、徐寿凯校点，黄山书社，2002，第 129 ~ 130 页。

② 光绪二十四年五月十五日（1898 年 7 月 3 日），康有为奏请饬各省改书院淫祠为学堂：“臣为我皇上思兴学至速之法，凡有二焉：我各直省及府州县，咸有书院；多者十数所，少者一二所，其民间亦有公立书院；义学、社学、学塾，皆有师生，皆有经费……莫若因省府州县乡邑公私现有之书院、义学、社学、学塾，皆改为兼习中西之学校，省会之大书院为高等学，府州县之书院为中等学，义学、社学为小学。”《知新报》第 63 册，第 854 ~ 855 页。

③ 《谕折汇存》第 6 册，撷华书局，1908 年铅印本，第 4287 ~ 4289 页。

④ 《上李傅相》，《吴汝纶全集》第 3 册，第 200 ~ 201 页。

吴汝纶的担心不无道理，由于合格师资与经费的匮乏，一些奏章已反映出无奈敷衍的事实，如贵州省垣原有贵山、正本、学古三所“素习制艺”的书院，巡抚王毓藻因师资和经费限制“未便一概改张”，只将学古一所书院改为经世学堂，延聘了一名算学教师，“仍饬山长朝夕教诲，令其（学生）阅史书，探掌故，泛览中外时报及泰西各种书籍，以拓其眼界；精求经义及先儒语录，以正其心术。并举经济科内政、外交、理财、经武、格物、考工六事，按条查核，相语讲明”。各府县书院，则主要是兼试算学及时务各论。[①] 河南孟县溴西精舍（书院）所订学规，明文要求学生“每日读书之功，当以七分读经，三分读史，有余力则兼及于时务”。其每隔十日须缴纳读书笔记，也主要是了解“逐日所读经史若干页”。[②] 可见西学虽列入书院课程，但或受限于条件，或囿于观念，依然处于从属地位，通过自学完成，实际收效不可高估。究其根本，出仕之途制约了育才之道则显而易见。

在书院改造过程中，地域差异与条件制约也相当明显。经济实力相对雄厚的地区，因师资与经费落实较易，书院改学堂的情况可能会相对好些，江苏在已设西式学堂的基础上，进行了传统书院的改造，将“旧有之钟山、尊经、惜阴、文正、凤池、奎光六书院，并改为府县各学堂”。[③] 湖南在省会奏设时务学堂的同时，将原有求贤书院改为武备学堂。[④] 张之洞则在湖北已设置多所新式学堂的情况下，仿照学堂办法为两湖、经心两书院“严立学规，改定课程”。[⑤] 当然，类似湖北这样较有成效的新式书院数量不多，规模与数量的局限，必然直

① 《谕折汇存》第7册，第4798～4800页。

② 王锡彤：《抑斋自述》，郑永福、吕美颐点注，河南大学出版社，2001，第100页。

③ 刘坤一：《创立江省郡县学堂折》，中国科学院历史研究所第三所主编《刘坤一遗集》第3册，中华书局，1959，第1046页。

④ 汪叔子、张求会编《陈宝箴集》，第592页。

⑤ 苑书义等主编《张之洞全集》第2册，河北人民出版社，1998，第1299页。

接影响其应有的效果。

就全国范围而言，书院改革没有产生西学昌盛的立竿见影功效，但作为科举改革进程中不可或缺的重要环节，在实际影响方面，至少通过书院的课程增置及部分西式书院的开办，使鸦片战后重视西学的倡议得到部分落实。只是相对于制艺而言，西学设置在课程、师资、经费、教材、设备等方面，都存在众多难以解决的具体问题，名实不符、质量堪忧的情形相当普遍，凡此种种，此后均长期困扰兴西学发展的进程。更为重要的是，随着学堂和新式书院的增多，毕业生的出路与科举正途的关系产生日益尖锐的矛盾，如何容纳西学新学，已经成为清政府无法回避的问题。

第四节　议开经济特科

1896 年，大学士孙家鼐总结此前兴办西式学堂的教训，已经看到问题的症结，即“求才”与“试士”不能割裂，政府的育才取士标准应与用人标准统一，因而特别强调：“中国素重科目，不宽予以出身之路，终不能鼓舞人才。”其解决办法，一为增加科举应试科目，立时务科，包含算学在内，使学堂学生可以获得参加科考的资格和机会。二为以派差鼓励习西学者，即对学生应试不中者，仍重其所长，直接录用。三为遣送新学师资，“大学堂学生如不能应举为官者，考验后仿泰西例奖给牌凭，任为教习”，为各省新设学堂提供师资。①

孙家鼐借鉴洋务时期学堂教育的得失，强调专门学问的重要性，并且从学堂教育与国家经济振兴的角度，试图解决新式学堂学生毕业的出身和出路问题，以科举与学堂并行不悖的思路，打破科举取士独尊的局面，选才标准承认二元并存甚至并重。同年盛宣怀上《条陈自

① 《戊戌变法》第 2 册，第 428～429 页。

强大计折》，秉承前人思路，指出："今不能尽改科举之制，似宜专设一科，裁天下之广额，为新学之进阶，明定功令，使文武学堂卒业者，皆有出身之正途，齐仕进于科第，则闻风兴起，学校如林，人才自不可胜用。"① 也要求科举为新学和学堂开辟专门通道。

与此同时，以改科举为变法嚆矢的设想，也在维新人物的言论中表露出来。1896 年 10 月，梁启超提出科举变革三策，其上策取法三代和泰西，"合科举于学校"，以学校考试代替科举；中、下策分别为多设诸科和考试实学，并且声称："由上策者强，由中策者安，由下策者存。"② 梁启超的主张，明显是将纳洋学于科举、中西学分途视为较低层次的权宜之计，而以合科举于学校为最高标的，就中西学以及科举与学堂的地位而言，可谓对前此所有改科举方案的改弦更张。作为中西学地位根本变化的反映，所谓合科举于学校，只是以科举考试的形式为检验学习效果的手段，并非以八股词章为选才标准。

由此，甲午战后改革科举的诸多建议，在新学仍为旧学补充的情形下，不约而同地思考学校与科举的关系，或承袭前人增设实学科目的主张，设专科为新学进阶；或要求归并科举于学校，以学校兼容科举。尤其是后一主张，与以前截然不同，在促使人才培养及选拔方式多样化的同时，标志着在科举与学校之间权衡取舍的趋向已开始转变，即由科举容纳学堂，转向学堂包容科举，预示着科举存亡与新学进退密切相关。

甲午战后朝野及公众舆论对战败原因的反思，以及对科举误国的诸多指责，使几乎成为众矢之的的科举的改革势在必行。即使如此，关于科举误国，其时仍存某些怀疑和不同意见。虽然慑于媒体几乎一边倒的态势，持不同看法者并未将意见公之于众，却婉转地通过岁科

---

① 朱寿朋编《光绪朝东华录》第 4 册，第 3880 页。

② 梁启超：《饮冰室合集·文集之一》，中华书局，1989，第 27～29 页。

考试的题目表现出来。1896 年 8 月，严修在贵阳棚拟科试试题，以宋神宗时，王安石以为科举败坏人才，苏轼以为诗赋亦多得人，要求学生回答“二说孰长”。[①] 该试题为策论形式，出题者巧妙地将关于科举与人才的关系，通过宋代两位名士截然对立的意见表示出来，给予应试者以发挥的空间，使其可以将文史知识、逻辑思维与现实问题较好地贯穿起来。不过，此题的设计，实际上是一个相当吊诡的设计，倘若应试者赞成王安石的观点，则论点与应试者的身份和行为完全相悖。其中暗藏的玄机，表现出人们对于科举制改革的矛盾心态与两难抉择。科举改革为形势所迫，而科举考试则去意彷徨。

对于主持各省科举考试为职司的学政而言，由于身份角色所赋予的特别色彩，他们的命运与科举改革进退休戚相关，故其对科举的态度和建议更易使人瞩目。贵州学政严修的《奏请设专科以收实用折》于 1897 年 10 月呈递朝廷，给科举改革带来一次新的契机。历时半个多世纪的科考增加实科的方案，终于被清廷采纳，总理各国事务衙门会同礼部奏《遵议贵州学政严修请设专科折》，同意严修所提新增经济科于科举考试的建议。1898 年 1 月 27 日，上谕开设经济科目，将其分为常科与特科两种形式，内容由内政、外交、理财、经武、格物、考工六部分组成。其中常科的岁举，考生主要来自书院和学堂，每届乡试年份，各省学政调取新增算学艺学各书院学堂高等生监，录送乡试。“初场试专门题，次场试时务题，三场仍试四书文。中式者名曰经济科举人。与文闱举人同场复试。会试中式经济科贡士者，亦一体复试殿试朝考”。上谕要求督抚与学政认真监督各学堂书院的教学，“该生监等亦当思经济一科，与制艺取士并重，争自濯磨，力图上进”。

新增经济科目的特科部分，应考者主要由三品以上京堂及督抚学

---

① 严修自订、高凌雯补、严仁曾增编《严修年谱》，齐鲁书社，1990，第 81 页。

政推荐，以其专长登记并咨送总理衙门，由总署与礼部奏请在保和殿试以策论，“复试后带领引见，听候擢用，此为经济特科”。以往特科每届时间不确定，或十年或二十年。经济特科似予变通而较灵活，“俟咨送人数汇齐至百人以上，即可奏请定期举行特科”。[①]

按照该谕旨，通过新科目的设置，学校与科举衔接，承认西学享有和中学相似的正式地位，不但西学书院与学堂学生可以通过乡会试取得科举功名，已经入仕为官者也可通过特科的途径，在保和殿一展才学而成为天子门生。经济常科与特科互为补充，相得益彰，广搜人才，以免遗珠之憾。

严修所奏经济科目得以获准开科，并非偶然。道光中叶以来，倡设科目已历四朝，持续56年之久。严修上奏正值甲午战后朝野救亡呼声强烈，人才需求迫切之时，清廷不能不有所动作。年轻的光绪帝博览康有为等人进呈的各国改革之书，有意进取。甲午战后的两三年间，朝野上下改革科举的诉求不断，前后连贯呼应，形成舆论强势，并上达天听，持续地直接影响最高当局的决策。更为重要的是，建言者的身份也与此前有所不同，既往倡设实科者多为疆吏朝臣，或有趋时好名之嫌。而严修作为贵州学政，是清廷派往该省主持学务及科举事宜之人，对科举利弊的认识及人才现状的观察较为深切。贵州为偏远小省，本非战事频繁或洋务兴盛之地，设经济科的建议出于此，足见人才需求问题的普遍与严重。与此前各奏章相比，严修所提建议更为具体，从科目名称以至考试内容和程序，皆具可操作性。考试科目按传统分类，考试场次的安排则不仅体现了经济科目的特点，还兼顾原有科举考试的经典内容四书文，趋新与固本兼而有之，符合中庸之道，人们易于接受。

① 中国第一历史档案馆编《光绪朝上谕档》第24册，广西师范大学出版社，1996，第11～12页。

然而，经济科目考试尚未开科，八股程式化的影响已经袭来，有违倡行者去浮躁文风、求实际学问的初衷。1898 年 3 月陈锦涛致函汪康年，抱怨道：“现开经济特科、岁科以求人材，然科未举行，辑录西学之皮毛，便于抄拾之书，如《时务通考》等已出，则鱼目杂乱，侥幸门开，则人材亦将不可得矣。盖中国所考实学之策论，多是问其名目耳。若有名目之书查检，则曾学者与未学者不大可分矣。”陈锦涛希望汪康年通过所办报纸提醒出题者，考题应该真正能够检验所学，“总期于皮毛书中不可检得为妙，然后真材可得”。① 为了避免穿新鞋走老路，重蹈八股覆辙，1898 年 4 月，浙江巡抚廖寿丰鉴于科考用四书文命题，所学无济实用，提议：“今既名曰经济常科，似莫若按照特科六事，径由学堂选举”，② 要求摒弃旧的内容与形式，直接以新形式表现新内容。

第五节 妥议科举新章

改造书院与经济特科的批准设置，只是戊戌期间政府推出的部分改革措施，戊戌年自五月初五日至六月初一，短短不足一月的时间，清廷颁布与改革科举相关的谕令竟有八道之多，集中表现为废八股改策论的一系列举措。③ 重新审视这些看似熟悉的史实，翻阅科举停罢前最后一届乡试、会试的朱卷，以及当时学政、应试士子、阅卷者的日记，不难发现：与既往认识不同，戊戌年的改科举，并未变成一纸空文，只是被迫一度推迟实施。它在事实上成为日后新政初改革的起点，在岁科与乡会试中，更改科考

① 上海图书馆编《汪康年师友书札》第 2 册，上海古籍出版社，1986，第 2083 页。

② 国家档案局明清档案馆编《戊戌变法档案史料》，中华书局，1958，第 212 ~ 214 页。

③ 戊戌年改科举的过程，论者多有关注。近年马勇对废八股、改策论的缘起及决策过程的曲折有翔实深入的论述（《从废八股到改科举：以 1898 年的争论为中心》，《商丘师范学院学报》2005 年第 1 期）。本章侧重于科举改章后的实际成效。

场次及考试内容、改试策论，均得到了普遍的贯彻。只是这些已经落实了的措施，何以未能改变科举的最终命运，仍需进行深入细致的探讨。

一　载道之文与实学之体

如何改造千年科举的旧形式，使之能包容实学与西学的新内容，培养经世致用之才，并非自晚清始才被朝野关注和议论。以文武双全自诩的乾隆帝，曾因士子竞尚浮华、不务实学而十分苦恼。①

所谓文以载道，本意是文必须有内容，且为传播道德与经义的载体。科举将经义作为考试的内容，所衍生的八股文体、截答题等，已使原本多样化的文风日趋僵化。原本“载道之文”不止一种，而自科举成为检验考生掌握经义水准的手段，科举文体长期成为士林普遍追摹的典范，形式日趋单一化，实学难以在旧文体中找到容身之地，科举考试也难以接纳实学。

乾隆时期，因皇帝御制诗在王公大臣中流传甚广，士风因此多受影响，附庸风雅者以此攀附权贵，逢迎君主，各省借乡试、会试之期或皇室成员寿诞进献诗册，以期邀宠者络绎不绝。乾隆五十三年三月中旬（1788 年 4 月），各省士子在天津进献诗册，经军机大臣挑选“词义稳妥者”恭呈圣览。乾隆帝翻阅后，对安徽附监生叶栋所进诗册，因其“系集御制诗文，体格颇新”而颇有好感，原拟颁谕奖赏，考虑到诗文仅“系词章末技，若遽加恩优奖，恐外间士子，因此或竞尚浮华，不务实学，是以迟而未发”。这一踌躇犹豫，表明乾隆对当时文风多以揣摩圣意好恶为转移一事，多少已有警觉。

文风与士风联系紧密，为了防止士子趋之若鹜，崇尚浮华、不

① 有研究者认为，“清代试律与乾隆皇帝好诗及提倡诗歌有关”。见汪小洋、孔庆茂《科举文体研究》，第 135 页。

务实学，对科举取士产生不良影响，乾隆命专人将叶栋应试原卷查取进呈，果然发现作弊嫌疑："该生所作之赋，已有失押韵脚、肤泛之句。而诗内砌凑春夏秋冬二联，全与题无涉，至用霜叶红、火云烘等语句，更不值一噱。可见其所进献诗册必系他人代倩，断非出于叶栋之手，殊属可鄙。"深获圣心之作其实不过是曲意逢迎而弄虚作假之作。

震怒的乾隆于三月十九日（1788 年 4 月 24 日）颁布一道整饬士风的上谕："士子读书讲学，原应湛深经术，坐言起行，方为敦本崇实之道；至文词本属游艺末节，然亦须根柢经训，有裨身心，方为载道之文。若徒以藻缋为工，即素号专家，已非真儒所尚。至并此不能，甚或临时剽窃，假手捉刀，更为士林所深耻。近日士风浮靡，即进呈诗文仅属末艺，尚不免丐求赝笔，未能出自心裁。而遇有考试，辄百计钻营，甘心骫法，总由不务实学，惟事弋获虚名，遂至作奸犯科，罔顾廉耻，思之实增愧恨。"

乾隆帝亦深知文风士习流于奉承趋俗，不务实学，不能仅归咎于宵小，所谓上行下效，须认真自我反省："推求其故，或因朕几余游艺，不废诗文，临御以来，初二三四集，风行海宇，裒集日多，承学之士妄意朕雅尚词华，遂不思务本力学，为立身行己根基，此则甚非朕崇实黜华之意也。"然反思之后，乾隆仍觉得崇尚浮华的士风恶习，其实恰是曲解圣意、东施效颦的恶果："朕所作诗文皆关政教，大而考镜得失，小而廑念民依，无不归于纪实。御制集俱在，试随手披阅，有一连十数首内，专属寻常流览、吟弄风月浮泛之词，而于政治民生毫无关涉者乎？是朕所好者载道之文，非世俗徒尚虚车之文。若朕所制各集，俱不过词章能事，则朕早将御制四集诗文，概行废而不存矣。"

他认为，由文风趋向而及科举取士标准、仕途吏治的整饬，皆在在相关："且士先器识而后文艺，国家设科取士，上以实求，下宜以实应。况制举为士子进身之阶，其得邀科目者，或备职郎曹，或出司民社，其大者则简任大员，论思献纳，皆由是起。若始进先已不端，则后此见之措施，必无足取。”乾隆诧异自己为整顿文风士习、防止科场流弊已采取诸多措施，对所有严格科考程序的建议亦予以采纳，缘何身列衣冠的士子，营私舞弊时竟无羞愧之心？他谆谆告诫道：“士子皆读书明理之人，乃习于下流，无耻侥幸；考官等俱通籍清华，仰邀简用，非惟不能抡拔真才，乃暧昧营私，罔知儆畏，即幸逃宪典，亦必为天理所不容。”

乾隆认为，文风浮华与主持科举考试官员的务虚取向、做法不无关系，怒斥这些官员：“伊等清夜扪心，即不自愧，宁不为国家取士大典，稍存颜面耶。嗣后各士子及试官等务宜激发愧耻，各知勉励，砥行立名，一洗纯盗虚声，通同舞弊陋习，庶不负朕振饬士风，谆谆训诲至意。将此通谕知之。”①

由一册进呈的士子仿御制诗文，睿智的乾隆已看到由于自己偏爱吟诗作赋，导致士子竞诵词章、不务实学，科举考试与官场流弊交相作用，导致士风日下，并为此殚精竭虑。但仅以严密科场防弊为主旨，好比一味堵而不疏，难以根治水患。单纯训斥与批评臣下，表达愤懑、严定科场条文，仍不能根治陋习，扭转局面。

道光十五年（1835），道光帝在召见时为翰林院编修的张集馨时，嘱咐其“读有用之书，无徒为词章所困也”，并且直言不讳道：“词章何补国家，但官翰林者，不得不为此耳！”② 表示明知其弊，却无可奈何的心态。

毋庸讳言，明清两朝科举考试不断程式化而导致文体日趋僵化，确实难以包容和反映实学丰富多样的内容，而当道者的取向必然直接

---

① 中国第一历史档案馆编《乾隆朝上谕档》第 14 册，广西师范大学出版社，2008，第 211～213 页。

② 张集馨：《道咸宦海见闻录》，中华书局，1981，第 20 页。

影响科场与官场风气。至于如何改造科举文体，使之能够兼容和反映实学的内容，并以此杜绝官场不正之风，崇本务实、澄清吏治，乾隆、嘉庆、道光、咸丰、同治诸帝均未能有效解决这一棘手难题，直至戊戌，时势所迫之下，才有新的方案提上议事日程。

二 妥议科举新章

光绪六年（1880），江苏学政黄体芳谕示该省士子："近今世风浇薄，时事艰难，虽欲救正维持，不免乏才为虑……不务实而能成才，必无之事也。"[①] 甲午战后，因救亡图存成为朝野共识，改章科举以鼓励实学也逐渐得到认同。由康梁等维新派鼓吹，通过宋伯鲁、徐致靖等御史奏陈的废八股、将考试经济特科归并正科、改试策论等建议，由光绪帝顺应舆情，批准颁布实施。其后张之洞、陈宝箴会奏《妥议科举新章折》也被基本采纳。戊戌期间清廷颁谕废除八股取士，改试策论，即从科举考试的形式着手，引导士子改变空疏无用的文辞文体、崇尚实学，成为晚清科举制的重大改革。

作为晚清科举改革的重大举措，戊戌期间废除八股、改试策论诏令颁布前，有一个耐人寻味的细节：1898 年 6 月，康有为在颐和园应召，面圣时直接将甲午中国战败的原因归咎于八股误国。大受启发的光绪帝明确表态赞同，并补充道："西人皆为有用之学，而吾中国皆为无用之学，故致此。"此番君臣对话，八股直接被视为战败误国的罪魁，不久光绪帝便颁布了废除八股诏令，改科举兴学堂渐成朝野聚焦点。[②]此后科举改革的目标，是要将无用之学改为有用之学，以救亡图存、匡时济世。将有用之学纳入科举的途径，被确定为改试策论、改变考试场次，具体即改变考试内容和调整题型比例。

---

① 黄体芳撰、俞天舒编《温州文献丛书·黄体芳集》，上海社会科学院出版社，2004，第 41 页。

② 康有为：《我史》，江苏人民出版社，1999，第 40 页。

表 1－1 所列，俱为戊戌期间不到一个月内清廷相继所颁改科举的八道上谕。[①] 由于五月初五日的上谕，光绪仅宣布了废八股改试策论的决定，至于如何分场命题考试，并未拟出详细章程，责成礼部妥议具奏，尚未制定出贯彻落实的成案。五月十八日，军机大臣面奉谕旨，督催礼部五日内将改试策论、分场考试章程办法迅速具奏。

表 1－1　戊戌期间光绪帝所颁科举改革谕令简表

颁布上谕时间	主要内容	史料来源
光绪二十四年五月初五	废八股改试策论，著自下科为始，乡会试及生童岁科各试，向用四书文者一律改试策论。其如何分场命题考试，一切详细章程该部即妥议具奏	《光绪宣统两朝上谕档》第 24 册，第 205～206 页
光绪二十四年五月十二日	准宋伯鲁奏请将经济岁举归并正科、各省生童岁科迅即改试策论，毋庸候至下届	《光绪宣统两朝上谕档》第 24 册，第 213 页
光绪二十四年五月十七日	军机大臣面奉谕旨，拔贡朝考复试两场，题目均著改为一论一策	《光绪宣统两朝上谕档》第 24 册，第 213 页
光绪二十四年五月十八日	军机大臣面奉谕旨，督催礼部五日内将改试策论、分场考试章程、办法迅速具奏	《光绪宣统两朝上谕档》第 24 册，第 232 页
光绪二十四年五月十八日	光绪帝谕旨将翰林院侍读学士徐致靖奏请酌定各项策论考试文体折暂存并"恭呈交慈览"	《光绪宣统两朝上谕档》第 24 册，第 232 页
光绪二十四年五月二十二日	礼部奏遵议考试章程折，上谕："嗣后一切考试均著毋庸用五言八韵诗，余依议。"	《光绪宣统两朝上谕档》第 24 册，第 241 页
光绪二十四年五月二十二日	上谕各省大小书院一律改学校。"著各该督抚督饬地方官，各将所属书院坐落处所、经费数目，限两个月详查具奏，即将各省府厅州县现有之大小书院，一律改为兼习中学西学之学校。至于学校等级，自应以省会之大书院为高等学，郡城之书院为中等学、州县之书院为小学，皆颁给京师大学堂章程，令其仿照办理。其地方自行捐办之义学社学等，亦令一律中西兼习，以广造就。"	《光绪宣统两朝上谕档》第 24 册，第 241～242 页
光绪二十四年六月初一	上谕调整乡试会试三场考试的程序内容，确定"乡会试仍定为三场。第一场试中国史事、国朝政治论五道；第二场试时务策五道，专问五洲各国之政、专门之艺；第三场试四书义两篇，五经义一篇。首场按中额十倍录取，二场三倍录取。取者始准试次场，每场发榜一次。三场完毕，如额取中。其学政岁科两考生童，亦以此例推之"	《光绪宣统两朝上谕档》第 24 册，第 251～252 页

① 拔贡朝考虽非科举，但因其改革受科举改章的直接影响而推出，故亦列此表。

恰在此时，张之洞、陈宝箴两人会奏妥议科举新章，以张之洞的《劝学篇》为依据，将科举文体改革、考试内容变化以及科考程序的调整三者结合配套，其基本构想和各项具体内容均被清廷采纳。

张之洞、陈宝箴认为："特是科举一事，天下学术所系，即为国家治本所关，若一切考试节目未能详酌妥善，则恐未必能遽收实效，而流弊亦不可不防。"废八股并非废四书、五经，改试策论若不为定式，恐界限过宽、杂乱无章，而"为文者必至漫无遵守，徒骋词华，行之日久，必至不读四书、五经原文，背道忘本。此则圣教兴废、中华安危之关，非细故也"。因此，科举文体改革应以不悖儒教，保留四书五经精义，并令士子向学，稳固统治为根本。

此时，西学经济的内容虽已并入乡会试，但尚未议及六科如何分考之法。"若非合科举、经济、学堂为一事，则以科目升者偏重于词章，仍无以救迂陋无用之弊；以他途进者，自外于圣道，适足以为邪说暴行之阶。"如何使实用与圣道相辅相成，便成为设计的关键。

为防新弊，具折者殚精竭虑，提出以下方法：（1）考试题型正其名为四书五经义，"以示复古"，文格大略如讲义、经论、经说。（2）定题明确以四书五经原文，不得增减删改，也不得用其意而改其词，以免曲解或篡改本意。（3）正体以"朴实说理、明白晓畅为贵"，杜绝骈俪体与怪涩体。（4）征实鼓励引征史事、博采群书，只要不是离经叛道之语，皆可征引。凡是八股程式所不准用之禁忌，皆予蠲免。（5）对"闲邪"等离经叛道的言论"严加屏黜"。只要落实上述各条，"则八股之格式虽变，而衡文之宗旨仍与清真雅正之圣训相符"。[①]

然而，如果仅仅改换考试内容，不对考试程序做出调整，仍不免倚轻倚重之弊，难以取得科举考试文体与内容改革的整体成效，故三

① 《会奏妥议科举新章折》，光绪二十四年五月十六日（1898 年 7 月 4 日），汪叔子、张求会编《陈宝箴集》，第 764 ~ 766 页。

场考试的顺序安排，直接关系到孰轻孰重的取向，安排必须合理有序。这样的考虑仍然基于“中学为体、西学为用”的宗旨。

清代科举考试，自“顺治二年定为首场四书三题、五经各四题……二场论一道、判五道，诏、诰、表内各一道。三场经史时务策五道”。然而，在实际进行中，本来不过顺序有别而非轻重有异的三场考试，由于应试士子太多，阅卷官多不能仔细阅卷，故咸同时，已有“三场专重第一场，视二场、三场无足轻重，甚至有不阅者，故士皆专力于四书文”之说。[①] 可见考试场次的排序，对士子所学趋向的影响不容小觑。

张之洞等人认为：“文士之能讲实学、治古文者不多，改章之始，恐仅能稍变八股面目，仍不免以时文陈词滥调敷衍成篇。若主司仍以头场为重，则二、三场虽有博通之士，仍然见遗，与变法之本意尚未相符；若主司厌其空疏陈腐，趋重二、三场，则首场又同虚设。其诡诞浮薄、务趋风气者，或又将邪诐之说解释四书五经，附会圣道，必至离经畔道、心术不端之士杂然并进，四书五经本义全失，圣道既微，世运愈否。其始则为惑世诬民之谈，其终必有犯上作乱之事，其流弊尤多，为祸尤烈。”[②] 考试场次的调整，对转移学风趋向具有导向意义。

为了贯彻“体用一贯之法”，以达“中正而无弊”之目的，张、陈两人主张师法古贤，兼取朱熹救科举积弊“更须兼他科目取人”之法，以及欧阳修欲以策论救诗赋的主张，对应为“开特科经济六门”及“以中西经济救时文”。同时，遵循先博后约、随场去取之法，将原有乡会试科考三场先后顺序做前后调整，仿府、县考复试办法：第一场以中国史事、国朝政治论五道为考试内容，称为“中学经济”；

① 陈澧：《科场议》，盛康辑《皇朝经世文编续编》卷66《礼政六・贡举》，第31页。
② 汪叔子、张求会编《陈宝箴集》，第765页。

第二场以时务策五道，五洲各国之政、专门之艺为考题内容，“政如各国地理、学校、财赋、兵制、商务、刑律等类，艺如格致、制造、声光化电等类，分门发题考试，此为西学经济”；第三场则以四书义两篇、五经义一篇出题，希望借此考试场次安排的更动调整，遴选出“学通而不杂、理纯而不腐”之才。

张之洞和陈宝箴认为，如果应试者通过三场考试而中式，一定具有博学纯正的素质。因为按照他们的设计，首场意在先取士子的博学，二场于博学中求通才，第三场则着重在通才中寻求对义理与经典理解的纯正。所谓“三场各有取义，以前两场中、西经济补益之，而以终场四书义、五经义范围之，较之或偏重首场，或偏重二、三场，所得多矣”。按照这一构想，各场取进的比例，第一场以录取定额的十倍取之，二场以录取定额三倍取之，最后一场以三比一最终录取。能够闯过三关，即为精通中西学且宗旨纯正的人才。就理念而言，设计似乎确有不偏不倚的功用，既能改变仅以词章和经典背诵为标准取材之弊，亦可倡导鼓励士子积极趋向实学。

其实，通过更改科举场次和考试内容引导士子趋向实学，并非张、陈二人首创。冯桂芬在著名的《变科举议》中，已经提出改革科举考试的程序和调整考试内容，以经解为第一场（经学为主），策论为第二场（主要考史学），古学为第三场（主要考诗文）。对乡试中三项考试成绩均为优秀者给予举人，两优作为副贡，一优者从其廪增附之旧。不论经策古学，一体并计。“凡国学，天下学校书院，皆用三事并试，通籍后不得再试。”①

此后，对于科考场次的调整，康有为进一步提出，既往科举“三场只重首场。故令诸生荒弃群经，惟读四书；谢绝学问，惟事八股”。而废八股、改试策论的用意，则以策论体裁能通古证今、会文切理、

① 冯桂芬：《校邠庐抗议》，上海书店出版社，2002，第38～39页。

本经原史、明中通外，“犹可救空疏之宿弊，专有用之问学”。[①]

张之洞和陈宝箴继承前人调整科考内容与场次顺序，以引导士子崇尚实学、改变空疏文风的思路，并加以进一步改造，使之更加符合时势的要求。张、陈会奏获准，其建议实施虽因戊戌政变而一度停止，却为日后新政初期重启科举改革奠定了重要基础。

由此可见，戊戌年由光绪帝批准的八道谕旨，包括了更改科举考试章程及书院改革、兴办学堂两个方面。与科举改革直接相关的内容为：（1）在乡会试及生童岁科各试中，以策论取代四书文（八股）；（2）除八股文外，既往所试五言八韵诗也予以取消；（3）调整乡试会试三场考试的内容，将史论与政论列为第一场，时务与实学列为第二场，四书五经列为第三场。前两条是从形式上改变文体束缚，后一条则是通过考试内容及场次安排，引导士子重视时务及西学西艺，应试者若不能紧随时尚所趋，第一场开始就遭淘汰；但西学之用，应不悖中学之体，不弃修齐治平之根本，只有同时不废经学精义者，才能最终取中。这一设计可谓煞费苦心。

值得注意的是，在科举改革的同时，清廷确定将兴办学堂与改革书院（即在书院教学中增设实学与时务的内容）作为培育经世致用人才的重要举措，使甲午战后的科举改革，一开始就与学堂发展有了无法割裂的联系，则两者的优劣，有意无意被时人用于对比评议，而两者的实质差异，却常常被忽略和忘却，这对最终裁定科举命运的影响不容小觑。

根据张之洞等人的要求，乡会试之外，学政岁科试也应在考试内容及场次安排上相应地以此类推，即科举改章的范围，已包括了童试、乡试与会试的不同层面。由于院试均由学政出题，有人曾质疑各

---

① 《请废八股试帖楷法试士改用策论折》，汤志钧编《康有为政论集》上册，中华书局，1981，第269~271页。

地学政自身的新学程度，能否把握西学精髓。张、陈两人认为，基于以下理由应不成问题：一是当时上海译编中外艺学、政学之书，不下数十种，有据可凭；二是科举闱场规则“例准调书，据书考校，似不足以窘考官”；三是“房官中通晓时务者尚多，总裁、主考惟司复阅，尤非难事”，各省主考、学政年富力强，有相对充裕的时间掌握时务知识，胜任出题。[①] 即认定改变科考内容，考官可以胜任。

与张、陈两人的乐观估计相反，浙江学政陈学棻对于科举改章深表忧虑，认为自八股取士以来，父子师承均以此为宗，一旦猝改，则茫然不知所措，难以适应，易致士心涣散，“浮言变乱，摇惑人心，则祸患实隐而深”。[②] 可是，光绪认定科举改革与富国强兵息息相关，痛下决心，不为所动。

因为戊戌科并无乡试，会试则已在科举改章前举行，故从当时学政到省会及府州县巡考的情况来看，改试策论主要贯彻于童试及岁科试。湖北学政王同愈 1898 年在各属考试生童和优贡，均有采策论为试题，主要内容为时务、西学一般知识及算学重要定理等。[③] 由于考试内容的变化，传统的阅文幕友也需调整，改聘算学方面优长者担任。

令人遗憾的是，科举改章刚刚展开不久，形势很快就因政变而被逆转。戊戌政变发生后，光绪二十四年八月二十四日（1898 年 10 月 9 日），慈禧懿旨“嗣后乡试会试暨岁考科考等场悉照旧制，仍以四书文、试帖经文、策问等项分别考试。经济特科易滋流弊，并著即行停罢”。[④] 就科举考试的文体、内容、程序而言，完全颠覆了光绪所颁八道谕旨的举措。只有对书院改革是否裁撤，尚未明示。

清代废八股、改试策论其实并非自戊戌滥觞，康熙二年（1663）

---

① 汪叔子、张求会编《陈宝箴集》，第 768 页。

② 《浙江学政陈学棻奏为科举改试策论请饬妥议仍需参用子经旧制以收民心等事》，中国第一历史档案馆藏：军机处录副奏折全宗，光绪朝内政类，03－5617－076。

③ 顾廷龙编《王同愈集》，上海古籍出版社，1998，第 282、290～303 页。

④ 《光绪朝上谕档》第 24 册，第 452 页。

亦曾诏令“自今之后，将浮饰八股文章永行停止，惟于为国为民之策论中出题考试”，康熙甲辰、丁未两科乡会试亦曾实施废除八股、改试策论表判，嗣因礼部侍郎黄机奏疏：“恐将来士子剿袭浮词，反开捷径……将置圣贤之学于不讲”，清廷旋复旧制。[①] 乾隆三年（1738），兵部侍郎舒赫德请改科举、废八股，亦被否决。[②] 戊戌年的倒退，不过是清代科举改革的又一次轮回而已。

光绪二十四年九月三十日（1898 年 11 月 13 日），礼部所奏恢复科举旧章（学政全书及科场条例）获准，不过，对于要求各省书院照旧办理、停罢学堂等意见，慈禧懿旨却另有解释：“书院之设，原以讲求实学，并非专尚训诂词章。凡天文舆地兵法算学等经世之务，皆儒生分内之事。学堂所学，亦不外乎此。是书院之与学堂，名异实同，本不必定须更改。现在时势艰难，尤应切实讲求，不得谓一切有用之学，非书院所当有事也。”[③] 光绪二十四年十月二十五日（1898 年 12 月 8 日），上谕对刘坤一所奏书院不必改，学堂不必停予以谕示，重申前述宗旨，则书院改制保留不变，且“各府州县议设之小学堂，仍听民自便，不必官为督理”。[④] 尽管百日维新夭折后，两宫并未以矫枉过正的方法取缔学堂，但仍与光绪帝此前积极倡导并力责各级官员督促形成反差，对学堂发展确有明显的消极影响，除个别例外，各地学务一度陷入停顿状态。

第六节　《辛丑条约》与癸卯乡试

晚清科举改革，继戊戌年间的大起大落，又遭遇了庚子事变后

---

① 参见王德昭《清代科举制度研究》，第 161 ~ 162 页。

② 参见王德昭《清代科举制度研究》，第 162 ~ 163 页。

③ 《光绪朝上谕档》第 24 册，第 512 页。

④ 中国第一历史档案馆藏：军机处录副奏折全宗，文教类，学校项，7210 – 18，胶片号：537 – 2592。

贡院被毁及《辛丑条约》规定部分地区停试的巨大冲击，在新政复行的背景下，科举制受到内外夹击，不得不进入加速变革的轨道。

一　庚子乡试的展期与开科

戊戌政变一年后，光绪帝循例以三十岁生日庆贺的名义，颁布谕旨，“特开庆榜，嘉惠士林……用示行庆作人有加无已至意”，准备以庚子科为恩科乡试，辛丑科为恩科会试。其正科乡会试，著递推于辛丑壬寅年举行。[①] 然而，其后一连串的天灾人祸，导致庚子、癸卯乡会试难以顺利进行。

八国联军占领北京期间，京师贡院遭受战火重创。1901 年 6、7 月间，德国军队撤退，顺天府尹陈夔龙多方交涉后讨回贡院，他与宛平知县等人到场勘察，发现“所有号舍房间，各门座十毁七八”，修复所需资金甚巨。鉴于辛丑和约停止五年科考的规定，以及巨额赔款使库帑异常支绌的现实，陈夔龙建议从缓办理京师贡院修葺。[②] 而刘坤一等大员纷纷致电西安行在：“京师贡院被焚，今年顺天势不能开科”，建议展缓科考。[③]

光绪二十六年六月（1900 年 7 月），清廷颁谕，以“中外开衅，各直省军务倥偬”，“天气渐寒，各士子倍形劳苦，且远省放榜过迟，于公车亦多窒碍”为由，宣布将所有当年恩科乡试展缓至次年三月初八日（1901 年 4 月 26 日）乡试、八月初八日（1901 年 9 月 20 日）会试，“以示体恤”。并要求此前已经外放的各省乡试正副考官“即著回京供职”。而庚子正科乡试及次年会试，亦按照年份

① 光绪二十五年十二月二十九日（1900 年 1 月 29 日）上谕，《光绪朝上谕档》第 25 册，第 406 页。

② 《贡院被毁情形片》，陈夔龙：《庸盦尚书奏议》卷 1，沈云龙主编《近代中国史料丛刊》第 51 辑之 507，台北：文海出版社，1970，第 32 页。

③ 《寄行在军机处》，《刘坤一遗集》第 6 册，第 2620 页。

依次递推。[①] 七月（1901 年 8 月），基于同一理由宣布所有各省武乡试按照文乡试展缓日期，以次递推。[②] 九月（1901 年 11 月），留京办事大臣大学士昆冈等奏："前奉明旨，改于明年三月乡试，现各衙门未能照常办事，考官衔名，一时尚难咨取，拟俟和议就绪，再行请旨举办。"[③] 同年，两江总督刘坤一等呈递《乡会恩正两科请归并下年举行折》，提出战事未靖，人心未定，无法兼顾科考，吁请将两江、两湖、四川庚子、辛丑恩正两科乡试，归并于二十七年八月（1901 年 9 ~ 10 月）举行，恩正两科会试，归并于二十八年三月（1902 年 4 ~ 5 月）举行。十二月（1901 年 1 月），清廷谕准所请，并通饬"各省文武乡试即着一律展缓归并"。[④] 即战乱已打乱科举考试的正常秩序。

光绪二十七年三月（1901 年 4 ~ 5 月），又届乡试之期，虽上年已因战乱而展期，但由于义和团的兴起与八国联军占领北京，烧毁京师贡院，导致考试场地被毁，使原定乡会试是否举行以及如何举行成为两难选择。

此时，两江总督刘坤一风闻和议条款有暂停滋事地方考试内容，但"究停何处，尚未议定"，料定不能顺利开科，故致电军机处，"可否由钧处面奏请旨，将乡会试再展一年"。[⑤] 几天后，湖广总督张之洞也告知军机处："若开乡闱，骤添文武生商民数万人，必致奸宄纷乘，

---

① 光绪二十六年六月十五日（1900 年 7 月 11 日）上谕，《光绪朝上谕档》第 26 册，第 187 页。

② 光绪二十六年七月十日（1900 年 8 月 4 日）上谕，《光绪朝上谕档》第 26 册，第 245 页。

③ 《德宗景皇帝实录》卷 473，光绪二十六年九月乙未（1900 年 11 月 18 日），《清实录》第 58 册，中华书局，1987，第 228 页。

④ 《德宗景皇帝实录》卷 476，光绪二十六年十二月壬寅（1901 年 1 月 24 日），《清实录》第 58 册，第 269 页。

⑤ 《寄行在军机处》，光绪二十七年三月初十日（1901 年 4 月 28 日），《刘坤一遗集》第 6 册，第 2620 页。

无从防察，文武员弁精神不能兼顾，且恐考生别滋事端，实属可虑。询商司道均谓展缓为妥，且顺天贡院折毁已尽，猝难修复，明春断不能举行会试，似展缓一年于士林登进之阶，亦尚无妨。”①

日本方面的报纸十分关注列强禁停科考一事，纷纷登载关于和约规定停止考试之地的名单。② 其后，有消息传来，说李鸿章考虑到《辛丑条约》停止考试五年的区域甚多，奏“以各该处因拳匪及教案停止考试，必致以向隅，而诸多滋闹。不如一律停试五年，即一面多设学堂，以为教育人才之用”。③ 这一最早提出的因势利导之议，旨在将部分地区被迫停试五年之事转化为发展学堂的良好机遇，主动下令全国一律停止科考五年，这样既可防止禁考地区的士子趁机闹事，又为举办新式学堂创造了机会。继而又有消息证实，刘坤一所奏之所以获准，与此前李鸿章的奏请颇有关系，④ 此时李、刘两人圣眷正浓，被清廷倚为中兴之臣，对两人意见的重视也在情理之中。

和李鸿章一样试图变停考为推广学堂契机者不乏其人。1901 年 5 月中旬，温州士人张棡与其友宋燕生谈论停考之事，认为和约规定闹教之处文武试应停五年，而未闹教者不用停考，这样会使停考地区的士子心理上难以接受而生怨恨，可能“激成变故”，导致天下大乱。不如建议秉持新政者趁此机会，“将天下一律停试五年”。五年中各省各县各镇遍设大、中、小学堂，凡士子均由学堂出身。但给予相应的科举功名，小学毕业升入中学者，给予秀才；中学升入大学者，给予举人；五年后合各省大学堂学生毕业，入京殿试，通达时务、文理兼

---

① 《致西安行在军机处》，光绪二十七年三月十六日（1901 年 5 月 4 日），苑书义等主编《张之洞全集》第 3 册，第 2210～2211 页。

② 《外事·停止考试》，《台湾日日新报》（汉文）第 907 号，1901 年 5 月 14 日。

③ 《外事·一律停试》，《台湾日日新报》（汉文）第 912 号，1901 年 5 月 19 日。

④ “南洋大臣刘坤一闻已奉光绪帝上谕，五年之内各省考试一律停止，已饬将南京本年文闱供给停办。盖因有李傅相奏请于先，而刘制台续奏于后也。”《外事·一律停试》，《台湾日日新报》（汉文）第 918 号，1901 年 5 月 26 日。

优者，给予进士。“如是则人人争自濯磨，互相奋勉，不及十年，中国之人才犹不出者，吾不信也。”[①] 可见当时从南北洋大臣到普通士子，都认为这是一个科举改革难得的契机。

如果上述设想实现，《辛丑条约》对部分地区禁试的规定，虽为列强强加于中国官民的一种示威性惩罚，倘若因势利导，统一停止五年全国科试，确实有可能变成因祸得福的机遇，使新式学堂获得发展的良机，不但可以减少学堂与科举孰轻孰重的争执，而且也许会为科举改革带来新的思路。

令人遗憾的是，此事突然变生不测，骤起波澜，据说从行在传来消息，关于是否各省一律停止乡试，当局意见分歧，莫衷一是。行在“电旨各省督抚体察情形，可否如期试士”，两江总督奏请展缓，江西巡抚也以为然。[②] 尽管多位督抚持论相同并相继奏请展缓，主持学务的张百熙对此却另有高论，他认为：“停办乡试，有碍大局。请照旧举行，以定人心。”清廷左右为难、权衡再三，最后表示，“本年恩正并科乡试，原应一体举行，展缓本非得已。著刘坤一、张之洞、奎俊、许应骙、俞廉三、李兴锐、袁世凯、余联沅，各就地方实在情形，再行详细体察，迅速电复。原折均着钞给阅看。将此由六百里各谕令知之”。[③] 同日，在延期与停考的两难中犹疑不定的清廷，再发一道电寄给各直省督抚：“本年恩正并科乡试，前据各该督抚电请停办，已依议行矣。兹有人奏，停办乡试有碍大局，请照旧举行，以定人心。究竟各该省实在情形如何，著再体察。”[④] 又将矛盾交还各省。

---

① 张棡撰、俞雄选编《张棡日记》，上海社会科学院出版社，2003，第 76 页。

② 《外事·奏缓试期》，《台湾日日新报》（汉文）第 930 号，1901 年 6 月 9 日。

③ 光绪二十七年三月二十六日（1901 年 5 月 14 日）上谕，《光绪朝上谕档》第 27 册，第 65 页。

④ 《德宗景皇帝实录》卷 481，光绪二十七年三月壬辰（1901 年 5 月 14 日），《清实录》第 58 册，第 356 ~ 357 页。

护理陕西巡抚升允奏体察地方情形，请展缓乡试日期。得旨。着展至十月举行。[①] 山西巡抚岑春煊、河南巡抚松寿均奏请展缓本省本年应行恩正并科乡试。[②] 关注此事的日本观察家认为，“清国各省督抚奏请乡试展缓明年，张冶秋百熙恐士心离散，将来不可收拾，独力为奏请举行，故有续奉廷寄谓展缓与否，宜分别办理等语。现闻江鄂刘、张两督及山东巡抚仍奏请停缓一年，近已奉旨谕允，南省各官大半示谕诸生知悉矣”。[③] 最终清廷采取折中办法，不做统一要求，各省自行分别办理。这样既减少了争议和阻力，又避免了受禁地区士子的骚动，从维系科举制的方面看，应是两全其美，各得其所。不过，科举未停，条约禁考的地区，乡试虽不能举行，士子们仍可到邻近省份参加，只是增加了路费而已，毕竟有机会一试，科考对士子的吸引力一直在持续，学堂并没有得到发展的良机，而科举考试的形式与内容的进一步调整，也因此而失之交臂。

事实上，督抚对是否开科的看法也并非一致。与刘坤一、张之洞等人主张缓期开科不同，河南巡抚于荫霖在此前数月觐见时，就传闻《辛丑条约》暂停部分地区乡试一事对慈禧谈及：“奏停科举之旨一下，天下士子皇皇。条约臣不深知，皇太后、皇上回京以后，但能开科，不妨借河南贡院乡会试，以固人心。”皇太后说：“本来是固结人心要紧，你说的话都是当办的事。”[④] 这次君臣对话不可小觑，此后清廷对于开停科的考虑，均以“固结人心”为基点。

光绪二十七年三月（1901 年 5 月），清廷颁布了一道新的电寄上

---

① 《德宗景皇帝实录》卷 482，光绪二十七年四月乙卯（1901 年 6 月 6 日），《清实录》第 58 册，第 367 页。

② 《德宗景皇帝实录》卷 483，光绪二十七年五月乙丑、庚午（1901 年 6 月 16 日、21 日），《清实录》第 58 册，第 376、378 页。

③ 《外事 · 展缓乡试》，《台湾日日新报》（汉文）第 952 号，1901 年 7 月 6 日。

④ 于荫霖：《悚斋日记》卷 6，1901 年 10 月 28 日，沈云龙主编《近代中国史料丛刊》第 23 辑之 224，台北：文海出版社，1972，第 46 ~ 47 页。

谕："各直省乡试，前已降旨将恩正两科，归并于今年秋间举行。现在和局将定，各士子观光志切，自应仍遵前旨，一律举行。著该督抚各就地方情形，详细体察，有无窒碍之处，迅即据实电奏。"① 这道上谕，一方面表明政府对士子应试心切的理解和体恤，另一方面则将是否照前议开科的权力下放给督抚，让各地就实际情况自行决定是否举办。深谙官场之道的两江总督刘坤一，从清廷前后矛盾的几道谕旨窥破当道的心思，既不想举行当年科考，又不愿担当停科的罪名，以免失去士心。为给清廷延迟科考找一个体面的台阶，由两江总督刘坤一挑头，湖广总督张之洞、四川总督奎俊、闽浙总督许应骙等几位老成持重的疆臣予以呼应，奏请江南、湖北、四川、福建、山东、湖南、江西、浙江展缓辛丑正科乡试，延迟至次年秋闱举行。清廷果然就坡下驴，准其所奏。② 则继庚子正科乡试推迟后，辛丑正科乡试也宣布延期。

全国科考屡屡展缓的同时，义和团及教案波及之区域的科考问题，也成为各国与清廷和议中的重要内容，双方代表为此争执良久。三月下旬，山西巡抚以谕旨有教案之各城镇停考五年的说法求证李鸿章，强调"晋省虐害洋人约十七厅县，均有城镇可查。是否专停一城一镇之考，抑须一县全停？省城为通省乡试之地，所杀洋人最多，乡试应由何处举行？"③ 希望予以急电明示。由于山西是教案迭起、受灾最重的地区，各国公使要求停考的地方也最多，李鸿章和庆亲王当日回复："各使开来停考五年单内，山西太原府、忻州、太谷县、大同府、汾州府……共二十六处。与商分别城镇，不允。与商开府名者只

① 《德宗景皇帝实录》卷481，光绪二十七年三月己卯（1901年5月1日），《清实录》第58册，第350页。

② 《德宗景皇帝实录》卷481，光绪二十七年三月壬午、癸未、甲申、丁亥（1901年5月4日、5日、6日、9日），《清实录》第58册，第353、354、355页。

③ 《晋抚岑来电》，光绪二十七年三月二十七日（1901年5月15日），顾廷龙、戴逸主编《李鸿章全集》第28册，第197页。

停首县，生童应试，府城仍开考，亦不允。现无法，只与商京城乡会试及山西乡试，尚未知能允否。单开各处岁科试五年内均须停止。其指明某府所属外县不在单内者，似可调赴别府考棚应试。平阳县或系平阳府之讹，彼误开，似以不指破为妙。”[①] 李鸿章作为谈判的全权大臣，仍力争将对科考的影响范围尽量缩小。

与科考关系最为密切的士子，在停考传闻纷至沓来时所持态度对督抚们的意向也不无影响。由于各地战乱未靖，长江匪患未平，张之洞遍询湖北省城乡绅，均表态：“先保身家性命，而后可讲功名。”加之驻汉口的英国参赞明确表态阻止京城明年会试廷试，而客观上京师贡院难以恢复，举人进京赴考也是枉然，张之洞因此亦要求该省乡试延期。[②] 刘坤一看到张之洞的响应，致电其商议“先将科举变法一节奏请明谕”，暂缓当年乡试，张表示赞同，称其“洵为定士心之善策”,[③] 借暂缓科考推动科举变法，可曰一举两得。

其实，即使督抚们不做暂缓乡试的请求，庚子年科考也会令清廷左右为难。就在刘坤一与张之洞商议延缓乡试的同一天，李鸿章向军机处报告了和议谈判在科考问题上的争执与纠结,[④] 该电文以庆亲王

① 《寄晋抚岑云帅》，光绪二十七年三月二十七日（1901 年 5 月 15 日），顾廷龙、戴逸主编《李鸿章全集》第 28 册，第 197 页。

② 《致西安行在军机处》，光绪二十七年四月十二日（1901 年 5 月 29 日），苑书义等主编《张之洞全集》第 3 册，第 2216 页。

③ 《致江宁刘制台》，光绪二十七年四月十三日（1901 年 5 月 30 日），苑书义等主编《张之洞全集》第 10 册，第 8586 页。

④ 李鸿章向清廷奏陈：“停试五年一节，英萨使持之甚坚。与商分别城镇，不允。与商一府只停首县，生童应试府城仍开考，亦不允。不得已，只商京城会试及顺天山西乡试，仍不允。周馥向法、美、俄各使谈及，语气尚松缓。拟具节略分致，并再给领衔照会，日久不复。昨萨使语徐寿朋，停试与惩办祸首载在和议总纲第二、第十两款，前于照会内言明，非第二、第十两款办完不能撤兵。徐答以乡会试所考，确系各省各府不滋事地方之人，与第二款原意不悖。萨称前已说过，北京、太原为戕害凌虐诸国人民最甚之处。如此二处仍可开考，别处更可不论。且款内载明不得举行考试，北京会试乡试何得仍欲举行？此节可不必议……萨性情执拗，颇难与商……其停试一节，如实不能争，拟即具奏，乡会等试或可借闱举行。似不值以此牵碍撤兵要务。”《寄西安行在军机处》，光绪二十七年四月十三日（1901 年 5 月 30 日），顾廷龙、戴逸主编《李鸿章全集》第 28 册，第 234 ~ 235 页。

及李鸿章两人的名义发出，字里行间透露了英国公使不妥协的态度，其无疑熟知科举对于中国社会的意义，并坚持用停止科考的方式，扰乱一千多年来的“抡才大典”，干预中国内政，在士子面前羞辱清廷，试图激起士子对清政府的不满。[①]

为了给清廷减轻压力，刘坤一和张之洞再次联衔致电军机处，强调暂停科考未必是坏事，处理得当则为自强求才的转圜：“江、鄂今秋乡试万难举办，已由电复奏。闻山东、湖南亦请展缓；顺天、山西尤多阻格。窃思科举一事为自强求才之首务，时局艰危至此，断不能不酌量变通。半年来咨访官绅人士，众词佥同。粤督陶、东抚袁咨来奏稿，言之甚为恳切。改章大指，总以讲求有用之学，永远不废经书为宗旨。”电文再次强调戊戌时候张之洞所上科举改章之内容（即前述三场考试程序更动之法），认为展缓乡试省份的士子们正可借此一年之暇，精心讲求实学，为以后的临试做足准备，“则多士知所向往，益可安心肄业，不致悬盼疑阻”。考虑到“科举要政”因各地情形参差，影响或有不同，电文希望在各省奏章到齐后详核妥议。“谕旨可否浑言大略，但将讲求实学、不废经书之宗旨揭明，其详细章程俟定议后，再行颁谕通行，则诸事皆无窒碍。”[②] 希望减少社会震荡，将暂停科考转化为有利于科举改革的新契机。

此时辛丑和议中关于如何停考以示惩罚的内容，仍成为谈判双方争执纠结的焦点。奕劻、李鸿章报告清廷，作为对所谓滋事地区士子的严惩措施，列强强硬坚持停止京师等地五年文武各级科考。在列强压力下，光绪二十七年四月二十五日（1901 年 6 月 11 日），清廷所颁上谕列出了和议所涉停考的地区，范围涉及直隶、山西、河南、浙

① 光绪二十七年六月二十三日（1901 年 8 月 7 日），李鸿章提醒清廷，按照和议总纲第十款的规定，清廷必须在全国各地张贴各犯所定罪名及停考地区名称两年。《请饬张贴犯事停试谕旨片》，顾廷龙、戴逸主编《李鸿章全集》第 16 册，第 325 页。

② 《致西安行在军机处》，光绪二十七年四月十六日（1901 年 6 月 2 日），苑书义等主编《张之洞全集》第 3 册，第 2217 页。

江、陕西、湖南、奉天、黑龙江八省的若干地区。要求督抚与学政在上述地区告示士子，并将原因归咎于“轻信拳匪及闹教滋事者”。[①]

列强显然深知科举考试对于四民之首的士子前途命运的重要性，而士子的动向与情绪又足以影响社会各层面，清廷更加明白惩罚之举将严重危及其统治权威的合法性，双方都将此事视为至关重要，不肯让步。李鸿章与各国公使几度僵持，不得已，只能向清廷提出：“揆度情形，会试难在京城举行，将来只可由礼部另筹变通之法。”[②] 七月上旬（1901 年 8 月），李鸿章致电军机处，告知各国公使磋商情况：“英使萨道义犹坚执，外省获咎人员及停止考试二事未经办完，断难许有全数撤兵之望。”李鸿章害怕因此另生枝节，希望最高决策者“迅赐宸断，俯准照议画押”。[③] 双方在科举问题上的胶着，显然已成为和议通过的障碍。

谈判过程中，英国公使萨道义固执坚持两点不肯通融：一是京师不能举行会试，二是有教案发生的地区，均必须在五年内同时停止乡会两试。由于京师会试关系全国举子的命运，且大部分地区并未有教案出现，停止会试势必连累无辜，经过李鸿章等人的多次磋商，“各使颇有允意”，原以为英使萨道义不会因此触犯众怒，不料其绝不妥协，事情始终难见转机。李鸿章只得回复清廷：“今各使已将条款签字，断难再与商议。此次明降谕旨，请将日前片奏内所陈商明免停之河南陈州府、

---

① 据奕劻、李鸿章所奏，“所有单开，直隶省之北京顺天府、保定府永清县、天津府、顺德府望都县、获鹿县、新安县、通州、武邑县、景州、滦平县；东三省之盛京、甲子厂、连山、于庆街、北林子、呼兰城；山西省之太原府、忻州、太谷县、大同府、汾州府、孝义县、曲沃县、大宁县、河津县、岳阳县、朔平府、文水县、寿阳县、平阳府、长子县、高平县、泽州府、隰州、蒲县、绛州、归化城、绥远城；河南省之南阳府、光州；浙江省之衢州府；陕西省之宁羌州；湖南省之衡州府等地方，均应停止文武考试五年，以为轻信拳匪及闹教滋事者戒。即着各该省督抚学政遵照办理，出示晓谕”。《光绪朝上谕档》第 27 册，第 87 页。

② 《会试难在京城举行片》，光绪二十七年六月二十三日（1901 年 8 月 7 日），顾廷龙、戴逸主编《李鸿章全集》第 16 册，第 324 页。

③ 《寄西安行在军机处》，光绪二十七年七月初七日（1901 年 8 月 20 日），顾廷龙、戴逸主编《李鸿章全集》第 28 册，第 404 页。

郑州、河内县三处扣除，会试仍不必提。庶条款画押不至因此延迟”。[①]

据参与谈判的周馥回忆，他曾用避开一意孤行的英国公使，迂回与法、美、俄各使沟通的办法，取得了一定成效：“议和诸款，惟停考试、惩祸员并觐见仪节，商议赔费，余曾出力磋商。得将停考减去十余县。”[②] 张之洞也曾为此而居间斡旋。[③]

列强在议和大纲拟定时在科举停考问题上的纠结，无非是想通过停考鼓动士子对清廷的不满，故如何安定士子情绪的浮动至为关键。既然在谈判桌上无法解决这一问题，就必须设法协调各方争取补救。此时，顺天学政陆宝忠提供了另外一种思路，即通过岁科并考和借棚调考的方式，解决因条约禁考而造成的民心浮动。1901 年 7 月 19 日，陆宝忠奏称：“和议已定，洋兵不日撤退，亟宜举行考试，以安人心。惟停考已及一年，若照章岁科分试，万赶不及。且士子流离，资斧艰窘，宜变通体恤，将顺直所属一律改为岁科并考，其条款所开停考各府州县，从权借棚调考，亦不以

---

① 《寄西安行在军机处》，光绪二十七年七月初九日（1901 年 8 月 22 日），顾廷龙、戴逸主编《李鸿章全集》第 28 册，第 405 页。

② 《秋浦周尚书（玉山）全集》，《年谱》卷下，沈云龙主编《近代中国史料丛刊》第 9 辑之 082，台北：文海出版社，1967，第 5731 页。

③ 《致西安行在军机处》，光绪二十七年七月初九日（1901 年 8 月 22 日）午刻发：“前闻直、晋全省停考，敝处于四月内电致英萨使、德穆使，以直、晋滋事之处虽多，而安静地方亦复不少，若乡试全停，波及无辜，士心定然不服，于将来民教相处大有妨碍，与大纲内滋事城镇停考一语，亦不相符，应仍照原议查明何处滋事，停何处之考，即多停一、二十处，亦无不可，但不应全省停考。各国意以北京、太原两处滋闹最重，不允在该两处开科，惟有借闱考试之法。拟直隶借山东闱，山西借河南闱，将滋事各处剔出不准赴考，恳其转商各国，以免累及无辜，并告以滋事地方生监断不能混往应试。盖学院咨送监临、收考、土考、出榜，皆须查照学册，填明籍贯，不容假冒，亦非临时所能更改。旋接英萨使复电：‘直、晋不滋事地方，可借闱乡试’。德使复电云：‘彼甚愿照办，惟有人不以为然，至为抱歉’各等语。复又电询英使，乃含浑复云：‘遵照四月廿五日上谕办理’。又查江督刘来电云：‘借闱乡试事商英、德两领事，均允电商公使，据云必可照准’。过数日，德领函称：‘敝国钦差来电，将与各国商议。敝国钦差之意，以为此事必可照办。’嗣又接德使电谓：‘各国有窒碍’等语。可见英德两使于此事毫无成见，且甚愿通融。又湘抚电云：‘全权电告，衡州府、清泉县可免停考’。又全权电云：‘江西鄱阳县，法使允免停考’……伏恳朝廷饬令全权趁此务与各国切商，直、晋两省不滋事各州县，准其借闱乡试，俾免无辜向隅。”苑书义等主编《张之洞全集》第 3 册，第 2222 ~ 2223 页。

一邑滋事之故，致令合属向隅。”这一变通办法，既不违犯《辛丑条约》的禁令，又使相关地区的士子免于向隅，虽系权宜之计，却能左右逢源，清廷很快批准了这一建议。①

报刊关注到停考地区的反应，由于毗邻府县未有停考，部分停考地区士子确有群情激昂的情形：“安徽省婺源县去年亦有闹教情事，故此次亦在停试五年之列。近日绵宗师按临徽郡，将各县次第考试毕，惟婺源县停试，该县文武生童数千人咸抱不平，齐集府城，势甚汹汹，谓若不考试，婺邑决不许宗师起节而去云云。又湖南长沙府属衡州地方百姓，因闻将该府各属停止考试五年，众情哄动，行将揭竿事起，目下已聚集有四万余人，议定不日再行焚杀衡州各处教堂教士云。”② 1901 年 11 月，江苏学政考试通州文试后，遵旨停考武场。“各武童闻之大哗。纠约多人拥入贡院滋闹。”后经学政请示刘坤一，刘指示以违旨论，才渐趋平息。③ 所幸督抚们已有准备，故因停考而引起的波动并未对清廷造成严重威胁。只是一度以借停考之机发展学堂的建议被搁置，对此后的科举改革不无遗憾。

二　新政以戊戌科举改章为起点

庚子之乱与《辛丑条约》的屈辱，使慈禧在颠沛流离中意识到不变法不足以应变局、救时艰，于西安行在便发布新政上谕，广泛搜求征集京内外官员的变法意见。

在张之洞、刘坤一《江楚会奏》第一折的建议，以及管学大臣张百熙的力促之下，重新启用 1898 年湖广总督张之洞等妥议科举新章原奏的内容，即重新恢复改试策论，且对考试三场的内容与次序进行

① 《德宗景皇帝实录》卷 484，光绪二十七年六月戊戌（1901 年 7 月 19 日），《清实录》第 58 册，第 388～389 页。

② 《外事·停考滋事》，《台湾日日新报》（汉文）第 936 号，1901 年 6 月 16 日。

③ 《外事·武童闹考》，《台湾日日新报》（汉文）第 1061 号，1901 年 11 月 13 日。

调整已势在必行。

光绪二十七年五月二十七日（1901年7月12日），张之洞、刘坤一联衔具奏《变通政治人才为先遵旨筹议折》，提出了设文武学堂、酌改文科、停罢武科、奖劝游学以育才兴学的四项建议。其中酌改文科的内容，首以恢复其与陈宝箴戊戌时“所奏变通科举奏旨允准之案酌办……不过原本旧章力求核实而已”。另有改革科举“与学堂并行不悖，以期两无偏废，俟学堂人才渐多，即按可递减科举取士额，为学堂取士之额”的建议。①

此后张百熙的条陈，进一步将变通科举与广建学堂综合统筹，且有具体措施和步骤：

> 一、变通科举。……今国事日棘，欲救时艰，以求人才，有为荐举之所未赅，学堂之不及造者，则变科举其至要矣。应请略用光绪二十四年湖广总督张之洞等妥议科举新章原奏，于乡会试头场，（试）以本国政治及国朝掌故论五道；二场试以各国政学策五道，如各国地理、学校、财赋、兵制、商务、刑律，以及种植、开采、制造、格致等学，许其自注专门应试；三场试以四书五经大义三篇，仍定为分场发榜递减人数之法。其学政岁科两考生童，或定例先试经古一场，如乡试头二场；再试四书五经大义，如乡会试第三场，皆可以例推之。至武科应改试枪炮，近年中外臣工条奏多以为言，大学士荣禄发端于前，湖广总督张之洞详议于后，于一切取人防弊之法，已属妥议周详。亦请饬下兵部，将光绪二十四年该部议复各大臣陈奏改试武科一折查照，酌准施行。

① 苑书义等主编《张之洞全集》第2册，第1393～1406页。张之洞此折递减科举学额之议受到陶模、袁世凯等人奏议的影响，隐含以渐进方式促成学堂合并科举，比戊戌时的主张显然更为激进。

> 一、广建学堂。科举与学堂相表里，科举能求才，学堂能育才；科举收急效，所以待成材，学堂以幼成，所以求实学。惟学堂者所以变举国之风气，广天下之教育。兹事体大用宏，断非支节为之、方隅限之所能得益。即以创始为难，亦应于各省遍设一中学堂，而议整顿京师大学堂，另立专官以董理之，大要约有六事，以一广筹经费，每一省学堂至少有十万元方能敷用；二妥议章程，应参考西制，详定办法；三编定功课，应斟酌古今中外，详议以闻；四妥议教习，大抵政治、法律等学，宜用华人，格致、工艺等学，宜用西人；五资遣游历，学成之后，每学酌派数人游历欧美，助其资斧；六优予出路，应以小学堂卒业者比生员，中学大学卒业者比举人进士。仿日本法别设大学院，令进士入学其中，不加限制，俾其优游餍饫，以求深理，三年考成，比翰林。如此而人才不兴，治道不立者，未有之也。①

张之洞、刘坤一、张百熙等人的主张，看似科举学堂截然分途，其实已隐含过渡衔接之意，改科举只是应急和兼顾现状的权宜之计，最终目标即逐步走向学堂育才与求才一体化的形式。如此，则新政伊始，科举改革虽以恢复戊戌成案为起点，目标却不再限于科举本身的调整，而是期待毕其功于一役——“科举与学堂相表里”，促使抡才与培才两者结合，学堂与科举合二为一。

1901年8月29日，清廷相继颁布两道上谕，承认科举“流弊日深……急宜讲求实学，挽回积习”，正式宣布停止武科，文科举部分则须因时变通：“着自明年为始，嗣后乡会试头场试中国政治、史事

---

① 张百熙：《敬陈大计疏》，王延熙、王树敏辑《皇清道咸同光奏议》，沈云龙主编《近代中国史料丛刊》第34辑之331，台北：文海出版社，1968，第17～18页。

论五篇，二场试各国政治、艺学策五道，三场试四书义二篇，五经义一篇。考官阅卷，合校三场，以定去取，不得偏重一场。生童岁科两考，仍先试经古一场，专试中国政治、史事，及各国政治、艺学策论，正场试四书义、五经义各一篇。考试试差、庶吉士散馆，均用论一篇、策一道。进士朝考论疏、殿试策问，均以中国政治、史事及各国政治、艺学命题。以上一切考试，凡四书五经义均不准用八股文程式，策论均应切实敷陈，不得仍前空衍剽窃。”① 上谕不仅重新采纳了张之洞、陈宝箴戊戌年会奏妥议科举新章的大部分内容，即通过考试内容与场次的调整，遏止空疏无用的学风，而且较戊戌更进一步，明确所有与科考相关的考试，乃至吏部选录官员的考试，均一律废弃八股程式改用策论，引导士子、官吏重视政治与时事，以求真务实。只是上谕并未吸收张之洞等原奏关于乡会试三场分别录取发榜的建议，更改为“合校三场，以定去取”，对此后科举改章的效果似不无影响。

流亡海外的康、梁等人对于戊戌政变后的清政权深恶痛绝，基本是一概骂倒，可是《清议报》所刊载的时论，也肯定废除八股之上谕，是“新学问新智慧”风行的起点，乃中国变法的曙光。由此可以预见中国的现在及将来。② 与科举改章相适应，1901 年 9 月 14 日上谕采纳了李端棻、张百熙、张之洞等人的建议，宣布：“除京师已设大学堂，应行切实整顿外，著将各省所有书院，于省城均改设大学堂，各府厅、直隶州均设中学堂，各州、县均改设小学堂，并多设蒙养学堂。”在强调四书五经纲常大义为教法之大义的同时，要求“以历代史鉴及中外政治、艺学为辅，务使心术端正，文行交修，博通时务，讲求实学”。并希望各省督抚、学政切实通筹举办，在慎延师长、妥

① 《光绪朝上谕档》第 27 册，第 151 ~ 152 页。

② 《论中国之现在及将来》，《清议报》第 96 期，1901 年 11 月 1 日，时论译录栏，第 4 页。

定教规及学生卒业应如何选举鼓励方面，准备进一步“悉心酌议”，[1]表明清廷于新政伊始，便决意贯彻科举改革与促兴学堂并重的方针。

两个多月后，政务处、礼部会议变通出身办法，以使各级学堂相互衔接。[2] 虽未将学堂学生纳入科举系统，但也考虑给予相应的出身，且未设置任何数额及比例的限制。取士以新学与旧学殊途同归，这是选才观念变化后，具体落实于学堂的重要标志。

考虑到各省学堂受限于不同的基础和条件，未必能同时遍举，该折拟采用山东巡抚袁世凯的办法，要求先在各地省城设置学堂，“分斋督课”，其余则依据条件循序渐进，仿照科举考试的基本程序，由学政和督抚、京师大学堂分别主持考试，按成绩分别等第后由礼部奏派大臣考试，甄别对学堂学生的录用。[3] 如此，则科举改革与学堂兴办并重，在辛丑之后已成为既定国策，只是新旧学兼容并蓄，抡才与培才仍沿袭唐以来的传统分为两途。

值得注意的是，庚子后改科举与兴学堂并重，本为培养与选拔人才相辅相成之正道，但在新政复行、时不我待的特定环境中，人们急于观验改革成效，急于拔擢匡时济世之才以救亡图强，往往自觉不自觉地比较两者优劣，并以是否“有用”抑或“无用”于时进行简单化判断，对于此后科举的命运起到莫大影响。

三　壬寅、癸卯、甲辰科乡会试与科举改章的落实

1900～1904 年，由于《辛丑条约》规定部分地区禁试，以及科举改章两个重要事件，明清以来已成定例的科举童、乡、会试，均受到不同程度的干扰和影响。

1901 年 11 月《政务处奏遵旨妥议变通乡会试事宜折》提出，因

① 《光绪朝上谕档》第 27 册，第 175～176 页。
② 朱寿朋编《光绪朝东华录》第 4 册，第 4787 页。
③ 朱寿朋编《光绪朝东华录》第 4 册，第 4788 页。

战乱影响，根据1900年刘坤一等督抚奏请，将辛丑、壬寅乡试恩正并科举行，会试归并壬寅年举行，已被允准。后来考虑到庚子年乡试如期举办的仅广东、广西、甘肃、云南、贵州五省，其余十二省则于1902年（壬寅）举行，若于当年举行会试，“其未经乡试各省士子，未免向隅”。且经济特科原已批准定在会试前考试，恐准备不及。所以唯有将壬寅会试推后至癸卯年举行。至于借闱考试的地点，毗连直隶的河南较为适中。有鉴于上述，“所有顺天乡试，著于明年八月间暂借河南贡院举行。河南本省乡试，著于十月间举行。次年会试仍暂就河南贡院办理。其乡会试内外场各事宜，著礼部一并妥议具奏”。①按照这一变动，1903年（癸卯）将罕见地出现乡试、会试同年举办的情形。

为使癸卯年的科举考试顺利进行，礼部行文各省，因本届顺天乡试借闱河南，为避免人满为患，规定凡南省贡、增各生，均着在各本省录科，乡试唯监生听其南北自便，不加限制。②

借闱河南给各地监生带来诸多不便，旅费亦大增。云南考生由云龙，壬寅年十一月下旬自姚安县启程，车船步行兼用，癸卯三月初抵开封，耗时三个多月，路途艰辛可想而知。③江苏考生由苏至豫，风雨兼程仍要两个多月才抵达，还需购置西学新书备考，所幸宾兴银两该科倍给，藩司补贴达90两之多，“寒士得此，不无小补”。④

清廷方面，礼部对借闱事宜提出方案，顺天贡院原有号舍16400多间，河南开封贡院只有14900多间，不敷之数由河南巡抚扩建。其

① 《德宗景皇帝实录》卷488，光绪二十七年十月丙辰（1901年12月4日），《清实录》第58册，第459页。关于会试地点，清廷内部先后有河南开封、山东济南和南京几种意见。据说外务部、礼部、顺天府尹曾联衔奏请借闱南京贡院。《外事·南京会试》，《台湾日日新报》（汉文）第1073号，1901年11月28日。

② 《外事·试事汇志》，《台湾日日新报》（汉文）第1235号，1902年6月14日。

③ 由云龙：《北征日记》，《尚志》第2卷第7号，1919年，第1～29页。

④ 澹庵撰《癸卯汴试日记》，李德龙、俞冰主编《历代日记丛钞》第154册，学苑出版社，2006，第20页。

余变通之处，主要是将原由顺天府操持的科举事务转移至河南藩司办理，巡抚监临，所需一切支出皆作正开销。[①]

考试内容与场次程序方面，1901 年 12 月政务处、礼部会奏变通科举事宜，将当年 8 月 29 日改科举上谕的主旨，具体化为各项可操作的内容，不仅对庚子年清廷宣布科举改革后的各场考试题型、复习参考范围、答题要求、各题型字数、书写范式予以明确规范，对考官选拔与阅卷标准、违纪惩处等亦均予以阐明。主要内容[②]包括：

1. “首场论题五道，顺天乡试及会试仍请钦命题目；各省乡试由考官拟出。”列出了改章首场中国政治及史事的出题范围（含唐杜佑《通典》、宋郑樵《通志》、元马端临《文献通考》，以及乾隆朝官修《续通典》《续通志》《续通考》，以及《皇朝通典》《皇朝通志》《皇朝通考》）。

2. 对乡会试二、三场所考的内容和标准予以规定，各国政治部分即“以学校、财赋、兵制、商务、公法、刑律、天文、地理为大纲，推之格致、制造、声光电化诸学，亦宜研究入微、各求心得”。考虑到“边远省分风气尚未大开，翻译诸书亦未必流传悉遍，拟于近一二科考试，先以外国政治切于实用明白易解者命题，迨数年后振兴鼓舞造就有成，再由典试者酌度文风高下、由浅入

① 《礼部奏定顺天乡试借闱章程》，《选报》第 13 期，1902 年 4 月 18 日，内政纪事，第 12～13 页。

② 根据 1901 年 8 月 29 日上谕（即停武举、文科举因时变通三场考试内容与顺序），著政务处、礼部会奏变通科举后的具体事宜，以方便实施贯彻。10 月下旬，一份据说由“官场觅得”的政务处拟定的考试章程（该章程又被称为“新章八条”）面世，申报刊载时特别申明：“此项章程日前已有人辗转传抄，云系部臣所拟。今系得自政务处，当系庐山真面目。”（《照录京师政务处所拟考试章程》，《申报》1901 年 10 月 21 日）该文披露两个月后，明确标明由礼部主稿的章程与奏折出台，内容共十二条，不仅完全吸取了原“新章八条”中的基本内容（只是措词语气稍有变化），在不少方面更有关键扩展。本书所述内容，采用的是后面这份奏折（《政务处礼部会奏变通科举事宜》，《北京新闻汇报》1901 年 12 月 30 日）。至于政务处的“新章八条”与后面礼部主稿十二条的关系，有待更多资料的发掘与证实。感谢赵虎、朱贞同学对两个章程出台时间不同的提示。

深，俾士子有渐进之功，朝廷收得人之效”。第三场所考的四书五经义，强调出题与答题俱与既往有别，不出怪题偏题，对四书五经“均宜书写原文，不得删改增减及截搭虚缩，以免割裂圣经”。

3. 提供了改试策论的体裁和答题标准：“论策义体例，固应较八股文律从宽。惟考官衡文，亦不得不限以程式。头场五论，士子切题发挥，必须上下古今、指陈得失。策则每举一事，亦必穷原竟委，议论详明。总期各抒己见，不蹈空言。四书义、（五）经义尤宜朴实说理，参取讲义、经说之意阐发无遗。其厘正文体之法，均不得涂泽浮艳做骈俪体，钩章棘句做怪涩体。仍不准阑如周秦诸子谬论、释老二氏妄辩、异域方言、报刊琐语，一切离经畔道之言，悉当严加屏黜。考官选刻魁卷、每场试艺，应择优刊刻，以为标准。”

4. 为防止空疏的学风，革除科场积弊，对传统的科考程式做了以下五点重要改革：（1）对书写格式及审阅的一些环节做出调整，如答题时不仅无须再抄题，只写第几问，规定“此后策士命题，每道约举一二事，字句无多，即可书写全题”；（2）废除了既往的默写环节；（3）基于三场题型内容均有较大改动，考生答卷程式又较往时宽松，客观上难有合适人手大量誊写，为防止滋生新弊，裁撤了誊录对读；（4）对既往乡会试之磨勘过苛予以改革，“除有关弊窦及文理悖谬，剿袭雷同诸大端仍照例磨勘外，其稍有不谙例禁，无关紧要者，概从宽免”；（5）考官在考试后阅卷的甄别取录，不得仿从前以小楷定优劣。强调这一规定不仅适用于殿试，也推及散馆、考差、优拔生朝考、中书、教习、誊录等考试，馆阁中若有需要拟应奉文字的职务，再专设加试。

5. 原来生童岁科两考，经古考否，由生童自愿选择，现更改为一律必考，且经古与正场并重，为论一篇、策一道。优贡、拔贡及其余乡会试复试（含宗室乡会试复试）、录科及考试汉教习，翻译会试头场均有中国政治、史事及各国政治、艺学策论内容。

6. 为适应科举改章后考试内容的变化调整，必须广泛搜集储备各种新书，由礼部开单，要求两江、两湖、两广等督抚在该辖区内各书局提取所需书籍咨送到部。各地学堂所藏书籍，允许乡会试闱场随时调阅。对改章后参加典试的考官，则要求其“阅卷务当悉心评定，总以经术湛深、史学渊博、通达时务、切于时用者为准。倘仍有剿袭荒谬之文滥行入选，一经磨勘签出，定当从重议处，以为奉行不力者戒”。[①]

上述六方面（共12条）规定，将新政开始后清廷改革科举的若干重要举措细化为可操作的具体办法和步骤，有利于庚子年科举改章的贯彻落实。其相关内容表明，就清代科举的历史而言，此次改革力度之大，前所未有。其特点至少有三：其一，乡会试首场与二场出题的范围与要求，体现了对西学与西政的接纳，以及期待学用结合的明确趋向；其二，改革范围由科举常科的各级考试（童、乡、会试与殿试），扩展至铨选职官相关规制之朝考、优贡、拔贡考试，散馆、考差、中书、教习、誊录等项，标志以科举改章为嚆矢，清廷在用人行政方面开始有较大变化；其三，摒弃以楷法定优劣，以文字较长短，要求答题应“各抒己见，不蹈空言”“指陈得失”，取士以“经术湛深、史学渊博、通达时务、切于时用者为准”，即以求实通达为学风转变的指征。

这些安排逐渐落实到各级科举考试中。时为湖北学政的王同愈，向清廷奏报科试情形：“计通省科试现已一律完竣……经古场内，试以经史算学，果有心得，仍从优奖拔，以励实学。”[②]

尽管清廷在科举改章方面有较大动作，但《辛丑条约》的签订对科举考试仍产生了较大干扰。由于山西乃条约规定的禁试之地，两届

---

① 《政务处礼部会奏变通科举事宜折》，《选报》第6期，1901年12月31日，内政纪事四，第6~9页。

② 《陈报科试完竣折》，顾廷龙编《王同愈集》，上海古籍出版社，1998，第87页。

乡试均为秦晋两省合闱。[①] 府县试也受到不同程度的影响。1901 年 11 月 28 日刘大鹏记："今岁因洋夷之扰，晋省考试亦皆错乱。太原府属向在五、六月间岁考，顷闻十二月间才考，尚不准在省垣学院开棚，移到徐沟书院作考棚。太原府知府考试童生，亦不准在省，亦将考棚移在榆次书院……且不准凡诛洋夷之州县一切生童应试。共停二十余州县考试，九月考平定州，只考三处（平定、盂县、乐平乡）。"[②] 最使士子们感到丧气的不仅是考试延期，更重要的是民族自尊心受到极大伤害："自晋抚迎洋夷入晋以来，考试事遂停，太原府试童生期亦不闻矣。学台岁考大典亦不举行，由洋夷阻止故也。去年乡试移于今年，亦因省垣诛戮洋夷，不准乡试。考试大典，官不能自主，一任洋夷之言为行止，士气不亦沮丧哉。"[③]

禁考不仅打乱了乡村士子们平静的生活和科考日程，也给寒贫之士带来额外的经济负担，由于要长途跋涉赶考，有人不得不到处告贷，甚至有人因告贷无着而不能成行。刘大鹏记："吾晋因戕洋夷，停考五年，遂将乡试事移于秦省，晋士苦于资斧缺乏，皆裹足不前，未闻晋省官吏筹划士子资斧，即有志观光之士，亦徒坐而自叹，无可如何也。"赴河南参加乡试的"山西士子不及二千"，[④] 远不符应有之数。

福建的情况亦有类似，虽然该省不在停考名单之中，但关于是否停考的消息不断传来，在一定程度上干扰并打乱了士子们原定的应考计划。福建漳州府七县，除龙溪、海澄、诏安三县各有考生八九百人

① 护理山西巡抚吴廷斌奏："本年癸卯恩科乡试，请援照上科成案，秦晋合闱，借闱陕省。如所请行。"《德宗景皇帝实录》卷 517，光绪二十九年闰五月戊戌（1903 年 7 月 9 日），《清实录》第 58 册，第 828 页。

② 刘大鹏：《退想斋日记》，乔志强标注，1901 年 11 月 28 日，山西人民出版社，1990，第 103 页。

③ 刘大鹏：《退想斋日记》，1901 年 7 月 2 日，第 99 页。

④ 刘大鹏：《退想斋日记》，1902 年 7 月 11 日、9 月 28 日，第 112、115 页。

外，“其余各县文童生仅三四百名”。[①] 福建闽县、侯官县童试，既往每届“报考者各有二千四、五百名，本届仅有一千三百余名，较之从前减去一倍也”。媒体推测其原因：“盖新政将开，八股将废，有志之士别有所营，不屑以此争长也。”[②] 对于士子趋新取向的估计似乎十分乐观。

庚子年科举改章上谕颁布将近四个月之后，政务处与礼部才会奏确定改革的具体操作办法，此时已经临近举行乡试的时间，且因科举改章，往日的八股应试之书只能束之高阁，故采买时务书成为士子的大宗支出，占用了赶考的盘缠，许多人要靠借贷才能前往。福建应试士子，因此联名廪请府县官员派官轮解决赶考者的交通问题。[③]

科试展期与科举改章给士子应试带来不便，而趋新督抚则希望借此推广学堂。1903 年初，护理山西巡抚赵尔巽奏：“请展缓癸卯科乡试，或暂阙二三成中额，以为推广学校之方。下政务处会同礼部议。寻奏：该抚所请，意在鼓励学校，不为无见。本年恩科中额，拟请照旧。俟下届乡试，学堂办齐、成效大著，再行奏明办理。”[④] 由此可见，清廷唯恐大乱之后再让士子惶恐不安，并未直接采纳上述督抚建议。同时又肯定其发展方向，为日后的进一步改革预留空间。

随着新政初期科举改章的重新启动，作为科举初阶的童生试，考试内容与程序均有较大变化，各地官府及士子皆手忙脚乱、穷于应付。山东青州某县，辛丑年正月中旬已试文童，十一月，知县崔焕文据改章后的科举要求“再试文童，以初改经义策论，应试者少至五百五十余人，正场榜亦全录，是为考试变法之始。癸卯府属

① 《外事·漳属考试》,《台湾日日新报》（汉文）第 985 号，1901 年 8 月 14 日。

② 《外事·闽侯试题》,《台湾日日新报》（汉文）第 953 号，1901 年 7 月 7 日。

③ 《外事·泉州汇闻》,《台湾日日新报》（汉文）第 1284 号，1902 年 8 月 12 日。

④ 《德宗景皇帝实录》卷 510，光绪二十八年十二月丁未（1903 年 1 月 19 日），《清实录》第 58 册，第 728 页。

各县考试，以府院试期迫，率在十二月，乐安尤晚。二十五日初复，甲辰正月六日二复，知府曹允源复试，原期于正月下旬，既而以院试期迫，改十六日正场，而补经古场于十七日（向章在正场前）。至期应试此场者，多至二千数百人。既点名偕入矣，以座不能容，复令诸安应试者出，改期再试，几酿事端”。① 由辛丑县试时应试者减少，到两年后府试考生增至“座不能容”，表明士子对科举改章经历了一个逐渐适应的过程。而各地落实改章显然有先后之别。亲历光绪壬寅、癸卯（1902、1903）河南县试和乡试的魏少游，谈及当年科举考试的改革：庚子年参加的县试还是一派科举旧章，共分为五场。第一场各作八股文两篇，五言六韵诗一首，命题均出自四书。第二场作四书文两篇，第三场作四书文一篇，第四场作五经文一篇，第五场只作短篇文一篇。“到光绪壬寅年补行庚子、辛丑并科乡试及各县院试，就废除了八股，考试策论、经义了”，“改试头场历史论五篇、二场时事策五篇、三场经义三篇”。② 山东、河南两省改章，时间竟相差一年多。

因科举改章而出现的变动并非人人都能适应。就童试而言，与前述山东青州的情况迥异，山西大部分府县应试者明显减少，福建童生则大多对改章后的试题答非所问。③

乡试方面，尽管1902年8月福建即被通知乡试，考官已确定，贡院也得到修葺，但因各种议论纷纷，以致不少准备应试的士子仍抱观望态度。④

曾参加浙江壬寅乡试的钟毓龙回忆：由于改试策论，“三场考对策，所问者为历史政治、制度沿革、利弊得失，大多数士子更为未尝

① 邱琮玉：《青社琐记》卷6，崔焕文，清末抄本，青州图书馆藏。

② 魏少游：《清末科举考试制度概述》，《河南文史资料》第5辑，河南人民出版社，1981，第62～65页。

③ 《百无一是》，《选报》第47期，1903年4月12日，教育言，第11页。

④ 《外事·观望乡试》，《台湾日日新报》（汉文）第1284号，1902年8月12日。

梦见，非求教于相识之有研究者，则必曳白……头场史论五题，曾阅过《通鉴纲目》等书者，尚可成篇；至于二场策题，兼问洋务制造及外国情形，斯时怀挟虽多，亦无从措手”。①

考官们则是另一番感受。1902 年 11 月，在河南开封担任乡试监考官的张人骏在致其子允言的信中说：“此次汴闱十分安静。点名时，士子（一万一千余人）皆鱼贯而入，绝无拥挤喧哗。头场申初即点毕，二三场不过一两点钟均已入场。据云，如此顺手，为历科所未有。”② 这种反常情况的出现，原因大概有二：其一，考生人数大大少于预期。根据前述顺天、开封贡院号舍数，应考者应在 16000 人以上，由于借闱造成的种种困难，实际应试者只有 2/3，场地及组织较为宽裕从容。其二，对科举前景感到担忧。考生预料此次乡试可能是他们科场生涯的结束，因而更加珍惜，故而并无昔日拥挤喧哗之乱象。

壬寅年汴闱乡试的安静并不意味着科举制对于广大举子失去吸引力。其后经过一年准备，士子对科举改章有所适应，故癸卯年各地乡试人数明显增加。“杭省各学堂学生之应秋闱者，殊有争先恐后之概，致为文明中人所疵。且如并未考有科举者，甚或纳监报名而入，亦可谓急于热衷之尤。各堂斋舍大半已空，宜乎顽固政府咸谓科举之不可废也。”③ 该年福建实际与考人数为 8000 多名，比上年增多二成，竟大大出乎时人预料。④

因战乱影响而展期之故接连举行的科举考试，使人们切身感受到考试氛围的浓郁，以至于对科举仍存幻想者大有人在。广东南海

---

① 钟毓龙：《科场回忆录》，浙江古籍出版社，1987，第 78 页。此处所指是科举改章伊始的情况，其后各种策问大观层出不穷，从经世文编、各种报刊中辑录西学知识，供士子备考利用。

② 张守中编《张人骏家书日记》，中国文史出版社，1993，第 31 页。

③ 《杭州·学堂斋舍几空》，《国民日日报》第 59 号，1903 年 10 月 4 日。

④ 《外事·闽闱人数》，《台湾日日新报》（汉文）第 1653 号，1903 年 11 月 3 日。

县试时，知县裴景福在内场发布告示，“拳匪之乱，罪及八股，本士林一大冤狱。当轴宗匠洞悉源流，苦心调护，改用四书义，非废八股也”。[①] 广东乡试揭晓后，“诸新孝廉往谒座师。正考官某一一语之曰：尔等以后八股工夫仍不可荒废，一、二年后必当再复云”。《新民丛报》对此大为感慨：“八股忠臣正复不少。”[②]

有报道称清廷例派各省乡试主考官时，慈禧闻“以江苏士子多唱自由平等之说，欲放一宗旨平正之主考，使之挽回风气。王中堂即以杨佩璋荐诸太后……当杨佩璋请训时，太后即谓之曰：‘此次文章，须取其不背圣经，不言新法者……一切去取，犹必汝作主。’”这一传闻使人们对清廷改革科举的诚意颇有怀疑：“观此江南此科，一切所取，必皆不言新法者矣。”[③] 这一传闻确有改革倒退之嫌。

乡试之外，癸卯科会试也在河南举行。该科会试，系补行辛丑、壬寅恩正并科，正考官是翰林院掌院学士孙家鼐（孙以老成持重一向为慈禧赏识），副考官为徐会沣、荣庆、张英麟，还有同考官胡逢恩、恽毓鼎等11人。[④] 据同考官王振声所记，该科三场试卷均由孙家鼐亲自出题并监刻，以示慎重而杜流弊，但改卷过程仍按既往规矩分房进行，清廷与正考官并未就改卷如何调整予以措置。[⑤] 在科举改章，考试内容、场次均有变化之后，改卷程式与标准过于笼统宽泛，[⑥] 改卷者知识结构尚未见明显调整，弃取标准如何落实？

因为癸卯年乡试与会试同年举行，湖南乡试副考官吕珮芬所记

---

① 《放八股之救命屁》，《选报》第19期，1902年6月16日，所闻录三，第29页。

② 《杂俎》，《新民丛报》第3号，1902年3月10日，第3页。

③ 《中国瞥闻·江南主考之宗旨》，《国民日日报》第70号，1903年10月15日。

④ 《光绪朝上谕档》第29册，第23页。

⑤ 王振声：《心清室日记》，李德龙、俞冰主编《历代日记丛钞》第152册，第23～29页。

⑥ 即前述“阅卷务当悉心评定，总以经术湛深、史学渊博、通达时务、切于时用者为准”。《政务处礼部会奏变通科举事宜》，《北京新闻汇报》1901年12月30日。

不无参考，其曾听有人私下闲聊时议及，张之洞“阅特科之卷，其不取者有三：一、蹈袭康梁之书例；二、引用西书不择典正者；三、誉外太过，立言失体者，均不入选。众皆服其宗旨之正”。[①]特科如此，乡试、会试自然难逾其轨，即不偏不倚的试卷更易为考官青睐。

《清代朱卷集成》内收录的癸卯会试闱墨，证实了上述宗旨已贯彻落实。例如，该科会试关于游学如何能有益无损的策论中，考生金兆丰认为游学者的年龄、经历与学识基础，直接关乎游学成效。因此以聪颖、志趣纯正为游学生选才标准至关重要，以“培德育为上，长智育次之，而究之以端学术界之宗旨为游学者之准的，而后可以言无损而有益”。[②] 考生王寿彭主张严格考选“凡出洋游学者，必其先通中学而后可。盖中学通则心有所主，不至逐末而忘本矣”。其次则在节费、奖出身、限年例方面予以明确规范。[③] 浙江宁波考生夏启瑞则强调：“使不通中学之性理而徒惊西学之智巧，是犹数典而忘其祖，驯至不中不西，其不为外人讪笑者几希。……故必正人心以广学术，广学术以储人才，储人才以图自强，然后可以得西学之利而不受西学之弊。”[④] 由于取中的考生所留闱墨显然已经过筛选淘汰，未被录取的大部分考生试卷无法得见，改试策论后士子们的总体适应情况和程度，只能通过考官阅卷的感受来了解。

与其他考官日记只记阅卷数量及考试程序不同，钦定癸卯科会试同考官、翰林院侍读恽毓鼎记录了自己阅卷的感想：“导士以实学，则读书者多；导士以词章，则能文者众。”其后对改章的情况颇有感慨：“钦命题：敬事而信，节用而爱人。故为政在人，教人以身义。

① 吕珮芬：《湘轺日记》，李德龙、俞冰主编《历代日记丛钞》第154册，第130页。

② 顾廷龙主编《清代朱卷集成》第88册，台北：成文出版社，1992年影印本，第239～242页。

③ 顾廷龙主编《清代朱卷集成》第88册，第317～318页。

④ 顾廷龙主编《清代朱卷集成》第89册，第337～338页。

化而裁之为之变，推而行之谓之通，举而措诸天下之民，谓之事业义。各房两场卷，往往颂扬东西国为尧舜汤武，鄙夷中国则无一而可。至有称中朝为支那者。西学发策之弊，一至于此！以此知二场西策之法断乎其不可行也。”在他看来，改策论以试西学是失败之举，其结果不仅欺师灭祖，且导致以西学否定中学，故“枕上思之，不胜愤懑”。①

从癸卯会试试卷所反映的情况看，一些士子对舆论及清廷偏重西学可能造成的剧变不无忧惧，认为国情及传统的差异，会导致以西为用的效果南辕北辙。例如在对西方各国富强原因的问策中，考生田毓璠认为，“中国立国以礼，而各国立国以法，所谓专制政体、立宪政体是也”。随后的论述则表明其对专制与立宪的区别以及其利弊的阐释含混模糊：“中国立国以礼，有礼必有让，所以致天下之平也；各国立国以法，言法必言权，所以导天下之争也。平则不争，争则不平，今争富富矣，争强强矣，富强有止而争不止，搏搏大地，长此安穷？吾又焉知夫今之收效于一时者，而果能立国于不敝也哉！”② 另有考生在答卷时则预料，随清廷提倡大力发展学堂，中学与西学的主次关系将颠倒，中学的衰落无可避免，而片面强调西学专门知识，则可能导致引进学堂的西学，出现被科考与浮躁世风诱导下的变异趋势。③其对中西学消长所酿祸患不无灼见。

恽毓鼎根据所阅多省会试卷反映的趋向，看到了考试场次调整的利弊，认为科举改革会试三场程序的调整仍为败笔：“近来西学盛行，四书五经几至束之高阁。此次各卷往往前二场精力弥满，至末场则草

---

① 恽毓鼎：《恽毓鼎澄斋日记》，史晓风整理，浙江古籍出版社，2004，第219～220页。

② 该试题为：“工艺商贾轮船铁路，辅以兵力，各国遂以富强，其所以富强者果专恃此数者欤？抑更有立国之本欤？观国者无徒震其外宜探其深微策”。顾廷龙主编《清代朱卷集成》第88册，第369～371页。

③ 顾廷龙主编《清代朱卷集成》第89册，第196页。

草了事，多不过三百余字。且多为随手掇拾，绝无紧靠义理发挥者，大有如不欲战，不屑用心之势。阅卷者以头二场既荐，于末场亦不能不稍予宽容。久而久之，圣贤义理不难弃若弁髦矣。学术人心，可忧方大。”①

恽毓鼎的感受恰好印证了张之洞此前的担心。戊戌年张之洞、陈宝箴《妥议科举新章折》中，在设计“将三场先后之序互易”时，强调的是必须同时“层递取之”，即按各场成绩分别发榜。头场考试后，以大约十分之一的中额录取，“即先发榜一次，不取者罢归，取者始准试第二场”；第二场则以三分之一的录取额再进行淘汰，然后进入第三场。这样做不仅强调了新学为朝廷提倡的趋向，促使士子通达时务、研习新学，而且将大大减轻后两场阅卷的负担，所谓“分场发榜，则下第者先归，二、三场卷数愈少，校阅亦易，寒士无候榜久羁之苦，誊录无卷多谬误之弊，主司无竭蹶草率之虞。一举三善，人才必多，而著重尤在末场，犹之府、县试皆凭末覆以定去取，不愈见四书五经之尊哉!”② 即士子若连过两关，倘旧学无根底，亦不能金榜题名，一言以蔽之，不趋时务之新，即无登进机会；不守中学之本，最终难获出身。张之洞曾出任湖北、四川学政，洞悉各种科场之弊。其后上谕为何没有采纳这一重要建议，仍要求“合校三场，以定去取”，目前未见相关说明。③ 然就客观效果而言，三场合校，对考生而言则可以取巧，避免了旧学根底扎实的士子在一、二场考试发挥失常立遭淘汰出局的结果，给倡兴西学与时务后未能快速跟进的士子以缓冲，避

① 恽毓鼎：《恽毓鼎澄斋日记》，第 221 页。

② 张之洞、陈宝箴：《妥议科举新章折》，苑书义等主编《张之洞全集》第 2 册，奏议，第 1306～1307 页。

③ 张之洞曾在光绪二十七年九月三十日（1901 年 11 月 10 日）致电军机处，重申三场分场发榜之主张，强调“惟有分场发榜，则场场认真，互相维持，有实济而无流弊”（苑书义等主编《张之洞全集》第 3 册，第 2228 页）。清廷酝酿科举改章决策时，是否曾考虑三场分校，会被人指责有偏重（西学）之弊？下文政务处议复杨士燮折似有此意。

免矫枉过正，但确会对阅卷者造成心理压力，出现恽毓鼎所述情况，而使科举改章后的效果被人诟病。

对三场考试程序调整的效果有质疑者不乏其人。1903 年 1 月中旬，御史杨士燮专折奏请变通科举新章，认为头场改试五论，对于认真应试者“实患忽迫”，请于头场试题中出五经论一篇、本朝掌故一篇，“意在尊重经术”，防止偏重西学。给事中熙麟则具折要求乡会试仍用誊录，内廉监试请派京堂科道。换言之，杨、熙两折均针对政务处、礼部会奏的科举改章 12 条。政务处在议复时申辩：乡会试三场考试次序虽有变化，但考官必须合校三场试卷才能定弃取，并无偏重之弊。四书五经义虽置于第三场，考生若前两场顺利过关，第三场无法通过仍将前功尽弃。故第三场“实寓始求博通，终归纯正之意”。考官如能“悉心披阅，合校三场，秉公去取，自不致启重末轻本之渐。易义为论，似属无甚区别”。政务处强调，“改章伊始，甫行一科，遽行纷更，殊非正体。该御史所请试题移改之处，应请无庸置议”。抡才大典不宜朝令夕改。对熙麟要求不废誊录，政务处回复此乃刘坤一、张之洞的主张，只是试办而已，且该年乡试尚未见流弊，会试亦暂试行。今后是否恢复誊录，礼部可根据实际情形再行具奏。[①] 这些情况表明，即使清廷已下决心，科举改章仍有阻力。

此外，恽毓鼎对科举改章后拔擢人才的不信任也并非假设。军机大臣鹿传霖与王文韶确有利用职权之便，对癸卯科新进士录用上下其手，以至于被录用为庶常的 61 人中，前 10 名亦有未入选者。癸卯会试考官之一的荣庆，为自己无力改变这一结局深为内疚。[②]

---

① 《京报全录·政务处为遵旨议复变通科场新章折》，《申报》1903 年 3 月 11 日。

② 光绪二十九年六月初八日（1903 年 7 月 31 日）所记：“新进士录用旨下，用庶常六十一人，系由枢（臣）于副单分上中下三层，加签谨拟请旨，此次多出鹿手，王亦持刻议，前十有未入选者，殊愧无力赞助也。”谢兴尧整理、点校《荣庆日记》，西北大学出版社，1986，第 74 页。

由此可见，科举改章，由于重视经济、经史和西学，士子备考的重心也随之转移，引导士子崇尚西学的设想大致可以实现；而置于第三场的四书五经义，在应试者“草草了事”和阅卷者“稍予宽容”的交相作用下，必然导致张之洞等人精心谋划的三场并重，逐场淘汰，最终可求“精通中西学且宗旨纯正之人才”的初衷难以贯彻。故趋新者仍然心有不甘，守成者却已难容忍，顾此失彼，进退失据，难求两全。科举改章，因自祁埙以来长达60年以增科目方式为老树接新枝延误于争执，拆旧房建新屋便成为情非得已之选择。

除癸卯科乡会试外，因慈禧七旬庆寿增开的甲辰恩科会试，亦给士子增多了通过考试改变命运的机会。而原癸卯、甲辰正科乡会试，则顺延归并到丙午、丁未科举行。[①] 由于1905年（丙午年）9月袁世凯等奏准立停科举，丙午、丁未乡会试均未举行，甲辰恩科会试便成为中国科举史上的最后一科会试。该科会试，钦点正考官裕德，张百熙、陆润庠、戴鸿慈为副考官，同考官吴荫培、刘廷琛等18人，[②] 与癸卯会试相比，考官趋新程度似乎略胜一筹。

第七节　一波三折的经济特科考试

新政复行后，庚子年酝酿科举改章的同时，清廷为表明变法求才的决心，将搁置多年的经济特科重新提上日程。经济特科的奏准与开考，乃晚清科举改革朝野关注之焦点。

前述戊戌变法期间，严修所奏开经济特科的建议已经获准，然因

① 《德宗景皇帝实录》卷511，光绪二十九年正月丁巳（1903年1月29日），《清实录》第58册，第737页。《外事·恩科举行》，《台湾日日新报》（汉文）第1439号，1903年2月12日。

② 《光绪朝上谕档》第30册，第18页。

“百日维新”夭折，经济特科并未举行。1901年6月3日，为了纾缓《辛丑条约》若干地区禁试所带来的紧张，清廷颁布了举行经济特科考试的懿旨：“照博学鸿词科例，开经济特科，于本届会试前举行。”择才的标准确定为“志虑忠纯、规模宏远、学问淹通、洞达中外时务者”。程序方面，要求各部院堂官和各省督抚、学政，为应试者出具考语，即行保荐。并着政务处大臣拟定考试章程。耐人寻味的是，该懿旨有意强调破格求才问题上帝后态度的一致，表明清廷对经济特科的重视与期待，试图化解戊戌后朝臣疆吏小心翼翼地揣摩上意，依违两可，以免动辄得咎的忐忑：“朝廷振兴百度，母子一心，惩往日之因循，望贤才之辅治。尔诸臣当详加延揽，各举所知，共济艰难，以维邦本。使中兴人才之盛，再见于今，则深宫所祷祀求之者也。”①

清廷阐明旨意，加之政务处的督催，群臣不仅消除了顾虑，而且竞相表现，陆续推荐者达四百多人，以致保荐过滥，为当政始料未及。御史周树模以保荐太滥，特上条陈，指在京各大臣所保人员多为部曹京官，“而举贡生监以及布衣，寥寥无几”。特科之设，原为求取真才，许多潜心中外政事之才，或因家道贫寒，“欲展经济而未得其路”，清廷开设此科，并非为专考京官，“既已服官，无论何署，均自有可见经济之处，岂必俟一考哉。拟请将所有列保之京官，照翰詹大考例，其优等者予以不次超擢，其不取者不仅处分原保大臣，即将该员严议，其举贡等不在此例。为是严定章程，庶可有裨实用”。② 要求被保者先在吏部考试，严加淘汰。所奏未获允准。③ 原因是与周树模上奏的同时，御史陈秉崧也有条陈指经济特科保荐过滥，清廷采纳其建议，并已为此专拟一道谕旨，要求朝臣保荐务必求实，倘若所保非

① 光绪二十七年四月十七日（1901年6月3日）懿旨，《光绪朝上谕档》第27册，第80～81页。

② 《纪事·条陈特科》，《新民丛报》第26号，1903年2月26日，第2页。

③ 《近事纪要·奏参特科》，《新民丛报》第25号，1903年2月11日，第3页。

人，则保举者须负相应责任。[①]

面对官场夤缘滥保的乱象，清廷不得不撤销有滥保嫌疑者，借以惩戒。1903 年 1 月 20 日“谕内阁……近来京卿纷纷奏保……此端一开，必至漫无限制。隆恩所保著毋庸议，并将太常寺少卿李擢英前保，一并撤销”。[②]

朝中有人私下传出消息，可与上谕的意思相互印证：“此次特科当三月间时本有罢而不举之意。嗣因既奉明诏举行，若竟罢废，又非政体；惟以人数太多，将来无从位置。近日政府之意，拟考取后赏给编检、中书各衔，庶不至开躁进之风，亦不至有乖朝廷求才之本意。目下保荐各员因无甚好处，故多不愿应考，此投到者不踊跃之原因也。”[③] 可见，各级官员的担心并非无因，清廷进退维谷之间，已流露出敷衍之意。

经济特科报考的实际人数，各说不一，《清朝续文献通考》记，被保荐者 370 余人，实际报到者 122 人，[④] 一说最终报考者共 193 人，江苏至 48 人之多，点名时有 1 人未到。[⑤] 据考生许宝蘅见闻，最初报到的确实只有 120 余人，但 1903 年 7 月 10 日正式开考时，则增至 180 余人，报考者中湖南人最多。[⑥] 张之洞主持阅卷，见一考生试卷中有卢梭二字，已被另一阅卷大臣评列一等，张极不满，径黜之，批

① “御史陈秉崧奏保荐经济特科，请饬破除夤缘积弊，以端士习一折。此次钦奉懿旨举行经济特科，原期拔取真材，以济时艰，岂可仍狃夤缘积习，瞻徇保荐，滥竽充数，致负朝廷求治作人之至意。著各部院堂官及各省督抚学政，于保送时虚心采访，果系物望素孚，确有实学者，方准奏保。如有心术不正，及营谋干进者，即使才艺可观，亦无足取。该大臣等当深维以人事君之义，严杜请托，力挽颓风，即以所保之是否得人，定其功过。毋得滥保非人，自干咎戾。将此通谕知之。”《德宗景皇帝实录》卷 484，光绪二十七年六月戊戌（1901 年 7 月 19 日），《清实录》第 58 册，第 388 页。

② 《德宗景皇帝实录》卷 510，光绪二十八年十二月戊申（1903 年 1 月 20 日），《清实录》第 58 册，第 728 ~ 729 页。

③ 《时事要闻》，《大公报》1903 年 6 月 20 日。

④ 刘锦藻编《清朝续文献通考》卷 87，选举三，总第 8455 页。

⑤ 《中国十日大事记 · 特科丛话》，《鹭江报》第 40 册，1903 年 8 月 13 日。

⑥ 许宝蘅：《许宝蘅先生文稿》，中国书籍出版社，1995，第 168 ~ 170 页。

词中有“奈何”字样。出榜后，“某君自吟曰：‘博得南皮唤奈何，不该考试用卢梭’”。报道称：“盖卢梭主张民权者，故斥之。”[①] 可见张之洞作为科举改革的主持者，对西学的态度亦只限于“有用”之内容，对涉及西学之本的自由平等学说，往往嗤之以鼻，避之唯恐不及。

经济特科考试的考题为：（1）大戴礼保保其身体，传传之德义，师道之教训，与近世各国学校体育、德育、智育同义论。（2）汉武帝造白金为币，分为三品，当钱多少各有定值。其后白金渐贱，钱制亦屡更，竟未通行，宜用何术整齐之策？如此出题，在表现出融通新旧中西之意图的同时，自然助长了附会中西的风气。而为特科阅卷遴选阅卷人员时，“满汉大臣多不愿列名，多有请假者”。[②]

特科试卷验收官记，张之洞复勘试卷后（张为总阅卷大臣），初拟一等48人，二等79人，备取59人。[③] 据《新民丛报》报道，此次特科，太后本拟徇张之洞之请而从宽取录，但据说先是樊增祥在召见时“痛诋此次经济特科，多系新党，万不可收用，以为异日之患”，继之吴逢甲具折奏参梁士诒、杨度等18人为革命党，并指控梁士诒为梁启超的胞侄，其后魏光焘又“叠电奏两次历指所取之某某等为革命党，与上海通同一气”，所以，最后所取之卷，“太后亲自拆阅，即将所有被参之名概行撤去”。[④] 这一传闻尚难以确证，不过，围绕经济特科的人员推荐和考试取录，朝中明争暗斗，波涛汹涌，为了平息纷争，避免贻笑大方，慈禧亲自过问并最终敲定人选，合乎情理及其个性。

于式枚对人谈起经济特科成效不彰的原因乃“太后之意，不喜新

---

① 《中国十日大事记·特科丛话》，《鹭江报》第40册，1903年8月13日。
② 吕珮芬：《特科纪事》，李德龙、俞冰主编《历代日记丛钞》第154册，第243页。
③ 吕珮芬：《特科纪事》，李德龙、俞冰主编《历代日记丛钞》第154册，第244页。
④ 《纪事·详志考试特科事》，《新民丛报》第35号，1904年2月12日，第1页。

学，而经济特科皆言新学者”，因头场录取超过百人，故复试后大加淘汰。于氏本人曾上奏建议对“举而不应者宜悉存记其名，以备异日因材器使之用；其试而不录者，宜优以礼文，赐束帛而遣之。政府不可其议，遂格”。[①] 可见特科虽开，当道敷衍之意显而易见。

1903 年 8 月 2 日，经济特科取录仅 27 人，其中一等袁嘉谷等 9 名，二等冯善徵等 18 名，考取者引见并授职，详情参见表 1－2。

由是表可见，参加经济特科考试者确如言官所说，已服官者居三分之二，举贡生监仅占三分之一。至于引见后的安排，与历科进士相比，对经济特科人才并无特殊优待，甚至与咸同时期的一般保举案相比，其拔擢程度也没有显示出优势，令人感觉不到多少“破格”优待的意思（将表 1－2 所列取录者考前的身份，与其引见后拔擢的情况对应比勘，便一目了然），连癸卯乡试考官吕珮芬闻之亦坦言“录用均不优异”。[②] 对比此前朝野上下一片破格求才的呼声，以及举国对于设经济特科以改变科举学非所用状况的期待，录用结果反差极大。而且，所谓特科即非常科，开科时间不定，何时举行、以何种名目及什么条件举行，基本以当政者的意志为转移。

表 1－2　经济特科引见考取人员所授职衔

姓名	成绩	考前身份	考试后引见安排	备注
袁嘉谷	状元	翰林院庶吉士	授职编修，著免其散馆	一等
张一麐		举人	发往直隶以知县补用	一等
方履中		翰林院庶吉士	授职编修，著免其散馆	一等
陶炯照		河南试用知县	以知县留原省即补	一等
徐　沅		举人	发往直隶以知县补用	一等
胡玉缙		县教谕	发往湖北以知县补用	一等

① 吕珮芬：《湘轺日记》，李德龙、俞冰主编《历代日记丛钞》第 154 册，第 136～137 页。

② 吕珮芬：《湘轺日记》，李德龙、俞冰主编《历代日记丛钞》第 154 册，第 139 页。

续表

姓名	成绩	考前身份	考试后引见安排	备注
秦锡镇		内阁中书	发往江苏以同知补用	一等
俞陛云		翰林院编修	记名遇缺题奏	一等
袁励准		翰林院编修	记名遇缺题奏	一等
冯善徵		选举优生	以知县分省补用	二等
罗良鉴		举人拣选知县	以知县分省补用	二等
秦树声		工部郎中	作为俸满截取	二等
魏家骅		翰林院编修	著准其保送知府	二等
吴钟善		副贡生	以州判分省试用	二等
钱　鑅		直隶试用道	以道员仍留原省补用	二等
萧应椿		分发试用道	以道员发往山东试用	二等
梁焕奎		举人	以知县分省试用	二等
蔡宝善		举人	以知县分省试用	二等
张孝谦		直隶补用道	以道员仍留原省即补	二等
端　绪		礼部额外郎中	俟留部后以郎中即补	二等
麦鸿钧		内阁中书	作为历俸期满	二等
许岳钟		湖南攸县教谕	以知县分省试用	二等
张通谟		举人	以知县分省试用	二等
杨道霖		户部候补主事	仍以主事即补	二等
张祖廉		举人	以知县分省试用	二等
吴　烈		候选直隶州州判	以知县分省试用	二等
陈曾寿		刑部学习主事	作为学习期满	二等

注：是表内容根据光绪二十九年六月初十日（1903 年 8 月 2 日）上谕（《光绪朝上谕档》第 29 册，第 191～192 页）和同日邸抄、朱批奏等整理。

经济特科的开设及举行，对于那些期待清廷呼应改革的人士而言，具有一定的鼓舞作用，而对于科举制改革而言，并不具备推广应用的现实性与持续性。由于此次经济特科对应试资格的规定过于狭隘，限制相对严格，更有诸多官场倾轧等难以为人所知的内幕，使人望而却步。因此，很难真正起到趋新人士所冀望的“开风气之先”的作用。

第八节　老树难以接新枝

在经济特科已获准开科却尚未开考期间，增广科目以推进科举改革的建议仍不断呈报清廷。1901 年，袁世凯奏请“另增实学一科，即将旧科所减之额，作为实科取中之数”。该折奉旨留中。① 同年 10 月，都察院兵科给事中徐士佳奏请顺天乡会试，“增设兼通洋文中额，以广造就，而应急需”。其具体办法是：“凡应试士子有兼通洋文者，于试前一月由外务部出示，招考该生，取具同乡京官印结，将兼通何国文字先期由该部定期考试，点名时出结……酌照大考同文馆学生之法，当堂考试弥封试卷”，名曰译生。② 此奏实际上是继经济特科之后，提出另一改革方案，即通过在常科会试增设“译生”名额，拓展取才途径，逐步改变科举考试单凭文字诗赋经义取才的定式思维，解决翻译人才急需的困难。

然而，有关部门奉旨议复，竟然怀疑徐士佳动机不纯：“该御史请定洋文中额，恐中学未深，粗通洋文，借此希图幸获，所请应毋庸议。至举人有通习洋文者，拟请于每届会试场后，报明礼部，如未中式，即将此项举人，咨送外务部扃试录用。庶中学译学，两无偏废。依议行。”③ 清廷的答复，否决了增设译生的呈请，不准在科考之中给予此类考生以对口检测而获得出身的机会，只是应允有外语特长的举人，在会试

① 廖一中等整理《袁世凯奏议》上册，天津古籍出版社，1987，第 271、277 页。

② 《紧要奏折·徐御史士佳奏请乡会试增设洋文中额折》，《鹭江报》第 34 册，1903 年 6 月 16 日，第 12 页。另见《外事·乡会试请增设洋文中额》，《台湾日日新报》（汉文）第 1559 号，1903 年 7 月 12 日。据上谕档，徐士佳此折上奏时间为 1901 年 10 月，上谕要求政务处、外务部议复此折（《光绪宣统两朝上谕档》第 27 册，第 196 页），其后议复缘何延宕，报刊为何此时才登载该折，须进一步考证，感谢朱贞博士的提示。

③ 《德宗景皇帝实录》卷 487，光绪二十七年九月甲戌（1901 年 10 月 23 日），《清实录》第 58 册，第 439 页。科举中的翻译乡会试，主要针对满洲蒙古的满蒙语译为汉语，并非外国语。乾隆时设，规定五年举行一次。刘锦藻编《清朝续文献通考》卷 84《选举一》，第 8424 ~ 8425 页。

之后可报呈礼部，未中进士者即送外务部考试录用。对于考生，是用其所长而对出身方面不予优惠，对于科举，则是不给西文以专门科目的拓展空间。

继徐士佳请增译生中额之后，御史陈庆桂亦想借经济特科开科取士的东风，促使清廷在纳学堂于科举方面更进一步，其《奏请慎择出使随员折》提出了在科举考试中设置外交特科的建议。也许基于经济特科引发清廷内部政争的前车之鉴，政务处否决了这一提议，并在议复时强调："现在科举改章，专重时务。京师复奏设仕学馆，讲求内政外交之学。数年以后，自不乏可用之才。若再另设特科，转致纷歧。出使保奖，本有限制，各该员远涉重洋，同系奉差，若分别异常寻常，似不足以示鼓励。所请均毋庸议。"清廷同意了政务处的意见，否决了设置外交特科的建议。[①]

清统治者对在科举制框架内增设西学实学中额的建议屡次明确拒绝，而对趋新人士翘首以待的经济特科考试与引见并未给予特别优待；废除八股、改试策论，虽在各级科举考试中有所贯彻，可是科举文体的改变，并非朝夕之功。士子们在经年累月的八股文风浸润下，思维习惯与表述方式已成定式，要想改变，诚非易事。科举文体一向偏重测试对词章、经义的理解思考，即使是策论，也以问答形式为主。没有现代科学知识的基础和声光电化的实验，单靠自学难以完成西学的系统学习，以策论的方式能否展示和测试学生西学的程度，也颇可质疑。按照恽毓鼎阅卷的体会，载道之文很难担负实学之体。而如何创制出适合检验西学的新科举文体，并没有进一步可供采纳和验证的建议。这一切，最终彻底堵死了学堂与科举之间沟通融合的渠道。

1901 年新政启动之后，科举考试冲击学堂教育、干扰学堂发展的

---

① 《德宗景皇帝实录》卷 496，光绪二十八年二月丁未（1902 年 3 月 25 日），《清实录》第 58 册，第 549 页；《光绪朝上谕档》第 28 册，第 54 页。

消息频繁传来，利弊相权，通过科举制度自身更新的尝试，由于经济特科的举办以虎头蛇尾告终，以及徐士佳请增设译生中额、陈庆桂设立外交特科的再度受挫，新科举文体等可以表现西学实学内容的适当形式未能及时创制，而不复被人们所期待。要想摆脱困境，唯有另辟蹊径，彻底改弦易辙。

早在戊戌变法之前，已有人一针见血地指出："科第之不得人，咎在有科无目。"[①] 这是当时趋新人士的共识，其逻辑依据其实是中国的通学通才不敌西洋的分科专才。因此，增广科目，讲求实学，拓宽取才途径，便成为历来议改科举的重要取向。道光中叶以来至光绪末年，议改科举的诸多奏章异曲同工，无论广科目还是开新科，均旨在科举能够面向实际，接纳实学乃至西学，通过变革实现取才标准多样化，使培才与抡才适应社会需求，以挽救严重的统治危机。[②] 然而，由于甲午战前的此类建议往往过于抽象空泛，着力于阐述调整改革的必要性与重要性，缺少具有可操作性的具体办法，新旧人才标准如何调适，具体程序怎样安排，未能细致列举；而且各种方案的提出，间隔时间较长，过于分散，难以形成舆论压力，也在一定程度上影响了讨论与决策的成效。

更为重要的是，主管科举事务的礼部等机构观念严重滞后，思想与行为过于保守，恪守夷夏之大防，不愿改变成法，屡屡阻挠变制。"沈葆桢前有请设算学科之奏，丁日昌前有武试改枪炮之奏，皆格于部议不行，而所用非所学，人才何由而出？"[③] 即使是比较开明的总理衙门，虽然后期参加了若干次设科议论，并对诬蔑新学的言行有所辩驳，但鉴于反对势力强大，而推广各种洋务更为迫切，

---

① 杨凤藻编《皇朝经世文新编续集》卷1，通论（下），第4页。

② 道光中叶至光绪末年，文科举改革以增开实科或开设特科为内容的正式奏章至少有18份，奏请者包括：道光朝祁埙，咸丰朝王茂荫，同治朝黎庶昌、英桂、沈葆桢，光绪朝薛福成、李鸿章、沈葆桢、宝廷、陈启泰、潘衍桐、官文、陈琇莹、陶模、孙家鼐、盛宣怀、严修、徐士佳、陈庆桂、袁世凯。实际情况当不止于此。

③ 《筹议海防折·附议复条陈》，顾廷龙、戴逸主编《李鸿章全集》第6册，第166页。

最终放弃在旧体制内调整改造科举的努力，采取等待的姿态。所谓“遣使一层，恐有难再缓之势。而洋学特科，尚非仓猝所能举行，必应先议现在办法”。[①] 执政者的决策与制度变革的现实要求未能同步合拍，使得科举制失去了内部逐渐更新的可能，错过了老树接新枝的最佳时机，后起者不得不考虑除旧布新的彻底变革方式。

鸦片战争以降，在朝臣疆吏多方呼吁及不断上奏之下，西学与实学仍然始终未能纳入科目，这在当时被视为炙手可热的权臣看来，也令人十分费解。李鸿章曾于 1875 年 2 月致函刘秉璋，谈及自己设算学与时务科的建议均被否定，感到迷茫与悲哀，并表示明知不可为而为之的决心：“近人条陈变通考试亦多术矣，皆被部驳。吾姑发其端，以待当路之猛省而自择。其执迷不悟，吾则既言之，无可驳也。”“洋学实有逾于华学者，何妨开此一途?”“明知当世人才不能准行，亦断不能办到，但既灼见真知，亦须留此空言，以待后之作者。”[②] 李鸿章也许不曾想到，他所等待的“后之作者”，竟需耗费整整 22 年，才有姗姗来迟的经济特科开科考试，而且一科之后，便寿终正寝。

开经济特科并不意味着科举改革步入顺势。如果说甲午战前清廷对增广科目的态度是基本否决，戊戌则虽决而滞行，并一度中止。新政初期勉强行之，成效未著。出师不利，难以为继。鉴于自 1842 年以来以增开实学、融合西学的改革取向屡屡遭受挫折，千年的科举老树始终嫁接不上西学的新枝，人们开始萌生另辟蹊径的念头。如张之洞力主全面改革科举考试的内容，在乡会试场次安排及考题范围上力图融合中西。[③] 而张謇则持不同观点，认为科举难以包容西学与实学的内容，“与其主策论、制艺而翻腾于其中，不若摒策论、制艺而消

① 《洋务运动》第 1 册，第 151 ~ 152 页。

② 《复署赣抚刘仲良中丞》，光绪元年正月初八日（1875 年 2 月 13 日），顾廷龙、戴逸主编《李鸿章全集》第 31 册，信函 3，第 173 ~ 175 页。

③ 张之洞在《劝学篇》中已提出变革方案，新政伊始，又与刘坤一联名上《江楚会奏》第一折，重申和强调相关建议见苑书义等主编《张之洞全集》第 2 册，第 1402 页。

息于其外”。[①] 他们虽未完全放弃变科举的幻想，却不再专注于这一点，同时提出了科考减额、多设学堂和奖励出身等新方案，企图让学堂与科举平分秋色，两全其美，从而化解科举与西学的矛盾冲突，最终将学堂与科举并为一途。

概而言之，晚清议改科举，可以甲午战争为分界线。从鸦片战后至甲午战前50多年间，虽不断有人提出改科举增实科的建议，均未能通过朝议，付诸实行。甲午战后至庚子事变前，为时势所迫，科举改革进入尝试阶段，改革途径与主要内容，一是严修开经济特科的建议被采纳且付诸实行，只是过程拖沓冗长，加上政争纷扰，效果不佳；二是由康梁等人所推动的废八股改试策论，因百日维新失败而曲折反复，新政初期重新采纳，尚未彰显成效，缺乏后续动力；三是戊戌变法时发布的改书院为学堂谕令，有可能朝着培才与抡才一体的方向发展，省城相对落实较快，而府厅州县受制于条件，师资与经费的困扰较大。

由于上述三项措施逐步落实以至成效显现需要一定的时间，而推广学堂过程中又出现了科举与学堂并存竞争的矛盾，自戊戌后改科举的种种举措不断受到困扰。八国联军入侵及《辛丑条约》禁考，朝野上下大受刺激，迅速改变积弱不振成为社会共识，救亡图存迫在眉睫，使人们迫切期待通过改革迅速产生立竿见影的效果。此时官民普遍对改革成效缓不济急的迫切期待，给予清廷巨大压力，导致庚子之后的科举改革不再固守于内容变换及程式调整，而是重新考虑既往已被提出的激进方式，不断推出新的办法。

① 张謇研究中心、南通市图书馆编《张謇全集》第1卷，江苏古籍出版社，1994，第63页。

第二章

立停科举与清末政情

晚清科举改革的探索，贯穿于戊戌与新政两个既相互联系又有所区别的时期。前者重在内容变通，以科举接纳包容西学与实学为目标，办法是自下而上、由外而内地进行舆论鼓动并利用皇权乾纲独断，促动与推进改革；后者以学堂合并科举为旨归，观念层面的社会认同（指积极兴学及为其扫除障碍）基本达成，主要矛盾开始转向上层决策的具体运作，即实施方案的内容、时间、程序、途径和效果预测的行政决断。甲午之后，清廷中枢的观念异同及人事变动，直接影响科举改革的进度与成效。媒体关注的角度也由对维新派主张的宣传，转为对朝臣疆吏活动的报道。[①] 这一既往不被注意的变法模式的转变，表明新政期间重大决策的酝酿，统治集团内部仍需要自下而上的复杂运作，否则即使是恢复戊戌变法的措施，也并非轻而易举。而新政在复行变法的同时，也自觉与不自觉地模仿了戊戌的观念乃至运作形式。

---

① 例如《东方杂志》《万国公报》《政艺通报》《选报》《时报》《大公报》《申报》《警钟日报》《岭东日报》等的相关报道。

第一节　新政初督抚的变科举

一　以权谋变科举的滥觞

以权谋促变科举的酝酿与活动，在举国上下对甲午战败原因深刻反省的背景下出现，戊戌与新政时期一脉相承、各具特点。其滥觞于维新派，却对新政时期的督抚不无影响。

自1842年祁埙奏请广设科目、调整科考内容以来，长达半个多世纪的议改科举均以朝臣疆吏的奏章为主要表现形式。由于每份奏章的上奏者各自独立，所奏又相互间隔时间较长，既缺少具体操作的详细建议，也无法形成庙堂之上的舆论压力，结果如同李鸿章所概括："今自殿廷以至郡县之试，旁及书院之课，皆就其已成之业而进退高下之，则有举而无教矣，而所学又非所用。论者咸知时文试帖之无用，又不敢倡言废科举，辄欲调停其间，于是艺科、算学之说迭见条陈，或搁置不行，或暂行辄止。盖事无两胜，此优则彼绌，数百年积重之势，非偶然更置一二所能转移。"① 其基本态势，可谓议论不断，成效甚微。

如何通过新途径、采取新方法更为有效地推动科举改革，颇费思量。戊戌期间，维新派寄希望于政府变法，已意识到疆吏与枢臣的态度对于变法成败至关重要。1897年，唐才常撰文猛烈抨击科举流弊，并对"枢要诸臣与夫封疆大吏，则无有抉其弊，危其词，为我皇上言之者"的现状感到痛心疾首。② 因为思想家与民众的呼声，虽然可能

① 《复皖幕陈》光绪二十二年九月初四日（1896年10月10日），顾廷龙、戴逸主编《李鸿章全集》第36册，第110页。

② 《时文流毒中国论》，湖南省哲学社会科学研究所编《唐才常集》，中华书局，1980，第163页。

为改革提供一定的社会条件和土壤，却犹如隔靴搔痒，难以直接催生变法措施的出台。那些实权在手、掌握各种政治资源的“枢要诸臣”和“封疆大吏”一旦接受改革的主张，从内部发动，倒是更容易直接且迅速地影响变革的速度与结果。

戊戌前后梁启超对于以权谋促变科举一事相当积极且信心满满，在他看来，“惟科举一变，则海内洗心，三年之内，人才不教而自成，此实维新之第一义也”。他深知其事不易为，尤其是“天听隔绝，廷臣守旧，难望丕变”，仅按官场文书呈递的一般正常程序，要么石沉大海，要么走完过场，只能看到官样文章。突破重重阻挠，直接面圣以耸动天听，至为关键。为此，他突发奇想，提出“若得言官十余人共昌斯义，连牍入陈，雷厉风行，或见采纳。昔胡文忠以四万金贿肃顺，求赏左文襄四品卿督师，于是中兴之基定焉……今拟联合同志，共集义款，以百金为一分，总集三千金，分馈台官，乞为入告。其封事则请同志中文笔优长者拟定，或主详尽，或主简明，各明一义，各举一法，其宗旨不离科举一事。务使一月之内十折上闻，天高听卑，必蒙垂鉴。则人才蔚兴，庶政可举”。此议乍看不择手段，有失君子之风，而梁启超绝非戏言，认真付诸实行。不久，他函告康广仁和徐勤：“今日在此做得一大快事，说人捐金三千，买都老爷上折子，专言科举，今将小引呈上。现已集有千余矣，想两日内可成也。请公等亦拟数篇，各出其议论。不然超独作十篇，恐才尽也。此事俟明春次亮入京办之。”① 后来宋伯鲁和徐致靖以言官身份呈递的奏折，实则捉刀代笔，均出自康有为之手，② 与梁启超此函所议似不无关系。可见维新派坐言之后要想起行，也不得不遵循权力角逐的胜负准则。

贿买言官意在耸动天听，立志图新的光绪帝果然从善如流，力排

① 《梁启超书牍（六）》，《戊戌变法》第2册，第546、547页。

② 汤志钧编《康有为政论集》上册，第264、285、296页。但具折上奏者是否因贿买而有此举，除前述梁启超的信外，尚未有直接证据，只能存疑，有待新资料的发掘。

众议，毅然诏废八股改试策论，[1] 令康、梁等人喜出望外。在此之前，维新派并不敢奢望事情会进展得如此顺利，除上达天听外，主要精力放在尝试与赞成变法的疆臣合作推进维新事业上面。张之洞在变科举方面与维新派不乏共识。他曾经对梁启超说："废八股为变法第一事矣"，[2] 所撰《劝学篇》，第八即为变科举，虽"谓今日科举之制，宜存其大体而斟酌修改之"，[3] 主张却与维新派的要求大体相同。他随即与湖南巡抚陈宝箴合奏《妥议科举新章折》，步调也与康、梁等人一致。[4] 1898 年 5 月，梁启超致函夏穗卿，提及运动变科举一事："瓜分之局已成，而人情闭塞如昨，至可忧耳。香帅到京，恐未必大用，位次太末，用亦未必有权……顷专意办变科举事，成否未可知，虽知其无及，不能不略为说法。"[5] 由此来看，维新派当在科举改革等问题上与张之洞或其他官员有过接触磋商，希望通过有权势的官员影响朝廷决策，开辟实现其政治理想的另一途径。这与新政期间群臣的谋划竟有异曲同工之妙。

二　督抚同心促变制

"百日维新"的夭折使科举改革退回起点。新政复行之际，捡起科举改革接力棒的正是清政府的一些朝臣和疆吏。清廷关于征集官员建议举办新政的风声刚刚传出，变法诏令尚未颁布，各地督抚之间的联络便活跃起来。1901 年 1 月 13 日，袁世凯致电张之洞等人，率先提出枢臣与疆吏联手合力共挽危局的对策，要求盛宣怀出面倡议："惟承乏疆寄，未便畅言，拟请杏兄酌电枢相谓：'和未定，弱可忧，

① 朱寿朋编《光绪朝东华录》第 4 册，第 4697 页。

② 梁启超：《饮冰室合集·专集之一》，第 84 页。

③ 璩鑫圭、童富勇编《中国近代教育史资料汇编·教育思想》，上海教育出版社，1997，第 102 页。

④ 苑书义等主编《张之洞全集》第 2 册，第 1304 ~ 1309 页。

⑤ 丁文江、赵丰田编《梁启超年谱长编》，上海人民出版社，1983，第 114 页。

和既定，贫可忧，运筹在枢臣，奉行在疆臣，枢疆合谋，始可补救。应请旨饬下诸疆臣各陈所见，毋拘成见，毋存顾忌，毋涉空谈’云云。傥得此诏，便可进言，仍请三公酌裁。”① 袁世凯的建议很快得到张之洞赞同，后者次日即复电袁世凯、刘坤一、盛宣怀，明确表态：“济漾复电悉。慰帅致书当道，请枢疆合力补救，扼要得法，此入手一定步骤”；并言及四川总督奎俊等亦愿意列衔上奏促请变法，“大要首在学校、科举……枢纽只在‘化新旧之见’五字。”②

两个月后，张之洞致电鹿传霖，强调枢臣与疆吏合力促成变法的重要性，并嘱鹿在军机中运动联络：“此等大计，圣上主之，疆臣议之，政府定之，迂谬之说不理可也……伏望详思明断，与略园、仁和两相密商之。”③ 此后，一些督抚与朝廷政要之间，商谈斟酌变法措施的电牍书信往来不绝，而促使他们趋向一致的，当是危难时局下覆巢累卵的忧虑及力挽狂澜的共识。

与戊戌期间主要靠维新派推动变法的情形迥异，新政时期科举改革的议论与活动，是在部分封疆大吏的主导、参与及推动下进行的。按其形式和内容，分为递进的三个阶段。

新政伊始的 1901 年是由督抚发起并主导科举改革的第一阶段。在此期间，两广总督陶模、广东巡抚德寿、山东巡抚袁世凯、安徽巡抚王之春、两江总督刘坤一、湖广总督张之洞以及左都御史张百熙等，先后奏陈改革科举。其主旨则由戊戌以废八股为内容的变科举，转到以减额渐停为途径的停废科举。

从时间来看，最早奏请变通科举的应是陶模。当多数官员尚在犹

① 《袁抚台来电并致刘制台、盛大臣》，光绪二十六年十一月二十三日（1901 年 1 月 13 日），苑书义等主编《张之洞全集》第 10 册，第 8490 ~ 8491 页。

② 《致江宁刘制台、济南袁抚台、上海盛大臣》，光绪二十六年十一月二十四日（1901 年 1 月 14 日），苑书义等主编《张之洞全集》第 10 册，第 8490 页。

③ 《致西安鹿尚书》，光绪二十七年二月初五日（1901 年 3 月 24 日），苑书义等主编《张之洞全集》第 10 册，第 8527 页。

豫观望之时，刚刚履新的两广总督陶模于1901年2月正式呈递了关于新政的第一份奏议《奏请变通科举折》。[①] 变革科举始终是陶模变法主张的重心，1898年6月8日，时任陕甘总督的陶模曾与甘肃学政夏启瑜联衔上《请变通武科折》，提出仿西法改革武科，特别要求："无论新章能否通行，旧例武科应一律停止，以归画一。"[②] 其以停止武科促进仿西法的思路，对此后文科举改革最终由调整形式内容到停科考的转折，不无影响。病重辞差前，陶模与广东巡抚德寿联衔的最后一份奏章仍然敦请清廷关注科举妨碍兴学的问题，主张采取果断措施改变现状。陶模的执着得到社会舆论的支持和趋新人士的赞扬。

以科举改革作为变法的当务之急本来是维新派的主张，其基本思路为：欲行新法，首在变政；欲变新政，首在育才；欲植人才，首在兴学；欲兴学校，必须先变科举。新政复行后，这一观念成为不少疆臣的共识。直隶布政使周馥、四川总督奎俊等人均认为，推行新政，"大要首在学校、科举"。[③] 但督抚中最早向清廷建言，并专折奏请实行者则是陶模和德寿。他俩联衔呈递的《奏请变通科举折》，断言"为政之要，首在得人；取人之方，不外学校科举"，并列举古今中外人才选拔的利弊，提出了两个方案，上策是恢复三代之制，以学校取代科举。办法是于各地广设学校，"自小学以上凡涉洋务者，许参用各国之人，在学有成，小学、大学均各授以本学执照一纸。嗣后无论旗汉，无论由何项进身，非有学堂执照者不得授以实官，则所取皆实学，所学皆实用。学校既兴，人才自出，吏治民生，军政财政，渐可

① 陶模到达广州的时间是1901年2月7日，见其《到粤任事日期折》，《陶勤肃公奏议遗稿》卷11，沈云龙主编《近代中国史料丛刊》第45辑之441，台北：文海出版社，1970，第1页。

② 《陶勤肃公奏议遗稿》卷9，第22～25页。

③ 《致江宁刘制台、济南袁抚台、上海盛大臣》，光绪二十六年十一月二十四日（1901年1月14日），苑书义等主编《张之洞全集》第10册，第8490页。

得人而理。其商学、农学、工学、化学、医学，亦皆听民间自立。仍于京师国学附列专科，学成各就所学用之”。若“不得已而思其次”，则请自当年乡试、次年会试暂以时务策论取士，“仍俟学校齐备，课有成才，即将科举停止”。[①] 该折将广兴学堂与废除科举联系在一起，以科举停废为最终目标，“俾天下向学之士归于一途”。

陶模等人的下策，只是恢复戊戌变法废八股改试策论的成果，其上策则全面以学校取代科举，这与梁启超等人前此未能实行的理想目标相吻合。[②] 尽管梁启超明确认识到，“由上策者强，由中策者安，由下策者存”，可是强大的阻力迫使他只能出其下策，而不敢公然取法乎上。所以戊戌时康有为、梁启超对于科举改革只是提出废八股、改试策论，代奏的宋伯鲁还因此获罪。[③] 科举改革的主张由变而废，仅此一点，新政一开始就在戊戌变法的基点上有所突破。以疆臣身份首倡停废科举，陶模所奏确有石破天惊的效应。不过，新政时期废科举的主张虽由督抚正式提出，思想渊源却可上溯到戊戌时期维新派的思想言论。

继陶模之后，袁世凯在1901年4月25日《遵旨敬抒管见上备甄择折》中，首次提出逐渐减少“各省岁科乡会各试取中之额”的“量为变通”之策，要求增设实科，“按中西各学分门别类，募考实学”，“旧科中额，每次递减二成；实科递增二成，以六成为度……迨

---

① 舒新城编《近代中国教育史料》，《民国丛书》第2编第46册，上海书店出版社据中华书局1933年版影印，第100~101页。是折的日期，舒新城仅注为1901年。《清史稿·列传二百三十四·陶模传》记为光绪二十七年正月（1901年2~3月）奏陈（《陶勤肃公奏议遗稿》，第40页）。李细珠指光绪二十六年十二月初十日（1901年1月29日）的变法上谕所定两个月内复奏的期限已过，而各省督抚大臣尚未上奏，故清廷再度颁发谕旨，催促迅速条议具奏，勿再延逾观望（《张之洞与〈江楚会奏变法三折〉》，《历史研究》2002年第2期）。若《陶模传》所说不误，则在清廷新政上谕要求的两个月限期内，陶模和德寿已经联衔出奏。

② 早在1896年10月，梁启超发表《变法通议·科举》，就提出变科举为兴学育人第一义，办法分为上、中、下三策，其上策即取法三代和泰西，“合科举于学校”，以学校考试代替科举；中、下策分别为多设诸科和考试实学。

③ 《时务报》第7、8册，1898年10月7日、17日。

三科之后，学堂中多成材之士，考官中亦多实学之人，即将旧科所留四成帖括中额概行废止”。以实科逐渐取代旧科，科举制势必名存实亡。然而，清廷并未予以采纳，折上七日，“奉旨留中”。①

相比于陶模和德寿直截了当提议废止科举，袁世凯减停科举的意思多少有些含糊。陶模为科举改革树立高标，使其他督抚的出奏有了参照。张之洞为此致书陶模表示钦佩之意：“近读变科举疏稿，具征卓识坚定。”②

陶模的奏折对《江楚会奏》产生了两方面的影响：其一，为了保持各督抚言行一致，确定《江楚会奏》第一折的内容以科举改革为重点。此前张之洞曾征询鹿传霖的意见：“鄙意第一条欲力扫六部吏例痼习痼弊，枢廷诸公肯否？”重心尚未确定。③ 另见 1901 年 4 月 24 日刘坤一给盛宣怀的信提及：“变法条陈，香帅尚无成稿，钦奉旨催，想亦不能过迟”。④ 其二，加大主张科举改革的力度。张之洞草拟江楚会奏并与刘坤一商榷时，先是明确表示：“惟变法改科举章程，鄙意此次复奏，只能仿戊戌年敝处所奏已奉旨允准办法”，即《劝学篇》所说的改试策论，将来学堂广设，“再请将凭文考试之中额渐次酌减”。后又自觉想法似过于保守，便征询刘坤一的意见：“或将陶、袁两奏大意酌采叙入，以见科举旧法必应变通。惟科举究应如何更改，敝处前三年原奏应否量加更定，统请尊处酌裁拟稿，电示敝处。”⑤ 刘坤一复电肯定张之洞前奏“甚裨实学，最为扼要”，“应以前奏为主”，同时强调“引证陶、袁两奏，以见科举改章，具有同心，尤易

① 廖一中等整理《袁世凯奏议》上册，第 271、277 页。

② 《与陶子方》，光绪二十七年三月二十七日（1901 年 5 月 15 日），苑书义等主编《张之洞全集》第 12 册，第 10273 页。

③ 《致西安鹿尚书》，光绪二十七年一月九日（1901 年 2 月 27 日），苑书义等主编《张之洞全集》第 10 册，第 8507 页。

④ 《刘坤一遗集》第 5 册，第 2285 页。

⑤ 《致江宁刘制台》，光绪二十七年四月十三日（1901 年 5 月 30 日），苑书义等编《张之洞全集》第 10 册，第 8586～8587 页。

动听”,[①] 同意吸收陶模等人的意见。

其实，就正式提出的科举改革办法程序而论，张之洞、陶模、袁世凯的主张相去甚远。《劝学篇》仍然沿袭纳西学于科举的路径，只是要求改变科举的内容，即废八股改试策论，并无废除科举之意；袁世凯的《遵旨敬抒管见上备甄择折》，虽然提出增设实科，逐渐减少“各省岁科乡会各试取中之额”的“量为变通”之策，即以旧科递减和实科递增作为过渡，由渐变而至终停,[②] 但与陶模直接由学校取代科举的上策仍有不小距离。只是陶模的主张有些理想化，当时清廷不可能采取立停科举的做法。张、刘两人反复斟酌，最后折中了陶、袁两折和张謇等人的意见，提出停罢武科，酌改文科，分科减额，岁科会试前两科每科分减旧额三成，第三科分减四成，“十年三科之后，旧额减尽，生员、举人、进士皆出于学堂”的方案,[③] 实际上认可了陶模的科举与学堂终归一途的思路。

然而，科举停废路途崎岖，即使赞成改革科举的人，意见分歧也十分明显。安徽巡抚王之春持论中庸，主张科举与学堂并行不悖，以渐进为佳策，避免过激之举。[④] 张謇的《变法平议》则建议科举减额，“断以十年为限，限满即停”。[⑤] 张之洞和刘坤一的《江楚会奏》第一折，既确定了递减进度，限期实现停废，又留下过渡衔接的时间，以减少阻力。

关于上述过程，有几个重要细节未被关注：其一，袁世凯、陶

① 1901年5月31日，江宁刘制台来电，中国社会科学院近代史研究所图书馆藏张之洞存各处来电第47函，转引自李细珠《张之洞与〈江楚会奏变法三折〉》，《历史研究》2002年第2期。

② 廖一中等整理《袁世凯奏议》中册，第271、277页。

③ 张之洞、刘坤一：《变通政治人才为先遵旨筹议折》，光绪二十七年五月二十七日（1901年7月12日），苑书义等主编《张之洞全集》第2册，第1393～1406页。

④ 王之春：《复议新政疏》，璩鑫圭、唐良炎编《中国近代教育史资料汇编·学制演变》，上海教育出版社，1991，第25～27页。

⑤ 《张謇全集》第1卷，第63页。

模、德寿、端方等人在促停科举中的作用十分重要，既往研究于此或完全忽略，或估计不足，许多著述论及科举废除过程，仅以《江楚会奏》第一折、《奏请递减科举注重学堂片》、《立停科举推广学校折》等几份奏折为据，基本归功于张之洞，于事实不无出入。其二，张之洞酝酿“江楚会奏”之初，对科举改革的主张还停留在《劝学篇》时的“变通”，与以停废为主的最后成稿相去甚远，其态度变化既受刘坤一的影响，也与此前几个方案的启发有关。其三，1901 年部分督抚提出新政方案时，曾有过合奏和分奏两种意见，① 最终迎合朝廷旨意而采取了分奏的方法。

由各地督抚提出的科举改革方案，包括内容与结果各异的四种类型：“（1）保留科举框架，增设实科，使之渐成主体；（2）改变科考内容，形式上相应调整；（3）学堂与科举并进，科举旧额递减，学堂出身逐增，限期完成过渡交替（即减额缓停，此消彼长）；（4）直接采用“学堂执照”，从形式到内容立停科举。

令人疑惑的是，对于督抚们的连续入奏，清廷均未议复，1901 年 8 月竟然出现了拟增科举名额的传闻。果真如此，则不但减额之议未见采纳，还与科举改革的呼声反其道而行之。一些趋新督抚惊愕之余对清廷改革的诚意产生了怀疑。端方认为“政府既言广额科举，即无意更张，一切法皆难变”；张之洞则函告刘坤一、陶模，表明自己的态度：“广额尚无碍，但使朝廷肯照江、楚会奏，拨科举额为学堂额，分科递减，准将学堂所取之士作为举人、生员，则中额学额既多，分拨之额亦必多，是所广之额，乃旧科举与新学堂共之者也。十年以后，原额、广额全归学堂矣。”他还劝解陶模和刘坤一道：“此时广额未见明文，无从争阻。或者政府有意开学堂，拨中额，而又虑旧日八

① 参见苑书义等主编《张之洞全集》第 10 册，第 8553 ~ 8554 页。李细珠《张之洞与〈江楚会奏变法三折〉》对此有所论及，见《历史研究》2002 年第 2 期。

股秀才、童生出路较隘，故以广额调停之，亦未可定。总须俟准开学堂分拨旧额之旨既下，方可相机陈奏。如学堂人才实多，届时未尝不可奏请多拨数名。凡事入门最难，入门以后再图进步较易。此时似不宜操之过急，致顽固者忧惧护持。如两公与政府通信、通电时，能力劝设学堂，拨旧额，即大有裨益也。”①

张之洞“拨科举额为学堂额”的设想，本为有利于科举与学堂并存的稳妥渐进方案，不仅可让应考士子有更多的比较选择余地，且无疑有助于新学的推广传播。令人遗憾的是，此后科举改革并未沿此趋向发展。尽管其后清廷迫于众多督抚的恳请呼吁，不得不相应变通，谕令将对江楚会奏所陈“其中可行者，即著按照所陈，随时设法，择要举办”，② 但对科举减额之议一直未置可否。③ 在取向上，仍然选择变动幅度最小的方案，即一方面调整考试内容，增加时事策论，简化苛繁程序；另一方面对学堂优等毕业生分别给予科举出身作为奖励。④ 这些措施尽管与群臣的建议相去甚远，但毕竟重新迈出了改革的步伐。

为了打破沉寂，促使清廷表态，两广总督陶模锲而不舍，于1902年6月再次与广东巡抚德寿联衔奏陈广东大学堂开办情形折，分析了清政府迭令兴办学堂而“建设者甚属寥寥”的种种原因，抓住科举与学堂不能并存的症结，指出反对废科举者借口学堂尚未普

① 《致江宁刘制台、广州陶制台》，光绪二十七年十一月初五日（1901年8月22日），苑书义等主编《张之洞全集》第10册，第8619～8620页。

② 朱寿朋编《光绪朝东华录》第4册，第4771页。

③ 减额之议何以未被清廷采纳，目前未见直接资料说明。有研究者指出，咸同以来各府州县学额的增广，与乾隆时期为“崇儒重道”、嘉惠士林的做法迥异，往往作为各地赋税征收，捐输军饷、团练、船炮，捐修城工、文庙等匡助清廷的奖励措施（参见李世愉《清代科举制度考辩》，第187～208页）。故减少学额不仅难以操作，且易导致各方矛盾。另一方面，此时清廷鼓吹推广新学，也不宜受学额的限制。

④ 光绪二十七年十月初一日（1901年11月11日）《政务处礼部会奏变通科举事宜折》、光绪二十七年十月二十五日（1901年12月5日）上谕，朱寿朋编《光绪朝东华录》第4册，第4781～4782、4788页。

及，实则科举存在已成为学堂不能发展的主要障碍。所以，“欲开学堂，必先去其阻碍学堂者。窃谓阻碍学堂者莫如科举”。继而陈述了科举考试对兴学大业的负面影响，反对待学堂大兴之后再议停废，断言“科举一日不废，学堂即一日不能大兴”，“拟请旨饬下政务处、礼部及管学大臣详细筹议，竟将科举停废，以收学堂实效”。估计到立停科举阻力太大，陶模以退为进，要求先“将乡会中额、各学学额量裁其半，以为学堂学生出身。更请谕告天下，以十年或十五年之后即永停科举”，用催促公布废止科举时间表的形式，向清廷施加压力。并在附片中提出：“将各府学学额先行裁去，留备新设学堂学生将来考拔之阶”，且将府学教官一并裁汰，“向隶府学之廪增附生可回隶原籍各州县学。其府学、文庙、衙署、斋舍、学田概归新设各府中学堂经理。如此一转移间，于旧制无甚妨碍，于新学大有裨益”。[①] 此计涉及科举学额、学官、学田，上述意见如果完全实行，无异于对科举釜底抽薪，将大大有利于兴学。

陶模再次请废科举，枢廷有过议论。军机大臣鹿传霖在日记中透露：“陶模奏大学堂办法，照办。并请停科举，勿庸议。”[②] 可见办学堂虽未见异议，停科举阻力依然不小。

虽然清廷没有采纳陶模的意见，此举的社会反响却相当广泛。《申报》认为这是“停止科举，振兴学校之先声”，赞许为“柱石名臣所见”，并且指出：“顾科举方改定新章，骤然而欲请停，措词诚不易易。陶公筹之熟计之深，乃先请将各府学生员概归本州县学，所有各府学、文庙、衙署、斋舍、学田，概归学堂经理，使人尽知学堂之获益，而科举中未尝有真才……何莫非陶公此奏导其先哉！且夫需者事

---

① 《粤督陶粤抚德奏陈广东大学堂开办情形折》，《万国公报》第 165 册，1902 年 10 月，第 23～24 页，原文未注日期。是年 7 月 2 日陶模因病乞休，3 日德寿署两广总督，该折似在 6 月。

② 《鹿传霖日记》，1902 年 7 月 17 日，《文物春秋》1992 年第 2 期。

之贼，而其进太锐，亦不免废于半途……陶公鉴及前车，因思事必由渐而来，不以立时废科举、兴学堂为事，惟先撤府学，以觇士人之意向。苟多士皆心悦诚服，则或渐减各州县学额，选诸生入学堂，或展缓乡会试之期，使诸生咸致其力于实学，种种善后之策，宜皆有成竹在胸。”①《选报》则充分肯定陶模力争废科举的努力：“大哉制军之言也！吾国学业之衰，人材之靡，则皆科举贻之害矣，积重难返，莫知其非。科举不废，虽条例数更，庸有济乎？呜呼，言虽未用，其言大矣。”② 皮锡瑞阅报载陶模奏折，称赞陶模触及废科举与兴学堂的要害，“此皆理极易明，而人多詈之，亦正为此”。③ 郑孝胥则在日记中论道：“有陶模奏办大学堂及武备学堂二折，请罢科举以免学堂之阻碍。其论甚当。”④ 可见陶模所奏虽未能获准，却表达了趋新人士的共识，引起社会舆论的积极反应。⑤

1901 年至 1902 年间诸多督抚的奏议，在科举改革过程中承上启下，不仅将因变法流产而中断的变科举重新提出，引起清廷的高度重视，将其置于新政的重要位置，推进了科举改革的进程，而且将废科举的议题，以渐停和立停两种方式提上议程，促使清政府抉择。

第二节　疆臣、枢机的分歧与合谋

新政开始后，清廷在科举改革方面的谨慎与迟缓，显然难以满足社会对于变革振兴的普遍企盼，舆论纷纷指责之余，还“翘首企踵而

① 《论粤督陶公奏裁府学生员以兴学堂事》，《申报》1902 年 9 月 6 日。

② 《请废科举》，《选报》第 21 期，1902 年 7 月 5 日，第 28 页。

③ 皮锡瑞：《师伏堂日记》第 5 册，1902 年 9 月 24 日，国家图书馆出版社，2009，第 122 页。

④ 中国历史博物馆编、劳祖德整理《郑孝胥日记》第 2 册，中华书局，1993，第 844 页。

⑤ 《论粤督陶公奏裁府学生员以兴学堂事》，《申报》1902 年 9 月 6 日。

望之”。[①] 此时学堂与科举并存，形成了相互制约与影响的局面，为打破胶着状态，一些趋新督抚不得不继续酝酿新的行动，将议改科举推入第二阶段。

1903 年 3 月 11 日，直隶总督袁世凯、湖广总督张之洞联衔上呈《奏请递减科举中额专注学校折》，要求“今纵不能骤废，亦宜酌量变通，为分科递减之一法”，催促清廷将科举录取之额均分后“按年递减”，“学政岁科试分两科减尽，乡会试分三科减尽”，“俾天下士子，舍学堂一途，别无进身之阶”。[②] 此次会奏，时称南北洋会奏，有关科举改革的主要内容与《江楚会奏》第一折基本相同，袁、张两人均为参预政务大臣，虽系重议前事，遣词语气之坚定却胜于前，对清廷造成更大压力。

据张之洞幕僚记载，袁世凯不仅领衔会奏，而且是事实上的发起者与主稿人。张之洞曾想串联更多的督抚联衔会奏，袁世凯并未照办。[③] 袁、张联衔的原因，当是仿“江楚会奏”故事，希望能够耸动朝野，促成科举减额。此时刘坤一已故，袁世凯则升任直隶总督，并任参预政务大臣。袁、张联衔，较为有力。

袁、张会奏减额渐停科举，犹如一石激起千层浪，朝野上下，多有响应。在两位重要疆臣奏请递减停科举的同时，御史们提出了不同的解决方案，先后有十年减额渐停，即停常科留特科，暂停五年科考以观学堂成效，缩短渐停期限，俟次年恩正并科后立停等四种意见。虽然各有不同考虑，基本取向都是变科举以利学务。似有先见之明的瞿鸿禨，据说提出另一方案，即将减额渐停期限缩短，俟次年恩正科同时并行，一年了清。只是鉴于停废科举为重大国策，建议“当集六

① 《论改科举当急设学堂》，《选报》第 5 期，1901 年 12 月 21 日，论说，第 19 页。

② 廖一中等整理《袁世凯奏议》中册，第 735 ~ 739 页。

③ 胡钧撰《张文襄公（之洞）年谱》卷 5，沈云龙主编《近代中国史料丛刊》第 5 辑之 047，台北：文海出版社，1967，第 204 页。

部九卿翰詹科道，一律画诺，而后下诏，以免日后议论参差”。[①]

传媒对袁、张会奏予以极大关注，揣度两督因朝廷诏举恩科，“不敢径行请废，故先奏请递减中额耳”；[②] 并对其后清政府的反应追踪报道：奏折“交政务处妥议”，两宫示意“妥慎筹议，宁失之迟缓，不可失之操切”；[③] 政务处方面，也打起了官腔：“此次会议张、袁两制军会奏停罢科举一折，均拟照准。惟原奏所称为举贡生员等宽筹出路一节，其中头绪甚多，不易酌定，必须与大学堂暨吏部彼此筹商，方能斟酌尽善其事，万非一时所能定议。此番会议复奏，拟先与礼部详订大纲节目，再行请旨办理。”[④]

其实，官样文章的背后，首先是清廷枢机对科举改革的深刻分歧。《大公报》首先披露：“袁、张两宫保会奏递减科举中额一折，三军机皆愿议准，惟某公一人极力阻止，是真别有见解者矣。”[⑤] 消息灵通的《万国公报》记者则直接捅破内幕：“近日政府诸公颇有以废科举之事为然者。惟事关改革，往往彼此推诿，无人决定。此次袁慰帅、张香帅会奏分科递减乡会试中额一折，政务处商之军机大臣，事已多日，迄无一定主见。前日两宫催询此事，荣相及鹿、瞿两尚书始议定准行，意见从同，惟王中堂竭力反对，以为如此办理，足以灰士林进取之心，召中国无穷之乱。”[⑥] 关于此事，笔记野史所述与传媒的报道颇为吻合：“袁世凯与张南皮请停科，王相曰：国家大典，应交内外臣工议，岂能由二臣请停？”[⑦] “王文韶在枢府，慈眷始终不衰。

---

① 《议废科举汇述》，《选报》第47期，1903年4月12日，教育言，第9页。御史们的提议均为立停科举后的追述报道，瞿鸿禨所提方案具体如何，尚无资料佐证。

② 《书直督袁慰帅署江督张香帅奏请递减中额折后》，《申报》1903年3月28日。

③ 《时事要闻》，《大公报》1903年3月21日。

④ 《时事要闻》，《大公报》1903年3月26日。

⑤ 《时事要闻》，《大公报》1903年3月22日。

⑥ 《奏废科举述闻》，《万国公报》第171册，1903年4月，第25页。

⑦ 高树：《金銮琐记》，荣孟源、章伯锋主编《近代稗海》第1辑，四川人民出版社，1985，第45页。

为人透亮圆到，以其遇事不持己见，故有琉璃球之号。然独于废科举一事，则坚持到底，人多以为异……时当国为荣文忠，自以为非科举出身，不敢极力主废。文勤乃谓老夫一日在朝，科举一日不得废。之洞无术以易之，太息而已”。[①]

上述传闻掌故，并非无稽之谈。1903 年 4 月 8 日张之洞致电袁世凯，显得忧心忡忡：“科举减额议，都下之驳难者，乃诸翰林虑失试差生计，群起作梗，并无深意，当道亦未必真以为不然也。惟思科举不能包学堂，学堂仍可包科举……此事关系甚大，科举不改，学堂终无成效。趁公扈跸时，以此意与政府熟商，或可挽救。”[②] 当局者心存侥幸，旁观者却看出个中乾坤：“兹闻某中堂近仍执意不允，此举恐难邀议准。”[③] 由于低估了阻力，此番南北洋两位“参预政务大臣”会奏，犹如泥牛入海无消息。

心思缜密的张之洞对守旧当道的阻挠并非没有戒心，早在 1901 年 8 月“江楚会奏”不久，便对刘坤一和陶模披露其韬略，主张先入门再图进步，不宜操之过急，以致顽固者忧惧护持。但袁世凯急于求成，仓促出奏，使得革新与守旧的矛盾明朗化了。1903 年 3、4 月间，御史李灼华、给事中潘庆澜先后上奏，“力陈学堂之弊，万不足以得人才”，坚持科举不可废，[④] 并“劾张、袁二宫保不应奏废科举，摘其原奏中科举为二百年弊政一语为得罪列祖列宗，意谓祖宗法制，臣下擅行谤为弊政，是祖宗所行皆弊政矣。上意颇动，亦交政务处并议”。[⑤] 所以《大公报》将顽固、贪私、因循三者视为阻挠新政的魔

---

① 辜鸿铭、孟森等：《清代野史》第 2 卷，巴蜀书社，1998，第 817 页。

② 《致保定袁宫保》，光绪二十九年三月十一日（1903 年 4 月 8 日），苑书义等主编《张之洞全集》第 11 册，第 9035 页。

③ 《时事要闻》，《大公报》1903 年 4 月 6 日。

④ 《时事要闻》，《大公报》1903 年 4 月 5 日。

⑤ 《奏废科举述闻》，《万国公报》第 171 册，1903 年 4 月，第 25 页；另参见中国人民大学清史研究所编《清史编年》第 12 卷，中国人民大学出版社，2000，第 304 页。

鬼，真是切中时弊。[1]

除王文韶从中作梗外，导致袁、张联衔会奏未得议复的还有其他原因：一是清廷举办恩科之年，减额渐停之议触犯忌讳；[2] 二是慈禧本人对科举停废一事始终顾虑重重，召见张之洞时询问："若废科举，又恐失士子之心，将如之何"，担心因此招致内乱；[3] 三是科举制涉及学校、选举、用人诸多方面，相关部门如大学堂、吏部、礼部需要彼此磋商协调，[4] 而南北洋会奏在新旧衔接的措施方面也未能尽善。一言以蔽之，天时、地利、人和皆不足，焉能成事？

由此可见，新政科举改章，曲折甚多，绝不似过去一般所认为的那样，时局一变，舆论鼎沸，折上立准，水到渠成。庚子乱后，尽管有识之士已经清楚看到，废八股而不废科举，学堂教育只能在夹缝中求存，废科举势在必行，但具体进程仍然受制于政府决策。在体制仍旧的情况下，权力核心的人事变动和决策过程的暗中操作至为关键。

壬寅学制颁布后，科举与学堂的矛盾凸现，举业耗费大量资源，阻碍学堂发展，科考提供仕进正途，影响士子乃至学生向学。科举与学堂共存并行，对学堂有着毋庸置疑的负面影响，极大地妨碍了举国上下视为生死存亡攸关的兴学大业。补天不成，只好拆庙，既然纳学堂于科举举步维艰，成效甚微，那么，梁启超当年提出的纳科举于学堂，将抡才与培才统一，便成为改革者最为可行的选择。何况，列强争霸的隆隆炮声已经不允许他们按部就班地继续思考和试验其他方案了。被聘为京师大学堂总教习的吴汝纶坚信："教育与政治有密切关

① 《防害新政之魔鬼》，《大公报》1903 年 3 月 21 日。

② 《奏请递减科举中额专注学校折》即提及反对派的各种议论："或谓科场年分例不应条陈科举事务，今当朝廷锐意求治，变通庶政之时，似可不拘成例。或又谓诏举恩科，更不应奏请减额。"廖一中等整理《袁世凯奏议》中册，第 739 页。

③ 《科举难废》，《万国公报》第 174 册，1903 年 7 月，第 24 页。

④ 《时事要闻》，《大公报》1903 年 3 月 26 日。

系，非请停科举则学校难成。”并屡次向张百熙恳求：“此事终望鼎力主持。”① 而舆论也急切呼吁：“愿中国熟谙时局之众大臣，虽遇此等竭力阻止，亦当百折不回，认真办理，期于有成。”② 由此，1903 年以后，议改科举的主流已由在科举中增加科目、容纳实学，逐渐转为对科考名额减额渐停的建言。

恰在此时，军机处与政务处的人事出现大变动，给阻力重重的科举改革带来了希望。1901 年 8 月以来，军机处原有四位大臣，即荣禄、王文韶、鹿传霖和瞿鸿禨，同时各兼政务大臣。据清人笔记，首辅荣禄对科举改章并不积极，整体上甚至对新政疑虑甚深；③ 王文韶则坚决反对废科举。鹿传霖虽是张之洞的姻亲，废科举一事反而与王文韶意见相同，④ 只是不便公开作对。剩下瞿鸿禨一人，孤掌难鸣。两次科举递减和两次立停科举的奏章均未获得通过，与此人事格局关系甚大。1903 年 4 月 11 日，荣禄病死，庆亲王奕劻于 4 月 12 日入直，⑤ 户部尚书荣庆则为军机大臣学习行走。政务处方面，除四军机外，昆冈于 8 月 31 日乞休，荣庆、孙家鼐、张百熙则先后受命进入，⑥ 枢廷中赞成科举改革的力量明显增加，反对势力大为削弱。

枢垣人事的这一变化很快成为实现科举停废的契机。1903 年 5 月，张之洞奉命入京觐见，参与修订《奏定学堂章程》，借机再次酝酿促成科举减额，并试图将减额折片与学堂章程一并提出。9 月，张

---

① 《与张尚书》（1902 年 10 月 12 日），《吴汝纶全集》，第 437 页。

② 《论新学之阻力》，《万国公报》第 163 册，1902 年 8 月，第 12 页。

③ 龙顾山人辑《南屋述闻》，章伯锋、顾亚主编《近代稗海》第 11 辑，四川人民出版社，1988，第 186 页。

④ 《鹿传霖暗中主复科举》，荣孟源、章伯锋主编《近代稗海》第 1 辑，第 287 ~ 288 页。

⑤ 朱寿朋编《光绪朝东华录》，第 5011 页。

⑥ 朱寿朋编《光绪朝东华录》，第 5058、5095、5097 ~ 5098 页；另见钱实甫编《清代职官年表》第 4 册，中华书局，1980，第 3052 页。

之洞从各方面打探消息，将军机处和政务处各大臣对待科举改革的态度仔细分析排列，揣测其中动向："试办科举减额一节，前闻邸意尚不以为非，当有可商之机。惟夔相夙有成见，窃恐不无挑剔。"为此，他函嘱瞿鸿禨："务恳鼎力主持，于邸座前力赞其成，则此后人材蔚兴，胥出大钧转移之力。"[①] 邸，奕劻；夔相，即王文韶。作为首辅，奕劻对于废科举虽不甚积极，还不至于反对，阻力主要来自王文韶。此番运作未能收到预期效果，"稿本及折片稿送政务处、军机大臣覆阅，而意见参差，于递减科举事尤甚"。[②]

由于清廷迟迟不予表态，1903 年 11 月，都察院广东道监察御史蒋式瑆向相关责任者兴师问罪，认为拖延不决是大臣"未能称职并政治阙失"的表现："徒以王文韶从中牵掣，迟回不上。夫王文韶不过有心见好于门生亲故之可以得差者耳，非为国谋也。臣已于本年五月间附片陈之矣。今言者必曰惧失士心，不可废也。夫使果以失士心为惧，则何以武乡会试、岁试戛然停止，王文韶曾无异议，而各省亦不闻有武生童聚众滋闹等事……然则以武生童例之，所谓惧失士心者，诚诸臣之饰说，徒以枢臣中无武科出身人员，又无侍卫充学试差之例，故漠不相关，遂一废一不废耳。"[③] 文武科举存废的差异及其内幕，是否仅如上述，另当别论，蒋式瑆立说旨在促请当朝乾纲独断，力排众议。《新民丛报》所披露的消息可以与之印证："南北洋大臣联衔请废科举，内阁会议，政府诸公咸赞成之，独王文韶慷慨力争，期期以为不可，语僚属曰：'科举安可废？若会议，吾必不与议。诸公虽决议，吾亦必力争。吾老矣，今日力争此举，即吾之所以报国也。'"[④] 无独有偶，枢廷之外，御史瑞璐也指责停止科举、专办学堂

① 《致瞿子玖》，光绪二十九年八月初九日（1903 年 9 月 29 日），苑书义等主编《张之洞全集》第 12 册，第 10297～10298 页。

② 许同莘编《张文襄公年谱》卷 8，商务印书馆，1946，第 177 页。

③ 中国第一历史档案馆编《光绪朝朱批奏折》第 19 辑，中华书局，1995，第 417～419 页。

④ 《王文韶之报国》，《新民丛报》第 32 号，1903 年 5 月 15 日，批评门，第 4 页。

实属孤注一掷："请俟学堂办有成效，再行渐停科举。"①

鉴于各方对于停废科举之事态度积极，吸取再次失利的教训，为了减少人为阻力，张之洞于正式出奏前，设法调动各种关系，频繁地在枢臣间串联沟通，并恳请支持变革的政要居中斡旋，首先全力争取政务处大臣的一致赞成，以防横生枝节，"总期预商妥协，免致奏上后又多周折，是所感祷。若非先行商妥，断不敢入告也"。②

枢廷一致是确保奏准的前提。为了壮大声势，张之洞拟在折尾处声明："与政务处商酌，意见均属相同。"③ 这样一来，坚持反对立场的王文韶，就成为张之洞无法回避的一大关节。王文韶虽非首辅，庚子之变却趁机表现忠心，据说王文韶"猝闻两宫西狩，遂携军机印钥，徒步追随，崎岖三日抵怀来县。两宫驻跸，闻文韶至，命入对，相持而泣，谕曰：此后国家惟汝是赖"，因而深得两宫宠信。④ 况且王系老臣，办事持重，刘坤一曾要求荣禄与之共同维系大局。⑤ 荣禄死后，王文韶成为枢府中反对改革科举最力的实权人物。为了确保万无一失，张之洞与瞿鸿禨、张百熙、荣庆等人谋划，先争取奕劻，再向王文韶施压，他力邀王的门生瞿鸿禨与王"婉商"，⑥ 然后又通过张百熙争取刚入阁的孙家鼐的支持，并恳请张百熙向王文韶进言，强调"此乃最为紧要关键。若台端与仁和面谈，渠碍于尊面，又知寿州已允，必可转圜。否则，于此事大有妨

① 《德宗景皇帝实录》卷525，光绪二十九年十二月丁卯（1904年2月3日），《清实录》第58册，第945页。

② 《致瞿子玖》，光绪二十九年十月二十三日（1903年12月11日），苑书义等主编《张之洞全集》第12册，第10302页。

③ 《致瞿子玖》，光绪二十九年十一月初八日（1903年12月26日），苑书义等主编《张之洞全集》第12册，第10305页。

④ 章梫：《一山文存》卷3，沈云龙主编《近代中国史料丛刊》第33辑之329，台北：文海出版社，1968，第169页。

⑤ 《致荣中堂》，《刘坤一遗集》第5册，第2279页。

⑥ 《致瞿子玖》，光绪二十九年十一月初八日（1903年12月26日），苑书义等主编《张之洞全集》第12册，第10305～10306页。

碍”。所谓妨碍，即万一王不肯改变态度，只好注明“除大学士王文韶外”，或不加“会商意见相同”等语。[①] 其间张百熙一度想强行硬写，张之洞和瞿鸿禨均以为不妥，力主劝服。张之洞告诉张百熙：“总之，此时寿州已允，是八人已允其七。若由台端径与仁和一商，彼见众论佥同，又重以鼎言，或可从众，此尚是一策耳。”[②] 这一逼其就范的策略看来最终奏效，后来正式上奏，确有“意见均属相同”的字样。[③]

其实，王文韶的让步，也是以张之洞对停废方案做出一定妥协为前提的。张之洞为避免新学流弊给予“不肯遽停科举”者以口实，强调学堂于防弊之法似已周密，而在科举改革方面以退为进，“兹拟递减之法，不过试办，拟请暂减一科……如六年后学堂之流弊仍然不除，人材并不能多，即尽复科举原额，停办学堂，亦有词以谢天下”。[④] 草拟奏稿时，他多次重申“有弊仍可复还”。当奏折已送枢廷诸公商阅，张百熙要求删去此意，改为决断之词时，张之洞劝阻道：“至‘将来如有流弊，即仍不减不停’之说，前于面奏及与邸、枢五公商酌，皆是如此。此时实未便顿改前说，更进一步也。且近数十年来，时事欲常行，必先从暂行起；欲停办，必先从缓办起。百事皆然，历历不爽，何必于此事鳃鳃过虑哉？”[⑤] 后来张百熙的意见得到瞿鸿禨的赞同，张之洞还是不无担忧，函告张百熙：“仍望两三日内晤玖、华翁时，谆切转致：傥召对时，尚有从旁阻挠者，务请将‘将来

---

① 《致张野秋》，光绪二十九年十一月十三日（1903 年 12 月 31 日），苑书义等主编《张之洞全集》第 12 册，第 10311 页。

② 苑书义等主编《张之洞全集》第 12 册，第 10309 页。所指八人，应为军机与政务大臣，即奕劻、王文韶、瞿鸿禨、孙家鼐、鹿传霖、荣庆、张百熙、张之洞。

③ 张百熙等：《重订学堂章程折》，璩鑫圭、唐良炎编《中国近代教育史资料汇编·学制演变》，第 290 页。

④ 《致瞿子玖》，光绪二十九年八月初九日（1903 年 9 月 29 日），苑书义等主编《张之洞全集》第 12 册，第 10298 页。

⑤ 《致张野秋》，光绪二十九年十一月十三日（1903 年 12 月 31 日），苑书义等主编《张之洞全集》第 12 册，第 10311 页。

如无成效，仍可复还原额’之意奏明，则与叙入奏内无异矣。但望玖、华翁务将此段系尊处所改，向邸座言明为要，至祷至祷。”[①] 随后又直接致函瞿鸿禨和荣庆，请向首辅奕劻透达，原稿虽改，“折前后仍有‘暂行’‘试办’字样”。[②] 其折片反复申明科举减额只是“暂行试办”，“于科举仅止徐加裁抑，而学堂并可顿见振兴”。[③] 透过张之洞的小心翼翼，不仅可以感受到科举改革步伐的沉重与艰涩，其为人处事之持重谨慎亦可见一斑。

为了避免因科举停废的争议影响兴学大业，张之洞曾一度欲将两事脱钩。本来《奏定学堂章程》中有《递减科举章程》，1903 年 12 月 12 日，张之洞听说“递减科举一事，同列中尚有意见参差之处”，即致函瞿鸿禨，问以“不知邸意如何？如必不肯，则或改为四科递减；如再不肯，则拟将此折提出，俟《学堂章程》奏上后再递此件，邀允与否，听之而已。惟《学堂章程》，总望邸、枢核定后方可入告”。[④] 科举单独附片，实源于此。

这样做的另一重考虑，当是着重强调停废科举对于新政的极端重要性。1904 年 1 月 13 日，张百熙、荣庆、张之洞在上《重订学堂章程折》、进呈《奏定学堂章程》时，附上《奏请递减科举注重学堂片》。这是新政时期第三次联衔奏请递减科举。与前此不同，该片由专司学务的大臣而非各省督抚领衔，虽属旧议重提，角度已有变换；三人均为政务大臣和参与政务大臣；奏章内容增加和改进了停废的相关善后措施，以减少引发大规模社会震荡的可能；“暂行试办”的说

---

① 《致张野秋》，光绪二十九年十一月十五日（1904 年 1 月 2 日），苑书义等主编《张之洞全集》第 12 册，第 10311 ~ 10312 页。

② 《致瞿子玖、荣华卿》，光绪二十九年十一月二十日（1904 年 1 月 7 日），苑书义等主编《张之洞全集》第 12 册，第 10307 页。

③ 《奏请递减科举注重学堂片》，朱寿朋编《光绪朝东华录》第 5 册，第 5129 页。

④ 《致瞿子玖》，光绪二十九年十月二十四日（1903 年 12 月 12 日），苑书义等主编《张之洞全集》第 12 册，第 10303 页。

法，更易为人接受。由于事前取得枢垣的支持，折上当日，清廷就上谕准奏："着自丙午科为始，将乡会试中额及各省学额，按照所陈逐科递减，俟各省学堂一律办齐，确著成效，再将科举学额分别停止，以后均归学堂考取，届时候旨遵行。"① 这让一波三折的科举变革，有了指日可待的时间表。不过，对于最终停废之期是否以十年为限，清廷还是有所保留，即减额缓停科举，必须以学堂确著成效为前提，则学堂兴办的成效将影响科举存废的进程乃至结局。

第三节　科举与学堂并存的两难抉择

戊戌至新政初年科举与学堂的博弈，对于科举制度的命运至为关键。疆吏与朝臣变科举的种种权谋，根源于学堂推广过程中出现的阻碍、曲折和弊端。只有减少兴学阻力，推进新式学务的发展，学堂育才取得显著成效，以此为前提，科举去留才会变得相对顺理成章。然而，对清廷而言，内忧外患的危机使其已不能从容选择，社会舆论对于改革的期待也异常迫切，加之鸦片战后的半个多世纪里，科举始终未能以增设实学科目的方式实现自我改造、重新焕发生机活力，究竟学堂与科举能否殊途同归，抑或在学堂与科举之间是否必须择一而从，成为20世纪初年中国社会最具悬念的问题。

深入考察这一时期的科举改革实效，以及学堂兴办推广的情况，可以了解科举改革与学堂发展所面临的尴尬困境，认识与理解疆吏乃至枢臣连番入奏的动机。

一　科考试题的变动

戊戌至新政期间改试策论的谕令是否得到贯彻实施，是科举改革成

① 光绪二十九年十一月二十六日（1904年1月13日）上谕，《光绪朝上谕档》第29册，第352页。

效的一个重要测量指标。科举考试主要分为岁科试（又称童试）、乡试、会试，各种科考的题目充分反映了各地科举考试的具体内容和取士标准的调整，通过改科举过程中各地科考所出的考试题目，可以了解改革科举相关政策的落实执行情况，深入观察各地区科举改革的实际状况，进而探测科举改革的进展成效。

戊戌以来改科举的主要内容是废八股改试策论，对于策论是否能为科举改革带来显效，解决选拔专门人才、引导鼓励士子学习西学实学的难题，时人时论看法不一。戊戌政变后，《知新报》载文指出："科举在所必废"，改试策论只是迁就之策，科考"实以愚民、弱民、毒民者哉，则去之惟恐不速矣。"① 而一些人在私下则持保留意见甚至反对态度。1898 年，优贡生王锡彤到北京参加朝考，在日记中记录了自己的感想："盖本年虽奉旨改试策论，而主考官与应考者仍是从前一班人，当然以小楷端正者入选，尚复何言？"② 认为要害在换汤不换药，并不看好改革结果。当然，这样的结果究竟是体制本身还是实行者即考生与考官的问题，还有进一步讨论的余地，至少在当时社会的观感中，以改试策论来调整科举制的功能作用，似乎于事无补。

就清廷主持各地科举考试的学政而言，执行清廷诏令还是十分认真的。湖北学政王同愈发布告示，重申书院以补学校不及，"建立之初，盖使士子稽考经史，通知时事，以今日储才之区，为他日用才之地。乃承学者寖失法意，所习不过八股、诗赋、小楷，空疏弇陋，至六经不能举篇目，时代不能分先后，一切有实用者转鄙之谓杂学，人材日乏，世运日衰"。要求书院"向课时文试帖，悉改为经史时务，治经先通小学，治史须究舆地，并研讨周秦诸子，国朝掌故。通中学后始习西学，一曰西政，学校、地理、度支、赋税、武备、律例、劝工、通商是也；一曰西艺，

① 《论中国变政并无过激》，《知新报》第 74 册，1898 年 12 月 23 日，第 1027 ~ 1028 页。

② 王锡彤：《抑斋自述》，第 59 页。

算、绘、矿、医、声、光、化、电是也。官师课即以此命题。至详备章程，概由各属妥议，惟期勿再课制艺。近今颇有变科举之议，若再株守旧习，南辕北辙，为诸生计固亦未得”。希望诸生认真研读张之洞的《劝学篇》，“若终日咿唔陈腐八比，则其俗入骨，不可救药矣”。① 尽管王同愈此时已明显趋向西学“有用”之说，但仍坚持“通中学后始习西学”的治学原则，只是叮嘱学生勿课制艺，否则有碍日后生计。

除了昭告士子改弦更张外，戊戌政变之后，湖北的科考过程亦有贯彻改革意图的若干举措。1898 年至 1899 年间，王同愈按临各属考试岁科所出试题，已有经学、史学、算学、律学、格致、掌故、词章等多种类型，反映出戊戌时期科举改革在革除宿弊方面确有一定起色，并在州县的岁科试中有所体现。复试生童经古，亦有算学、掌故等题，其题型多为策论的变异，内容则明显趋时与趋实。② 其他各府的考题与此类似，正场延续旧制，经古有所变化，增加了算学、律学、时论、声光电化类的新题型，反映了富国强兵、民主宪政等时尚新知。③

为了适应科举改章的要求，昔日缺少西学与实学知识的学政不得

---

① 《示施郡士子》，顾廷龙编《王同愈集》，第 91 ~ 93 页。

② 《栩缘日记》卷 2，顾廷龙编《王同愈集》，第 281 ~ 285 页。

③ 算学题有：任何勾股形，其弦和与勾之比，必若二股与弦和较之比。试作图解；几何学源流考；三角形平分大边，作一线至大角，为分底线。又平分大角，作一线至大边，为分角线。已知大边甲、中边乙、小边丙，求二线之长，其法若何？算学启蒙小长、小平之理，合于正余切线说。其余甚多，大体程度相近。律学题有：论公法四大纲；海洋公利说；西国奴禁论；公法与通例不同辨；西人释理财为办理物料之律学，其说然否？泰西法律院考；公法多阙例，试条举时事以补之；平战条规驳议。掌故题有：内地游民，以资屯垦议；日本自强、暹罗自存合论；问中国富强之策何在？广开通商口岸，以杜外侮议；国债亦理财之一说；究心矿学，以兴大利说；西艺原于希腊，西政原于罗马论；英取印度基于商局，试考其本末；西人借通商拓地说；泰西政治多与周官礼合博证；君主、民主、君民共主各国势权异同考；沿海通商互市原始；中国设立商务局利益若何平议；英法存土以遏俄势论；邮政不夺民利说。格致题有：质体循环说；原山；凡物质之收热多而散热迟者，以何为最？试举之；电气速力释义；空气压力与地心摄力异同辨；脑气筋功用说；问轻气上升有无止境？木理曲直解；水力蚀地论；三浪异同辨（水浪、声浪、光浪）；论山石成洞之理；格致之理为天然公理说；凝流气三质因热递变说；论眼帘收放功用。连词章题也有：俄主彼得罗走荷兰，投舟师学管驾赋；送日相伊藤博文归国序；勖鄂中出洋学生文。《栩缘日记》卷 2，顾廷龙编《王同愈集》，第 287 ~ 309 页。

不设法弥补缺陷，以求跟上变化。1900 年，王同愈受湖南学政载昌之托，为其推荐算学幕友协助出题改卷，王同愈虽然算学不错，其他方面也要增加对新知的掌握，于是向时任新式学堂法文教习的门生胡钧借书："向借《女子教育论》《波兰衰亡战史》《译书汇编》《国法学》。又托购《教育行政》。"① 癸卯湖南乡试副考官吕珮芬，亦边做考试准备，边临时抱佛脚，翻阅罗马史、俄国史、希腊志略等西书，② 以努力适应时势变化下知识更新的要求。

当然，各地科举改章贯彻的情况与程度参差不齐，湖北、湖南的情况比较趋新。由于百日维新夭折，戊戌政变后清廷严厉党禁和全面倒退，令人们心有余悸，对趋新事物未免心存疑惧，纷纷走避，担心八股也会卷土重来。一些府县的童试题目程式，仍基本停留在戊戌之前默写四书五经命题的水平。③ 即使在新政复行后，对改策论亦仍有持谨慎态度者，左右彷徨、进退维谷。1902 年 1 月初，台湾的新闻登载："自废八比之命既下，曾闻泉州已渐兴新学。顷据泉州人寄书来云，乃知新学虽渐兴，而旧学究未尽废也。泉州本有官课、私课两途，官课盖官自掌之，私课则民立之，各书院官惟代为监督而已。各士子以不得不易其敲门砖故，私课皆以时务、算术命题，连四书五经诸经义亦不免有奉行之处。其风气之转移可知矣。独官课反以时务为奉行，而斤斤于国家取士圣贤立言之八比公然命题，公然批取，几若置清帝上谕于脑后。"④ 在福建其他地方的一些书院，由于对清廷的用意

① 《栩缘日记》卷 2，顾廷龙编《王同愈集》，第 377、399 页。

② 吕珮芬：《湘轺日记》，李德龙、俞冰主编《历代日记丛钞》第 154 册，第 149、153、159 页。

③ 1901 年厦门同安县的县试于当年二月初十至十五日开考，题目为"正场四书文二篇，诗一首，恭默圣谕广训，听候复试"。同年福建闽县童试试题首题：地不政辟矣二句。次题：不耻不著人二句。赋得每倚北斗望京华得京字。侯县首题：庶矣哉至既庶矣。次题：诗云谁能执热。赋得伯仲之间见伊吕得间字。《外事·闽侯试题》，《台湾日日新报》（汉文）第 953 号，1901 年 7 月 7 日。

④ 《外事·斯文未坠》，《台湾日日新报》（汉文）第 1116 号，1902 年 1 月 22 日。

还未能确切了解，山长们采取了观望的态度，甚至“将本年月课暂行停止，拟俟将来考试是否仍用八比抑或改试策论，等确有消息后再行开课，以免各生茫然无所从，浪费工夫”。有的书院则非消极等待，而是将其奖赏花红款拨充购买有用书籍，“储于院中，备诸生流览，借新耳目”。[①]

1902 年 10 月，闽浙总督许应骙在福州正谊书院考课，出四书五经义题，访事者猜测，此后学政的岁科两试可能均依照此类出题，并认为这是恢复八股的征兆。[②]

也有主考官意图尝新，而引致守成者非议，甚至有人对趋新者落井下石。湖北乡试题目稍问实学新政，“某侍御竟以试题太新，具折纠参宝、朱二考官，并言宝某昔曾列名保皇会，加以种种罗织之词。两宫恶其支离，将折留中不发”。[③] 壬寅科据说的确只有湖北“出题甚怪”，原因是主考官宝熙以张之洞在鄂“开科学风气之先”，先在京中请某新算术家代为预出一道数学题，“以难秀才者也”。据说诸生当中，“除住两湖、经心两书院者略知外，其余恐百分之九十九不懂矣”。[④]

1902 年的福建省乡试，已按照科举改章后的要求出题。[⑤] 所出

---

① 《外事·暂停课业》，《台湾日日新报》（汉文）第 1117 号，1902 年 1 月 23 日。

② 《外事·福州近信》，《台湾日日新报》（汉文）第 1345 号，1902 年 10 月 24 日。

③ 《说乡试》，《选报》第 47 期，1903 年 4 月 12 日，教育言，第 18 ~ 19 页。

④ 题为：弧角之法传自泰西，参以和，较入算尤简，中加减有其法否？中法开方，自正方带纵，以及其求奇零之根，诸法莫不详备。西书顾从简略，优劣之数可得而陈。对数有十进，双曲线二种，道咸诸儒各立新术，已开微积之先。椭圆求周，算式至精之诣，中西各几术？此皆算学中荦荦大者，试为历举其法，加以平议策。《朱峙三日记》（连载之二），1903 年 9 月 11 日，中南地区辛亥革命史研究会、武昌辛亥革命研究中心编《辛亥革命史丛刊》第 11 辑，湖北人民出版社，2002，第 304 ~ 305 页。

⑤ 所出题目为：第一场：（1）汉唐宋开国用人论；（2）勾践焦思尝胆论；（3）子贡出使外国论；（4）唐藩镇论；（5）历代筹边防论。第二场：（1）格致之学中西异同。（2）以中学驭西学策。（3）以周礼春秋证公法策。（4）策试题：兴利为当今急务，西人矿务、铁路及农工商诸政，中国渐次举行，收效尚缓，近年摊派偿款，各省筹办不同，其大宗如盐房粮膏等捐能否经久？此外有何良法以开利源而行之无弊。（5）策试题：拟仿英国泰晤士日报，各省遍设官报局，与电报、邮政并行，以期广开风气。（6）策试题：中国矿地甚多，而实力兴办者尚少，近人建矿屯之议是否可行，统筹利弊得失策。第三场：（1）是为子曰中人以上二章；（2）义高子曰禹之声一章义笃；（3）公刘既溥既长，至豳居允荒义。《外事·闽省试题》，《台湾日日新报》（汉文）第 1323 号，1902 年 9 月 27 日。

题目基本按照上谕要求，分场检测中外史事、西学、时务与四书五经义，与戊戌之前的乡试题目有显著区别，反映出科举改章得到实际贯彻。有人认为，“与前较之，尚被士子便宜了”。[①] 头场士子有8000余人，三场后则不满7000人。取中200多名，应试者与取中者比例大约为30∶1。

应试士子对改章后科举的试题均予以特别留心。湖北秀才朱峙三将各省乡试题摘记于自己日记内，用心揣摩思考，以努力适应科考改章后的变化。[②] 他还从各省贩卖的闱墨书籍中搜集与总结改章后的“论策格式体裁”及可资模仿的范本，并通过阅读一些新锐报刊，了解其内容与文风，以尽快适应新的考试要求。[③] 只是士子以旧学接引新知，为功名而潜心试题，所接受的新知往往东鳞西爪，新学似有被变为应付改章后科考的“洋八股”之嫌。

改试策论后，考生对于西学知识的浅薄不断被披露，笑话百出。有应试生童在策论中，将“法国皇帝拿破仑之与英国名将威灵顿战于某地”解释为威灵顿手拿破坏之轮，而将德国宗教改革的路德当成仁在堂所卖药品的商标路德。这说明此时一些考生对于新知与时事尚未触及皮毛，鸡零狗碎，胡乱揣度，只为应付科考，完全不得要领。报馆有鉴于此，大声疾呼“科举不废，人才不兴”。[④] 当然，这是以应

---

① 《外事·闽省试题》，《台湾日日新报》（汉文）第1323号，1902年9月27日。

② 壬寅直隶的顺天乡试，题目包括“汉高祖命叔孙通起朝仪论”，“东西洋商务日兴其要何在策”；浙江第一题为“汉宣帝信赏必罚综核名实论”；江西题为“和五典叙百揆论”，“陶侃用法恒得法外意论”；湖南首题“理财论”，二题“周礼六官与今六部同异论”，三题“诸葛亮开诚心布公道论”；山东则“第一、二题均奇离僻典，不知主考何意”。后来上海杂志颇嘲笑其出典僻，士子不知出处，杜撰作文。其首题“越王勾践之谋生聚，秦商鞅之祟告讦，皆急于图强败坏风俗论”，二题“秦并天下，币为二等，黄金为上币，铜为下币，而银不为币论”，三题“汉文帝遗匈奴书，和亲之后，汉过不先论”，四题“李吉甫上元和国计簿论”，五题“王安石青苗钱法误会周礼论”。《朱峙三日记》，1903年2月2日、2月6日、2月22日、2月26日、5月14日，《辛亥革命史丛刊》第11辑，第286～293页。

③ 《朱峙三日记》，《辛亥革命史丛刊》第10辑，第335～337页。

④ 《考试笑柄》，《选报》第20期，1902年6月26日，剧谈录，第29页。

时势为标准的人才观念主导的判断。

如果说壬寅乡试之际，朝野上下还在观望清廷的动向，揣摩慈禧的用意，此后则停科举兴学堂的态势逐渐明朗。与之相应，各种科考题目悄然发生变化。是年初武昌应童试的朱峙三亲身经历了这一变化过程。年初知县观风出题：(1)“好学近乎知，力行近乎仁，知耻近乎勇”；(2)“克勤于邦、克俭于家”；(3)“陶侃镇武昌论”；(4)“振兴商务以何者为急策”。该县“城内交卷者不多，盖八股初停，义论策试，士顽固者不愿考也”。[①] 至癸卯时县考、府考试题，内容已至天文舆地时事，涵括古今中外，形式则新旧杂糅、五花八门。[②]

除各府县童生试的变化外，各省乡试所出题目，更能检测与反映督抚、学政作为考官的新学水准。媒体注意到各省乡试题目五花八门，有似策论题，有似赋题，反映出趋新与仍旧的程度各有参差，故有“观各省题目便知主考学问”的评议。[③] 而乡试的改弦易辙，又对会试产生直接影响。据说会试考官们私下议论：“此次考试大费斟酌，太旧不能，太新亦不可。又论去岁乡墨，湖北未免太新，山西又不堪入目，能如顺天、江南，而更出以新警则为合格。”[④] 这不仅反映了改革期间考官们在趋新与仍旧之间的彷徨犹豫，也显示出各地新旧嬗变程度参差的大致情形。

与壬寅有别，癸卯恩科乡试风气已经大变，各省简派主考前，有御史鉴于“去岁各省主司守旧，不知所变者不少，以至中卷各省纯驳

① 《朱峙三日记》，《辛亥革命史丛刊》第10辑，第335～337页。

② 如府试题“问政治之源本乎地理，地方合并愈多则政治权力愈大，近如德之联邦，美之合众，皆本此意。迩者出洋学生，好创为地方自治之说，充其所言，势必将完全之中国，令之破碎支离而后快。是外人虽不瓜分中国，而中国实自瓜分也。夫以中国今日时局，开办铁路、电线、邮政、航海诸务，合全力以为之，犹恐不逮，岂划地自限反足有为乎？然则其说之谬妄，盖已明矣。试任划中国一省自治，与合中国全境为治，其规模孰大孰小，绘一图以明之”。《朱峙三日记》，1903年6月14日，《辛亥革命史丛刊》第11辑，第296页。

③ 《说乡试》，《选报》第47期，1903年4月12日，教育言，第18页。

④ 《说会试》，《选报》第47期，1903年4月12日，教育言，第10页。

不一，外间传为笑柄。若不认真拔擢，匪徒无以得真材、绝倖进，且将来入大学堂肄业，非已具高等普通基础，必至程途紊乱，混杂无归，出仕……率非慎简主司不可”。[①]

从表2－1所列人选来看，趋新者确实不少，李家驹、唐景崇、周树模、齐忠甲、绍昌等人更是其后新政宪政中的要角，表明清廷对科举改章的重视，并试图贯彻开科学风气的方针。

表2－1　癸卯乡试清廷钦定部分地区考官名录

省份	正考官	副考官	
湖南	支恒荣	吕珮芬	
四川	王荣商（侍读）	张世培（编修）	
甘肃	马吉樟（编修）	朱锡恩（编修）	
浙江	唐景崇	齐忠甲	
江西	张仁黼	李家驹	
湖北	李翰芬	饶之祥	
江南	杨珮璋	绍　昌（外务部参议）	
陕西	管廷鹗	杨家骧	
山西	郑　沅	周树模	
顺天	徐　郙	葛宝华、溥良、熙英	同考官11人
山东	郭曾炘	吴怀清	

资料来源：据吕珮芬撰《湘轺日记》整理。

1903年10月的《鹭江报》第47册登载了癸卯科各省乡试的试题，从中可见较多为中国历史和政治的内容，并有与时务结合的明显倾向。[②] 一些新的名词、新的知识与概念均通过试题有所反映。

经过癸卯乡试，书院考课也有了模仿的范型，朱峙三抄录的本县书院题目，已将经史与时务结合，对古今中外改革关注甚多：其一，

---

① 《说乡试》，《选报》第47期，1903年4月12日，教育言，第18～19页。

② 《中国纪事·汇录各省乡试头场论题》，《鹭江报》第47册，1903年10月20日。《外事·粤省试题》，《台湾日日新报》（汉文）第1648号，1903年10月27日。

“法积久而弊生，去其太甚，足以图治。宋神宗希高慕远，尽变祖宗制度，效法周官，元祐时又反安石所为，绍圣初又变元祐之政，反复无定，国本动摇，论世者遂以金秋之灾归辠安石。试持平论之”。其二，“英、法、德、奥，世为仇雠，结会联盟，近数年相安无事。中国自通商以后屡持衅端，欲弥外患而固邦交，究以何者为善策”。四书义题为“子贡问曰，乡人皆好之何如”。① 这些题目不仅与时务关系密切，也反映了变动时期中国社会对改革路径取向犹豫彷徨的心态。

尽管疑虑重重，改试策论最终还是显示出趋新意向。美国学者艾尔曼注意到：“在帝制后期的科举考试里已经体现了诸如自然和历史学科的内容。这些内容反映出朝廷和士人考官的双重影响。朝廷出于政治原因，可以拓宽或限制测试的内容，并选用那些既接受过经典文化教育又能跟上时代步伐的考官。”②

至甲辰科，停科举风声渐紧，科举考试的改革也持续进行。朱峙三所在县试头场首题：“使先知觉后知，使先觉觉后觉也义。”二题：“通其变，使民不倦，神而化之，使民疑之义。”二场首题：“秦始皇、拿破仑合论”；二题：“欧洲行义务教育，人皆向学，国日以强。今中国之人，不知应尽之义务为何事，将用何法以兴此教育策。”三场首题：“拟修武昌县学堂记”；二题：“南楼怀古”。府试头场首题：“此谓唯仁人惟能爱人能恶人义”。二场首题：“现在世界大势，日俄战争已起，中国宜守中立说”。三场首题：“明太祖罢中书省以政事归六部论”；二题：“元代疆域雄跨亚、欧两洲，其在欧洲者是今何国何地考略。”复试文一篇，叙范蠡策；终复题为“移风易俗莫于乐论。”院试改为先试正场，次试经古，头场首题：“舜明于庶物察于人伦义”；次

① 《朱峙三日记》，《辛亥革命史丛刊》第11辑，第310页。

② Benjamin Elman, *A Cultural History of Civil Examinations in Late Imperial China*, p. 460.

题："不兴其艺不能乐学义。"二场首题："萧何次律令，韩信申军法，张苍为章程，叔孙通起朝仪论"；次题："德人理斯特论理财诫洲中勿战论"。复试题："君子学道则爱人，小人学道则易使也义。"大复试题："欲得不屑不洁指事而与之义。"①这些试题反映出当时的中国士林对世界的关注，期待教育救亡，以实现强国之梦，并试图在传统文化的人伦道义中寻求解惑之方。

1904年5月末，山西举人刘大鹏从《邸抄》上看到甲辰会试的头二场题，切实贯彻了戊戌以来的改革要求，在考试场次与内容方面都有调整。②这些试题既含他山之石以攻玉的虔诚，也有稽古求治的急切，以及对国民教育、振兴实业、变法图强的重视，表现了清季学堂与科举并存期间，中西杂糅、新旧并蓄的特征。试题所涉内容广博，古今中外、史实与时事、外交与内政均有，若能真正融会贯通，而非单纯应试，则学识学力必然大为增进。

与癸卯会试相比，甲辰科会试考生对于西方历史与时事的掌握明显增强，思考也有所深入。如在"泰西外交政策往往借保全土地之名，而收利益之实，盍缕举近百年来历史以证明其事策"的答卷中，

---

① 《朱峙三日记》，《辛亥革命史丛刊》第11辑，第321~333页。

② 头场题五：（1）周唐外重内轻，秦魏外轻内重，各有得失论。（2）贾谊五饵三表之说，班固讥其疏，秦穆尚用之以霸西戎，中行说亦以戒单于，其说未尝不效论。（3）诸葛亮无申商之心而用其术，王安石用申商之实而讳其名论。（4）裴度奏宰相宜招延四方贤才与参谋议，请于私第见客论。（5）北宋结金以图燕，南宋助元以攻蔡论。二场题五：（1）学堂之设，其旨有三，所以陶铸国民、造就人才、振兴实业。国民不能兴立，必立学以教之，使皆有善良之德，忠爱之心，自养之技能，必需之知识，盖东西各国所同，日本则尤注重尚武之精神，此陶铸国民之教育也。讲求政治、法律、理财、外交诸专门，以备任使，此造就人才之教育也，分设农工商矿诸学，以期富国利民，此振兴实业之教育也。三者孰为最急策。（2）《周礼》言农政最详，诸子有农家之学，近时各国研究农务多以人事转移气候，其要曰土地，曰资本，曰劳力，而能用此三者实资智识。方今修明学制，列为专科，冀存要术之遗，试陈教农之策。（3）泰西外交政策往往借保存土地之名，而收利益之实，盍缕举近百年来历史以证明其事策。（4）日本变法之初，聘用西人，而国以日强。埃及用外国人至二十余员，遂失财政裁判之权，而国以不振，试详言其利弊得失策。（5）美国禁止华工，久成苛例，今届十年期满，亟宜援引公法驳正原约，以期保护侨民策。刘大鹏：《退想斋日记》，1904年5月31日，第134页。

江苏吴县考生张茂炯列举了亚历山大王、成吉思汗、拿破仑、威灵顿等名将纵横欧亚的历史，以证明战争与外交及疆域扩展的关系。而在以日本、埃及为例，探讨聘用西人对国家利弊的另一策论中，张茂炯详细列举了两国在不同情形下聘用外国人的得失，日本只是聘用雇员，埃及则被英法把持操纵其航运与财政，故“二国者，其仿西法也同，其用西人也同，而一强一弱，收效相反者，无他，亦视其主权之得失而已”。[①] 在命题为“泰西学堂之设其旨有三……国民教育、人才教育、实业教育三者孰为（中国现时教育）最急策”的策问中，福建闽县考生王鸿珗的回答，不仅对近代西方教育的历史进行了简单回顾，而且对当时国内各省学堂开办中面临的问题做了概括，指出“陶铸国民之教育，保国之政策也；造就人才之教育，治国之政策也；振兴实业之教育，富国之政策也。三者皆国家所当急，欲于三者求急，无已。其以国民教育为首急，振兴实业为次急，人才教育为缓。何也？受完全教育之国民，人人皆人才也，有所执业之国民，则国民可保其国民之资格也，故急二者而缓人才之教育，此就三者求其急”。并要求学部将未善之章程、未备之规范补订之，遍发教科书于全国、优厚学堂出身。[②] 对上述同一试题，考生沈钧儒答题则以对各国近代教育发展的历程，尤其是日本明治以来教育情况的熟悉见长，他主张在当时情况下提倡尚武教育。[③] 两人回答问题的角度与立论均有区别，但均被阅卷官取录，说明科举改章对士子学以致用，仍不无裨益。而甲辰恩科会试的试卷与癸卯科相比，趋新与趋实的程度的确更胜一筹。

考官方面，甲辰科会试对所阅试卷的立论与所据结合十分重视，浙江湖州考生章祖申，本房原荐批，“第二场纵谈中外时事，缕析条分、洞中窾要，是究心经世之学者”。借闱河南文明堂原批“第二场

---

① 顾廷龙主编《清代朱卷集成》第 90 册，第 183 ~ 189 页。
② 顾廷龙主编《清代朱卷集成》第 90 册，第 119 ~ 124 页。
③ 顾廷龙主编《清代朱卷集成》第 90 册，第 161 ~ 165 页。

以论事体对策，极能运用，非板滞者可比。用笔亦有分风擘流之妙”。[①] 不拘答案统一，但求论事与论理相辅相成，运用分析与综合概括条理清晰。

随着科举改章已成定局，街头售卖的各种应试复习资料，也以策论为主要内容。如经国子监祭酒、山东学政陆润庠鉴定的《中外策问大观》，癸卯年春已印售，其将治道与学术列之于卷首，而后以内政、外交、时事、财政、变法、官制、科举、国法、法律、政体、议院、天文、地学、兵政、工政、商政、农政、格致、路矿、中史、西史等分类列为28卷。每卷策问题皆试图贯通中西历史与时务知识，如变法卷对英法德奥日各国变法原因、情况均有设问；政体卷则涉及俄国、英国、欧洲等君主国、民主国、立宪制、共和制的不同类型与内容。只是有关天文、地理、声光电化等学科，仍多以原理或释词发问（如“问电学之原”“问重学命名之义”“化学六十四原质，其中气质、流质、定质各居几何？金类与非金类如何辨别？中国所有者凡几？”等）。[②] 在有利于考生掌握新知的同时，导致新学渐有“洋八股”趋向。癸卯会试中，有考生在答卷时已指出了随中学与西学的此消彼长，引进学堂的西学，已出现被科考与浮躁世风诱导下的变异趋势：“今日西学有必兴之势，中学有将晦之忧……夫信西学非可异，可异者习西学而忘中学，甚者且将反攻中学焉，岂中学之误，利禄之见误之也，且今之所谓西学仍利禄之途使然，声光化电知之乎？各国文言知之乎？立国精神知之乎？军民质性知之乎？举无一知，犹靦然曰是西学也，亦适成为求利禄之西学而已。”[③]

以上情况说明，新政初期，各地不同层级的科举考试中，改试策论、三场考试分中西经史时事轮换的谕旨基本得到贯彻，各种策论试

---

① 顾廷龙主编《清代朱卷集成》第90册，第76页。
② 《中外策问大观》，元和陆凤石先生鉴定，光绪癸卯仲春砚耕山庄石印本。
③ 顾廷龙主编《清代朱卷集成》第89册，第197页。

题，反映出鼓励学习时务、实学的趋向。由于主考官自身知识的局限，以及题目类型检验侧重的差异，策论试题所涉历史与时务者仍居多，真正实学类试题较少。此外，策论这种类似问答题的形式，是否能包容检测西学的丰富内容，是否能够选拔出急需的人才，促成学问风气的转变和新式人才层出不穷，尚有待观察和时间检验。况且，这只是开端而非结局，诸事伊始，尚未充分展开，岂能立竿见影？

二　科考妨碍学堂

戊戌以来，清廷对兴办学堂一事不可谓不积极，即使政变后一气之下颁布恢复旧制的谕旨，也仍维持鼓励实学与改书院为学堂的做法。[①] 新政之初，清廷更是三令五申要求各地推广学堂。湖北学政王同愈认为：在新式学堂倡兴之初，风气未开，需要加以劝导与指引。"至于八比时文，家喻户晓，人各有师，固不必官为之劝"。[②]

1902 年 3 月翰林院编修黄绍箕写给友人的信中说："此次变法，与戊戌迥然不同……鄙人在鄂，屡见都中函电及北来诸人所述，两宫召见中外大小臣工，谆谆以讲时务、阅西书，尤以学务为急，戒敷衍，斥阻挠，故各省皆奉行恐后，大吏有兴办学堂刻不容缓之札，省僚有不办学堂难免撤参之信。"[③] 可见即使在有识之士眼中，上意显然，各级官员自然不敢敷衍了事。

然而，与各地科考改用策论存在差异相仿，尽管清廷多次力促兴办学堂，不少地区落实的情况仍不尽如人意。"各省各府各州县奉旨广设学堂二年于兹矣，其已设者十仅一、二，询其迟迟之故，则

① 光绪二十四年九月三十日（1898 年 11 月 13 日）懿旨，《光绪朝上谕档》第 24 册，第 511～512 页。又见《邸抄》第 86 册，1898 年 11 月 13 日，第 44601 页。具体内容参见本书第一章第五节。

② 《栩缘文存》卷 3，顾廷龙编《王同愈集》，第 93 页。

③ 张㭎撰、俞雄选编《张㭎日记》，第 92 页。

曰无款无田。”[①] 湖南巡抚赵尔巽欲将省城诸书院改为学堂，被湘中诸绅竭力劝阻。癸卯乡试湖南副考官“与湘绅谈及学堂之事，众皆谓西学流弊无穷”。[②] 故新式学堂所建数量甚少，而改书院为学堂者，除少数地区的师资、经费落实较好，其余大多有名无实抑或名不副实。如河南禹州三峰实业学堂，教学仍仿照旧式书院聘请“山长”，主要课程竟然是讲解《论语》。山长不禁自嘲“盖名曰实业学堂，而所讲并无实业，不足应学务处之调查也”。[③] 显然是挂羊头卖狗肉。

比学堂数量不足更令人担忧的是科考对于学堂学生具有无法抗拒的吸引力，导致无心向学者众，“士之伏案埋头，笃志励学者，仍日以应试为务，不乐于从事学堂”的情形十分普遍。[④] 京师大学堂开学后，“仕学馆肄业诸生因故不到，及请假赴汴会试者甚多，刻在学者人数较少”。[⑤] 科考期间，“大学堂两馆学生均已纷纷赴汴乡试，两馆所存学生不过三十余人，每日功课亦不认真，徒存大学堂外观而已”。[⑥] 安徽芜湖的中小学堂因学生及教员多参加乡试，故各学堂只好“放给考假”，在乡试完毕后才重新开学。[⑦] 甚至有已经确定派赴英国、日本的留学生，也因悄悄赴河南参加会试而被除名。学务大臣为此召开会议，通过“拟扣除学额，追缴学费，并有电致汴闱，扣该生之考，以重学务”的决定。[⑧] 在时人的观感上，造成科举妨碍学堂的深刻印象。

壬寅科考开场，有专门至南京贩书者述其观感：“金陵于近年来，官私立学堂不为少矣。以所知言之：曰陆师学堂、曰水师学堂、曰格

① 《杂录·论科举减成》，《台湾日日新报》（汉文）第1463号，1903年3月20日。

② 吕珮芬：《湘轺日记》，李德龙、俞冰主编《历代日记丛钞》第154册，第204、212页。

③ 王锡彤：《抑斋自述》，第115、117、121页。

④ 《论粤督陶公奏裁府学生员以兴学堂事》，《申报》1902年9月6日。

⑤ 《时事要闻》，《大公报》1903年3月7日。

⑥ 《中外近事·学堂近闻》，《大公报》1903年9月10日。

⑦ 《地方新闻·芜湖》，《国民日日报》第71号，1903年10月16日。

⑧ 《时事要闻》，《大公报》1904年4月14日；《时事要闻》，《大公报》1904年4月25日。

致书院、曰高等学堂、曰东文学社。顾当科场时，师生相率而下场，官立学堂一律停课。学堂与科举势不两立盖如此。”[①] 日本有评论分析原因道：“学堂虽开，而成就太缓，出仕日迟，有不若三年一次科举之或可以侥幸而较为便捷，是学堂虽开而犹未开，肄业学堂者必将渐少，而专心科举者必犹见其多。”[②] 时人多认为，科举对学堂的主要妨碍是学生不安心在校学习而热衷于追逐科举功名，使得已办学堂的教学秩序与课程不断受到干扰，难以维持正常的教学等运作。在这样的情况下，希望通过学堂发展凸显新学成效，展示其优于科举之处，并借此决定科举去留，无异于缘木求鱼。

除了科考对士子学生的诱惑外，在不少地区，学堂开办的条件尚不具备，教学质量不高，也直接地影响了学生的学习兴趣，沿海与内地之间的差距尤其突出。1902 年 6 月《万国公报》登载四川学政的奏章，谈及科举与学堂并存的尴尬：“东南数省求师较易，士多乐从。偏瘠之区，风气未开、书籍阙少，教者学者无所折衷，其难一也。或以当务之急偏重西学，而略涉中学，病在舍近而图远；或以西师难致，偏重中学而缓置西学，病在因陋而就简，其难二也。学堂者非为科举而设也，顾朝廷求才于学堂，士子求名于科举，势之所趋，莫能止焉。”各地学堂教程五花八门，深浅不一，不利于学子向学，必须划一课程，使“各省学堂有一定之条规，兼有一定之课程，斟酌中西学有准的”，便于聘请教习和预备书籍，即使是偏僻地区及私塾，也可遵章而开学，以预防流弊。[③]

《万国公报》发表的评论曾列举了当时新学面临的多重阻力：（1）经费之不足；（2）良师之难得；（3）山长之谋充教习；（4）老

① 公奴：《金陵卖书记》，张静庐辑注《中国现代出版史料》甲编，中华书局，1954，第 393 页。

② 《论清国不停科举之弊》，《台湾日日新报》（汉文）第 1319 号，1902 年 9 月 21 日。

③ 《蜀学吴奏请颁定学堂章程》，《万国公报》第 161 册，1902 年 6 月，“奏折选存 · 中国要闻”，第 24 ~ 25 页。该折四月十九日奉朱批：“管学大臣知道”。

儒之乞留膏火；（5）延请之教习不当；（6）中西课本之未定（所有课本皆教习以意编之），一些地方，不过添一二西文教习，“即号为学堂”；（7）师长之严厉，将学生当囚犯管辖，师长如狱吏，与西学要求不相符；（8）官吏因循，府县有能力行新政者寥寥无几，某首府县，“只将书院匾额改为学堂，借以塞责而已”，“朝野官吏，多由八股而得功名，其人亦多不喜新学”；（9）官绅之见识未精；（10）臣僚之顾虑偏多，“不欲骤然更革，恐蹈戊戌覆辙”；（11）已废八股犹冀或复；（12）学堂对在华传教士摒弃不用，使精于西学之人未能为兴学贡献力量。书院改设学堂诏下，“各省覆奏折内，多有月课膏火，悉仍其旧，以示体恤等语。某省某学堂，竟有以学堂称为养老堂者”。“书院山长大抵皆疲聋残疾，不知新学之人。乃以迫于情面，必思有以位置之，或为总教，或为副教。但此辈脑质，纯乎八股，谬种流传，贻误非浅。此山长之谋充，更足为新学阻力也。”① 与客观条件的欠缺相比，观念因循所造成的阻力对学堂的推广更为不利。

新旧递嬗之际，人们对旧事物保持惯性依恋，而在有色眼镜的检验之下，倡行时间不长的新式学堂反而弊病甚多，加上科举考试程式相对完善，应试举子们又是轻车熟路，自然憧憬向往，各级官员的好恶更加推波助澜，故“实无策可以疏通人情喜易畏难，谁不思争捷径。总之，下所趋向，必视上之用舍为转移”。② 当道希望通过科举与学堂平行竞争，比较其是非优劣以定去取，似乎成为一厢情愿。可是，先停科举再办学堂，确实存在不小的风险，据说慈禧曾因此左右为难，“意欲竟废科举，则恐扰乱天下士心，不废科举，又恐学堂学生不肯向学”，只好同意减额渐停。③ 毕竟学堂所授内容是大多数人感

---

① 《论新学之阻力》，《万国公报》第163册，1902年8月，第10～12页。

② 《外事·清廷政务处外务部覆奏振贝子条陈折》，《台湾日日新报》（汉文）第1385号，1902年12月12日。

③ 《中国近事·废科之渐》，《新民丛报》第22号，1902年12月14日，第2页。

到陌生的西学，而维持现状的结果是无法解决学堂增长缓慢、新式人才迟迟未出的忧患，期待新学勃兴以济世救国也就成了一句空话。科举与学堂并存，孰优孰劣，如何客观判断，是否误国与能否救国，成为两难选择。

学堂与科举如何取舍，成为一道相当吊诡的难题。当时不少舆论呼吁当局废除科举，专注学堂，所谓“朝廷知八股之害矣，过此以往，废科举，兴学堂，有传之曰：齐一变至于鲁，鲁一变至于道，不禁翘首企踵而望之”。[①] 但这样做确有孤注一掷冒险的成分。如果遽废科举，让学堂一枝独秀，能否完全担当各种类型的育才重任？而两者并存，看似给考生多一个选择机会，实则亦令其无所适从。每当科考届期，各地学堂皆难以维持正常教学，确为不争的事实。前述赵尔巽在湖南改书院为学堂遭遇重重阻力后，便“力诋科举”，坚称“不废则学堂永无成效”。[②] 一些督抚们认为，要走出这个科举与学堂相互影响制约的怪圈，唯有以断臂的形式突破僵局。

1903 年 4 月，《新民丛报》有消息称：直隶总督袁世凯在召对时请停罢科举，沥陈学堂储才为要图，请饬妥速会议。然“上意未甚决，但言学堂出路较科举为易，办理得法，自有舍彼就此之效，科举不减而自废。命遵前旨会同原奏大臣详细集议，不得操切”。[③] 可见最终为打破学堂科举并存互碍的僵持，采纳减额渐停之议，实为当政者情非得已的选择。

第四节　议修京师贡院与科举制的终结

1904 年 1 月清廷正式批准减额渐停科举的奏章，意味着千年科举

① 《论改科举当急设学堂》（集录），《选报》第 5 期，1901 年 12 月 21 日，论说栏，第 4 页。

② 吕珮芬：《湘轺日记》，李德龙、俞冰主编《历代日记丛钞》第 154 册，第 204 页。

③ 《记事・废科有待》，《新民丛报》第 30 号，1903 年 4 月 26 日，第 1 页。

开始进入终结的倒计时。然而，减额成议历时虽已一年多，却因科考未届丙午年之期而未及实施。1905年春季，《辛丑条约》规定的京师五年禁考期限行将解禁，乡会试将恢复举行，荒置数年的京师贡院重修事宜提上议事日程。

京师贡院始建于明代永乐乙未年，据说是元代礼部旧基，明神宗万历年间重修。① 八国联军占领北京期间，京师贡院主要堂屋多被拆毁，修复工程所需资金甚巨。因辛丑和约停止五年科考的规定，以及巨额赔款使库帑异常支绌的现实，清廷暂缓修葺，作为变通之策，决定京师地区的乡会试借闱河南。②

议修京师贡院与科举存废息息相关，不仅因为京师贡院是清廷举行会试之所，千万士子心中的圣地，更由于修复京师贡院的动议与讨论，正值清廷批准张之洞、张百熙、荣庆奏请十年三科渐停科举的次年，时间点相当微妙敏感。只是持续半个世纪以来诸多补天的动议（即增开科目、容纳西学），最终无奈演化为拆庙，成为压垮科举制的最后一根稻草。

一　会议修复贡院

最早提出修复京师贡院的是主管科举事务的礼部。礼部每届举办科目前，均需预先考虑安排科考的场地，并通知各省。1906年8月25日是《辛丑条约》规定五年停考的解禁日，是否继续借闱河南，不仅关系到科举考试的统筹安排与相关准备，更关系到各省成千上万

① 《春明梦余录》，朱一新：《京师坊巷志稿》卷上，北京古籍出版社，1982，第101页。张居正：《京师重建贡院记》，《张太岳集》卷9，上海古籍出版社，1984，第114～115页。清代京师贡院有所扩建，“京师贡院号舍一万二千余间，每遇乡试人多须添棚号。光绪丙戌以后，经言官陈奏扩地增建三千间，较旧舍加大”。继昌：《行素斋杂记》卷下，上海书店出版社，1984，第31页。

② 《贡院被毁情形片》，陈夔龙：《庸盦尚书奏议》卷1，沈云龙主编《近代中国史料丛刊》第51辑之507，第32页。

应试举子赶考的路程与盘缠，必须尽早决断。1905 年 2 月 27 日，军机处钞交礼部《停考限满，丙午乡试、丁未会试是否在京举行抑仍借闱河南折》，奉旨政务处查照奏定会议章程后再行具奏。①

所谓奏定会议章程，是指光绪三十年十一月初，户部右侍郎戴鸿慈上折提出：因时艰日亟，内外政务百端待举，为集思广益，“嗣后凡内政外交其有建革之大、疑难之端，由各衙门请旨饬下政务处摘录事由，标明要领，行知阁部九卿翰林科道定期会议”，“各抒所见，别纸录陈，并令传知属官，咸得论列”。其时清廷内外交困，希望借此广开言路，采集众议，凝聚人心，为决策拓展思路，故下旨政务处妥议章程具奏。两个月后，政务处根据戴鸿慈所奏，就部院百官议政的内容、范围等问题，拟出七条会议章程。不仅将参与议政官员的品级，由原来的京员三品以上，推广至五六品科道、司员一并与议，而且对需要讨论的“内政外交建革之大疑难”做了具体规定，包括建造工程在百万以上，官制之增裁等诸多方面，而“科举之兴废”赫然明文列载其中。② 将京师各部院议政范围扩大到普通司员，是继设政务处为新政中枢机构后，清廷在改进决策咨询方面的又一重要举措。“大小京员会议政务已见本报。经政务处议复后并拟章程七条，均奉旨允准，现已将各项会议章程刊发各部院衙门，定于本年二月起为实行会议政务日期。”③ 恰在此时，修复京师贡院问题进入了议政程序。

1905 年 3 月，政务处查照章程，正式咨行各部院征求对修复京师贡院一事的意见。部院的反应十分热烈，不少部院的堂官联名具帖，表明态度一致；也有的部门因堂官意见相左而各自具帖；同一部院内

① 《礼部为通行事》，中国第一历史档案馆藏：军机处全宗，来文档，文教类，光绪科举项，第 599 卷，“光绪 1 ~ 31 年来文”，“光绪三十一年正月二十四日奏折”“光绪三十一年三月二十六日咨文”。

② 《政务处复奏请定会议章程折》，《申报》1905 年 2 月 15 日；又见《汇报》第 8 年第 4 号，1905 年 2 月 22 日，第 29 页。

③ 《新政快睹》，《汇报》第 8 年第 12 号，1905 年 3 月 22 日，第 91 页。

若堂官与司员的看法参差，说帖的数量自然多于其他部门。

大体而言，部院议修贡院的意见分为主修、缓修、反对三派。坚决主修者，有内阁、翰林院、理藩院、刑部、礼部、工部、大理寺、光禄寺、国子监、太常寺等近半数部院，声势逼人；户部、兵部、商部的堂官则一致主张缓修；持反对意见的，只有外务部众堂官，吏部孙中堂、张尚书和其他部门的一些司员，显得势单力薄。吏部的意见分歧最为严重，持反对意见的满汉尚书，与主修的各侍郎尖锐对立。都察院情形复杂，其堂官主修，属下科道御史则各具说帖，主修者十之六七，主不修者十之二三。媒体注意到："合观以上各衙门堂官，曾议主修者占多数，主不修者占少数。至各衙门司官所呈说帖，主不修者十之二，主修者十之八。"① 显而易见，主修阵营竟占压倒性优势。

主管科举事务的礼部在给军机处的咨文中提出：条约限制停考的地方系于三十二年七月初六日（1906 年 8 月 25 日）限满，修复贡院事宜，已经迫在眉睫。站在科举事务主管者的立场，自然希望尽快修复。② 几年前因京师贡院被焚及顺天禁考而借闱河南，实属情非得已。国子监则从贡院用途立论，认为无论对于旧学或新学，考试均须宽敞固定的场所，"查贡院考试，乡会试为大宗，其他项考试亦均在贡院，况新定大学堂章程内有'于贡院内帘考之，或于地方宽大而门户严密公所考之'之语，与其另择处所，何若兴修贡院，较之借闱河南，可免许多窒碍"。③

翰林院的说帖，对科考与贡院关系的考虑思路更广，所持理由主要有三点：其一，科举并非只是搜罗人才，还同时具有"维系人

① 《政务处会议修复贡院详志》，《华北杂志》第 4 卷，1905 年 4 月，第 10 ~ 11 页。

② 《礼部为通行事》，中国第一历史档案馆藏：军机处全宗，来文档，文教类，光绪科举项，第 599 卷，"光绪 1 ~ 31 年来文"，"光绪三十一年三月二十六日咨文"。

③ 《国子监为咨复事》，中国第一历史档案馆藏：军机处全宗，来文档，文教类，光绪科举项，第 599 卷，"光绪 1 ~ 31 年来文"，"光绪三十一年二月初八日咨文"。

心”的作用。京师贡院正是国家对文化重视的象征，由于《辛丑条约》规定顺天停考扣至丙午已满五年，“畿辅士民咸怀观光之志，以为国家必将重建文闱，以重大典。若仍借闱河南，士气不免沮抑，且乡曲愚民妄生疑惴，此不可不详计者也”。其二，借闱河南，本属权宜之计。顺天各属士子大多贫寒，既往来京应试者半数是徒步抵达，京师至河南虽有火车之便，“所用旅费必数倍于旧，彻寒之士恐不支”。朝廷应体恤寒士，免其向隅。其三，即使在十年三科减额渐停科举之后，所修贡院亦可留备学堂之用。翰林院的说帖还特别提及，《大学堂奏定章程》规定：“生徒卒业后尚应钦派大臣考试”，而考试场所需关防严密，“是今日所费亦未可尽以为虚糜也”。①

众多说帖的不同意见尖锐交锋：“此次会议修贡院之事，御史潘庆澜之说帖寥寥数行，但言科举万不可废之理而已。御史李灼华曾力参各学堂有百弊而无一利”。② 主张缓修者则立意有别，一部分主要着眼于经费困难，认为库帑支绌，或由各省摊派解决，或待经费稍充裕时再行修葺，暂时仍可继续借闱河南，以为缓冲；另一部分则承认经费固然难以解决，但着重考虑根据学堂发展的状况来衡量是否值得重修，实际是以科举、学堂的优劣判别作为重修贡院的权衡。

二　陈夔龙的化解方案

虽然主修意见似乎占了上风，可是反对者的两大论据，即修复贡院妨碍学务和筹款艰难，确实是必须面对的现实问题，令当局左右为难。议修京师贡院之事正在部院广求说帖之时，由顺天府尹升任河南巡抚的陈夔龙旧事重提，于3月24日呈递《请修复京师贡院折》，30

---

① 《翰林院为咨复事》，中国第一历史档案馆藏：军机处全宗，来文档，文教类，光绪科举项，第599卷，“光绪1~31年来文”，“光绪三十一年二月十六日咨文”。

② 《铁面御史》，《汇报》第8年第24号，1905年5月3日，第188页。

日该折奉朱批政务处归并会议案内议奏。[1] 1901 年，陈夔龙在顺天府尹任上曾议及京师贡院的修复问题，因需款巨大而主张缓修。时隔四年，陈虽已调离当事之地顺天府，成为借闱之地的河南巡抚，态度却明显改变，由数年前力主缓修转为坚决主修，强调“京师贡院亟宜筹款估修，春秋两闱仍规复旧章，以维士心而崇体制”。他指出：“借闱豫省原系权宜办法”，考官和应考士子都有舟车往返之劳，远道驰骋之苦。转眼之间，五年限停考试之期届满，若不从长计议，难以对海内外舆论有所交代。

为了说服朝廷，陈夔龙列举了修复贡院的四个有利因素：一是考官及主持其事的礼部、国子监大臣，无须再往返河南，一切事宜就近办理，可以节省旅费开支，以免增加部院的财政负担；二是有利于沿江沿海省份应试者入京赶考，西北各省赴京的应试士子，也不致因路途不便而耽误行程，而会试中式者，可在京等候殿试，免去再度往返之劳；三是贡院修复后气象更新，“于学堂得积分之文凭，于科场验平日之学业，学校科举并行不悖”；四是由于顺天乡试借闱河南，河南本省试期只能向后展期至十月，秋冬之交，天寒日短，且雨雪交加，应考的士子倍加艰辛。倘修复京师贡院，顺天乡试仍在京举行，“则豫闱自可按照常期考试”。

针对当局的两大顾虑，一方面，陈夔龙提出具体的修葺方案，即以建材工程责之部院，“以筹款济用责之疆臣”，按照大省出资 2 万、中省出 1.5 万、小省分摊 1 万银两的比例，由各省共同承担所需 20 万两白银的工程预算。另一方面，陈夔龙特别提示，科举与学堂的优劣存废尚未定论：“论者谓明诏各直省建设学堂，科举分年递减矣。不知递减之说，原只因时变通，尚待徐推，并非旧日规模概行全废也。

---

① 《河南巡抚陈夔龙奏为筹款修复京师贡院春秋两闱仍在顺天举行事》，中国第一历史档案馆藏：军机处录副奏折全宗，7166 - 12，胶片号：534 - 2966。

况多年积学之士，或年齿已长未能取入学堂，留此以为进身之阶，俾皓首穷经，得以操刀一试，不至稍生觖望，则修复贡院非徒因仍旧贯，实足以广登进而系人心。”①

在陈夔龙看来，递减科举只是“因时变通”的权宜之策，要与学堂比较竞争后方可定其优劣，而科举对“多年积学之士”以及因年龄限制未能进入学堂的士子命运仍有重要价值。对于朝野上下，修复贡院均非一般的房屋修缮，“系人心”于皇朝统治稳定和巩固至关重要。

此外，为了减缓来自兴学支持者的压力，陈夔龙声明修复贡院并非排斥抵制新学之举，反而对新式学堂有积极作用：“是修复以后，可备学堂毕业各生届期简放考官、会同考试之地，且该处地势轩敞，修葺院中屋宇，除号舍外不妨变通旧式，略加开拓，即使将来科举尽废，并可改作京师添建学堂之用，亦属一举两得。”

陈夔龙的上述方案，不仅设法将修复京师贡院的具体障碍和疑难予以化解，且对一年前清廷批准的十年三科渐停科举的定议提出不同看法，特别强调科举具有“广登进而系人心”的作用，尤其是可以为积学之士及年长士子留作“进身之阶”,② 有利于稳定笼络士子之心。而这一点正是慈禧对于科举存废问题最为犹豫与关注之处。

与陈夔龙的意见截然相反，参与讨论的一位工部刘主事，直言修复贡院可能对学堂发展造成阻碍，其说帖对主修、缓修者所持理由逐条予以驳斥：“今为数次即停止之科举，鸠工糜费，重修贡院，似可不必”；应试者借闱河南，火车畅行，往返便捷，毫无窒碍，“是为科举计，固无庸修贡院也”。对所谓贡院之修不专为科举，将来科举废止，学堂毕业生仍可在贡院考试的论点，刘主事认为：“为此说者，

① 《请修复京师贡院折》，陈夔龙：《庸盦尚书奏议》卷5，沈云龙主编《近代中国史料丛刊》第51辑之507，第19～21页。

② 《河南巡抚陈夔龙奏为筹款修复京师贡院春秋两闱仍在顺天举行事》，中国第一历史档案馆藏：军机处录副奏折全宗，7166－12，胶片号：534－2966。

意见模棱，持议甚巧，阳庇学堂，阴阻科举，所谓弥近理而弥乱真者也。”他强调，贡院用于学堂考试，不仅与西方各国学制及相关章程不合，而且以“向来考试科举之法考试学堂，讳科举之名称，蹈科举之蹊径，弃实业、尚空谈，本属无谓”。若必须再加考试，大学堂规模阔大，尽可容坐，即使人数过多，亦可分省分期考试，而不必合校棘闱，所以“为学堂尤无庸修贡院也”。

刘主事进一步阐述，由于贡院乃科举的标志象征，而科举为学务发展的严重障碍。近年学堂推广迟迟难见成效，皆因科举尚存，浅识之士因循自误。如果此时修复贡院，影响十分恶劣，首先将直接妨碍学务，“人特谓科举不必停，学堂不足重，其已设者，既各有懈心，其未设者，亦群怀观望”；其次则失信于各国，让国外舆论因此误会清廷“宗旨不一，谋事不专，相与匿笑”。结论不言而喻：“是故欲植人才，必兴学堂，欲兴学堂，必停科举，欲停科举，必不复修贡院。”① 此项说帖，表达了反对修复贡院者的主要观点和主张。

值得注意的是，说者将科举与学堂置于势不两立的地位，科举的存废，已经不必待辨明学堂优劣，而是凡有碍学务，即当废止。停修贡院不仅可表示清廷推行新式学堂的决心，也可破除学堂发展的阻力。此一看法与主张的转换相当关键，成为后来立停科举的重要理据。

政务处议复时，首先综述了各部院讨论的情形：“兹据各衙门先后各具说帖咨送前来，臣等详加检核说帖，主修京闱者，共七十二件；主修京闱仍暂借汴闱者，共一十九件；主借汴闱不修京闱者，共二十九件。所议均不为无见”。进而表示，京城贡院既为各省士子集试之地，也可在科举停罢后做各省毕业生送京汇试之地，新旧学皆可利用，“自应仍就贡院旧基变通修建”。至于修建方案的具体细节和经

① 《刘主政会议复修贡院说帖》，《华北杂志》第4卷，1905年4月，第11~12页。

费来源，因库款支绌，清廷难以支付，故而采纳了陈夔龙的建议，“应饬各省筹集款项，方能兴此大工”。由于建设规制未定，工程款项尚未落实，“明年丙午科乡试，恐赶不及，仍请借闱河南，以免贻误。其丁未会试，则视贡院能否修竣，再行酌定”。至于京城贡院应如何改修，使学堂和科举均可适用，请交学务大臣、礼部、顺天府查勘妥议后奏明请旨遵行。该折奉旨依议。[①] 据此，京师贡院的修复最终以缓修为定论，只是具体实施办法，如工程设计和筹款用款方面的细节，尚须会同相关各方勘察后妥议。

三　以攻为守促立停

政务处奏章似乎不偏不倚，只是就事论事，并未对科举和学堂孰轻孰重发表倾向性意见，可是各部院 120 件说帖中，实际赞成修复贡院者（含主修与缓修）竟达 3/4。[②] 虽然主张修复京闱未必等于推翻渐停科举的定议，然京师贡院毕竟是科举制的重要象征，修复贡院之举在广大士子眼中，可能意味着清廷继续维系科举制的意向。在学堂与科举此消彼长、利害尖锐冲突之际，如果仍然继续以十年为期渐停科举，则新式学务的前景殊难预料。形势危急，迫使主张废科举人士不得不重新检讨渐停办法，另辟根本解决之道。

政务处复奏也是一波三折，据说曾因主修之议呼声甚高且急，打算“拟以各衙门堂官所议之占多数者为断，定于本月二十日后具折复奏，即请筹款估价，修复贡院，明年丙午科仍在北京应试，以存体制而惠士林”。嗣后因张、荣两位管学大臣到政务处明确表态，学堂科举不能并存，修贡院虚费十余万金为害尚少，影响所及，致

① 《政务处大臣奕劻等奏为遵旨会议修建京师贡院事》，光绪三十一年三月初八日（1905 年 4 月 12 日），中国第一历史档案馆藏：军机处录副奏折全宗，7166 - 15，胶片号：534 - 2972。

② 《奏为遵旨会议事》，中国第一历史档案馆藏：军机处全宗，来文档，文教类，光绪科举项，第 599 卷，“光绪 1 ~ 31 年来文”，“光绪三十一年三月二十六日咨文”。

学生界阻力为害甚大，拟专折力争。此时又风传两宫之意，似不主修，“故政务处亦仰承意旨，拟奏请缓修”。[①] 另据报载：“政务处第一次会议系议修贡院一事，目下各衙门堂官竞上说帖，主修者占多数，主不修者占少数，政务处拟奏请估修，俾明年丙午科乡试可在北京举行。惟张、荣两尚书颇反对，决计不修，故政务处尚徬徨歧路也。”[②] 政务处最后的表态，其实也是折中妥协的结果。

有消息说，除张百熙、荣庆“力主缓修”外，军机大臣瞿鸿禨也是缓修的坚定支持者，所以尽管大多数部院主修贡院，在政务处会议上，三人均强调科举前既奉旨逐渐减额，“自无庸虚糜数十万巨款而修造不急之工”。由于三人的力争，最后定议暂缓修复京师贡院。还有一种传闻，“因景陵被灾，拟将贡院之款移作修陵之用，故如此决议”。[③] 景陵隆恩殿火灾，初步修复估算需180万两，若全面翻修，则所需银子还要增加。[④] 这在客观上有助于缓修之议。因此，户部堂官虽然同递缓修说帖，迫于库款奇绌，并不积极。“赵大司农语人曰：‘贡院修亦可，不修亦可，我均听之。若因修贡院而向户部筹款，则我户部实无款可筹也。’”[⑤]

修复京师贡院的讨论，京官参与的层级与人数，均超越以往议政多限于当事部门堂官或六部九卿的范围，可以说是盛况空前。有人似乎意犹未尽，希望召集会议当面讨论。给事中熙麟片奏：“至会议事，固重在议实，重在会议。乃此次议修贡院，止由政务处开具礼部原奏，分送各衙门会具说帖，是分议非会议矣，是竟以说帖代议且即以

---

① 《政务处会议修复贡院详志》，《华北杂志》第4卷，1905年4月，第11页。

② 《中外要事》，《汇报》第8年第15号，1905年4月1日，第115页。

③ 《政务处议复缓修贡院》，《香港华字日报》，“中外新闻”，1905年4月12日。不同报刊关于张百熙、荣庆对修复贡院之事态度的说法不一，《华北杂志》《汇报》取“不修”说，《香港华字日报》则认定两人主张“缓修”。两人均认为修复贡院会妨碍学堂，毋庸置疑，但是否为减小反对阻力而在策略选择上有所变化，还有待于进一步发掘史料。

④ 《景陵估修经费》，《香港华字日报》，“中外新闻”，1905年4月18日。

⑤ 《修贡院无款》，《香港华字日报》，“中外新闻”，1905年4月17日。

陆续汇齐矣……应请饬下政务处妥议更正，以昭责实而杜流弊。"① 熙麟的说法，表明部院官员们对此郑重其事，而贡院修复对科举存续至关重要。

修复京师贡院引起如此大的动静，陈夔龙等人的苦心筹划，部院官员的人心所向，意味着留恋科举制的势力依然相当强大。周馥直指此事为"有意规复科举"，而端方也致函张之洞，暗示此为军机大臣王文韶与鹿传霖主谋。有传闻称王文韶还个人捐廉，为修复贡院筹集款项，② 周、端两督抚因而要求张之洞"运动阻止此事"。③ 这令一向老成持重的张之洞惊骇不已。张本人曾历任数省学政，主管科举事务，深知贡院与科举的关系非同寻常。他感到这绝非一项普通的建筑修葺工程，很可能对科举减额成议构成严重威胁，因而惊呼："如此则天下学堂不必办矣，自强永无望矣。"为避免事态进一步发展，他立即致函管学大臣张百熙：若因朝中科举减额之议阻力太大，可协商转圜，必要时考虑做些让步，但基本原则必须坚持，"少减、缓减则可……若修复贡院，则万万不可"。④ 因为陈夔龙虽称科举和学堂均可利用贡院，各方面阐述的修复贡院理由则多涉及科举进退，足以使为渐停不懈努力者心生疑窦。

张之洞害怕反对新学者可能借修复京师贡院之机，使已成定论的渐停之议再起波折，最终导致举步维艰的科举改革功亏一篑。他致函

---

① 《给事中熙麟片》，中国第一历史档案馆藏：军机处录副奏折全宗，光绪朝内政类，第5748号卷，第12号文。

② 《估修贡院》："传闻政府已决定重修贡院，款由王相国捐廉报效承修。日前王相复与政府诸公集议，以贡院号房不下一万四千间，约需款十五万金，其瞭望亭、文明堂、至公堂等处工程亦当需款十余万金，大略计在三十余万金之谱。俟不日议妥后，即当奏明择期兴修云。"《香港华字日报》，"中外新闻"，1905年4月11日。

③ 李细珠的研究显示，张之洞关于京师贡院修复的消息，可能来自周馥与端方（《张之洞存各处来电》，第71～72函，李细珠：《张之洞与清末新政研究》，上海书店出版社，2003，第138～139页）。

④ 《致京学务大臣张尚书》，光绪三十一年三月初八日（1905年4月12日），苑书义等主编《张之洞全集》第11册，第9309～9310页。

张百熙时强调，工程需款甚巨，而身为河南巡抚的陈夔龙出此建议不无私心，目的可能在于减轻借闱河南给当地造成的财政负担。为此，张之洞提出：可由各省分摊河南因借闱而增加的相关经费，所谓“方今搜刮已穷，乃糜数十万金为此阻学抑才之举，实为非计。闻汴抚请修京师贡院，不过为汴闱代顺天乡会试，繁费过多，力难独任耳。此项汴闱经费，每次不过五六万，尽可派各省协解，并不为难。公主持学务，深悉时艰，务望切商止斋诸公，力筹阻止，天下幸甚”。[①] 止斋即瞿鸿禨，由于维护科举的阵容依然强大，必须由张百熙运动军机重臣瞿鸿禨，阻止修复贡院才可望成功。

从军机处所辑录的档案来看，张之洞的担心并非杞人忧天。分科减额渐停科举的朝旨颁布后，官员中坚决要求更改渐停成议者仍不乏其人。浙江道监察御史瑞璐的奏陈颇具代表性：“学堂尚无成效，科举不宜递减，请俟明效大著，再行渐停科举，以收士心而免觖望。”该折指名痛斥袁世凯、张之洞“以国为戏”，咄咄逼人地质问道：“科举行之已久，英才间亦有人。学堂今始创行，人才尚未一见。设九年后科举全废，而人才未得，士心已失，误国之咎，该督将何词以解？”并特别强调“停止科举，事体重大，办理不厌详慎，稍或失宜，误国匪细”，要求朝廷饬大学士、六部、九卿、翰林、科道对减额渐停科举之事会议具奏。[②]

此番京师部院讨论修复贡院的倾向更具指标意义，可见即使在京官的层面，学堂与科举的博弈也不容乐观。一旦京师贡院修复，不仅

① 《致京学务大臣张尚书》，光绪三十一年三月初八日（1905 年 4 月 12 日），苑书义等主编《张之洞全集》第 11 册，第 9309～9310 页。

② 《浙江道监察御史瑞璐奏学堂尚无成效、科举不宜递减，请俟明效大著再行渐停科举以收士心而免觖望折》，光绪二十九年十二月十八日（1904 年 2 月 3 日），中国第一历史档案馆藏：军机处录副奏折全宗，文教类，7205－141，胶片号：537－1480。如前所述，清廷已于该年十一月二十六日所颁上谕中正式批准了十年渐停之议，瑞璐此折的时间显然在上谕颁布之后。此外，熙麟、瑞璐两人先后所呈奏章显示，清廷批准渐停科举之议，并未经过六部、九卿、翰林、科道会议讨论，当时政务处尚未出台奏定会议章程。

天下士子更加心向科举，已经进入学堂的生徒也难免心襟摇曳，不能自持，学堂教育的成效必定大受影响。十年渐停期间，各省学堂有任何风吹草动，都会授人口实，横生枝节，导致前功尽弃。因此，阻止修复贡院，以防科举改革倒退，就成为张之洞和张百熙等人共同努力的目标。

四　台前幕后的配合

政务处奏准缓修贡院，客观上使得坚持改革科举的官员们能相对从容地展开活动，获得筹划"运动阻止"的宝贵时间。为了防止减额渐停定议变生不测，决定京师贡院缓修后的几个月里，张百熙与端方配合默契，一方面利用进宫面圣的机会，反复灌输科举误国、兴学救国的观念，积极鼓吹直隶等地学堂兴办的成效，要求嘉奖袁世凯，并树为成效卓著的兴学先锋；[①] 另一方面则私下频繁联络，争取各方支持，以减少阻力。面对部院各级官员多数倾向于保留科举制的情势，他们知道只有直接争取中枢和最高当政者的明确表态支持，才有可能挽狂澜于既倒。掌握中枢实权的军机处、政务处成为他们力争的主要对象。

1905 年 6 月 30 日，上谕以体恤王文韶年迈体弱为由，开去其军机大臣差使，与袁世凯关系密切的徐世昌、铁良则先后入值军机并充任政务大臣。[②] 此番军机与政务处的人事变动，绝非偶然，而是出于刻意布局。[③] 如前所述，王文韶反对废科举最力，又是军机老臣，此前减额渐停之议即遭其抵拒，讨论修复京师贡院，王又极为活跃，且以捐廉号召筹款，若不设法排去，肯定成为科举改革的最大绊脚石。

---

① 《奏请嘉奖督臣》，《香港华字日报》，"中外新闻"，1905 年 9 月 1 日。

② 朱寿朋编《光绪朝东华录》，第 5360、5386 ~ 5387 页。

③ 前引张之洞致张百熙信提及"切商止斋诸公，力筹阻止"，此番人事变动颇有蹊跷，止斋又为传闻主角，虽是否"力筹"之计未能实证，但客观确有阻止之实效。

《栖霞阁野乘·瞿鸿禨排去王仁和》条记："善化瞿子玖与仁和王夔石同值军机。善化实为仁和门生，其入军机也，仁和实援引之。向例大臣初入军机，除画诺外，不敢妄建一议，若在师门，此例尤严。瞿欲排去仁和，即可居汉军机领袖，苦不得间。会仁和有耳疾，又年迈，拜跪稍艰。瞿当同入召见时，于仁和步履，扶掖备至，及退出时，又挽之使起，故显其老态于两宫之前。瞿又以其间语仁和曰：'师患耳疾，设上以要政询问者，门生右顾可勿答，左顾则诺。'仁和然之，方私幸为门生之关切也。会北洋筹练新军，两宫以仁和曾任北洋，召询可否，仁和见瞿右顾，不以应。孝钦后曰：'汝于此等事，竟不置可否耶？'瞿即在旁婉奏曰：'王某近患耳疾，且已衰迈，恳两宫恕之。'孝钦又询王曰：'汝耳疾若是其甚耶？'仁和未闻所以，第见瞿左顾也，遽对曰：'然。'孝钦怫然，即命起去。未五日而开去军机差使之命下。"①

此事虽系坊间传闻，却有蛛丝马迹可寻。光绪三十一年五月二十八日（1905年6月30日）的上谕，提及开去王文韶军机的原因："大学士王文韶当差多年，勤劳卓著，现在年逾七旬，每日召对，起跪未免艰难，自应量予体恤，着开去军机大臣差使，以节劳勚。"②上谕虽未提耳疾，但起跪艰难则与年迈体衰对应，似可与传闻相印证。王去后，按资历当由鹿传霖接掌汉军机领班，后者虽亦反对停废科举，但态度不似王文韶顽固，且为张之洞姻亲。因此，王文韶退出军机，立停科举扫除了人事方面的最大障碍。

无独有偶，开去王文韶当日，颁布上谕："署兵部左侍郎徐世昌着在军机大臣上学习行走。"③ 徐世昌以兵部左侍郎入膺军机大臣，当属殊荣，间接表明最高决策者的态度。这一进一出，科举改革的人事

① 辜鸿铭、孟森等：《清代野史》第4卷，巴蜀书社，1998，第1752页。
② 《光绪朝上谕档》第31册，第80页。
③ 《光绪朝上谕档》第31册，第80页。

布局明显倾斜。徐世昌为袁世凯私人，与荣庆私交甚洽，此时进入军机，无疑使议停科举一方增添了筹码。据徐世昌日记，他本人在宣布入军机前20天里，先后与袁世凯晤谈5次，与铁良晤谈6次，与荣庆晤谈4次，拜谒奕劻8次，访问瞿鸿禨2次。其任命为军机当天，即与荣庆、铁良一道谒见奕劻与瞿鸿禨。[①] 而在王文韶开去军机前一日（1905年6月29日），上谕“铁良着调补户部右侍郎兼管钱法堂事务”。约两个月后（1905年8月26日），“内阁奉上谕，署兵部尚书、户部右侍郎铁良着在军机大臣上学习行走”。时隔一日（8月27日），又奉上谕，“铁良着派充政务处大臣”。[②] 两日内连发上谕，使铁良刚入军机，接着便成为新政中枢的政务处大臣，乍看只是常规人事变动，可是时间恰在六督抚奏请立停科举前后，[③] 而铁良本人不久前又曾单独奏请即停科举，[④] 奉旨入军机的当天，便与荣庆、端方、徐世昌一起吃晚饭庆贺且“登楼久话”。[⑤] 上谕颁布后的种种传言及相关人物的活动表明，这些重要的人事变动，暗中大有乾坤。[⑥] 以慈禧的老谋深算，其态度不言而喻。

---

① 《徐世昌日记》未刊本，1905年6月9日至6月30日。

② 《光绪朝上谕档》第31册，第79、110页。

③ 关于六督抚上奏的确切时间，报刊报道各有不同。《汇报》记：“端午帅于上月廿三日特会同袁慰帅联合两江、两湖、两广三总督奏请停止科举。”（《要闻灌耳》，《汇报》第8年第59号，1905年9月2日，第467页）而光绪朱批“另有旨”，为八月二日（1905年8月31日）。中国第一历史档案馆藏：军机处录副奏折全宗，文教类，学校项，7214－97，胶片号：538－106。则至迟八月二日前，该折已经正式出奏。

④ “铁良侍郎有奏议停止乡会试，请自明年为始。后经政府会议，以科举之停办，前已奉谕旨三科逐渐酌减之后，即行停止考试，似宜遵照旨意，不必妄事更张，所请碍难准行云。”《奏请速停科举不行》，《香港华字日报》，“中外新闻”，1905年8月22日。

⑤ 力主科举改革的军机大臣荣庆，在日记中记载此次重要的人事变动前后自己与相关人物的交往情况。光绪三十一年五月二十八日（1905年6月30日），“入值，有王相开军机优旨，徐世昌学习行走旨……宝臣到，留饭小酌，登楼久话。”光绪三十一年五月三十日（1905年7月2日）：“贺菊人处，宝臣旋到共饭。”菊人，徐世昌；宝臣，铁良。《荣庆日记》，第84页。

⑥ 日本京都大学人文科学研究所石川祯浩教授提示，这些人事变动或许还与五大臣出洋考察及其后一系列改革相关。但科举问题无疑是其中要项之一。

嗅觉敏锐的《东京朝日新闻》在王文韶出军机三天后便刊载了这一消息。据该报派驻北京的记者探闻：徐世昌进入军机是由于“庆亲王奕劻的极力援引”，而王文韶开去军机的原因，则是与奕劻及荣庆“意见冲突”，鹿传霖则与王文韶意见相同。[①] 尽管该报道未言明导致冲突的具体原因，但鹿、王两人均为废科举的阻挠者，[②] 荣庆、奕劻、徐世昌则在科举及官制改革方面意见一致，已是朝野皆知的事实。

在此期间，端方异常活跃。1905 年 8 月 8 日、16 日，端方连续两次到天津与袁世凯“会商要政”，后一次同行者还有那桐、张百熙、铁良等人。[③] 这几位政务处和军机大员，向来力持科举改革主张，端方、袁世凯又是其后六督抚联衔电奏的主角，可见科举兴废这场大戏，台前幕后的精心策划与配合默契，至为重要。

除了在疆吏与朝臣之间积极奔走联络，端方以出洋游历大臣身份陛辞面奏时，还特别强调：“此时不决意即停科举，学堂终不能兴，人才终不能出。盖各省内地观望科举，有学问者不入学堂，有资力者不肯兴学，是以奉谕数年，其兴学处寥寥无几，纵有学堂，科学亦不完备。”[④] 两宫因此许令疆臣议复，为此后袁世凯等人的奏停科举提供了契机。据说对于端方立废科举的建议，“上意颇以为然，惟云须另有人条陈方能降旨”，暗示若要改变已经颁行的十年三科减额渐停谕旨，必须师出有名，且其人的声望与名衔须在时任湖南巡抚的端方之上，才能名正言顺。此外，端方为满人，由其主衔或单独提议停科

① 《支那特电》，《东京朝日新闻》第 6801 号，1905 年 7 月 3 日，第 2 版。感谢日本京都大学高嶋航教授提供此项资料。

② 《国闻备乘·鹿传霖暗中主复科举》，荣孟源、章伯锋主编《近代稗海》第 1 辑，第 287 ~ 288 页。

③ 《中电》，1905 年 8 月 16 日、8 月 23 日，《汇报》第 8 年第 54 号、第 56 号，第 426、442 页。

④ 《补述各督抚奏停科举》，《香港华字日报》，“中外新闻”，1905 年 9 月 18 日。

目，易生阻滞。端方心领神会，即“退又告之枢廷诸公”，并“电告袁世凯请其奏请也”。[①] 因此，立停科举这一震动中外、影响深远的奏章，虽然积极促成者是端方，领衔出奏的却是袁世凯。

五　张之洞的迟疑与附和

关于联衔具奏各督抚及枢臣的不同作用，众说纷纭。《申报》称：“此议实发端于端午帅，张冶秋尚书、袁慰庭宫保实附和之，赵次帅不过电商列衔而已。”[②] 张之洞的幕僚则肯定袁世凯为发动者，“袁督部会公（张之洞）奏请立停科举，推广学校，并切要办法数端……七月，端忠敏在京，与袁督部俱有电来，议立停科举，公电复之，文甚长。今此稿已佚。盖此议发于北洋而忠敏促成之，其奏折则北洋主稿”。[③] 有学人根据袁世凯家书及其女袁静雪的回忆，指出袁世凯年轻时虽重视功名，但举业不遂，进而痛恨科举，是其始终不懈致力于废科举的思想基础。[④] 其后主政直隶，又受严修、卢靖等人的影响，积极推广新式学堂，故对科举改革十分执着。[⑤] 赵尔巽在1903年山西巡抚任内，已提出晋省暂停恩科乡试的要求。[⑥] 岑春煊和端方在督抚中较为趋新时尚，对于科举停废态度坚决。两人曾于1903年分别上奏提出延迟癸卯乡试，改为丙午年并科考试的建议，“则丙午以前可以在学堂卒业，丙午以后科举不废自废”，据说“皇上甚为许可”。[⑦] 张百熙则刚好在端方被两宫召见后不久由直隶查学归来，屡称直隶兴学

---

① 《端方力主立废科举》，《香港华字日报》，“中外新闻”，1905年9月12日。此前铁良奏请停科举被拒，似与地位声望不足有关。

② 《鄂督不以骤停科举为然》，《申报》1905年8月26日。

③ 许同莘编《张文襄公年谱》卷9，第8页。

④ 张华腾：《袁世凯与千年科举制度的废除》，《安阳师专学报》1999年第3期，第56～61页。

⑤ 严修自订、高凌雯补、严仁曾增编《严修年谱》，第170页。

⑥ 《不准停科》，《新民丛报》第26号，1903年2月26日，纪事，第110页。

⑦ 《议废科举汇述》，《选报》第47期，1903年4月12日，教育言，第9页。

成绩有目共睹，大大增强了两宫对新式学堂的信心。[①] 两江总督周馥复奏时，更有倘“机会一失，阻力横生”等语。加之联衔入奏者为直隶、两广、湖广、两江总督等重要方面大员，素为慈禧所器重，“故两宫意亦随之而决”。[②]

与一般成说有异，作为疆臣重镇的张之洞，地位影响足以与袁世凯匹敌，重订学堂章程由其领衔，被公认为全国新式学务之翘首，议改科举也是其一贯立场，可是于如此关系重大的立停科举出奏反而显得消极。

不少研究者因张之洞曾力持科举改革，自“江楚会奏”至学臣联衔奏请科举渐停，均为主角，立停科举折又列名联衔，故误以为此事必由张之洞主持。其实就立停科举而言，张之洞虽然列名联衔入奏，本意却有较多保留，不仅不是发端鼓动者，而且一度犹豫不决。

张之洞向以老成持重著称，积极推动科举改革，主要从改变考试内容和形式着眼，希望科举包容西学。减额渐停之议最早并非由他提出，只不过“江楚会奏”时已经接受相关主张，并作为变革新政的重要内容予以坚持。[③] 等到立停之议起，张之洞颇为踌躇，甚至传言有呈递密折反对之举。所迟疑忌讳者，似与反对势力指斥的“误国”不无关联。

1903 年张、袁会奏渐停科举后，都察院户科掌印给事中潘庆澜先后于 1903 年 3 月 23 日及 1904 年 1 月 21 日两次具疏奏参，以“误国之罪”，“拟请旨先将湖广总督张之洞罢斥，俾天下知请废科举之人已去，不致纷更”。潘庆澜声称，科举乃“士心之所系，大局之所关”，顺治以来，历朝在平定匪乱之后，均以开科取士安定人心。而“近年以筹款加税，官吏只知利己，烦征苛敛，民心渐离，加以再失士心，

---

① 《廷寄嘉奖袁宫保》，《大公报》，“时事要闻”，1905 年 8 月 21 日。
② 《补述各督抚奏停科举》，《香港华字日报》，“中外新闻”，1905 年 9 月 18 日。
③ 关晓红：《科举停废与清末政情》，《中国社会科学》2004 年第 3 期。

世变日非，何堪设想”。因此，不但科举渐停并非其时，对于动议此事的张之洞还应以“疆臣空负虚名贻误大局请旨罢斥”。[①] 潘氏所上两折奉旨留中，在京城耳目甚多的张之洞当有所闻。以其为人个性，罢斥之议无须理会，“误国”的罪名却不能不有所忌惮。坊间传闻，此前因张之洞与袁世凯请停科举，王文韶曾严词相向，张不得不引咎自责。[②]

其时不少人对学堂能否取代科举心存疑虑，减额渐停正好留出余地，验证两者是非优劣。新政之初，恽毓鼎上《复陈新政折》，“请于京师、省会、府州县皆立学堂”，“本三代学校之制，参泰西学堂之规”，改革学校制度。如此，则是继以科举纳西学之外，提出以旧学体系容纳学堂之议。同时强调：“科举为取士之途，一时未可遽停，八股与策论亦不相上下，应俟学堂成效昭然，用人有方，然后议裁议改可也。”[③] 坚持在学堂确著成效后，再议停科举。朝野上下看法与此相同相近者为数不少。安徽巡抚王之春认为，“科举、学校当逐渐变通，不宜骤行偏废”，反对过激之举，且建议对学堂学生的毕业及资格予以认定，应“与旧攻举业诸生同时分别取中，暂予并行不悖”。[④] 恽毓鼎对南北洋联衔奏请渐停科举十分愤懑，矛头直指以科举入仕且曾任学政的张之洞：“袁世凯（慰庭）不足道，张香老举动乃亦如此。岂不可痛哉！”[⑤] 张之洞好为士林领袖，其耳目遍布京城，于此类清议

---

① 《巡视西城户科掌印给事中潘庆澜奏为特参湖广总督张之洞会同直隶总督袁世凯议废科举贻误大局请旨先将张之洞罢斥事》，中国第一历史档案馆藏：军机处录副奏折全宗，文教类，7205－134，胶片号：537－1461。

② “袁世凯与张南皮请停科，王相曰：国家大典，应交内外臣工议，岂能由二臣请停。南皮闻之，到王相宅谢疏忽之咎。”《金銮琐记》，荣孟源、章伯锋主编《近代稗海》第1辑，第45页。

③ 恽毓鼎：《恽毓鼎澄斋奏稿》，史晓风整理，浙江古籍出版社，2007，第39～40页。

④ 王之春：《复议新政疏》，璩鑫圭、唐良炎编《中国近代教育史资料汇编·学制演变》，第25～27页。

⑤ 恽毓鼎：《恽毓鼎澄斋日记》，第221页。

当然不大可能置若罔闻。

张之洞对减额渐停方案情有独钟，与其持论严密、办事谨慎的风格相吻合。在他看来，十年时间，足以使人们辨清并检验科举与学堂的利弊，且可以妥善安置旧学士子，操之过急，反而百弊丛生。他在1903年9月及12月致瞿鸿禨的两封信中，甚至先后提出过两个取向较十年三科减额渐停更为保守的方案：其一，不待三科减额完毕，若在第一科减额至第二科应减届期之间的六年时间里，学堂成效未彰或流弊过多，尽可复科举停办学堂；其二，若十年三科期限过短，可以增至四科共十二年，以昭郑重。① 因此，张之洞虽然对修复贡院之事颇为警觉，但所欲防止的应是减额成议的倒退，而非进一步加速科举停废的步伐。

有报道透露，张之洞于联衔入奏前，曾单独秘密入奏，重申坚持十年三科减额渐停的主张："略谓学堂尚未遍设，科举势难遽停，以阻多士进身之阶，所请应勿庸议。仍照前奏分科递减中额云云。"② 类似传闻不止见诸一家报刊，且消息来自武昌。如《汇报》称："二十日北京电云：闻政府有废科举之议，系端中丞到京后主持此事甚力。武昌电云：鄂督两上密折，一论立宪先开通下等社会；一论科举不宜遽裁，请仍用递减之议。"③ 上述报道时间均在清廷批准六督抚联衔奏章之前，其时科举立停尚未定谳，空穴来风，事出有因。

端方策动督抚联衔后，媒体注意到张之洞的态度有所转变，并预计"惟事关公共，陈奏谅不至独持异议也"。④ 诚然，张之洞顾全大

---

① 光绪二十九年八月初九日（1903年9月29日）《致瞿子玖》："兹拟递减之法，不过试办，拟请暂减一科，计自今至己酉年第二科应减之时，尚需六年。如六年后学堂之流弊仍然不除，人材并不能多，即尽复科举原额，停办学堂，亦有词以谢天下。"光绪二十九年十月二十四日（1903年12月12日）《致瞿子玖》："或改为四科递减"。均见苑书义等主编《张之洞全集》第12册，第10298、10303页。

② 《张之洞谬见》，《香港华字日报》，"中外新闻"，1905年9月4日。

③ 《中电》，《汇报》第8年第58号，1905年8月30日。

④ 《张督赞成停止科举》，《香港华字日报》，"中外新闻"，1905年9月7日。

局，最终复电同意列衔入奏，对于清廷准奏当有推动作用，但此前的犹疑保留已经引起关注。立停科举上谕颁布数日，《香港华字日报》发表评论，对袁世凯、张之洞的不同表现有所评点："以明白大局之张之洞，犹屡为科举保全而只持三科后递减乃裁之说。夫裁一无用之科举尚阻挠抗拒如此……快哉，乃有袁世凯此一奏而中廷即行明谕停止也，王文韶不能再争，张之洞不能缓办，疾雷迅发，积翳全消"。[①]对张之洞的举动不无遗憾。其实，张之洞的老成慎重未必毫无道理，激进变革的为害后患，在一定条件下甚至可能大于守成，此不幸为后来的事实所证明。

六　立停科举留隐患

京师修复贡院的奏议，以及部院众多主修京闱的说帖，引起主张停科举的部分督抚及朝臣的高度警觉，他们担忧来自统治集团内部的阻力可能动摇两宫的决心，使原已获准的减额渐停方案在京师各衙门朝官强大的反对声浪下出现逆转，因此在修复贡院的议论告一段落后，断然采取矫枉过正的措施，加快促使科举制度终结的步伐，并不惜以联衔入奏的方式扩张声势，耸动天听。

依照清季新政以来的成例，重大决策颁行之前，要经过相关部院的广泛讨论和复议，各部院主事以上官员，均可拟具说帖表示意见或提出修正方案，以便集思广益，权衡利弊，时间往往长达数月。科举制由渐停改为立停，无疑牵涉国本，依例应当交由部院会议。可是，前述讨论贡院修复时，京师各衙门主修意见远过半数，且堂官大都赞成修复，显示出京官上层中希望保留科举，对学堂成效尚心存疑虑者势力甚大。最具危险的是，这种阻力竟来自清廷内部，随时可能左右并动摇两宫视听。面对不容乐观的形势和种种变数，倘若将督抚联衔

① 《论停止科举》，《香港华字日报》，"论说"，1905 年 9 月 8 日。

所奏立停科举之事再交由部院讨论，骤然将科举停废的时间表由原定十年缩短到九年，恐怕会引起轩然大波，反对声浪必定更为强烈，而且众说纷纭、莫衷一是，学堂与科举的博弈不仅胜算甚微，停止科举的具体时间则极可能再度引发激烈争议，甚至是否停废也极易出现反复，导致既定的减额渐停决策彻底翻盘，使得此前科举改革已取得的成效毁于一旦。

不过，政务处当初所定七条会议章程，虽将不少内外建革的重大疑难列诸会议内容，却不忘强调君权至上的准则，以切实保障上意的有效发挥，“以上各条由各该衙门审度事理重轻，临时请旨会议或转降谕旨举行，其有事关秘密，或立待施行，由各该衙门请旨或奉特旨径行者，廷臣仍不得干预”，[①] 客观上为其后科举存废出自乾纲独断预留了伏笔。为了防止议修贡院的故事重现，六督抚的联衔电奏没有经过部院会议大范围讨论，只是在政务处会议上走走过场。由于此前人事变动已经完成，当下形势与此前讨论渐停科举时大相径庭，媒体获悉：停止科举一事，奉旨着政务处会议，“闻各大员用报票法，愿停者占其多数云”。[②] 由于骤停科举系暗中筹划运作，向来嗅觉灵敏的各大报刊仅在上谕颁布前几日得到些许消息，对其过程的报道大多只能事后追述。

不仅如此，停废科举如此重大的决策，主管科举事务的礼部居然事先并未与闻，难怪熟悉内情者无不惊诧，责以逾规乱政：“前朝用人有廷推，行政有封驳……曩时军国大政，犹交六部九卿会议。迩来变乱成宪，多由一二人主谋。废刑讯而刑部不知，废科举而学臣不知，礼部亦不知。”[③] 所谓“学臣不知”，显然并非事实，管学大臣张百熙、荣庆皆为政务处大臣，不仅均为知情人，而且是积极

① 《政务处议复议政章程折》，《汇报》第8年第4号，1905年2月22日。
② 《要事骈联》，《汇报》第8年第60号，1905年9月6日。
③ 《国闻备乘·会议》，荣孟源、章伯锋主编《近代稗海》第1辑，第271~272页。

推动者。而未交礼部等相关部院议复，当鉴于礼部极力主张修葺京师贡院，担心维护科举一派兴风作浪、节外生枝。

好事者对此追踪探源，发现确有乾坤转移的内幕："探闻此次科举倏停之上谕，其原因系端中丞、铁军机、袁制军、周玉帅、赵将军、岑云帅之奏请，某大军机等不以为然，请按会议新章，交部院各署会议，各抒所见，再行酌核。嗣某尚书以各部院多守旧士，若交会议，徒乱是非，致阻新机，故未交议，即请降谕停罢。"① 因此，立停科举的决策，最终绕开部院会议等重要程序，直接发布谕旨，表明最高执政在一些朝臣和督抚相互配合、反复进言，以及再三联衔入奏的推动下，对科举改革的态度已由渐停转为立停，所以决心力排众议，断然强制实行。

1905 年 9 月 2 日，清廷批准了袁世凯等六位督抚联衔会奏的《立停科举推广学校折》，谕令："着即自丙午科为始，所有乡会试一律停止，各省岁科考试亦即停止。"② 至此，延续一千三百多年、与无数士子的前程命运息息相关的科举制度，由清廷正式宣告终结。

清季的科举改革减额渐停定议仅一年多，便迅速跳跃到立停，并非全国学务发展成效彰显，与科举的比较已经取得压倒性优势，水到渠成的结果，而是以兴学为急务的部分督抚与朝臣上下联络沟通，为扫除学务阻力障碍采取的非常措施。以当时形势而论，一方面，尽管兴学堂、崇实学已是既定国策，但士子犹豫观望的情形还相当普遍；另一方面，各地学务急速推行的弊端逐渐显现，新式学堂教育的适应性及其成效越来越受到批评质疑。京师贡院倘若修复，十年三科减额渐停的成议能否继续实行，确实变数甚多。尤其是1904 年上谕批准十年三科渐停之议时，对于科举制的寿命最终是否

① 《立停科举事未交会议》，《岭东日报》，"时事要闻"，1905 年 9 月 18 日。
② 《光绪朝上谕档》第 31 册，第 114 ~ 115 页。

以十年为限，已经留有余地："俟各省学堂一律办齐，确著成效，再将科举学额分别停止。"[①] 则科举终结的进程与结局，还要视学务发展的状况及成效而定。前引潘庆澜所上请罢斥张之洞的奏折便特意祭出圣旨："恭读十一月二十六日上谕，所称递减科举一节，著自丙午科为始，俟各省学堂一律办齐，确著成效，再将科举学额分别停止，届时候旨遵行……大哉王言，似学堂之流弊，科举之不可议停，早在圣明洞鉴，钦佩莫名。"[②]

既然以妨碍学务为名立停科举，则学堂成效是否优于科举即须向世人验证，以正视听。尽管主张者竭力回避这一问题，反对者还不断提出质疑。在立停科举的诏令颁布之后，陕西道御史王步瀛专折具奏："八股可废，科举万不可停。即由学堂出身卒业时，亦宜分场考试。"只是无可奈何花落去，清廷决心已定，该折奉旨留中。[③] 如果不是清廷接受六督抚联衔入奏的主张，以乾纲独断排除阻力，则科举制度退出历史舞台的终极趋势固然不会改变，至于能否以立停方式为最终归宿，以及是否在丙午年即告结束，的确难以预料。

早在科举减额之议定谳不久，内阁吏科掌印给事中熙麟曾具折陈说利害："今中国书院既已悉改学堂，学堂科举本可相辅而行，两不相悖，而必废此举彼，专重学堂，斥绝科举，是自仇其士，自斗其人也，使激而变，或生于此，祸尤甚于民教，此亦不可不思患预防者也"，希望当政为避祸考虑而收回成命。[④] 几天后，浙江道监察御史瑞璐亦奏劝清廷："学堂今始创行，人才尚未一见。设九年后科举全废，

① 光绪二十九年十一月二十六日（1904 年 1 月 13 日）上谕，《光绪朝上谕档》第 29 册，第 352 页。

② 《巡视西城户科掌印给事中潘庆澜奏为特参湖广总督张之洞会同直隶总督袁世凯议废科举贻误大局请旨先将张之洞罢斥事》，光绪二十九年十二月初五日（1904 年 1 月 21 日），中国第一历史档案馆藏：军机处录副奏折全宗，文教类，7205－134，胶片号：537－1461。

③ 《要闻·侍御保全科举》，《大公报》，"要闻"，1905 年 9 月 11 日。

④ 《熙麟奏为科举递减祸无异于立停折》，光绪二十九年十二月十三日（1904 年 1 月 29 日），中国第一历史档案馆藏：军机处录副奏折全宗，7205－137，胶片号：537－1469。

而人才未得，士心已失……可否请旨饬下大学士、六部、九卿、翰林、科道会议具奏，抑或出自乾断，明降谕旨，一俟学堂果有人才杰出，实能为国家裕国安民，折冲御侮，著有实效，再行逐渐停止科举。”① 两折均强调学堂成效未显，骤废科举无疑冒险，不利于国家稳定。尽管这些意见未能改变清廷关于科举减额缓停的决定，却难以消弭对学堂成效与前景的质疑。

上述情况表明，在 1904 年科举减额渐停至 1905 年的骤然立停之间，科举改革的走向、方式及进程，尚存在诸多变数，前景并不明朗。正是由于修复京师贡院的讨论，传达了来自各部院主修者为数众多的信息，主停科举的一方意识到危机重重，事态严重，为了避免科举改革出现大的逆转，在学堂教育成效未彰的情况下，决心采取断然措施，不仅大张旗鼓地宣传新学成效，制造舆论，促成军机与政务处的人事变动，造成有利于改革的议政环境，更通过面圣的机会多方说服两宫，得到默许后，以阵容强大的督抚联衔入奏方式震慑朝野，最终以非常规的决策程序绕过部院讨论，直接催生了立停科举的诏令。因此，科举制的终结，并非事物发展瓜熟蒂落的自然进程，而是反对维系科举的官员在危机意识主导下，运用权谋趋利避害，人为策划推动的产物，就此而言，可谓清末新政改革阵痛的“早产儿”。

清末科举存废，系于自身抡才和学堂培才机制的优劣高下，结局也许是双方各自胜任，各得其所，或一方无力承担，便遭淘汰。然而，由于两者比较竞争的时间很短，在外力的冲击压迫下，尤其是日俄战争中俄国惨败于亚洲新强日本，令国人普遍感到时不我待，这种强烈的忧患意识，以及科举与学堂并存期间，学堂学生较多参加科举

① 《瑞璐为学堂尚无成效，科举不宜递减，请俟明效大著，再行渐停科举，以收士心而免觖望折》，光绪二十九年十二月十八日（1904 年 2 月 3 日），中国第一历史档案馆藏：军机处录副奏折全宗，7205－141，胶片号：537－1480。

考试的现象，使人们大多认同科举有碍于学堂，并据此为废科举的理由。这在事实上已悄然改变了科举与学堂竞争的规则，即在学堂育人成效尚未得到验证之时，预先认定学堂优于科举。[①] 既然科举影响士子学生的趋向，为了学堂发展，只能迅速废止科举。至于学堂在此期间是否已经消除自身弊病，[②] 显示出培才的成效，以及科举与学堂能否在抡才与培才方面各自完善，互相配合，似乎均不予考虑。在危机四伏的局面下，清朝君臣感到时不我待，而学堂与科举并行，士子钟情科考，敷衍学务，依违两可，亦系实情。立停科举的奏章上谕，旨在排除干扰，加速学堂发展和新式人才培养，以免缓不济急，符合趋新舆论的期待，也是力图振作的表现。只是立停科举既然并非水到渠成，而是简化程序，强制终结，就难免留下后患，产生翻案纠纷。

换言之，在科举与学堂竞争的最后阶段，即科举与学堂并存的两难抉择中，尚未显示出自我调整效应的科举已经被遗弃，被迫让位给同样还未能充分证明自身价值作用的学堂。

仅仅将科举与近代西式教育制度简单对应，而对科举的其他主要功能及其制度关联不加考虑，确为当局者迷。科举与学堂，一为抡才大典，一为培才机制，各司其职，并行不悖。尽管鸦片战后60多年未能将西学与实学纳入科目，但减额渐停期间，一方面科举可以继续深入改革，并等待世人验证成效；另一方面划出西学专才名额，可促进学堂积极改善，培养合格人才，两者相辅相成，优劣互补。而骤停科举，表面上将科举与学堂熔于一炉，实则由于癸卯学制颁定后，中学已在课程安排中由昔日的主导而变成分科，经学失去了既往的垄断

① 时人皆据西方宪政国家发达富强之例，认为近代西方教育是其国家强盛的要因，与之对比，中国此时的积弱不振，则因科举无法得人。但更改科举考试的内容，以西方教育为模范，是否可以振兴中国，则尚未得到实践证明。

② 此期学堂的无系统状态和学堂教育在教学、经费、人格塑造、社会适应性等方面存在的各种弊病，尚未充分暴露。

地位，不仅不能维系中体，连中学也支离破碎。所授名为新学，实则当时西学教育的学生程度既很不中国，又不能西洋，两处茫茫皆不见："今之所谓通人者，其病大率有二：一知今而不知古，一知外而不知中。去岁友人自东方来，述日本五尺之童，类能读中国王高邮、戴东原之书，而中国学生有休宁人者，告以东原而不知也。若是者谓之不知古，不知古则顽。语必柏林、言称彼得，而问以十八省之风俗民情，不能举其一、二者比比也。若是者谓之不知中，不知中则固。顽固者，彼之所挟为诋人之新名词者也。"①

陈黻宸在科举停罢当年给学部尚书荣庆的信中指出："夫科举之弊，非科举之弊，奉行科举者之弊也。""而以昔之办科举者办今之学堂可乎？昔之办科举而犹不能胜任者，今使之办学堂可乎？办学堂之功十倍科举，办学堂之未易胜任实百倍于科举，科举得一良主司足矣，学堂自督办以至听差等辈，无一不在学堂规则之中，自学科以及饮食、起居诸事，无一不为学堂精神所系。""然观于今之学堂，大率崇虚文而略实行，其弊究与科举等。夫因科举之弊，而天下有望于学堂。至学堂兴矣，而其弊如故，天下更将何望，此大可为寒心者也。"②"昔日办科举者"多对学堂的精神与规制均不熟悉掌握，能办好学堂岂非咄咄怪事。

更为重要的是，西学的分科教育，着重培养专才（本来未必如此，而清季国人大都如此认识），与科举选才的标准用途相去甚远，单靠学堂考试，一味强调专业知识与办事能力，不可能选拔出适合做官的人才。废掉科举的现成机制，复杂的文官考试制度又迟迟不能建立推广，仕途变得毫无规则，吏治官声更加败坏，政治退步。据说张

---

① 《上某尚书第二书》，胡珠生编《温州文献丛书·东瓯三先生集补编》，上海社会科学院出版社，2005，第374～375页。

② 《上某尚书第二书》，胡珠生编《温州文献丛书·东瓯三先生集补编》，第372～373页。

之洞后来对于立停科举的莽撞颇有悔意，[①] 清人笔记所传递的某些信息，似可与张本人奏章中的寓意相互印证："近日学堂怪风恶俗，不忍睹见闻。为国家计，则必有乱臣贼子之祸；为世道计，尤不胜洪水猛兽之忧。谨于湖北省城设立存古学堂，以经史词章博览四门为主，而以普通科学辅之，庶经训不坠，以保国粹而息乱源。"[②] 其所维护者，乃中体不坠、中学不辍，及为学、选官均需重人品。张之洞以"学堂风气嚣张、不守礼法"，要求学部"制定冠服程序，以遏乱萌"，[③] 却难以遏止士风日下。

传统伦理社会的中国，对于为官者至少要求其为道德楷模，而中学能否为体，于此至关重要。况且，猝然更改十年渐停成议，立停科举虽有善后安排，却难以全面兼顾，使得众多士子，尤其是年龄在40岁以上以举业为生计者，仓皇之间难以改弦易辙，又没有预留足够的心理适应期，新式学堂教育则是费钱而不能赚钱，读书与生计相脱离，产生种种难以消除的制度性隐患。

---

① 《国闻备乘·张之洞抑郁而死》："张之洞晚年，见新学猖狂，颇有悔心。任鄂督时，指驳新律，电奏凡百余言，词绝沉痛。及内用，管理学部。学部考试东洋毕业生，例派京官襄校，司员拟单进。之洞指汪荣宝名曰：'是轻薄子，不可用。'取朱笔抹之，顾满尚书荣庆曰：'我翰林院遂无一堪胜此任者乎？何必是'。自新名词盛行，公牍奏稿揉和通用，之洞尤恶之。一日，部员进稿中有'公民'二字，裂稿抵地，大骂。然新政倡自湖北，废科举、专办学堂，事极孟浪，实由之洞主持。既提倡在先，不能尽反前议，袖手嗟叹而已。"荣孟源、章伯锋主编《近代稗海》第1辑，第301页。

② 《德宗景皇帝实录》卷575，《清实录》第59册，第609页。

③ 《德宗景皇帝实录》卷572，光绪三十三年四月己丑（1907年6月9日），《清实录》第59册，第579页。

第三章

停罢科举的善后措施

作为一项延续千年，曾经惠及千百万人的制度，科举制改革乃至停废，势必深刻影响诸多士子及其家庭的命运，由此对政局和王朝兴衰产生难以估量的影响。自戊戌废八股后，清廷对众多科举改革方案迟迟不予表态，在存废之间犹疑不决，主要原因之一即是尚无周全可行的善后方案。可以说，如何善后成为制约科举改革继续前行的瓶颈。

对于众多以举业为生的士子而言，原已据十年三科减额的诏令筹划准备，清廷遽然宣布立停科考，对他们的前途命运，究竟会产生怎样的冲击和影响？

第一节　宽筹出路的科举善后

清季新政前的60余年间，科举改革的方案林林总总，均以纳实学于科举为取向，不存在科举善后问题。甲午战后至庚子年的改科举，虽然建议主张较为多样，改革过程相当曲折，但科举本身去留存废仍很少触及。改革者最初关注的重心在于如何衔接科举与学堂，通过相关政策规定促使士子进入学堂。由于科举始终未能顺利嫁接西学的新枝，1901 年新政伊始，刘坤一、张之洞奏呈《变通政治人才为先遵旨筹议折》，正式提出减额渐停、学堂与科举归并一途的主张，与此相应，科举善后的方案也在预设安排之中。

一　科举善后的酝酿与方案

《江楚会奏》第一折所提方案，以减额渐停、学堂与科举并归一途为目标，因此有长达十年左右的过渡交替时期。在此期间，科举考试所减少的名额可以作为学堂取士之用，设计者乐观估计“十数年以后，奋勉改业者日多，株守沉沦者日少，且仍可为小学堂、中学堂、经书、词章之师。其衰老者可从优赏给职衔。总之，但宜多设其途，以恤中才之寒畯，而必当使举人、进士作为学堂出身，以励济世之人才”。① 照此办法，实际上拟采用三种方式分流旧学士子：一是在十年内被科举考试录取或学堂吸收；二是在各级学堂担任文史类教员；三是年龄偏大者优先录职或授予荣誉虚衔，予以安抚。

《变通政治人才为先遵旨筹议折》的基本思路来自张謇的《变法平议》，不过在对年长士子的具体安排上，两者有明显差异。张謇认为，旧学士子的不同年龄，决定了他们对科举变革的反应有别。具体来说，年龄在 25 岁以下的，天资颖异，凡能在科举考试中取得功名者，一定能适应学堂教学并在各科学业中成才。26～40 岁的，可到师范学堂学习，将来作为小学师资，在家乡教学；或者可以参加各地府州县的中低级官吏的选拔。张謇主张对年龄在 30～40 岁的诸生，取学堂文理科之书，令其各选其中一门学科，学习后应试，第一场以九

① 《变通政治人才为先遵旨筹议折》，光绪二十七年五月二十七日（1901 年 7 月 12 日），苑书义等主编《张之洞全集》第 2 册，第 1393～1406 页。

经义为题，第二场以西学之十二学科分试。“试中者分门注籍，由考官咨送各专管之部，以凭京外各衙门辟举任用。断以十年为限，限满即停，中额减半，略依嘉道间旧例。是亦移花接木之近方，吐故纳新之渐径矣。”①

该方案的最大优长，在于将旧学士子按年龄分层，并将30～40岁的诸生作为善后重点，可以说是抓住了问题的关键。因为年轻者不必过虑，年长者难以转变，只要解决好这一年龄段士子的出路，科举善后便大体不成问题。

1902年，废科举的传言纷起，事关千百万人的前途生计，下列以对话形式的议论，反映出当时士子们的种种顾虑及担忧：“甲则曰：科举废矣，吾辈何从谋生，讵盛世而宜有此？乙曰：是无虑，科举废而吾辈已得之功名不可废，朝廷必有以处吾。丙曰：科举废则学堂兴，书院且悉数改学堂。彼少年既入学堂，觅馆无从，书院又废，朝廷安有余财以资吾辈哉？丁曰：既设学堂，学堂亦需教习，若足下之门第、之文名，何患不能谋一席！吾辈寒士，素无交游，斯为难耳。戊曰：科举诚宜废，然学堂中亦安有真才！且考取既无关防，徒令世家子得意耳。己曰：是固未必然，特学生必童冠左右人，吾辈行年三四十，则终无指望。庚曰：除非学堂悉归外国人经办，方无私弊，否则必弊端百出，只存情面而已。辛曰：科举诚无用，然国家三百年以来，名公巨卿，皆出于此；开学堂之说亦已数十年于兹，何尝有立大功、跻台辅者！可见变法之说，总是愈说愈坏。壬曰：将来学堂之弊显，必仍复科举。不惟是已也。”② 这些角色各异的对话表明，不同年龄层的士子对科举革废的反应明显不同，持乐观与悲观态度者皆有，

① 张謇：《变法平议》，张謇研究中心、南通市图书馆编《张謇全集》第1卷，第61～66页。

② 公奴：《金陵卖书记》，宋原放主编《中国出版史料（近代部分）》第3卷，湖北教育出版社、山东教育出版社，2004，第316页。

但对学堂成效与自身出路并不看好。因此能否针对不同年龄段的士子，分别予以不同安排并切实贯彻，对于善后措施能否收效至为关键。

1903 年春，分别担任南北洋大臣的直隶总督袁世凯和署两江总督张之洞，函电商议科举减额及其善后事宜，① 重点放在 50 ~ 60 岁无法适应学堂的旧学士子上。经过反复讨论，1903 年 3 月 12 日，袁世凯、张之洞奏《时艰需才科举阻碍学校拟变通办法折》，提出在科举递减额期间，“旧日举贡生员，三十岁以下者可入学堂。三十至五十可入仕学师范速成两途。五十至六十，与夫三十以上，不能入速成科者，为宽筹出路。如再科大挑或拣发一次，或岁贡倍增其额，或多挑誊录，令其入馆，可得议叙。或举人比照孝廉方正，生员比照已满吏，准其考职，三年一次，分别用为知县佐贰杂职。六十以上，酌给职衔，其有经生宿儒，文行并美，而不能改习新学者，为学堂经书词章师”。② 这一包括了八种不同善后途径的规划，显然是袁世凯和张之洞协商的结果，弥补了此前方案的不足，对 20 ~ 60 岁不同年龄士子的出路予以全盘考虑，对其后科举善后方案的出台有举足轻重的影响，只是具体如何安排，还有待清廷表态与相关部门的进一步落实。

---

① 1903 年 2 月 8 日，袁世凯复电张之洞：“支电敬悉。科举为阻碍学堂之事，欲普兴学堂，必先废科举。全废即办不到，只有分科递减之法。拟俟本届恩科后，学政岁、科试，分两科减尽，乡、会（试）分三科减尽。即以其额为学堂取中之额。大凡学堂所得人材，少年英俊为多。其旧日举贡生中，三十岁以下者，仍可令入学堂。三十至五十可入仕学、师范速成两途，其五十至六十，以及三十以上不能入速成科者，应为宽筹出路。拟请如尊示所举各途，酌量录用。惟多取副榜，似可无庸。每科大挑，可加拣分一次。至每科额减之数，既有学堂中额可抵，此类各途稍加推广，已足消纳。六十以上者，酌给职衔，俾免向隅。其经生、宿儒不能改习新学，可为各学堂经书词章之师。此就尊论所及，参以鄙见，即请酌定，示知会奏。公为当代文学之宗，如由尊处主稿尤荷。”《致张之洞电》，光绪二十九年正月十一日（1903 年 2 月 8 日），袁世凯著、骆宝善评《骆宝善评点袁世凯函牍》，岳麓书社，2005，第 151 页。

② 《德宗景皇帝实录》卷 512，光绪二十九年二月己亥（1903 年 3 月 12 日），《清实录》第 58 册，第 759 ~ 760 页。

1903年7月，《万国公报》披露了一则消息：

> 近日张宫保与政务处诸公会议科举一事，因香帅召见时，皇太后问其前次奏请裁停科举一节究应如何办理，香帅面奏云："现在改试策论虽较八股为有用，然亦究属空言。譬如臣系以八股得功名者，今日若进场考试，亦非不可以作策论，若问臣以声光电化诸学，则臣一无所知。可见取士非由学堂不可。但科举不停，则学堂仍不能大兴。"皇太后又云："若废科举，又恐失士子之心，将如之何？"香帅奏云："科举之废，所不便者但三、四十岁之老生员耳，其年力富强者皆可以入学堂。且学堂大开，此三、四十岁之老生员多可为小学堂之教习，又为之宽筹出路，并非科举一停，即无事可做。况臣之请停科举者，亦非当下即行罢废，其所以必待三科减尽者，亦正为此。盖此三科中若再不能中试，已皆五、六十岁矣，亦必不愿再入场矣。故失士心一层亦万不足虑。"皇太后闻言，遂面谕香帅即与政务处妥议具奏。①

对比其后出台的一系列谕旨及规章可见，这段对话中的基本思路似对清廷决策导向颇具影响，耐人寻味。张之洞属于少年得志者，缺少屡试不中而愈挫愈勇的经历，故对五六十岁的老童生于科场应试的执着及刻骨铭心的向往，无法感同身受，加之意在促成渐停科举，片面强调取士必由学堂，对于士子因停科举而导致心理失衡的问题，即使有所预料，也是轻描淡写，何况于宫中应对问策，尤其要揣摩上意，轻重得宜。而在慈禧眼中，张之洞不仅正途出身，且曾为学政，对科场及士子均十分熟悉，其意见可资采纳。决策者与

① 《科举难废》，《万国公报》第174册，1903年7月，第24页。

参与决策者的学识和经历，对于决策内容有时至关重要。也许恰因为此，导致相关安排偏重于广开门路，却忽略了对旧学士子的心理疏导。乾隆以来，清代历朝70岁乃至90多岁的童生应试并不鲜见，而且往往得到朝廷官府的鼓励，若降低年龄限制，50岁以上者均授予荣衔，予以精神抚慰，可能有助于缓解这部分士子的失落情绪。

对于清廷虑及善后而在科举减额问题上态度迟缓暧昧，社会舆论已颇有不满。《选报》刊登的文章认为政务处和礼部不肯遽废科举的原因，是出于养老恤贫的考虑。“视国家之科目也，养老恤贫之道。中国以为大仁大德，而自各国哲学家言之，养老恤贫可以养成国民之惰质。”作者引征英国国会因此而减少养恤院的事实，强调“人材之关系于国家盛衰”，不能因养老恤贫之小仁，耽误培育人才的大计。同时指出：“开通之士平日除研究学问以外，稍有一长未尝不能以治生，惟迂腐之士毫无寸长，乃必有以待于科目，终身不得则潦倒以死。此其人当科目未废，亦未必果能得志，即使侥幸一第，侥幸一官，亦必朝握官符暮登白简，是所谓养之恤之者，犹是空名，反不如早绝其希冀之心，或尚有改途之望，而天下士子之精神可为之一振，天下人材之阻累可为之清除也。”① 作者认为，南北洋大臣递减科举的奏折中，已经对递减中额士子们的出路有妥善的筹划和安排，本应由皇帝宸衷独断，而竟交给政务处和礼部“以从缓再议了之”，使科举改革进程迟缓，导致国家培育急需人才又多一重阻力，令人遗憾。

1904年1月13日，张百熙、荣庆、张之洞上《奏请递减科举注重学堂折》，在此前各方案的基础上将递减安排进一步细化，其中包括与旧学出路问题相关联的六项重要措施：（1）广开学堂，令30岁以下举贡生员入学；（2）设置师范学堂简易科，吸收30～50岁的旧

① 《论减中额》，《选报》第46期，1903年4月5日，教育言，第6页。

学士子重新学习，培养师资；（3）举人大挑，每科会试后举行，解决50～60岁士子的出路生计；（4）举贡生员考职为官或佐贰杂职；（5）年龄在60岁以上的士子给予虚衔（按照既往规则，70岁以上士子才有此项优待）；（6）对不能改习新学的经生寒儒，选派各学堂为经学、文学科目的教师，有成绩者可获奖叙。① 该折将已经取得科举功名的旧学士子，分为不同年龄层次予以疏通安排，道理上较为周密。因前述人事布局及幕后权谋的作用，所奏很快获准颁行，成为清廷对科举善后的既定国策。只是所拟各项措施，均基于十年内递减科举而设计，无法预计到其后仓促立停科举带来的各种压力。

1905年9月2日，清廷在接奏的当天就批准了袁世凯、赵尔巽、张之洞、周馥、岑春煊、端方六位督抚联衔会奏的《立停科举推广学校折》，显然是酝酿已久、决意施行，奏章不过是表面程序。该折着重于毅然决然立停科举，因而强调归重学堂一途的必要，不过所列维系学堂的五条切要办法的最后一条，还是强调“旧学应举之寒儒，宜筹出路”。

该折与此前善后方案最大的不同，就是尽可能弥补因立停科举而将原定十年三科减额缓停计划中断带来的冲击，并将善后安排细化。具体措施，一是要求“十年三科之内，各省优贡照旧举行，已酉科拔贡亦照旧办理，皆仍于旧学生员中考取”；鉴于优贡额少，请按省份大小酌量增加，朝考后，用为京官知县等项。三科后即行请旨停止。

① “旧日举贡生员，年在三十岁以下者，皆可令入学堂肄业。三十岁以上至五十岁者，可入师范学堂之简易科。若三十岁以上，既不能入学堂，并不能入师范简易科者，及年至五十六十者，拟请自下科起举人于每科会试后大挑一次，或拣发一次。并多挑誊录分送各馆，俾得议叙。其大挑拣发未入选之举人，及恩拔副岁优各项贡生，均比照孝廉方正例，准其考职分别用为州同、州判。生员亦准比照已满吏考职，用为佐贰杂职，分发各省试用。其年在六十以上不能与考者，酌给虚衔。至经生寒儒，文行并美而不能改习新学者，可选充各学堂经学科文学科之教习。每届三年，查其实有成效者，比照同文馆汉文教习例给予奖叙。如此，则旧日应科举之老儒亦不至失所矣。”《请试办递减科举折》，光绪二十九年十一月二十六日（1904年1月13日），苑书义等主编《张之洞全集》第3册，第1599页。

二是举人贡生也可在十年三科内由各省督抚保送入京考试，保送名额“略照会试中额加两三倍”，送京以考官职。凡算学、地理、财政、兵事、交涉、铁路、矿务、警察、外国政法等事，但有一长，皆可保送。由考试经义史论和专门学各一场，分别去取，录取者即用为主事、中书、知县官。如此，“则乡试虽停，而生员可以得优拔贡；会试虽停，而举贡可以考官职。正科举之名，专归于急需之学堂。广登进之途，借恤夫旧学之寒士，庶乎平允易行，各得其所，少长同臻于有用，新旧递嬗于无形矣”。[①] 至少就已有功名的旧学士子分流而言，相对妥善。

科举善后方案最后确定，增加了前述渐停方案所没有的优拔贡考试，作为士子改弦易辙的缓冲，张之洞起到了积极推动作用，也因此多被舆论所诟病。有消息说他曾专折奏请增加善后的若干意见：“闻鄂督张之洞奏请立废科举，惟留优拔贡二科，为今日应试诸生出身之地，且拟此后每年由各省学政保举附生二人，咨送礼部复试，作为举人，一体会试。中式后不用翰林，仅用部属中书知县等官。又闻廷议，停止科举后，仍考优贡三科、拔贡一科。”[②]

对于立停科举的决定及其善后安排，有时评认为，朝廷宽筹出路，“其体贴固已入微，惟约计各县举贡生员，少则二三百人，多则四五六七百人不等”，这些人的生活唯“教读”可谋生，“似当于出路中更筹出路”。其具体办法，即各督抚应认真考虑裁革书吏，改用士人之议，“此法尽可实行”，将各衙门书吏一律改用士人，“一可资地方熟悉，二可杜书吏之弊端，三可使无数寒儒不致如鹿走险”。[③] 此说以旧学士子取代书吏，理论上不仅可疏通寒儒，还可提高衙门办事

① 中国第一历史档案馆藏：军机处录副奏折全宗，文教类、学校项，7214－97，胶片号：538－106。

② 《停止科举之善后策》，《岭东日报》1905 年 9 月 15 日，时事要闻栏。

③ 《奏请立停科举推广学堂折平议》，《汇报》第 8 年第 68 号，1905 年 10 月 4 日，论说，第 541～542 页。

者的素质，看似可行。但实际上，书吏之事，多为士子所不屑为，且书吏对刑案词讼的谙熟，又恰恰是谋举业的士子们力所不逮。尽管督抚们对书吏之弊深恶痛绝，然革除书吏本身已经相当冒险，以士子为书吏更是一厢情愿。

二　部院落实举贡生员出路的举措

举贡生员是科举善后需要安排的人数最多的群体，清政府对此十分重视，政务处、吏部、礼部等部门在清廷颁谕宣布科举停止后，依据各自职责，拟定了相关措施以疏通举贡生员的出路。其中最重要的内容，当属光绪三十二年（1906）《政务处奏酌拟举贡生员出路章程折》。

政务处的这一章程为已停科举后所拟。据估计，停罢科举后，各省举贡人数有数万人，生员也有数十万。年轻的举贡生员可以考试学堂，中年以上者则“不免穷途之叹”，故拟定举贡生员出路章程六条，以求安置中年士子。综合此前各督抚奏章中对各年龄层士子安排的设想，力求在具体层面可以操作，特别破除铨选成例，增广名额，扩展途径，尽可能予以安置。其主要内容是将善后的各项优惠，确定为可供实际操作的措施：（1）针对生员较多而“酌加优拔贡额”，拔贡照原定额增加一倍，优贡照原定额增加四倍，岁贡照原定额加数倍。（2）在举贡生安置方面扩大“考用誊录”，凡需用人的各部院衙门均可直接考用，举人与五贡生考充誊录，当差期满，可择优奏请改用七品小京官在部行走。（3）已就拣举人准令报捐分发，免交补班银两。（4）既往举人截取仅有知县与教职两途，此时增加直隶州州同、盐库各大使等出仕途径；既往五贡生多限于直隶州州判一职，此时规定“凡五贡均准一体以按察司、盐运司经历、散州州判、府经历、县丞分别注册选用”。“如捐交分发银两，即准分省试用”。（5）放宽“生员考职”的数额限制，程序上也予以调整，以体恤生员。生员考职，既往规定必须亲自赴京考试，路费食宿是一笔不小的开销，且舟车劳顿，耗时费力。此次考虑到各省生员“多系寒士”，特予变通，除已在各学堂及出国游学者外，其余生员均于考优贡之年由各州县知县和教官选拔保送至省，督抚与学政认真考试，大省取100名，中省取70名，小省取50名，其保送人数为取额的十倍。所取各生造册送吏部，为各省巡检、典史用。（6）对此前科考每科会试之贡士，未经复试者，均准予免其复试，引见录用（以前贡士须经殿试朝考后才能引见录用）。[①] 这一计划显然兼顾到旧学士子的不同层面，而且以生员为重心。

政务处所拟章程，规定了旧学士子可以通过各项考试或直接出仕为官的六种途径，至于考试程序如何进行，还需进一步制定详细办法予以规范指导。

礼部作为主持科举考试的职能部门，于《奏定考试举贡办法折附片》中，将政务处拟订的章程的若干原则，进一步细化为操作规程：其一，考试举贡的名额，“以二十四年戊戌科钦定会试中额为断，于本额外再加三倍，以广登进。……核计各省举贡，堪膺保送者究属举占多数贡居少数，拟以举四贡一分别计算……各省由督抚按照原奏遴选，长于算学、地理等科，如额保送，造具年貌籍贯科分清册，于年内咨部，并分给该举贡等咨文，统限明年二月到京亲赍报考”。[②] 其二，依制生员考职均需交纳一定费用，吏部考虑到“此项生员内，寒畯居多，而佐杂各缺又多为外省留补”，于是予以变通处理，专折奏请生员考职人员免交分发银两，“其有愿分发外补者，拟请即援照举人五贡办法，免缴分发银两，以示体恤”。[③]

---

① 《政务处奏酌拟举贡生员出路章程折》，《东方杂志》第3卷第4号，1906年5月18日，内务，第94～98页。

② 《礼部奏定考试举贡办法折附片》，《东方杂志》第3卷第12号，1907年1月9日，内务，第251页。戊戌科会试中额为346名，为光绪朝中额较多的一科。

③ 《吏部奏酌拟生员考职人员选补班次并免交分发银两折》，《东方杂志》第5卷第1号，1908年2月26日，内务，第28～29页。

为了体现清廷对旧学士子的优待，除前述政务处、礼部所拟章程外，职司铨选的吏部，亦根据举贡考职及优贡录用的实际情况，于1907年又奏准《吏部奏举贡考职并优贡录用知县补缺班次章程折》，对经考职录用者予以仕途安置。鉴于考试举贡、朝考录取优贡两项“所用知县三四百员”，若归于一班，则班次之拥挤过甚，“所有举贡分省知县，拟请附于即用班内，一切序补酌补之处，悉照即用人员之例办理，其优贡知县即专归于候补班内，照候补之例办理。……至二等优贡，奉旨以按察司经历、盐运司经历、散州州判、府经历、县丞分省补用者，每项不过三十人，自应一律归于候补班内”。[①] 即用班过去俗称“老虎班”，新科进士用知县方有此待遇，举人以知县用，俗称“头顶知县”，通常须经过吏部“大挑”考试，且三科（即取得举人功名后十二年）后才可报名。[②] 在早已人满为患的晚清官场，科举善后措施，能按照考试成绩等次，分别对举贡给予如此安排，相当难得。

此外，吏部还奏准了《举人分别省份按科截取折》，改变过往定例举人大挑与拣选，均分别按远近省份与科分实行（远省为两广、福建、湖南、四川、贵州、云南七省）的做法，依据政务处奏定的新章，变通为“各省举人不必限定三科，均准以拣选知县注册，截取时除用知县外，兼用直隶州州同、盐库各大使，无庸再用教职”，[③] 以体现清廷破除陈规，宽筹出路之用意。

第二节　举贡优拔生员的考试与任用

如前所述，清廷批准立停科举，是以妥善安排旧学士子的出路为

① 《吏部奏举贡考职并优贡录用知县补缺班次章程折》，《东方杂志》第5卷第2号，1908年3月27日，内务，第92～93页。

② 钟毓龙：《科场回忆录》，第90页。

③ 《吏部奏举人分别省份按科截取折》，《东方杂志》第5卷第2号，1908年3月27日，内务，第98～99页。

必要前提的。1906 年 5 月，政务处专门为统筹安排具体事宜而上《酌拟举贡生员出路章程折》,[①] 为疏通已获得科举功名的不同层次人才进行了详细规划。其内容可以概括为举贡考职、优贡拔贡考试、生员考职等几个方面。但科举善后的相关章程条文在实际中是否贯彻，程度与范围如何，只能通过不同层次士子的考试及实际任用情形方能确证。借此不仅可以详细考察善后安排的具体落实情况，也可进一步了解立停科举后，为疏通旧学士子出路而举办考试所引起的社会反响。

一　举贡考职任用

举贡考职与拣选，是立停科举后最先实施的善后举措，各相关部院与直省各级官员均十分重视，在各环节组织落实方面均予以优先安排。

1906 年 2 月有报刊注意到，吏部已议论推广举人出路，且决意打破陈规限制："举人注册拣选，向例会试后间行，或为某省请拣发始行。今吏部堂官以科举既停，所有举人出路亟宜大为推广，特许即行注册，后遇有请发省分，即以此次注册者就拣或请旨特选。近日注册者实繁有徒。现奉堂谕，以年在三十五岁以内者不准就拣，因年力较强，尚可考入学堂也。"[②]

由于举贡相对于进士而言，每届均有数十倍之多，晚清仕途拥挤，职官额缺有限，即使身为进士，入仕问题尚不能雨露均沾，停科举后，善后措施要想推及"所有举人"，将各届积压的所有举贡一揽子解决，实无可能。由于注册者众多，吏部不得不面对现实，在宽筹出路的取向仍无改变的前提下，将举人拣选年龄重新限制在 35 岁以上，35 岁以下则由各地高等学堂或优级师范吸纳。

---

① 《政务处奏酌拟举贡生员出路章程折》,《东方杂志》第 3 卷第 4 号，1906 年 5 月 18 日，内务，第 94 ~ 98 页。

② 《推广举人出路》,《大公报》1906 年 2 月 23 日。

其后吏部颁布的相关实施细则，进一步放宽了举人大挑与拣选的范围。本来举人拣选多用教职，因科举已停，府州县学形同虚设，无法任用教职，故予以变通，在州同等职位方面给予出仕机会。[①]

在考试举贡方面，礼部首先确定了举贡考试的名额，以二十四年戊戌科钦定会试中额为断，于本额外再加三倍，按举四贡一的比例分别计算，且其中若长于算学、地理等科者，如额保送。[②] 照此规定，实际已将原定十年三科会试应取之额，均一并移作举贡考试取录之额。

由于举贡优拔考试场务太多，只能由各省自行次第举行，程序为先考优拔，次考优生，再次为生员考职，最后考试保送举贡。限于该年六月以后十一月以前一律考竣。若有特殊情况需要变通，也应事先奏明核准。在考试资格问题上，除明确对已任实官、学堂教习及学生均予以限制外，可以参加考试的举贡，“无论游学、游幕随任及出洋游历，并各衙门誊录录事未得奖叙者，均各于前期归本省，听候考试”。[③] 与旧日科场不同的是，在同等条件下，考试要向那些学有专长的举贡倾斜，如“其应考各举贡，习某科者，均于投卷时自行注明。有兼习数门者，亦应择报一门。考试时，头场试以经艺史论题各一道，二场试以算学、地理、财政、兵事、交涉、铁路、矿务、警察、外国政法各一门，题目临时酌定，不拘成格”。整个考试，“合校两场，如额选取，取定后造具姓名、年貌、三代籍贯、科分，注明报考某门，清册随同试卷题纸，于年内解部”。[④] 也就是说，考试由各省自

① 《吏部奏举人分别省份按科截取折》，《东方杂志》第5卷第2号，1908年3月27日，内务，第98～99页。

② 《礼部奏定考试举贡办法折附片》，《东方杂志》第3卷第12号，1907年1月9日，内务，第251页。戊戌科会考试中额为346名，为光绪朝中额较多的一科。

③ 同时限定：“其未由本省考试及考试被遗各举贡，均不准来京取结具呈，托词邀求甄录。”主要是避免各省考生纷纷入京，增加京师的负担。

④ 《礼部变通保送举贡》，《盛京时报》1909年2月23日、24日。

行举办，而应试者的成绩与相关资料须送京审核。

有报馆注意到，各省提学司对于举贡考试报名异常认真，要求绝无遗漏，“朝廷为疏通寒畯起见，正途举贡必予以出路而不致向隅之忧，业由学部咨明考送在案。顷安徽署提学冯梦华方伯以开春为京师开考之期，故通饬各属，凡正途举贡须一律申送到司，详加考试，然后禀抚宪咨送”。[①] 福建选送考验录取举贡 96 名，福建将军兼署闽浙总督崇善竟从该省七关商税中支付举贡进京旅费盘缠。[②] 整个实行过程认真细致，较科举时代有过之而无不及。

考试抡才，即预备拔擢登进。取才后如何使用，至为关键。1907 年吏部议定举贡分部办法，考职“一等者以主事用，应签分部行走”。考虑到不少举贡在报考时已择定相应的专门学问，吏部堂官拟定，根据举贡个人专长考虑其用途，以专业对口的原则掣签分用到新设的京师各部。[③] 如此，则尽管为旧途疏通，但已应时变通、学有专长的士子在录用方面占有明显优势。

礼部奏准的举贡分部章程也与吏部的意向十分吻合：“此次考试举贡，所有主事、小京官两项人员，均应分部行走。惟人数既多，若仅签分礼、法、度支、陆军等部，未免拥挤过甚。拟请按照员数之多寡，部务之繁简，再以所长专门与外务部、农工商部、民政部、邮传部、大理院各衙门相当者，先行分别坐掣。如所掣部分无主事、小京官名目者，即以对品改用”，奉旨允准。[④] 可见即使宽筹出路，在早已人满为患的仕途上，也还有所用何事的难题。

1907 年 8 月 2 日，吏部尚书为两宫召见，垂询举贡录用事，“尚书奏称，本年举贡考试，均有科学，且中文素有根柢，宜从宽录用云

---

① 《外省纪闻·内政》，《河南官报》第 151 期，1907 年 1 月 28 日。
② 《崇善片》，《邸抄》第 118 册，第 60089 ~ 60090 页。
③ 《取中举贡分部办法》，《盛京时报》1907 年 8 月 3 日。
④ 《奏准举贡分部章程》，《大公报》1907 年 8 月 5 日。

云。两宫颇以为然，故此次举贡除一等用主事京官，二等三等之内用主事者尚为不少”。[①] 科举时代，京（内）官中进士分部以主事用者虽屡见不鲜，但除祖、父为官的子弟由难荫或恩荫途径外，举贡以主事分部者却不多见。就此而言，宽筹出路可谓格外加恩。

在外官部分也同样予以优先安排。1907 年 10 月，吏部拟订举贡知县补缺班次。吏部以举贡考职与优贡朝考同系分省补用，若归一班，未免拥挤，于是拟定班次，举贡考职之知县归即用班补用，优贡以五项用人员均归候补班补用，所有从前到省之优贡知县亦归候补班补用。[②] 早在乾隆三十年，上谕曾承认“举人选用知县，需次动至三十余年，其壮岁获售者既不得及锋而用，而晚遇者年力益复就衰，每为轸惜”。[③] 而“即用班”既往多为进士分发知县，举贡考职归此补用，表明清廷对善后安排的优待。

由于清廷有意疏通出路，优待举贡，考试后被录取者就职入仕，前途光明。1907 年全国参加考试录取的举贡为 371 名，“仍拟分为一、二、三等，一等以主事用，二等以知县用，再由礼部带领引见授职”。[④]

《大公报》有评论将清廷广筹举贡出路的相关措施，视为减轻政府自身压力与疏通京城仕途拥挤的对策，“其原因亦由于政府之自私自利自关节之风。闻近年以来，夤缘得举贡者，非政府之子弟亲戚，即其门生故旧，一旦科举既停，若辈皆无所事事，麇集京师，奔走请托，今日求谋一事，明日求保一官，拒之则情面难却，许之则应接不暇，不得已遂行此广筹举贡出路之策。然其名目虽云广筹，而得沾此广筹之利益者，仍复麇集京师少数之举贡，天下多数之举贡反因此而

---

① 《京事小言》，《申报》1907 年 8 月 10 日。

② 《新政纪闻》，《北洋官报》第 1534 册，1907 年 11 月 4 日。

③ 《大清会典事例》卷 354，《礼部·贡举·恩赐》乾隆三十年条下，光绪二十五年石印本。

④ 《汇纪举贡殿试事宜》，《盛京时报》1907 年 7 月 21 日。

受其害矣”。因此，这些措施无法彻底解决所有举贡的生计，“得主事、知县者不过十分之一二，而不得者居十分之八九”。由于旧学举贡授职较易，新学则仍需数年苦读才能获得出身，故消极影响反而可能大于积极作用。实情是否有如其说，应当深入探讨，至少评论者自信满满，“吾得而断之曰：广筹举贡出身，实以毒天下之举贡，而销减多士研求实学之心也”。[①]

1910 年 6 月 18 日，学部尚书荣庆在日记中写道：“带各省贡生引见，此近年疏通旧学举贡第二次也，计三百余人，如会试法，均授主事以次官。”[②] 这一记载表明，举贡考试仍如科举旧章，授职更是相对优渥，尽管舆论并不看好，相关章程的意向还是得到贯彻落实。

二　优拔贡考试的延续及社会反响

相比进士、举人为旧学较高层次人才，人数不多而言，优贡、拔贡考试，因生员均有资格参加，故涉及旧学人才面最广，影响也最大。为了使有才学之人无遗珠之憾，政务处奏准的章程规定：拔贡照昔日科举时代的原定额增加一倍，优贡照原定额增加四倍，岁贡照原定额加数倍。[③]

依照相关规定，优拔贡考试均由各地自行组织进行，科举停废后最早以善后为目的举行的优贡考试，于 1905 年 12 月在山东省举行。主持者为山东巡抚杨士骧，具体实施者为山东提学使，头场以经义史论为题，“二场试以时务策并专门科学”。考试后“照新章加额四倍考取”，按照中省名额录取 70 名廪贡生，分为一、二等，“将年貌等第

---

① 《论科举余孽》，《大公报》1907 年 8 月 13 日。

② 《荣庆日记》，第 165 页。

③ 《政务处奏酌拟举贡生员出路章程折》，《东方杂志》第 3 卷第 4 号，1906 年 5 月 18 日，内务，第 94～98 页。

清册分咨吏、礼二部，并将试卷解送礼部”。[①]

继山东之后，各省优拔贡考试纷至沓来。《申报》对于清政府不遗余力地宽筹出路的做法颇感诧异：“此次朝考取录优贡一等者一百三十余人，二等者一百六十余人，几录十分之七八，颇不可解。惟按照新章，一等应以小京官用，二等以知县用。京外仕途本形拥挤，前取举贡已及四百余名，今又录取三百名。在朝廷视之虽为不甚爱惜之官，然欲大庇寒士尽欢颜，亦其难矣。微闻政府仍有重视科举之意，疑学生为不可靠，故以此代之，多多益善，不亦宜乎？”[②]

举贡考试之外，优拔考试也是后科举时代的科场盛事。1909 年的优拔考试，由于各省均声势浩大，规模影响超过前此各届，故各报馆纷纷予以较为详细的报道。1909 年 8、9 月间，仅江西省报名优拔者已近八千人，熙熙攘攘，蔚为大观，“因今届拔贡加倍录取，故一般陈腐之辈，平素足迹不履城市者，闻考信皆相率结伴而来。趾高气扬，大有富贵逼人之概。日来城中屋租，市上食品，昂贵均达极点”。[③] 在新旧两分的价值评判下，旧学士子的节日则为趋新人士的悲哀。

受到优拔贡考试影响的不仅是旧学士子，还有新式学堂的师生，并由此引发纷争。由于优拔贡考试录取的名额是以原府县学的诸生学额为基数，涉及面广，尽管政务处颁布的相关章程已明文规定了学堂学生、留学生及现任官员不得参加考试，但新政期间职官体系不断进行大幅度调整变动，各种统计与名册并未能如期造报并送达吏部、礼部，许多留学生与国内学堂学生便想趁机浑水摸鱼。如江西优拔考试，“赴考之徒，有归自东洋留学者，有来自京师各学堂

---

① 《山东巡抚杨士骧遵照新章考取丙午科优贡折》《杨士骧片》，《邸抄》第 118 册，第 59980～59982 页。

② 《京事小言》，《申报》1907 年 8 月 23 日。

③ 《直省通信·南昌·赣省优拔现形记一》，《神州日报》1909 年 9 月 3 日。

者，而本省毕业生各学校管理员、教员及新当选之县员，尤指不胜屈。一般顽旧之士颇愤愤不平，谓朝廷举行优拔，原为疏通旧学起见，何得容若辈插足其中。并闻有人提议，拟分属详细调查，俟考正场时要求提学开除此辈，以清新旧之界”。为了解决报考人数过多的问题，该省提学使指斥“内中恐不免滥竽充数之辈，特定于十八日仿乡试录科例，先行甄别一次”。目击者描述当时情形：“往年乡试时，诸生至省均以红笺名刺排贴于学署辕门左右木栅上，万千名字，举目皆殷红之色，盖以资亲旧之探访也。科举既停，此等情形久不寓目，今则行过提学署前，依然万刺高张，鲜艳夺目，与当年大比时无异。惟参差疏密中又有新式洁白之短小名片，多系在东京、上海等处印成者，错杂掩映于其间，浅白、深红争妍比美，颇足动观者之流连也”。[①] 真可谓盛况空前。

新旧转换之际，图书销售的涨落往往成为士林风气的风向标。作为科举延续的优拔考试，使得各种科场旧书由大兴学堂以后的逐年滞销重新转成畅销。而新书却因此无人问津。报载南昌戊子牌某书肆，“前因定购经义策论、闱墨诸书极多，三年之久无人过问，以致亏折殊巨。讵自七月初旬以来，未逾十日，所存之陈篇旧籍悉已售去，且均幸获善价。除抵还所亏基本金外，犹获近三千余元。近因货不敷卖，特专人向各公馆、各学舍搜罗科举应用之籍。……每日必销至数百部。若新出之译本及各种教科书，则终日无人问价，合市皆束之高阁矣”。[②] 新旧书市场的冷暖，反映出新旧学在善后措施贯彻过程中的冰火两重天。

与旧式科场书一道重新走俏的，还有昔日科场的劣习。江苏省考拔之枪手应接不暇，其酬金甚至高达2000多元，“更有以一人代枪两

① 《直省通信·南昌·赣省优拔现形记一》，《神州日报》1909年9月3日。
② 《直省通信·南昌·赣省优拔现形记二》，《神州日报》1909年9月4日。

三人者”。[1] 南昌全城到处是科举时代的气象，私人出租的屋价高涨，日用饮食诸物价遂随之而暴涨。[2] 而湖南省到长沙考试之人有四千多，“各商云集，大有昔日科场气象”。[3] 广东的情况也极为近似，各种科举书籍“销场极旺，与从前未废科举时无异”。[4]

因考优、考拔、考职接踵而来，对于末路士子，“考试优贡优试以后考授职官，故各属士子皆挟一不得于彼必得于此之心而来，虽首战失利而志不稍灰，仍然兴高采烈，精神数倍，一若衣锦荣归之事终当操券而获者”。[5] 为了增加胜算，考生们对自己的容貌亦格外注重。南昌考生中，有一位年过 76 岁的老儒，已须眉皆白，得知该省提学使偏喜少壮，遍寻染发之药不可得，遂用墨汁涂饰发须，因点名时烛光昏暗，竟被瞒过。另一位王姓考生，因痼疾而形容枯槁，恐点名时印象不佳，专购脂粉一盒，每逢入场前涂抹双颊，冀得神采奕奕之效。[6] 随着考试优拔日期的临近，许多考生表现出一种“兴高采烈之狂态”，由于有烟瘾者不得与考，福建某学堂监督陈某为获得贡生名衔而到处求医求药，希望戒绝烟瘾。[7] 众生百态，令人感叹不已。

最令人感到吃惊的，还是新式学堂师生对于考试优拔贡的热情。虽然明确规定学堂教习、学生与毕业生均不准与考，混迹其间者却不乏其人，并不如实填报表格，且试期已近，提学使司没有足够的时间核对每个考生的资料，严格按照标准收考。故江西南部出现“各属有已在中小学堂毕业得有廪增附之奖励者，又有停罢科举时曾考取府

① 《直省通信·南京·宁省优拔现形记四》，《神州日报》1909 年 9 月 14 日。
② 《直省通信·南昌·赣省优拔现形记一》，《神州日报》1909 年 9 月 23 日。
③ 《直省通信·长沙·优拔活剧又开幕矣》，《神州日报》1909 年 9 月 23 日。
④ 《直省通信·广东·粤省优拔现形记》，《神州日报》1909 年 10 月 2 日。
⑤ 《直省通信·南昌·赣省优拔现形记七》，《神州日报》1909 年 9 月 23 日。
⑥ 《直省通信·南昌·赣省优拔现形记十二》，《神州日报》1909 年 10 月 8 日。
⑦ 《湖海琅国·考生怪状》，《台湾日日新报》（汉文）1909 年 7 月 16 日。

县案首而未得院试者，皆自称为生员，纷纷向提学署要求一律与试优拔，经林提学声斥不准，遂怏怏失意而回”。[①] 山东黄县考优拔者多为学堂中人，由于准备参加考试，学生旷课，教员不能安心教授，“各学堂几有不能完全存立之势。一邑如此，他邑可知，科举之毒人深矣”。[②] 广东澄海县连公立小学堂校长竟然也前往应考。[③]

尽管各省学署三令五申不准学堂学生和官员参加考试，但充耳不闻、铤而走险者比比皆是。南京张某等十人，已得学堂奖励，依然蒙混报考，头场过后被人揭穿，不准再考二场。[④] 江西直到考试结果揭晓，才知道“除议员、教员、管理员多取列前茅外，其余高等学堂之学生取列第一名者十数人，取列前十名者三十余人，均欣欣然停止功课，练习楷书，一若拔贡可以操券而得者，以故高等学堂现今仍斋舍一空，各科学教员皆非常闲散，闻开学上课尚遥遥无定期也”。[⑤]

湖北省应考者接近一万人，只能采取分场考试的办法。有学堂监督与学生同场应试，且竟有学生为学堂监督代笔捉刀，有七十多岁考生考场发病需要急救者，令人感慨万千。[⑥]

广东考生人数有6000多人，据说“考试首重史论，次经义，其余一切新学不过虚有其名而已。现一般应考诸生咸揣摩旧日文章之风气，讲求格律，研究声调，几于惟日不足矣”。本为疏通旧学而举行的考试，竟然对新式学堂造成强烈冲击。粤省“此次考试优拔，教员应试者以番禺县学最占多数，有番禺官立两等小学竟借词考拔，放假至十余日。优拔热而学堂冷，于此大可见矣”。[⑦] 最令人印象深刻的

① 《直省通信·南昌·赣省优拔现形记三》，《神州日报》1909年9月6日。
② 《直省通信·山东·鲁省优拔现形记一》，《神州日报》1909年10月1日。
③ 《直省通信·广东·粤省优拔现形记三》，《神州日报》1909年10月2日。
④ 《直省通信·南京·宁省优拔现形记三》，《神州日报》1909年9月13日。
⑤ 《直省通信·南昌·赣省优拔现形记八》，《神州日报》1909年9月26日。
⑥ 《直省通信·武汉·鄂省优拔现形记三》，《神州日报》1909年10月14日。
⑦ 《直省通信·广东·粤省优拔现形记一》，《神州日报》1909年9月27日；《直省通信·广东·粤省优拔现形记四》，《神州日报》1909年10月5日。

事例是厦门中学堂原请道台选送五名师范生到闽省学堂学习，学生到达后查阅学堂章程，非一年半载所能毕业，且因规定入学堂后不得参与科举，于是五人中有两人毅然退学，携手返回家乡，准备考试优拔。①

考优拔对士子的吸引力之大，甚至连各地的官员都感到费解。一位名叫李育英的官员竟然也“具廪粤督请奏销捐案，饬考优拔”，两广总督袁树勋“批谓：科举停废，尚留优拔一途，不过为旧学生员谋进身之地。该从九现由廪出贡报捐今职到省，广东则及时效用，已非无可进身，委吏乘田至圣犹不卑小官，雍正以来，由末秩起家为循吏为名臣者，偻指难数。果使知行合一，学有专长，前程甚宽，本难限量，何必恋此优拔为哉，所请应毋庸议”。② 这种令督抚都感到匪夷所思的情形并不鲜见，江苏“各属考生因热心优拔，多有将廪贡附贡禀请注销一体应试者”，也有将所捐实官“弃之如遗者”。③ 为了防止因考试优拔扰乱官场正常秩序，学部不得不考虑修改奏定考试优拔章程，对考生资格重新予以调整限制：“凡有职官者一概不得与考。现闻此次各省举行优拔，颇有候补、候选人员蒙混入场情弊，已决意咨行各省确查，如实有此项人员曾经取列者，概予扣除。”④

其实，种种光怪陆离的现象，均由科举善后的各项措施太过优待所致。报刊访事注意到，“拔贡朝考业已出榜，闻考列一等者议定授为小京官，二等得知县，余为候补录事，亦可就府经、县丞、直州判三项杂职，惟须纳费约二百金，并闻未取之拔贡亦可纳资就职”。⑤ 四川省对考取优拔贡举的人员，很快按照新章予以逐项落实，“举贡考试分省知县，附于即用班内序补酌补，悉照即用人员之例办理，其优

① 《厦门通信·师范生薰心科举》，《台湾日日新报》（汉文）1906 年 4 月 28 日。
② 《直省通信·广东·粤省优拔现形记四》，《神州日报》1909 年 10 月 5 日。
③ 《直省通信·南京·宁省优拔现形记九》，《神州日报》1909 年 10 月 17 日。
④ 《京师近事》，《申报》1909 年 9 月 3 日。
⑤ 《京师近事》，《申报》1910 年 8 月 9 日。

贡知县专归于候补班内照候补之例办理”。[1] 清中叶以前，只有进士分发知县，方能附于即用班，科举善后之优渥可想而知。

考试结果，仅拔贡考一项，即超出预计。1910 年 8 月 17 日谕旨宣布，第二次优拔考试考取八旗及各直省拔贡 149 名着以七品小京官分部学习，176 名着以知县分省补用；王钟汉等 178 名交与吏部询问，愿就京职者以八品录事书记等官分部补用，愿就外职者，以直隶州州判、按察司经历、盐运司经历三项分省补用。附于上谕后的吏部清单，还将两届拔贡考试录取与录用的情况作了比较：第一届一等 81 名，二等 156 名，以小京官用 72 名，以知县用 86 名，询问共 79 名；第二届一等 185 名，二等 318 名，拟以小京官用 149 名，知县用176 名，询问 178 名。[2] 既往除进士一甲三名外，进士分发大多以小京官与知县用，此时优拔取录者竟受清廷优渥而仕途通达，自然令人兴奋不已。参加优拔考试的旧学士子，无论其是否已就官职，都意味着可能获得更好的发展机会，这样的诱惑对于凡夫俗子而言，的确难以抵挡。

表 3－1　部分省份优拔考试录取数额一览

省份	录取优生数	录取拔生数	省份	录取优生数	录取拔生数
浙江	30	199	湖南	20	188
山东	22	264	安徽	20	156
江苏	15	91	广东	20	217
吉林	10	10	广西	20	274
奉天	20	44			

资料来源：依据《政治官报》第 739、775、779、780、794、808、830～832、834 号所载相关奏折制作。

① 《四川总督赵尔巽奏请以宋嘉俊等补垫江令各缺折》，《政治官报》第 703 号，1909 年 10 月 11 日，折奏类，第 13～14 页。

② 宣统二年七月十三日（1910 年 8 月 17 日）上谕，中国第一历史档案馆编《宣统朝上谕档》第 36 册，广西师范大学出版社，1996，第 256～261 页。

毋庸讳言，考优拔对新式学堂的影响不可低估。福建玉屏书院原已改为学堂，因考优拔试期临近，应学生要求，道台批准恢复考课十六期，以帮助士子温习四书五经内容。[①] 更有甚者，玉屏书院不但为考优拔妥定考课章程，还“商请道厅出题课士”。[②] 在后科举时代，举贡优拔考试上演着一场场热闹而隆重的科举盛典，学堂则变成科举余绪的演示场。1909 年 5 月，有传闻说，学部鉴于“各省考试优拔影响于学堂新政者甚大”，“拟将下届壬子一科提归本年一同考试，加额录取，以后不再考试优拔，庶几科举思想永远革除”。[③]

表面看来，优拔贡考试似乎是科举制度的卷土重来，仔细考察，在熟悉的旧形式下，仍然融入了不少新的内容，在戊戌以后科举改革的基础上有所前进，并反映出偏重实学、经世致用的趋向，有的还与社会时势密切相关。当然，考题所反映的趋新程度更多地取决于各省督抚与提学使对新旧学的认识水准。

江苏各地的考题大体有一定之规，且基本按戊戌后科举改章的要求配置，只是其所谓的中外政治题，并非时事，而较多的是今天所标榜的经济学内容，可见时人对于国家富强的渴望：“宁淮徐拔贡头场题：（1）中国政治：刘晏上盐法轻重之宜，以盐吏多则州县扰，出盐乡因旧监置吏，亭币粜商人纵其所之，江岭去盐远者，有常平盐，每商人不至，则减价以粜民论；（2）中国史论：申不害言术，公孙鞅为法异同论；（3）外国政治：外国议院定议国家银行八成实本、二成虚票，其虚票不止此数，何以人皆信用策。”宁淮徐拔贡二场题：致知在格物义；于铄王师遵养时晦义。扬通海拔贡头场题：（1）中国政治：上古之世三币并行，暨战国时多用金镒，至秦遂定黄金为上币。何以自汉而后民皆用钱，宋元以后并用银，与钞不复能行金币论。

① 《厦门通信·奇哉考课》，《台湾日日新报》（汉文）1909 年 2 月 20 日。
② 《厦门通信·士林纪题》，《台湾日日新报》（汉文）1909 年 3 月 14 日。
③ 《归并优拔考试之议》，《大公报》1909 年 5 月 14 日。

（2）中国史事：胡瑗湖学教法最备，太学始建有司，请下湖学取以为太学法论。（3）外国艺学：铁路为交通要政，应如何养成工程学俾资兴造策。扬通海拔贡二场题：杨子取为我拔一毛而利天下不为也，墨子兼爱摩顶放踵利天下为之义。地广大荒而不治，此亦士之辱也义。[1]上述试题，反映了近代知识与制度转型时期社会的选才标准已趋向实用。

根据学部与礼部的协议，学部主管新学事宜，礼部负责旧学善后。[2] 可是后来学政裁撤，只能由提学使来主持后科举时代科举考试的相关事宜，具体则由教谕、教授等尚未裁撤的教职负责善后的科举考试。江宁提学司“特为避嫌计，凡学署科员概不与阅卷”。[3]

三　生员考职

在疏通旧学出路的措施中，举贡考职、优拔考试之外，生员考职亦是一大要项。根据《政务处具奏通筹举贡生员出路折》，生员考职，大省取100名，中省取70名，小省取50名。一等以巡检用，二等以典史用。考职时间大约在每年二月，并于优贡考完后在各省城举行。考试结束后，由提学使司将各生名册及试卷造册，分咨吏、礼两部查核，并咨明学部。

与考试优拔相比，生员考职没有那样的喧嚣和张扬，因为考职者更多为个人生计和出路做实际选择，对于功名要淡漠些。不过，各省考职的具体操作各有特点。1907年山西考职由提学使分场主持，“头场试以经义、史论各一篇，出场试以时务策二篇，其有专门科学者，预先报明照出策题。合校两场以定去取。取定后，将试卷呈送督抚复

① 《直省通信·南京·宁省优拔之大概》，《神州日报》1909年9月22日。
② 关晓红：《晚清学部研究》，广东教育出版社，2000，第232～235页。
③ 《直省通信·南京·宁省优拔现形记一》，《神州日报》1909年9月5日。

核”。该省按中省名额录取，共取70名，一、二等各35名。[①] 河南同样按中省70名录取，只是将名额分配到各属州县，而各州县“申送多有溢额”，应送700名生员与考，实际报名者却有1100人之多。[②]

福建考职，全省廪增附生有800多人参加，考试题目不仅更加注重了解考生对时事与政务的把握能力，而且有为本省新政推广出谋献策之意，如时务策题：“问闽省近日米价昂贵，虽由官商合力购运洋米以资民食，然秋收尚远，为日正长，应如何设法预筹，俾无饥乏之虞？其各陈所见以对”；次题：“问迩日农工商部有饬各省查勘官荒推广种植之议，诸生来自各州县，自必熟习本处地利，何处有荒土若干，何土宜何种植，能胪陈之以备采择欤。”[③] 该省当年考职共计录取一等40名，二等60名，除将应考录取者的试卷送达北京吏部分发注册，指省供职外，未考取者，准其报名考学堂，送入法政学堂肄业速成科，完成学业后给予卒业文凭，也可进入仕途。[④]

基于为旧学士子疏通出路的考虑，1908年吏部又奏准《酌拟生员考职人员选补班次并免交分发银两折》，对生员考职有愿分发外补者，照举人五贡办法，免缴分发银两。[⑤]

耐人寻味的是，在各地按照定章举行考职的同时，有的省份则奏请取消考职，主张以实际能力选择任用。礼部奏准的《各省生员考职办法折》中，有“各省生员于考优贡之年，准令州县会同教官保送，由督抚考试，用为佐贰杂职，分发各省试用”的规定。而广西巡抚张鸣岐认为，之所以要废除科举，就是因为科举“取士不尽得用”。他强调：“今生员考职仍凭文字一日之短长，又除去年壮诸生应挑入学堂及现充教员、现学师范、现送出洋者，是与考诸生大都年老迂腐之

① 《山西巡抚恩寿奏生员考职如额录取折》，《邸抄》第118册，第60093～60094页。
② 《本省纪事·考职限制》，《河南官报》第127期，第12页。
③ 《对岸通信·考职问题》，《台湾日日新报》（汉文）1907年4月10日。
④ 《对岸通信·考职揭晓》，《台湾日日新报》（汉文）1907年4月24日。
⑤ 《东方杂志》第5卷第1号，1908年2月26日，内务，第28～29页。

辈，令无数年老迂庸之人凭文字以为去取，则列者能否得人，概可想见。在原议诸臣，本属体恤寒畯之意，特佐杂虽系末秩，在在与民相亲，况值改官制时，正有添设州县佐官之议，此后佐杂各官视前尤重，如不得人，似亦难资治理。”张鸣岐以“广西善后诸事正烦”，新政各项正待开展为由，“拟请敕下礼部，准广西停免考职。凡昔日生员，或有德可称，有才可见，准由臣随时奖给佐贰杂职，分发省分试用。一面造具履历事实清册，咨部查考。广西系属小省，定章三年应考取佐杂五十名，随时奖给之数，仍统计之，不逾定额。如此变通办理，既足以畅，亦可以得实济”。[①] 坚持以实际考察而非考试录用，折上获准。

四　举贡生员及优拔考试的时议

前述情况表明，作为科举善后的各省优拔考试，相关规则已经相当宽松，实际贯彻起来，却往往还会逾越。吏部发现，1907 年各督抚办理考试举贡及生员考职一事，“每多违玩，或则逾出原额，或则已有官阶与有学堂奖励者”。福州将军兼署闽浙总督崇善则向清廷奏报，既往优贡学额多有漏报，礼部电咨准其补报。因临届考期，来不及照程序造册送京，只要求考生本人“亲赴省城学务处取具五生联名互保切结，及本生并无过犯”，交纳洋银 24 元，就可报考。[②] 吏部与礼部对于此类逾规越矩的行为，竟然并无追究之意，反而决定当年考试名额，仍照“二十四年戊戌科会试钦定中额再加三倍为断，凡保送人员于算学、地理、财政、兵事、交涉、铁路、警察、法政等，但有一长，皆可保送”。[③] 除增广三倍之额以外，又放任各地简化报考手续，

① 《张鸣岐片》，《邸抄》第 118 册，第 60011 ~ 60012 页。

② 《福州将军兼署闽浙总督崇善又陈筹拟考优考职情形折》，光绪三十二年闰四月七日（1906 年 5 月 29 日），台北“故宫博物院”编《宫中档光绪朝奏折》第 23 辑，1975 年据光绪朝武英殿本印行，第 128 ~ 129 页。

③ 《考试举贡办法之咨复》，《盛京时报》1909 年 12 月 8 日。

这些法外加恩的举措，虽有体恤寒畯的考量，宽筹出路的苦心，可以部分化解立停科举给众多举子带来的困扰，但凡事过滥，就难免造成负面影响，招致种种非议。

优贡、拔贡考试及举贡生员考试，在一定程度上使得原以为梦断科举的士人有了较多的出路选择，以免士心骚动导致社会动荡，同时也产生了明显的消极影响。1907 年 8 月，《大公报》的评论认为，政府对善后过优“此等政策实中国特有之现象，为环球所未闻也”。当道者每借口疏通旧学，为举贡生监开辟多途，安排得井井有条，唯独对救亡之急务无所用心。既有如此优待措施和诸多考试机会，50 岁以下的举贡本可转向实学之心，势必因而舍弃，奔竞于各个考场，消磨其年龄及意志，结果则将多数举贡“群驱而入废民之籍”。①

1908 年 4 月，《盛京时报》的论说也指出：“盖中国科举之制，为取才之意，而非育才之意。原系专制国之制度，而天下人士，在专制制度之权下，自以朝廷之取舍为荣辱，经营奔走于天下。而朝廷亦借此以笼络天下之士。则乡举重逢之典，固当愈为文人之所希望者矣。”科举已停，而乡举重逢之典不停，对新学危害极大。“夫举人、进士之名，原不足以服人，惟国家仍不能尽废科举之旧制，则天下之热衷功名者，又安得不愿闻其名乎？天下之人，既愿闻其名，则必不能尽力于学，不能尽力于学，则科举学堂之相去几希矣。”②

时人以光怪陆离的优拔贡考试为题，填写新乐府词一首：“考优拔，考优拔，谁说科场命运绝，痴心想望年复年，何幸今年慰饥渴。功名末路愈可珍，两场荞麦一场割。优拔复优拔，拳磨掌更擦”。③1909 年 9 月，《神州日报》发表了一篇题为《科举魂》的短篇小说，

① 《论科举余孽》，《大公报》1907 年 8 月 13 日。
② 《论乡举重逢之典》，《盛京时报》1908 年 4 月 10 日。
③ 《谐文・优拔新乐府》，《神州日报》1909 年 9 月 15 日。

以主人公梦境中出现百人参加的考试优拔、乡试、殿试、朝考场景，与各省地方自治选举片段交错描写，科举中式后的填榜与唱名，地方自治选举中统计得票时的唱票声交相起伏，突然一切皆消失，一人状似痴癫，时而作思考状，时而摇头，丑态不一，“巡警异之，前问故，其人曰：余在此久矣，凡堂中所为事历历在吾目，顾不解其何所为而为此。巡警曰：嘻！子乡民耳，安知此。我明语子，子今日所见，盖政党中举其首领以作吾民之总代表也。其人闻之，若甚惊喜者，曰：然乎？以彼编修、进士公为总代表，将何所往而不利，何彼百人先获我乡民之心，竟有如此者。科举有灵，实吾民幸福哉”。[①] 这篇小说，反映了时人对科场考试及地方选举中一些现象问题的联想思考，科举虽然停止，然其魂魄未散，地方自治选举中，被选议员多是科举出身，其思维方式也难脱俗套，改制自然容易重蹈穿新鞋走老路的覆辙。

时任江苏教育会会长的孙诒让为晚清浙学三大师之一，中学深湛，对宽筹举贡优拔出路的种种做法也颇感忧虑。他认为科举既罢，举、贡、生、监年富力强者，不会落伍而甘居人后，必然努力钻研科学，适应社会变化；即年龄稍大，但经史文章基础深厚者，亦足任文科教授编纂之员，“校年积劳，自可仰邀甄拔”；那些年迈才疏，不但对于新学一无所知，而且对于旧学亦并不精通的人，即使让其幸获科名，厕身士绅之列，也是志大才疏，无济时需之人。“就令一切摒弃，亦不为过。而近来议者，犹复殷殷设法，曲为疏通，举贡一试，遂叨通籍之殊荣；优拔三科，尚沿校文之旧法。举庸陋无用之辈，縻以好爵，使布满仕途。夫既不能为学人，岂复能为良吏，徒令虚糜廪粟，大阻贤路。而郡邑愚民，因此误窥朝旨，谓科举仍当复行，学校不过暂设，其为学务之布障，不亦甚乎？”于国家社会，危害极大。清廷

① 《小说·科举魂》，《神州日报》1909 年 9 月 26 日。

于内忧外患无策应对，却不遗余力地为“腐败科举之旧学优筹出路”，令人深感失望。

孙诒让认为，为旧学疏通出路的措施过于宽滥，非但不能确保国家的安定太平，反而会对社会风气产生不良影响。各地对优拔贡考试超乎寻常的狂热，以及种种不正之风的盛行，就是最好的证明。科举虽停，其实与未停之时无甚区别，“故细察今日学界之情状，新学未见大兴，而旧学已形衰退，不加激汰，而抱此终古，是率天下而趋于不学也。斯其为广兴教育之初意不适相左乎？”[①]

科举善后的种种考试纷至沓来，在一定程度上助长了学生对学堂系统学习的厌倦，以及追逐功名的侥幸心理，使其难以弃旧图新，成为新学发展的严重障碍。为此，孙诒让希望学部毅然决然废除所有科举遗留的旧学杂试，“一切杂试，奏请永远停罢；全国士民，子弟不入小学者有罚；非毕业中学大学者，更无出身。……决然舍旧以图新，以定天下之趋向”。期待清廷迅速颁布法令结束新旧并进的局面，提出以十年为界限，在职官系统以学堂毕业资格取代现有各种鱼龙混杂的渠道，完成人才选拔与任用方面的新旧递嬗。[②]

和孙诒让一样，希望一劳永逸地结束科举考试、斩断科举余绪者不乏其人。有的还直接向清廷奏请建言。1909 年 4 月初，学部侍郎严修以“各省按年考试优拔两贡，本为开通寒士出路，奈愚氏无识，竟引为将复科举之证，悠悠众口，淆惑观听，不惟旧日之诸生有所希

---

① “昔之所为疲精毕力以事揣摩简练之术者，以有科举为之的也。今科举废矣，而所以悬之的者，仍介于科举学校之间，虽教员学生不准应试，大部已悬为厉禁，而俗见未祛，往往身在学校，而不免神驰轩冕。一闻杂试，或更名易籍，竞冒法以干倖进，非徒旷有恒之职业，抑且阻远到之雄心。至于中驷以下，既惮科举之繁难，又苦希望之歧杂。入学校则作辍靡定，守家塾又涉猎无常。知新温故，而无适从。傲幸之心，既虚悬而无薄；厌倦之情，又从而中之则，或竟辍然废书不读。”《学务本议》，张宪文辑《孙诒让遗文辑存》，浙江人民出版社，1990，第 32 页。

② 《学务本议》，张宪文辑《孙诒让遗文辑存》，第 30～31、36 页。

冀，而不肯改途，即近时之学生亦慕优拔之出身，舍学堂而往应考试，实阻学堂生机。拟奏请将优拔两贡考试一律停止”。[①] 日本方面也已注意到学部右侍郎严修、山东巡抚袁树勋先后奏请停止优拔贡未得到响应的情况。[②]

袁树勋的奏章在朝中引起的动静稍大，张之洞给樊增祥的电文提及：“东抚袁有电邀各省联衔入奏，请停优拔贡，万分可骇。方今中国，文教日微，孔教将绝，若并此科亦停，习国文者更无生路，此后无人再读儒书。将来小学、中学、师范、高等各学堂，更无可为中国经史、国文教习之人矣。不及十年，天下人将并无一识字者矣。闻各省多不附和。”（此电文可与前述日本方面的消息相互印证）[③] 在当年曾主张停科举的张之洞看来，优拔贡考试不仅是为旧学士子谋出路，更是为中国文教存火种。制度兴革的矫枉过正，对于国家社会皆非福音。这似乎隐含对于立停科举和学堂一枝独秀几年来成效的不满。故不惟袁树勋的呼吁联络未在督抚中得到响应，严修的主张甚至在学部堂官当中也得不到支持。

与内外群臣的反应冷淡相反，一些报刊评论不仅附和严修的主张，且对政府措施提出批评。《盛京时报》的社说认为，虽然国家制定政策考试优拔贡，是为科举改革善后，但优拔贡中富有才学之士，早已为人“罗致以去”，所剩才能低下者，若不为其谋出路，确有饥寒之忧。考试优拔贡“使之荣膺一命，奔走于政界中，于大计亦复何益？且其私计，亦必不见充裕。盖不久而将为人竞所淘汰也”。科举

① 《请停优拔考试之先声》，《盛京时报》1909 年 4 月 8 日。

② “清国考取优拔职官，以为疏通旧学计，此管理学务大臣张南皮相国，及顽固党大臣鹿传霖等主持之力也……唯东抚袁海帅，识见独超，奏请停考优拔，电商各督抚，绝无表同情，以致近日暑假，各省考试优拔，如入山阴道上，各处皆然。”《科举近闻》，《台湾日日新报》（汉文）1909 年 7 月 25 日。

③ 《致江宁樊云门方伯》，宣统元年三月初五日（1909 年 4 月 24 日），苑书义等主编《张之洞全集》第 11 册，第 9695 页。

以功名引诱，应试者“辗转老死而卒不能出其彀中”，若真正为寒士着想，更应速行改制，不再使之消磨岁月于此最无谓之应试文中。立停科举骤行改制，对国家大局并无不利，只不过一时骚扰而已。既然“群知科举之害，兴学之益，改制之不可一日缓，则何妨顺舆论以为从违，而举所谓优拔贡之考试，一律停止，示天下以更新耶？总之，科举之不能再复，已有定论。不复科举，而必留类似科举者，以乱人意而淆国是，是固今日改制中最辜人望者”。[①] 警示政府对此犹豫迟疑，势必影响人才培养。

停罢科举后宽筹出路，导致取才与科举仕进时代几无差别，所带来的直接后果就是本来已经人满为患的仕途更加拥挤，而且后来者素质更差，众多求差者肆意钻营，败坏吏治。种种劣迹，令坚持守成者也难以容忍。1907 年，恽毓鼎在日记中发泄其对多途并进导致吏治日坏的不满：“自各新衙门之设，求进者麇集辇下，无一定之级，无一定之途，人人存速化之心，习钻营之术。此近五年朝局大变象也。破坏廉耻，扰乱志气，莫此为甚！世之治也，名器贵而人皆自重；世之衰也，名器贱而人愈不知足。气浮志乱，其害及于世道，其祸必中于国家。”[②] 1910 年秋，《大公报》披露科举善后至少使仕途陡增五千余人，[③] 给官场带来的压力与冲击可想而知。

其实，清政府方面也有不得已的苦衷。《清实录》记载：南书房翰林袁励准奏陈，为了切实做好预备立宪的准备，请停止举贡考试及

① 《论议停止考试优拔贡事》，《盛京时报》1909 年 4 月 10 日，论说。

② 恽毓鼎：《恽毓鼎澄斋日记》，第 354 页。

③ 《仕途又添五千余人》：“昨得京友访函，谓有人统计近年新登仕版之官约可达五千人以上，兹列表如下：留学毕业生计用二百四十人；举贡应试者一千五百人取三百二十人；拔贡应试者三千五百人照章第一次试后取六成，第二次试后取四成，应取八百四十人；优贡应试者五百人，试章与拔贡同，应取一百二十人。各省孝廉方正约得二千人，应尽取用，又未取举贡优拔四千二百二十人，照例得就职，即以对折算亦将二千人，以上都凡五千五百二十人，而高等学堂毕业生及陆军学堂毕业生，并法部考取各省法官及买移奖得官者尚不在内，亦可谓盛矣。”《大公报》1910 年 7 月 1 日。

各项保举，除学堂学生照章奖励外，对捐资兴学与管理学堂卓有成效者，一律奖励京外实官，“使全国进身皆出学堂，以造成立宪人格”。该折奉旨交军机大臣、大学士、参预政务大臣会议具奏，讨论结果则为：“各项举贡出路，及各项保举，均有奏案章程，未便轻于改易。”对于优奖民立小学的提议，除捐资较多者可奏明请奖外，积极兴学且有成效者另订奖励专条，以示优异。[①] 政务处会议对“奏案章程，未便轻于改易”回复的背后，应是担忧社会稳定受到影响，害怕革命党人有机可乘，危及江山社稷。科举已由渐停改为立停，宽筹旧学士子出路，清廷不能再度言而无信。各省优拔贡考试的热闹，也仅仅是科举的回光返照而已。

尽管清廷宽筹旧学士子的出路，然因历届取得各种功名的举贡诸生人数众多，加之由捐纳、保举入仕者，队伍极其庞大，仅以官场为疏通渠道是难以真正善后的。《中外日报》发表的评论指出：“近者科举已废，诏书有为筹出路之言，若使为官，岂能遍及？惟使为律师，与夫中小学教员，乃真出路耳。”[②] 这两项也确实是后科举时代不少士子的主要职业选择。

第三节　学堂及社会对旧学士子的接纳

除了官场的吸纳外，推广新式教育急需大量师资，速成师范、改良私塾以及后来兴办法政学堂，均成为可供旧学士子选择的不同出路；清末仿行宪政，试办地方自治，也给旧学士子提供了众多就业谋职的不同渠道。只是各地具体操作起来存在较大差异，难以一概而论。

① 《德宗景皇帝实录》卷575，光绪三十三年六月壬戌（1907年7月12日），《清实录》第59册，第603页。

② 《论国家于未立宪以前有可以行必宜行之要政》，《中外日报》1905年9月30日。

一　各级师范

以取得功名的旧学士子转习新学，弥补学堂师资的不足，并成为疏通士子的出路，是壬寅以来倡兴学堂、推广出路的既定策略。早在立停科举之前的1902年8月，直隶总督袁世凯上《奏办直隶师范学堂暨小学堂折》，向清廷报告他准备在省会保定建造师范学堂一所，考选各州、县举、贡、生员作为学生，教材以日本译成西学的普通各书，转译中文，颁发肄习；师资则日本教习和中国教师并用。

考虑到各处急需教习，袁世凯认为学制可采取灵活实用的方法，按学生程度将学堂分设半年至三年毕业的四斋，先期毕业者即可先行派往各处小学堂充当教习一年，再由各斋毕业生依次轮往，各接充教习一年。由于所招生源皆系举、贡、生员，“于中学已略具根柢，故其毕业也虽以半年为限，而其教人也亦可一年为期。此自为急于造就师资起见，俟各处教习敷用，仍概定为三年毕业，以归画一”。①

袁世凯的办法，基于举贡生员均已经过旧学熏陶和科场磨砺，已具备中学根底，此时若增添新学知识，转而为学堂师资，既有利于其自身的生存发展，又可解决学务初兴师资不足的困扰，可谓两全其美，对于20～30岁精力充沛的旧学士子，不失为一条可行之路。此举通过学堂实践的摸索与思考，为旧学生员融入学堂教育、解决师资问题提供了重要启迪。

1904年1月，张之洞致函张百熙，谈及保留师范速成科的必要性，认为速成科乃外国一种教法，专为需才救急起见。各省各级学堂相继开办，师资缺口较大，完全师范则培养周期过长，有缓不济急之虞，若以30～50岁的旧学士子为主要生源，通过速成师范教育，既可缓解扩展学堂急需的师资，也可减轻这部分士子养家活

① 朱寿朋编《光绪朝东华录》第5册，第4901页。

口的压力，可以两全其美、相得益彰，[1] 与袁世凯的主张相呼应，年龄限制则大为放宽。

1905 年 9 月底，日本的报刊注意到清政府所做科举善后的安排，最终对不同年龄的旧学士子采取了不同措施，40 岁以上为自愿而非强迫入学，而新进秀才及年纪较轻者，则均归学堂接纳。[2]

旧学士子对被学堂接纳重新深造后可为新学师资的出路显然十分重视，简易师范更是青睐那些虽然年龄偏大但旧学根底纯正者。《学部奏派调查山西学务员报告书》提及，1905 年山西已招集一年半之简易科师范生 190 人，“办理认真，冬夏皆不停课”。而晋省学堂招生的优点是“学生无缺额”，“考取学生时，于正取之外必多取进学生一二十人，正额有缺时以备额补之”，认为此法甚善，“各省可以仿行”。[3] 而师范传习所的学生则不少是须发皆白甚至已过花甲的塾师。[4]

1908 年 7 月初，由大学堂总监督刘廷琛提议，经学部同意并奏准，将各地举人并拔贡、优贡共三项，查其经学根底素深者，考选送

---

① “方今国势危急，如救焚拯溺，夜以继日，犹恐不及，至师范速成科尤为紧要。若待完全师范毕业，必须五年，各省小学堂将待五年后再开乎？故章程内既设有传习所，又设有旁听生，皆为广施教育计。且折内所言，三十以上至五十以下之举贡生员，不能入学堂者，可入师范学堂之速成科，乃为体恤寒儒，自谋生计起见，因年齿已长，断不能孜孜数年尽学完全科，因设此种学科以便之，故改为简易科则可，删去则不宜也。且此三字名目，乃尊处奏定通行之大学堂章程所有，本拟与寿州详论此事，因时期过促，若再往返辩论，又须迟两三日，是以即照寿州之意更改，想简易两字可无妨碍矣。”《致张野秋》，光绪二十九年十一月二十三日（1904 年 1 月 10 日），苑书义等主编《张之洞全集》第 12 册，第 10313 页。

② “近日清国政府又会议大纲，通咨各省云：凡从前之秀才举人，如年岁尚轻者，即入各省高等学堂肄业；其年在四十岁以外者，入学与否，听其自便。所有本岁所进之秀才，一律送入省学堂学习，以为该生等之出路。凡各省乡试经费，即拨归各本省学务处，留充推广学额之经费。凡府厅州县均需设立学堂，学额必须增广。惟各省大学堂，虽有定额，然附课一门，不拘其数，有志向学者，即行收录，免为定额所限，而有遗珠之憾。按与奏折中而议，稍为不同。”《外事·停废科举办法述议》，《台湾日日新报》（汉文）1905 年 9 月 30 日。

③ 《东方杂志》第 5 卷第 3 号，1908 年 4 月 25 日，教育，第 60 页。

④ 包天笑：《钏影楼回忆录》，中国大百科全书出版社，2008，第 251 页。

京，以备到京后由学部复加考试，升入大学堂经学分科之选。[①] 采用定额加考选的办法，大省六名、中省四名、小省三名，送往学部。[②]

1911 年 1 月 19 日，学部颁布《奏检定初级师范学堂中学堂教员及优待教员章程》，主张划一标准，检验合格师资。其章程第八条规定："举贡生员，能通专门科学，兼明教员原理及教授法者"，亦为具备检定资格的对象。[③] 从学部公布的检验科目来看，其中修身、读经讲经及中国文学三门课程，都是旧学士子占优势的科目。凡事利弊相权，在借此解决出路问题时，因学堂师资中旧学士子比例过大，难免带来浓重的旧学痕迹，对新式学堂教学产生不良影响。

二　私塾改良

私塾是以举业为生者谋生的重要凭借。[④] 立停科举与各级各类学堂的发展，对塾师的生存究竟造成怎样的影响，恐怕不能一概而论。因为改造私塾方面，学部并未作统一规定，所以各省在具体实行中做法不一。

奉天在学堂规模与数量扩张受限于条件的情况下，注意到普及教育不能强求划一，从改良私塾入手，以期逐渐推行新式教育，"召集城乡各塾师至署，考试分两场，头场试以国文，二场试以谈话，凡考列最优等者送师范传习所肄业，列优等及中等者由司发给执照，准其暂充塾师，仍不时派员考查。如果教授合法，当为存记，俟此次师范

① 《大清宣统新法令》第 5 册，商务印书馆，1910，第 32 页。

② 《教育杂志》第 1 年第 9 期，1909 年，记事，第 2 页。

③ 李桂林等编《中国近代教育史资料汇编·普通教育》，上海教育出版社，1995，第 288 页。编者将此折时间定为宣统元年十二月十九日（1911 年 1 月 19 日），"元年"当为"二年"之误。

④ 有研究指出，"私塾"的称谓和概念，实际上是晚清以后在西学、西式教育体制传入中国的影响下，后出的一个概念。而在所谓私塾的集合概念下，有着各种不同层级和类型的教育形式（家塾、族塾、村塾、乡塾、塾师自设馆等）。左松涛：《"闹塾"与"毁学"：晚清民国的私塾与学堂之争》，中山大学博士学位论文，2006 年。

传习所各生卒业之后，下届招生时准其执照报考；其列下等者应即改业，不得自误误人”。[1] 1907 年 5 月《盛京时报》报道，奉天提学司对城乡私塾师进行考试，“择文理尚顺者，发给凭单，准暂充塾师，其文理不通者概予淘汰”。考试不及格者又先后给予两次补试，“格外通融”。后仍有多次考而未取者要求再次续考，提学使以“顽劣之师，误人子弟”为由，不准所请。因其不具备为师者的基本素质，自己多次考试尚不合格，如何有资格教育学生。[2] 这对于习惯了科举时代开私塾无须官方检验批准，遇到科考，师徒甚至相率下场考试，而不影响其教读生计的塾师来说，确有几分残酷。由于只有三次考试机会，若仍不能顺利通过，便意味着难以继续自己熟悉的生存方式，只能别图他业。

新学的情况也未尽如人意。1910 年初，御史赵炳麟所奏《财政学务亟须整顿折》，指陈“数年以来，各州县只立一两等小学，竭尽一方之力，学生多则百余人，少则数十人，此外，则诵声几绝。若不改章，恐失教之民遍满全国，大难将有未已”。为防止新旧教育过渡期间造成受教育者比例下降，建议学部将高等小学以下按年编定统一课本，颁行天下，穷乡僻壤皆可购书，准在家教授。凡初等小学生三年由地方官吏定期集验，高等小学生四年由提学使定期集验，合格者给予毕业文凭，准其升入高等小学、中学或改他项营业，既省费用，又可以普及教育。政务处议请酌情采纳。[3] 随后御史赵熙《奏检定小学教员章程妨碍教育片》，要求将检定小学教员章程暂缓通行，或另加附条，声明专指官立小学，私塾不包括在内，以免举贡生监通才不能担任教员。学部议复时申明，检定小学教员，专指两等小学，不仅不包含私塾，连简易小学

---

① 《各省教育汇志·奉天》，《东方杂志》第 4 卷第 4 号，1907 年 6 月 5 日，教育，第 122 页。

② 《东三省汇闻·学宪批示》，《盛京时报》1907 年 5 月 12 日。

③ 《会议政务处奏议复御史赵炳麟奏财政学务亟须整顿折》，《政治官报》第 866 号，1910 年 3 月 30 日，折奏类，第 10 ~ 11 页。

和简易识字学塾的教员亦不在其列。此项教员，方虑其不敷分布，断不致无地安排。学部由此考虑到，童生中也有中文明通及通晓各项科学且愿充小学教员者，检定小学教员，应放宽至童生，而不仅限于举贡生监。① 这一补充规定，为科举善后真正被遗忘的童生们提供了些许机会，使之有可能展示才华，或通过自己的努力成为学堂教员。其后，学部的《改良私塾章程》强调主要针对穷乡僻壤“限于财力不能设学者”，以及“虽非穷乡僻壤而设有私塾者”。章程分为总则、调查、劝导、改良办法、认定办法和考试共六章二十二条，试图通过规范改良，使私塾逐步缩小与学堂的差距。②

自立停科举直至清亡，统管全国教育的学部，并未采取极端措施取消所谓私塾，这也是由当时独特的历史背景所决定的。立停科举旨在为新式学堂扫清障碍，可是一方面办学堂需要大量款项，而各项新政在在需款，政府财政拮据，民众困苦不堪，学堂短期内难以普及；另一方面，保留私塾对于未能取得科举最低功名却反复应试的老童生具有现实意义，其适合中国社会需求的灵活有效教学及组织形式，颇受社会尤其是乡村社会的欢迎。清季各地兴学过程中，一般而言，多对学塾组织教学活动予以维护，即使在被视为兴学先进的湖北，1910年省视学员整顿各州县学务的条陈中，还提出“参用老师宿儒”为学堂师资，以求人地相宜，有益教学提高。③ 当然，因清末兴学列为官员考绩要项，不乏贪功冒进者在一些地区对私塾采取过激手段，试图以学堂教育完全取代私塾。

除了被指称为私塾的旧式学塾依然保留外，因预备立宪普及教

① 《又奏议复御史赵熙奏检定小学教员章程妨碍教育折》，《政治官报》第866号，1910年3月30日，折奏类，第10～11页。

② 《学部通行京外学务酌定办法并改良私塾章程》，《盛京时报》1910年7月30日、31日，8月3～4日。

③ 《省视学曹林整顿各州县学务通弊条陈》，《湖北教育官报》第2期，1910年3月，第3页。

育的需要，由官方倡导的简易学塾在各地迅速推广。1910 年 11 月，宪政编查馆奏报筹备立宪情形，推广厅州县简易识字学塾一项，在各地已有不同程度的进展，“现查各省立塾较多者，如四川已设二千六百余所，直隶、湖北已设一千余所，浙江、山东已设七百余所，广西已设六百余所，河南、江西、福建、广东、湖南、陕西、甘肃均设塾在三四百所以上，奉天、吉林、黑龙江、江苏、山西均设塾在一百余所以上。惟安徽、贵州、新疆等省，成立较少。其学生名额较多之数，如直隶、浙江、湖北已达二万余名，福建、广东、广西已达一万余名，陕西已达七千余名，河南、江西、湖南已达四五千名，奉天、吉林、江苏、山西已达二三千名，浙江核与议案规画全省之数，已逾百所。其余成立较少省分，拟请旨饬下安徽、贵州、新疆等省抚臣，严饬所属认真赶办，以期普及”。[①] 简易学塾的学生多以城乡劳动群众为对象，师资大都就地取才，也部分解决了士子的生计与出路。

有学人对晚清塾师状况的研究表明：“尽管新式学堂来势凶猛，但直到清廷垮台，私塾相对于学堂，仍然占有绝对的优势。”即使在清末新式教育最为发达的直隶，1907 年学堂数量尚不敌私塾的十分之一。[②] 1910 年 3 月，《申报》还将学堂私塾比重悬殊诧为怪事：停科举后“学堂日多，则私塾日少，此长彼消，自然之理也。乃观近来之情形则异。是各属城厢内外已设之学堂，未尝日少，而私塾日见其多”。[③] 左松涛博士的研究亦指出，这种情况甚至延续到国民政府时期，“1933 年，江西南昌，小学校数为 109 所，私塾数高达 985 处，为学校的 9 倍，全县塾生多至 12315 人，为学生的 2 倍，塾师则有

① 故宫博物院明清档案部编《清末筹备立宪档案史料》上册，中华书局，1979，第 86 页。

② 蒋纯焦：《一个阶层的消失——晚清以降塾师研究》，第 155 页。

③ 《清谈·学堂私塾》，《申报》1910 年 3 月 20 日。

985 人，为教师的 4 倍。……1935 年，北平市调查有私塾 465 处，其中立案者 126 处，未立案者 278 处，案证不全者 61 处，而同时北平的小学校数为 203 校左右。北平的私塾调查据称还不包括家塾数量。有人感叹说，‘三十年来新教育之结果，私塾并不受多少打击，并且在今日私塾仍为一般传统思想骸骨迷恋者所叹服！’”① 可见立停科举对私塾固然产生了不小的冲击影响，却并未彻底断绝塾师的出路。

三　法政学堂

清代府州县的原有职官设置并无司法分立，刑名即正印官的主要政务之一。自近代西方宪政理论传入后，到预备立宪时期，三权分立、司法独立的理念逐渐被接受，改造原有职官体制势在必行，对新式法律人才的需求激增。旧学士子由于文字功底与理解能力较强，转型也较易，甚至具有某些优势。因此，在酝酿立停科举期间，除加强对原有职官的法律知识培训外，经修订法律大臣伍廷芳、沈家本奏请，清廷批准将已有科举功名的士绅纳入培训范围：“各省已办之课吏馆内，添造讲堂，专设仕学速成科。自候补道府以至佐杂，凡年在四十以内者，均令入馆肄业；本地绅士，亦准附学听课，课程一切参照大学堂章程内法律学门所列科目及日本现设之法政速成科办理。”② 与在职官吏不同，绅士的年龄未加限制。

1906 年 6、7 月，御史乔树枬、吴钫相继奏请饬各直省添设和遍设法政学堂，令举贡一律肄业。③ 学部通咨各省参照执行，积极设

① 左松涛：《“闹塾”与“毁学”：晚清民国的私塾与学堂之争》，中山大学博士学位论文，2006 年，第 183、188 页。

② 《修订法律大臣伍、沈会奏各省课吏馆内专设仕学速成科片》，商务印书馆编译所编《大清教育新法令》第 6 编，商务印书馆，1910，第 87 页。

③ 《德宗景皇帝实录》卷 559、560，光绪三十二年闰四月丙戌、五月己未（1906 年 6 月 11 日、7 月 14 日），《清实录》第 59 册，第 410、421 页。

置与扩充法政学堂。[①] 学部的决定基于推行宪政急需大量法政人才的迫切需求，也出于疏通举贡生员出路的现实考量。举贡生员对于古文经典的理解与扎实的文字训练，确实有助于他们学习司法。因此可以说，在某种意义上，法政学堂的大量开办实际突破了既有善后出路的安排范围，成为原定计划之外科举善后的重要措施之一。此举不仅缓解了司法独立人才不足的困扰，还为举贡生员提供了一条较为宽松的出路。清末民初的法政热以科举停罢遗留的大量旧学士子为基础，形成促进司法转型提供人员和延续官场积习的复杂政治生态。

1910 年 5 月 25 日，学部再次通行各省次第扩充法政学堂，以为司法改革所需的大量法官储才任用。[②] 由于官立和公立法政学堂受限于经费及资源，数量的增长难以满足各方面的急需，1910 年 11 月 10 日，学部继续奏请进一步推广私立法政学堂，“则通商口岸须用司法人材实与省城同关紧要，自应将私立法政学堂限于省会一节，酌量推广。凡繁盛商埠及交通便利地，经费充裕课程完备者，一律准于呈请设立法政学堂，以广造就”。[③] 福建、四川等省仿照明治日本办法，为在职官员和地方士绅开办夜班简易科，绅班学员多为旧学生员，总数均在 500 ~ 700 人。[④] 另有学人也注意到，广东师范、法政学堂，停科

---

① “查现在各省举行新政，需材甚殷，裁判课税人员，尤非专门之学不能胜任。而科举既废，举贡生员苦无求学之地，以之肄业法政，既不如他项科学之难于成就，而年齿长则阅历富，中学深则根底完，必能会通中西，以为效用之具。以视设立类似书院之学堂，但求疏通之路，不筹造就之方者，较为切实。原奏所陈，语皆扼要，自应及时办理，以培有用人才。凡未经设立此项学堂之省分，应即一体设立，其业经设立者，亦应酌量扩充，一俟筹定办法，即行声复到部备核。”《学部通行各省御史乔树枬奏请各省添设法政学堂文》，光绪三十二年五月十六日（1906 年 7 月 7 日），学部总务司编《学部奏咨辑要》卷 1，1909。

② 咨文称：“查京外设立法政法律各学堂，所以造就专门通才，备设施新政之用。兹准宪政编查馆奏定法官考试任用司法各章程，此项人员需用尤众，自应切实筹划，一律扩充。”《学部官报》第 129 期，1910 年 8 月 15 日，文牍，第 9 页。

③ 《推广私立法政学堂片》，学部总务司案牍科编《学部奏咨辑要》卷 5，宣统二年刊本。

④ 学部总务司编《闽浙总督松寿奏法政学堂历年办理情形片》，《政治官报》第 617 号，1909 年 7 月 17 日，折奏类，第 7 ~ 8 页；《四川总督赵尔巽奏请将川省法政毕业学员援案奏留补用折》，《政治官报》第 676 号，1909 年 9 月 14 日，折奏类，第 11 页。

举后几年招生的对象，也主要是举贡生员。[①] 科举时代，每所府、州县学，每年进学者亦只几十人，而今仅法政一途竟有如此规模，对于疏通士子前途，作用不可低估。

1910 年 12 月 20 日，学部《奏改定法政学堂章程》，针对筹备宪政过程需要官吏绅民普遍掌握法政知识的要求，提出对既定法政学堂章程进行三部分修改。一是课程必须与时政结合，反映刚刚颁布的宪法大纲、法院编制法、地方自治等章程，要求“此后法政学堂此项功课，自当以中国法律为主”。二是调整学习年限，根据学习内容的需要，将原来三年毕业的正科改为四年，原仅一年半毕业的讲习科停止，以求学习质量的提升。三是扩展科目，原来正科仅分法律、政治二门，而财政、经济等学科，仅为政治门所兼修，并未专设。根据当时财政亟须整理的情况，将经济科目专立。这成为学制中经济设科的重要开端，对中国经济学人才的培养起到奠基作用。

为了规范办学，学部改订法政学堂章程三十一条，要求此后京外官立私立法政学堂，凡新开之班，均照此次改订章程办理。考虑到当时中学堂毕业生人数过少，各处法政学堂之正科，也很难匆匆扩容，故予以适当变通，准其先设别科作为过渡，以应急需，若将来中学堂毕业生渐多，再行废止别科。由于当时各类法律学堂层出不穷，管理混乱，这一章程将法律学堂所设专业分为法律门及经济门，予以统一规范。[②] 根据学部这一章程，近代意义的法律学及经济学科在学制系统内正式分立。这两个学科的出现，不仅吸纳了大量的旧学士子，成为清末民初的显学，也为新行业、新职业的兴起创造了条件。

四　新政各项措施中的旧学优待

除了各类学堂对旧学士子的接纳外，清廷推行新政与宪政的各项

---

① 贺跃夫：《广东士绅在清末宪政中的政治动向》，《近代史研究》1986 年第 4 期。

② 《大清法规大全续编》卷 7，政学社印，清末石印本，第 3 ~4 页。

措施，也处处体现出对旧学士子的优待，从而为他们提供了更多的出路选择。

1909年1月，宪政编查馆所奏城镇乡地方自治章程暨选举章程，其中第十六条规定："居民内有素行公正，众望允孚者"，男子年满25岁，居城镇乡连续三年以上者，年纳正税或本地方公益捐二元以上者，无品行不端，无不识文字者，均有选举与被选举权。[①]《直隶天津县地方自治公决草案》则直接规定，"曾经出仕或得科名或在庠者"与高等小学堂或以上之学堂毕业，或有五千元以上之营业资本或不动产者，均有资格被选举为议员。[②]《各省咨议局章程》特别规定以"资望学识名位"与财产作为选举资格，凡属本省籍贯之男子，年满25岁以上，有举贡生员以上之出身者，与曾任实缺职官文七品、武五品以上官员、国内外中学及中学以上之学堂毕业取得文凭者，以及在本省有五千元以上之营业资本或不动产者一样，均有选举与被选举权。[③]上述规定均使士子们得以保持稳固和受尊重的政治地位。作为社会精英，他们的身份地位在新的社会制度中再度得到确认和体现。

现有研究显示，预备立宪选举方面的有关规定，在实际推行中基本得到贯彻落实。例如，清末资政院专门设置了额定30人的"硕学通儒"议员席位，以"清秩""著书""通儒"三款为标准由各地衙门报送，年龄最小者（虞铭新、洪榕）31岁，年纪最长者（王闿运）78岁。[④] 苏云峰对晚清民初湖北历史的研究表明，1909～1911年，湖北全省地方自治共选出城乡议事会议员1762人，董事会职员431人，

① 《宪政编查馆奏核议城镇乡地方自治章程并另拟选举章程折》，《政治官报》第445号，1909年1月19日，折奏类，第7～12页。

② 《东方杂志》第4卷第5号，1907年7月5日，内务，第209页。

③ 故宫博物院明清档案部编《清末筹备立宪档案史料》下册，第671～672页。

④ 《学部咨资政院遵章择定硕学通儒议员文》，《北洋官报》第2385册，1910年4月5日，公牍录要。

年龄绝大多数在 30～60 岁，“在教育背景方面，新式学堂及留学出身者仅约占全部人数的 2.6% 而已。绝大多数系传统功名出身，分别计之，于议事会议员为 70% 强，董事会职员为 65% 强……而以监生与生员阶层为最多……显示在湖北推行地方自治初期，新教育出身者，尚未扮演重要角色，这是与咨议局不同之处”。由此可见，科举停罢之后，作为科举出身中下层的乡村士子，仍在基层地方的政治舞台上发挥重要作用。即使在湖北谘议局的 98 名议员中，除去出身不详的 19 人，余下的 79 人中，进士 8 人，举人（含副贡）16 人，生员（含监生）55 人，科举出身者也占绝对优势。①

张玉法对山东茌平、巨野、乐安三个县 1860～1916 年的知县与县知事做了统计分析，结论是：“这些州县首长大多数都有旧功名，又大多数来自下级士绅，监生尤占多数。”② 科举出身者在清末民初政治舞台上的作用，从一个侧面表明科举停废后士子们的出路比较优越，同时显示由科举功名而来的社会地位仍然是社会精英重要的权力资源。

除地方自治的选举与被选举资格的相应规定肯定了士人的政治地位外，地方自治所设置的诸多机构，也为乡村士子提供了众多的参政就业机会，如城镇乡议事会、城镇董事会、地方自治研究所，设有为数不少的议员、职员、乡董、乡佐、文牍、庶务、办事员等职位，除议员外，均从地方自治经费中领取薪水。③ 此外，清末新政、宪政期间，为落实清廷催办的各项事业，在各省府州县设置的巡警局、劝学所、劝业道、统计局等新机构，使得晚清政权逐渐转向功能化政府，规模结构由简小变成繁复，提供了大量的职位，就此而言，旧学士子

---

① 苏云峰：《中国现代化的区域研究：湖北省（1860～1916）》，《中央研究院近代史研究所专刊》（41），台北：中研院近代史研究所，1981，第 283～287 页。

② 张玉法：《中国现代化的区域研究：山东省（1860～1916）》，《中央研究院近代史研究所专刊》（43），台北：中研院近代史研究所，1982，第 326～327 页。

③ 故宫博物院明清档案部编《清末筹备立宪档案史料》下册，第 730～738 页。

可获得的入仕机会，恰好比以往任何朝代更多。

从理论上说，举办新政宪政事业所需人员自然以国内外新式学堂毕业生为宜，可是一则高层次的学堂毕业生人数太少，缓不济急，二则为数众多的旧学士子，虽缺少系统科学知识的训练，然毕竟中学已有根底，可以为接受新学的凭借。后者或许不是理想选择，却是最具可行性的条件。就世界范围而言，具备这种条件的国度并不多，其对于接受西洋近代的知识与制度，并非只是消极抵拒，更有着积极的吸收。更重要的是，既往默写经义、读圣贤书的旧学士子，在夯实“做人”之根底与学问基础之后再学做事，比直接受专业知识训练的新式学堂学生能更快地适应社会，故而在官场颇受欢迎。广西巡抚张鸣岐拟定整顿吏治条规时，“饬府州县办理学堂、警察、团练等事选用正绅，其选法分三级：一、产业富而纳税多者；二、举贡附生无劣迹者；三、中学堂毕业及外洋留学一年半以上者。凡被选之人皆须有三等资格，选定后地方官隆以礼貌，相助为理”。“更以工艺、垦牧、水利与凡有益于地方者附之（正绅），统名曰议事所，四乡分设，绅曰议长，副以董事，研究一切公益，绅议官定妥议论章程，立将来议院之基，为目前乡官之导。所内附设排解社，遇有细故词讼，顾名思义，准其排难解纷。”① 由此，旧学功名士子并未在立停科举及新教育发展后受到歧视，在清末民初的政治地位亦并未“边缘化”。

近代警察制度的引进与推广是清末新政要项之一，各省自省垣至府县城镇逐年推广。由于大部分巡警来自旧式防军，素质亟待提高，培训具有一定素质的巡警人才的现实需求，为旧学士子又增加了一条新的出路。1909 年 5 月，山西巡抚宝棻奏报，该省高等巡警学堂学生多是从旧学的官学生中取录，因筹办警务急需人才，故先办速成科，

① 《广西巡抚张奏妥筹广西整顿吏治四条及核定全州钱粮折》，《东方杂志》第 4 卷第 6 号，1907 年 8 月 3 日，内务，第 288～290 页。

每六个月一期毕业。从光绪三十年至三十三年，共举办了六届，毕业生300多人，考验后给凭派充省内外警务长及巡官区官。宣统元年，裁去速成科，专办高等学堂，招生100人，学习期限三年，“以本省举贡生员及中等以上毕业各生考选”，按程度分为甲班60人，乙班40人。①

1910年秋，四川高等巡警学堂学生毕业授职，当年毕业合格者70人，最优等19人以七品警官记名，即以巡警道属副科长及各州县警务长记名候补；优等37名以八品警官记名，以巡警道属科员及各区区官记名候补；中等生14名以九品警官记名，由该省酌量录用。②

法部的监狱专修科原附设于法律学堂，毕业生给予毕业文凭，一律由法部分别录用。在京“凡有监狱衙门筹画改良及实行管理，均取材于此。并分交各省提法使、按察使酌量委任”。此外还规定，各省的法律学堂必须附设监狱学一科为实行储才之法。凡此类毕业生中，原无官阶，仅有拔贡附生出身者，准其呈明札派各厅以录事候补，似考验得力补缺后，再行酌量派充看守之差。委派时按照原试验等级的名次先后委用。③

由于旧学出身者往往文字基础较好、理解能力较强，加之清朝各级政府纷纷以宽筹出路相要求，故京师部院及各省衙门，多喜欢直接录用举贡诸生，或是设法吸纳其进入相关学堂，经过学习训练，再予以任用。东三省总督徐世昌以所辖地区迫切需要人才，要求吏部略为变通限制，以举贡考试授职之员及游学毕业和各省学堂毕业授职之

① 《山西巡抚宝棻奏遵章改设高等巡警学堂等折》，《政治官报》第575号，1909年6月5日，折奏类，第15~16页。

② 《民政部奏复川省高等巡警学堂学生毕业请予录用折》，《政治官报》第1064号，1910年10月14日，折奏类，第3~4页。

③ 《法部奏酌拟监狱专修科毕业员生分别委用办法折（并单）》，《政治官报》第1074号，1910年10月24日，折奏类，第4~5页。

员，概免配签掣发。[1] 直隶虽设法政学堂，但科举停废初期，新式学堂毕业生甚少，而“考取者佐贰居多，而州县寥寥可数，良由捐纳人员素少明通，正途人员不敷分布”。因此，直隶总督袁世凯根据当地人才紧缺而新政各项需才甚殷的情况，特别援引政务处议奏举贡生员分别量予出路章程中，关于各省举人不必限定三科均准以拣选知县注册，并由吏部酌定班次的规定，“请旨饬下吏、礼二部，于山东、山西、陕西、河南、安徽等省，举人中年在四十岁以下者，毋论科分、远近与已未注册，咨行各该省原籍，汇齐拣发来直（隶），考验合格，俾入法政学堂肄业”，俟毕业后视其成绩，补入各需要人才的府州县任职。[2] 由此可见，丙午停科至辛亥之前的几年，部院乃至直省各级衙门，无论用人抑或储才皆不论新旧，举贡生监等旧学士子鲜有因科举停罢而受歧视。

第四节　请复科举与开考特科

或许因为连续几年相继举办的举贡优拔考试与生员考职声势浩大，形成一种科举制的生命力依然强劲的特殊氛围；加之新式学堂的诸多问题开始暴露，期望过高便容易失望，举国上下对于以学务为救亡图存不二法门的热切期待，开始逐渐被怀疑所取代。在此背景下，1907 年至 1908 年，陆续有人奏请恢复科举考试，开考特科以存旧学科目的尝试，也被提上清政府的议事日程。有意思的是，改科举进程中的设特科旨在开新，停科举之后的开特科则意在存古，对于旧学士子而言，自然变成原有科举善后方案之外的又一新增出路。

---

① 《吏部奏议覆东督等奏请变通分发章程办法折》，《政治官报》第 873 号，1910 年 4 月 6 日，折奏类，第 5～6 页。

② 《直隶总督袁世凯奏为请铸造提学使司印信折附片》（1906 年 5 月 25 日），《宫中档光绪朝奏折》第 23 辑，第 111～112 页。

一　请复恩科制科

既往不少研究往往忽略了一个重要细节，即1905年9月清廷诏停科举，只是宣布停止童、乡、会试常科，对恩科、特科问题尚未触及。恩科与常科不同，没有固定期限，随时可以皇恩浩荡或以皇帝、太后寿辰为由，权操自上；制科亦是如此，开科全凭君王喜好，不定期举行。鸦片战后改科举与废科举之议，对恩科多未涉及，请开制科则有之，被采纳并付诸实施的只有经济特科。

目前所见最早请复科举的奏议是翰林院侍读学士恽毓鼎请开恩科。《盛京时报》题为《科举将复活矣》的报道，指此举将为恢复科举张本。[①] 在经后人整理出版的恽毓鼎日记中，未见相关记载，编辑者注明，相近时段的日记刚好有缺页。所以，恽毓鼎缘何在此时呈请开恩科，尚未见更多的资料予以说明。

有意思的是，恽毓鼎请复恩科的消息见报仅一周后，内阁中书黄运藩呈请都察院代奏的《整顿学务请复科举折》也赫然登报。两人事先是否暗中串联，不得而知。后者所据理由为："自古以来，拔取人才以科举得人最盛，现在科举一停，天下士人失望日久，恐生乱端，恳请按照专门各项科举，令该生自认何科，分门考试，而仍以经义为主，援照科场定章，录取后给予进士举人等项出身，以期广收实学而开士人取进之路，实与各学堂并行不悖。"[②] 所谓专门各项科举，此处有双重含义，一方面即指按学堂分科的学科门类，以学生所长选择对应的分门考试，另一方面则指以皇帝特权可随时开设举行的恩科。在须经童、乡、会试的进士科即科举常科停罢之后，将恩科的传统称谓冠以时尚的"专门各项"内容，

① 《科举将复活矣》，《盛京时报》1907年8月29日。

② 《紧要新闻·黄中书请复科举之措词》，《申报》1907年9月7日。

企图旧瓶装新酒，以求保留科举的火种，可谓用心良苦。该折奉旨学部议奏。

学部的回应似乎出奇的快，且议复的态度坚决，称所谓科举学堂并行不悖，“实与本部原奏宣布教育之宗旨不相符合。缘科举之停止，正为专办学堂起见，所期在教育普及，不在求一才一能而已。若科举一复，则天下士人势必两有观望，应请毋庸置议”。[①] 学部还强调：“时局殆危，非人莫济，因乏才而思兴学，因兴学而防流弊，是在端正学术，慎守宗旨，求整顿于学堂之中，断不能言造就于学堂之外。”[②] 学部的议复奉旨依议，第一次请复科举无果而终。

舆论对以恩科和特科名义请复科举的意向并不看好。《盛京时报》评论认为，孝廉方正等制科，也是科举的一部分，“今日重逢乡举之人，大概皆耄耋期颐之老儒”，以此邀荣，停科举而不停制科，与兴学务实的宗旨相悖，主张干脆废止制科。[③]

第二次请复科举，则是峰回路转，由学部内外多种力量促成。张之洞管部以及旧学衰微，是学部态度变化的重要因素。[④] 1908 年 8 月，出于保存旧学及试办京师大学堂经学科的考虑，学部曾奏考博学鸿词科人员，学部咨文各省，要求推荐耆儒硕彦。而安徽巡抚冯煦以“经术湛深、学问博洽”为由，保送已奉旨赏给翰林院检讨的王闿运、孙葆田、程朝仪、吴传绮、姚永朴、姚永概等六人。[⑤] 其后，御史俾寿奏请开特科，经政务处议复，认为孝廉方正科、直言极谏两科“皆无甚实际”，若要开制科，则以博学鸿词对于保存旧学

① 《紧要新闻·学部会议黄中书请复科举》，《申报》1907 年 9 月 12 日。学部不能容忍科举与学堂各自以独立的形式并存，认为这将极大妨碍学堂生存，而立停科举的设计则是科举与学堂合并，即融科举于学堂之中，详见本书第五章论述。

② 《议复中书黄运藩请复科举折》，《学部官报》第 35 期，1907 年 10 月 7 日，本部章奏，第 230 页。

③ 《论乡举重逢之典》，《盛京时报》1908 年 4 月 10 日。

④ 参见关晓红《张之洞与晚清学部》，《历史研究》2000 年第 3 期。

⑤ 《学部奏考博学鸿词人员》，《盛京时报》1908 年 10 月 31 日。

尚有实际作用。《会议政务处议复御史俾寿请开制科片》称，博学鸿词科在“康熙、乾隆年间曾两次举行，以经史论策诗赋题义精实、文章宏伟，得人甚盛。且方今中国文学渐微，实有道丧文敝之忧，诸臣条陈者议及此事者颇多，是保存国粹实为今日急务，拟请饬下学部详加筹议”。[①]

此后，又有吏部文选司员外郎黄允中条陈保存旧学必开制科，进一步强调开制科对于旧学存续的重要意义，认为立停科举的善后措施，对旧学士子的安排考虑周详，“惟为旧学出途，非导后学先路也……欲存国粹，无过于开制科”。该折强调恢复制科“非为旧学之人计也，亦非为旧学之才计也，乃为引掖后进以延绵中学，扶持正学计耳……近日人情浮薄，士习支离，经史国文视如土芥，世变方殷，可忧甚大，人心不正，病在本原”，“为往圣继绝学”，“何旧何新，素不稍存成见，实以道德文章之统，存亡绝续之机，所关非细”。[②] 光绪三十四年九月二十九日（1908 年 10 月 23 日）奉旨学部知道。该折将恢复制科的理由提到延绵中学的高度，点中了新式学堂的软肋。经史词章为中学之重要载体，过度冲击则势必危及中学的兴衰存亡。停罢科举后，学堂虽然设有各式读经课程，可是其不仅沦为诸科之一，而且往往形同虚设，教学双方都敷衍了事。加之世风丕变，中学衰微更无法避免。通过举办制科保存旧学人才，借此减缓旧学的颓势，既是情非得已的选择，也是因势利导的善后举措之一。

二　开考特科

如前所述，政务处、学部等衙门对开办制科以保存与培植旧学人才，已无异议，舆论界的反应则不以为然。1908 年 11 月，《大公报》

① 《政治官报》第 340 号，1908 年 10 月 6 日，折奏类，第 9 页。

② 该制科需在每次举办前三年三小试（生员省试，举人京试，贡士、进士、庶吉士以子卯午酉为小试）。《都察院代递吏部文选司员外郎黄允中条陈保存旧学必开制科呈》，《盛京时报》1908 年 11 月 14 日。

有评论指出，由于科举、捐纳、保举三途并进，仕途早已人满为患，优拔贡考试与留学生考试交替进行，均较科举时代名额更多且更易取中。博学鸿词又开科在即，科举实未废也。而科举、捐纳、保举相互混杂，变本加厉，所谓人才则多途并进，车载斗量，已有过滥之嫌。[①]其后又发表评论，表达对博学鸿词开科的怀疑，该文追溯博学鸿词设科的历史，指该科是为文学出类拔萃者如韩愈、苏轼之人获选而设，本朝曾开科两次，拔擢者或任史官，或为制诰。此时开科，借名保存国粹，与大学分科匹配，不仅能否得人未可知之，且与预备立宪的时势全不适宜。[②]

在具体操作层面，开办制科也遭遇尴尬。原来学部拟在宣统元年二月举行博学鸿词科，但因各省尚未将合格人员保送来京，张之洞与荣庆商量后，只得展至八月间再行考试，并通知各省从速物色。[③]然而，学部多次催促各省保送人才，收效甚微，[④]不得已，只好一再展期。[⑤]据说学部尚书荣庆对开博学鸿词科"颇不赞成"，认为此事虽寓意保存国粹，但恐因此导向士风趋重浮文、轻视实学，反而对教育大有妨碍。主张俟张之洞假满之后"再行核议"。[⑥]此事发端，或与张之洞关系匪浅，故其逝世后便传出罢议之讯。[⑦]

另据《清史稿》记，清政府"诏各省征召耆儒硕彦，湖南举人王闿运被荐，授翰林检讨"。两江、安徽相继荐举。"部议以诸人覃研经

① 《论近日取人之弊》，《大公报》1908 年 11 月 8 日。

② 《对于博学鸿词科之疑团》，《大公报》1908 年 12 月 23 日。

③ 《申报》1909 年 3 月 6 日。

④ 《催保博学鸿词人员》，《大公报》1909 年 2 月 13 日。

⑤ 《博学鸿词科之展缓》，《大公报》1909 年 2 月 28 日。

⑥ 《荣相对于博学鸿词之评论》，《大公报》1909 年 9 月 29 日。

⑦ "据学部人云，举办博学鸿词一事，系张文襄公所发起，枢府、学部诸公均不甚赞成，今文襄公既已去世，将来此事恐当做罢议矣。"《博学鸿词行将罢议》，《大公报》1909 年 10 月 11 日。另有一说，某枢臣认为，某御史请开博学鸿词科，是投张之洞所好，"其实张相国对于此举并不以为然"。《议停博学鸿词科》，《大公报》1908 年 12 月 24 日。

史，合于词科之选，俟章程议定，陈请举行。未几，德宗崩，遂寝。”① 则博学鸿词虽议决开科，却未及实施。作罢的原因还有待深究。但各省反应冷淡，消极敷衍，客观上也是导致议而不行的重要因素。② 后因京师大学堂经学科开办，按奖励学堂章程的规定，毕业亦可授予进士，故博学鸿词科实际上已无开科必要。《大公报》注意到："政府以博学鸿词科各省保送者甚属寥寥，现时经文各科大学已将次开办，博学鸿词未便再设一格，转使士习多歧，因拟决定将该科实行停止，不日即行具奏。”③

值得注意的是，政务处及学部看重的博学鸿词特科虽议而未行，相近时间，原本被视为“无甚实际”的孝廉方正科却加紧进行。

1909 年 8 月，学部通饬各省，慎选孝廉方正，“务于各该州县公举之后，由官察其品行，试其学识，至甄录之法，仍需品重于学，以昭端本”。④ 学部的做法，本与孝廉方正科侧重孝行的特点相符，即更多地强调品行而非学识，未料因此而便利各省冒滥。1909 年 12 月，御史饶芝祥奏称，各地选送孝廉方正科，存在选举不实、选额不严、年龄未限三种流弊，仅湖北黄冈一县，竟推荐多达十余人。请予严定章程，防止冒滥。吏部议复，除要求督抚核实所荐人员外，对选额与年龄均不加限制。⑤ 可见吏部也有借此拓宽士子出路的考量。其后情形愈加混乱，吏部最终不得不对既定方案有所调整，原定孝廉方正科连续八年开科，每年只要有三名以上被推荐者到部，即可在二月至八

---

① 赵尔巽等撰《清史稿》卷 109，志八十四，选举四，第 3179 ~ 3180 页。

② “博学鸿词一科，前已由政府通饬各省保送，迄今日久，保送者甚属寥寥，刻拟再行通咨各督饬属查明，是否有无合格之士，迅即咨复来京，以备核办。闻政府之议，如此项合格者为数过少，即奏请暂行停止考试。”《核议博学鸿词科之办法》，《大公报》1909 年 11 月 1 日。

③ 《博学鸿词科停止之近耗》，《大公报》1909 年 11 月 23 日。

④ 《通饬慎选孝廉方正》，《大公报》1909 年 8 月 17 日。

⑤ 《吏部奏遵议御史饶芝祥奏孝廉方正选举冒滥请定章程折》，《大公报》1909 年 12 月 13、14 日。

月间开考一次。后吏部奏准将八年连续开科“酌减”为四年，从宣统元年至宣统四年，每年八月举行一次考试。①

开科年份虽然酌减，名额却没有限制。既往孝廉方正科全国每届报名不过三四十人，且向不分等，一体带领引见授职。宣统二年，吏部以两逢大恩，专折请旨增额，报名人数规模空前，达到600多人。

在报考录用程序方面，吏部议定：（1）孝廉方正由官绅推举，被推荐者若不愿参加会考，则可免试而直接给以六品职衔。（2）被推荐者若“有志上进”，希望获得更高的职衔，则需要遵循一定的程序，先由各州县详选事实清册，呈送各省司道，再由司道出具切实考语，转详各督抚，由督抚奏闻，经礼部核复，一并咨送吏部，在吏部参加会考。（3）会考取录者再参加朝考，经钦派大臣阅卷，拟定等第，优等“以知县分省，归孝廉方正班候补；其次以布库盐道各大使、直州判、州判、县丞、府经、教职等项掣签，掣省亦均归孝廉方正班补用”。考虑到候补官员中“各大使及州判等项已均极拥挤，而教职一项又复裁撤殆尽，若仍以旧例任用，则将来恐永无补缺之期，殊不足以广皇仁而示体恤”，故吏部堂官会议决定对旧例进行变通，“拟廷对录取者以小京官、知县、县丞、府经、主簿、吏目六项任用，其余均奖五品顶戴，遣归田里”。②

吏部初议未免过宽过优，为免遭物议，最终权衡利弊，拟按照考试成绩，分别录用，“择其学有根柢通晓时务者列为一等，举人五贡及低官应升知县者以知县用，廪增附监及毕业各生以直隶州州判、州判、盐运司经历用；次者列为二等，举人以六品之直隶州州同、布政司经历、布政司理问，五贡以七品之直隶州州判、州判、盐运司经历用；廪增附监及毕业各生以八品之府经历、县丞，九品之州吏目、县

① 《奏定各省孝廉方正考试日期》，《大公报》1910年10月12日。
② 《紧要新闻·吏部为孝廉方正宽筹出路》，《申报》1910年9月7日。

主簿、道库大使、巡检用。均俟引见后恭候钦定，分别录用。此外未经录取之员，无庸带领引见，照例给予六品顶戴，作为正途出身”。[①]这些规定表明，立停科举后的孝廉方正特科，并非以德行和孝道为主要评判依据，而是据考试成绩分等，有悖该科之名，令人难以置信。据督抚奏报，仅山东一省，即有附生李伯昌等74人至礼部验试，另有143名孝廉“文理稍逊，请给与六品顶戴荣身”。[②]其规模人数与优待，逾越此前历朝。

有鉴于宣统二年孝廉方正科的鼎盛，宣统三年于八月下旬举行又一届孝廉方正科，据《大公报》报道，报名应试者有340余人。[③]耐人寻味的是，孝廉方正科择人，本应名实相副，以尊崇践行三纲五常的口碑为依据，此时却依照旧学功名的层级分等，并以其是否“学有根柢、通晓时务”辨优劣，不伦不类，但也折射出时代变迁的影响下，选才标准已颇多改观，以至于方方面面都要与时俱进。如此，则停罢科举常科后举办的特科，虽然舆论不以为然，但实际仍起到一些疏通旧学的作用。据《大公报》推测，清季四年中荐举的孝廉方正当在2000名上下，以此而得官者亦有300多人。在该报看来，在仕途异常拥挤之时增此闲僚，于吏治有害无益。既然国家能将沿用数百年的乡会试毅然去之，何以独于毫无实际意义的孝廉方正屡次考试，贻笑大方。[④]

科举停罢后孝廉方正科的相继举办，显然对维护旧学者起到了暗示与鼓舞的作用。1909年初，御史李灼华条陈请复岁科两试，奉旨交学部议奏。“荣尚书颇不以此举为然，已拟议驳不准，已俟与张相国

① 《紧要新闻·变通孝廉方正录用办法入奏》，《申报》第13526号，1910年10月3日。

② 《山东巡抚孙宝琦奏荐举孝廉方正折》，《政治官报》第988号，1910年7月30日，折奏类，第4页。

③ 《奏定各省孝廉方正考试日期》，《大公报》1911年10月12日。

④ 无妄：《闻考试孝廉方正书感》，《大公报》1911年10月12日。

核妥，即行具折复奏。”[①]《大公报》的评论认为，新旧学考试接踵而至，延绵不绝，人才不患无多，至于是否可以借此振兴中国，则颇可质疑。[②]

与开办特科更多地寓意保存旧学相仿，存古学堂的开办，也是停罢科举后保存旧学的重要举措，其主要目的不在安置士子，而是借此保存传统文脉。

兴办存古学堂，湖北模式有着积极的推动作用。张之洞主管学部后，对学部的方针政策转向有明显影响，此举意在纠正学堂主导之下中学面临湮灭之偏。[③] 在学部的大力提倡下，江苏提学使除在省城设立存古学堂一所外，还设立了英文专修馆一所。该馆以五年为毕业期限，原定课程除英文外，还有国文、算学、舆地三门，其后取消算学、舆地。国文原有经史等名目，后去掉历史，专讲《论语》和《孟子》两经以及管世铭八股稿，被媒体认为怪异，是科举余毒的复辟回潮。[④] 1909 年，媒体关注到学部整顿经学之急迫，“此次京师高等小学考试毕业，经学课程无一佳卷，学部对于此事异常注意。荣尚书以经史一科，关系紧要，不容任其湮没，京师学堂程度若此，外省小学已可概见，刻正详拟一切整顿之法，俟有成议，即行通饬京内外各学堂一律照办”。[⑤] 可是，尽管学部再三设法，最终仍难以扭转立停科举后经学的颓势。

三　善后之未尽事宜

与研究者后来的认识几乎完全不同，相关史实表明，立停科举

---

① 《盛京时报》1909 年 2 月 19 日。又见“查去年给事中李灼华奏请考试八比克复科举之折，实出鹿军机主稿，张南皮早有所闻。嗣因监国摄政王震怒，发交学部议驳，张南皮延搁多月，不敢议复，仅令李灼华归回原衙门”。《科举近闻》，《台湾日日新报》（汉文）1909 年 7 月 25 日。

② 《闲评一》，《大公报》1910 年 9 月 5 日。

③ 详见关晓红《晚清学部研究》，第 182 ~ 187 页。

④ 《怪哉今日尚有注重八股之学堂》，《盛京时报》1908 年 8 月 25 日。

⑤ 《学部整顿经学之急迫》，《盛京时报》1909 年 2 月 19 日。

前，在人事安排上，清统治者对于停罢科举的善后不仅从未掉以轻心，而且反复权衡，逐步完善相关构想。在立停科举的贯彻实施过程中，各部院在落实宽筹士子出路的举措方面也多方给予优惠。与此同时，由于孝廉方正等特科的举办，以及仿行宪政试办地方自治等若干章程的相继出台，科举善后的实际关照面，显然已经突破了最初的构想，较原计划覆盖更为宽广。正因为实情如此，停罢科举后，中外报刊鲜见大规模骚乱滋事的报道，相反，不少时评与趋新人士的日记书信甚至认为善后措施过于优渥而不断有所批评。这些善后措施所造成的负面作用，便是仕途更加拥挤，人满为患，给吏治造成巨大的压力。

更为重要的是，科举善后，实际上应当包括筹措士子出路与存续旧学精华两项内容。最初的筹划考虑显然忽略了后者，而集中于为士子安排出路一面。立停科举后，随着新学在推广过程中出现越来越多的问题，学堂学生的国文程度备受世人诟病，通过开制科存续旧学被提上日程，可实际效果除进一步疏通旧学士子的出路外，保存国粹的作用甚微。张之洞主政学部后，存古学堂曾经热闹一时，可惜时过境迁，挽回旧学颓势的种种努力依然成效不著，充分暴露出科举善后在更深的文化层面观照不足。

就人事安排而言，清廷采取的善后方案，对于已经取得科举功名的士子（指进士、举人、优贡、拔贡、生员），确实宽筹出路，而对广大童生，尤其是屡试不中的老童生，除了改考学堂或投身趋新事业，别无他途。陕西布政使樊增祥对清廷厚此薄彼感到不平："各属选派学生出洋游学，但取举贡生监而学僮不与……考试既停，童生永无入学之日，即永无选送出洋之望，岂不向隅？"① 童生中年龄小于30岁者，基本可通过进入新式学堂等途径改弦易辙，而年龄在40岁

① 樊增祥：《樊山政书》，那思陆、孙家红点校，中华书局，2007，第398页。

以上“业科举而不能自立之人”，即尚未取得旧学功名者，却实实在在成了被遗忘的人群。

当然，就此指责清政府也欠公允。任何善后都会有所限制，很难一体均沾。据记载，乾隆时 90 岁以上屡考不中却越挫越勇的老童生亦不鲜见。若以此为上限，则这一人群的年龄跨度相当大，人数很难准确统计。他们缺乏科举功名，社会地位不高，年龄又偏大，重新适应的能力较差，既不能进入新式学堂深造，又很难在日趋学堂化的改良私塾中获得教师的资格，连开馆授徒之道也渐渐被堵死。停罢科举后，清廷与社会舆论对此均鲜有关注，善后优惠完全没有顾及这一群体，这部分人难以找到合适的安置之方，出路最为狭窄，生计也最为艰难。社会制度的变化，常常以牺牲部分弱势人群的利益为代价，立停科举，同样如此，只是不幸落到毕生以科场为梦想的老童生身上。

尽管清廷对于安排旧学士子的出路已尽可能充分考虑，给予各种优惠，并尽力贯彻落实各项措施，但对于善后的理解略嫌简单狭隘，一方面，宽筹出路还是有所遗漏，使得没有科举功名、终生困顿举业的老童生不免向隅之苦，另一方面，对于举贡生监又太过优待，以致妨碍学堂的发展，引起舆论的强烈不满和抨击。

而在科举余绪的反衬之下，一部分学堂学生对于科举功名虽仍然仰慕，向学之心却大受影响，且以“有用”与“无用”作为权衡，以时务为时尚，对经学等课程日渐漠视，中学的传承更加岌岌可危。学堂教育也始终不上轨道，致使问题层出不穷，社会争议持续不断。吊诡的是，学堂育才成效不彰，实际上反而成为科举善后效果不佳的最直接证明。

《清史稿》这样记述立停科举善后与儒学兴衰的关系：“光绪末，科举废，丙午并停岁、科试。天下生员无所托业，乃议广用途，许考各部院誊录。并于考优年，令州县官、教官会保申送督、抚、学政，考取文理畅达、事理明晰者，大省百名，中省七十名，小省五十名，咨部以巡检、典史分别注选，或分发试用。各省学政改司，考校学堂。未几学政裁，教官停选。在职者，凡生员考职、孝廉方正各事属之，俸满用知县，或以直州同、盐库大使用。儒学虽不废，名存实亡，非一日矣。”① 自隋唐之后，科举成为儒学的重要载体，立停科举后，学政裁撤、教官停选，虽然经学课程列入学制，但就学习内容而言，却是由主体变成了分支，尽管有孝廉方正等特科及存古学堂的回光返照，但儒学昔日的辉煌毕竟一去不复返了。

---

① 赵尔巽等撰《清史稿》卷106，志八十一，选举一，第3118页。

第四章

科举停废与近代乡村士子

科举制的改革与变动均意味着规则的调整，人们的身份地位会相应发生变化。作为原来科举制度最大的受惠群体乡村士子，如何看待和适应这一对他们的前途命运而言几乎是生死攸关的体制变动尤为重要。

举业是乡村士子人生的重要内容，科举制为数以千万的寒门士子提供了通过读书改变命运的方式与机会。因此，改科举与停科举都对他们的命运产生不可低估的影响。关于科举停废对近代社会尤其是士绅的影响，前人较多地从士人的没落及四民社会的解体等角度进行探讨。① 山西举人刘大鹏日记的某些片断，亦多次被相关著述引为论据。科举改章及最终停罢，影响至为深远，但究竟在多大程度上以及如何改变了乡村士子的生存状况和发展出路，仍有必要以实证为基础，更加深入具体地观察检讨。

---

① 代表性著述有：王先明《近代绅士——一个封建阶层的历史命运》，天津人民出版社，1997；罗志田《权势转移——近代中国的思想、社会与学术》，湖北人民出版社，1999。

第一节　举业生涯与社会变动

清末改科举与停科举基本以自上而下的方式进行，对以举业为生涯的士子直接造成巨大的冲击，改变了他们的生活方式与人生轨迹。了解士子们在改科举与停科举期间的感受、态度和境遇，是考察停废科举所造成的社会影响不可忽略的部分；而通过士子的日记、年谱等相关记载，并与官方档案文献、报纸杂志的内容相互比勘，可以自下而上地从个人与社会关系的角度深入探寻立停科举的前因后果。

一　制度、社会与个人命运

制度的作用是规范个人行为与维系社会秩序。随着社会的发展变化，制度的兴革必然影响人们的生活，乃至根本改变其命运。科举制度变革所产生的社会冲击，对不同阶层的具体影响各不相同。即使处于同一社会层面，由于地域、家境、年龄、学历、身份、性格、交友等差别，不同个体对制度变化的感受与体验不仅千差万别，其判断和反应甚至可能截然相反。

关于科举停废及其影响，当时的“历史意见”和今天的“时代意见”之间存在着比较明显的反差。[①] 尽管不同时代的观念视角

---

① 关于如何研究制度史，史家钱穆有相当精辟的论述，他说：“任何一制度，决不会绝对有利而无弊，也不会绝对有弊而无利。所谓得失，即根据其实际利弊而判定。而所谓利弊，则指其在当时所发生的实际影响而觉出。因此要讲某一代的制度得失，必需知道在此制度实施时期之有关各方意见之反映。这些意见，才是评判该项制度之利弊得失的真凭据与真意见。此种意见，我将称之曰历史意见……待时代隔得久了，该项制度早已消失不存在，而后代人单凭后代人自己所处的环境和需要来批评历史上已往的各项制度，那只能说是一种时代意见。时代意见并非是全不合真理，但我们不该单凭时代意见来抹杀已往的历史意见……这两者间，该有精义相通，并不即是一种矛盾与冲突。”钱穆：《中国历代政治得失·前言》，生活·读书·新知三联书店，2001，第5~7页。

有别，合乎常理人情，然而对科举制变化相关各事的了解认识不足，也容易导致以偏概全或是看朱成碧。抽离事件或人物所处的特定时空联系，或是仅仅依据某些个体及点的经验去描述事件的全局整体，进而一般性地评论是非曲直，很难得出恰如其分的结论。

考察士子的举业生涯及其对停罢科举的态度，选择考察样本和采取适当的方法至关重要。一般士子大都籍籍无名，缺少连续性资料，而成名之后的记述往往与原来的经历多少有些距离。要想获得可资研究且具有一定普遍意义的样本，诚非易事。即使取材得当，倘若孤立地考察，也容易随意放大抑或缩小，误读错解相关人事，很难充分呈现历史本身所具有的丰富与复杂性。而从不同的材料中抽取事实加以连缀，又容易陷入先入为主的误区不能自拔，且难以近真。因此，只有尽可能全面地了解科举与乡村社会结合的方式途径，通过比较不同地区、不同类型的以举业为生的乡村士子，了解他们对科举与自己前程关系的认识，考察这一群体在科举改革及立停科举进程中的态度与实际应对，方可更深入地认识立停科举究竟如何影响形形色色乡村士子的生存命运，从而从根本上改变他们的生活轨迹。

有鉴于此，本章选取同一时期不同地区的若干乡村士子的日记，参以其他一些士子的年谱、文集等相关记载，与当时的报刊等文献相互印证，以求显示更多的信息，多视角地展现废科举所产生的社会影响的实况。

中国士人多有日记其事的传统，但历经岁月风雨，保存并能公开出版的为数不多。尤其是人数众多的下层士人，其日记得到保留和公布的，更是凤毛麟角。迄今披露的清季下层士人的日记中，刘大鹏（山西举人）、朱峙三（湖北秀才）、王锡彤（河南拔贡）等人的日记保存相对完整，对科举停废前后的情况记述得相当详细。他们既有诸多相似之处，又存在明显反差。① 几位皆为家境贫寒的乡村士子，都以早登仕途为脱贫解困的重要途径，科举改革与他们休戚相关。而且地处南北和中部，所取得的举人、秀才等科举功名皆具有代表性，年龄及后来的政治取向相去甚远。由于相似性，可以相互比较；由于差异性，则能够反映更加多样化的情形。从他们的日记中，找出同时段对科举制相关事宜的记载，通过这些记录系统地了解他们的反应和感受，进行横向对比，可见科举停废前后南北乡村士子耳闻目睹的信息虽然相同或相似，由于年龄、风气、趋向等差异，判断和取向却各自不同。

正如章开沅先生为《朱峙三日记》撰写的说明中指出的那样，“重大事件易入史书记载，渐进而又细微的演变则往往为人们所忽视”。② 其实，完整而真实的历史，应是重大与细微的结合，渐进与剧变的统一。将刘、朱、王等人日记中的相关记载与档案、报刊等文献资料进行对比互证，可以从宏观与微观的不同层面，交互考察科举停废对乡村社会的实际影响，其所呈现及反映的情形，与以往的一些判

① 刘大鹏（1857～1942），山西太原县赤桥村人，1878 年考取秀才，1884 年中举人。其长子于 1902 年乡试中举，遂以“父子登科”闻名乡里。曾就读于太原崇修书院，三次参加会试未中，后离家而以塾师为业。1908 年由太原县推选为山西省谘议局议员，民国以后担任过县议会议长、县教育会副会长、县立小学校长、县清理财政公所经理和公款局经理等职务。参见刘大鹏《退想斋日记》，前言第 1 页。

朱峙三（1886～1967），湖北鄂城县达明乡人，自幼习举业，1904 年考取秀才，入府学，1905 年进入一年制武昌县师范学习，1906 年考取两湖总师范学堂。曾先后担任几家报馆的主笔、编辑，武昌起义后任湖北军政府内务部书记官，后投身教育界，在多所中学任教。1926 年以后，在县、省各级政府历任局长、县长、秘书等职，新中国成立后任湖北省人民政府参事。参见《朱峙三日记》（连载之一），中南地区辛亥革命史研究会、武昌辛亥革命研究中心编《辛亥革命史丛刊》第 10 辑，湖北人民出版社，1999，第 228～229 页。

王锡彤（1866～1938），河南省汲县（今河南卫辉市）人。16 岁丧父，曾辍学赴修武盐店习业，18 岁返回乡课读，入淇泉书院。19 岁中秀才，授徒乡里，多次乡试均落选，32 岁为拔贡，33 岁赴京朝考，注（册）直隶州州判，未赴任。36 岁（1902 年）受聘孟县溴西精舍山长，39 岁（1905 年）任禹州三峰实业学堂山长。参与地方政事及实业筹划，1909 年后充当袁世凯幕僚，长期在京、津、唐、豫等地从事工商实业活动。参见王锡彤《抑斋自述》，第 1～3 页。

② 章开沅：《关于〈朱峙三日记〉的说明》，《辛亥革命史丛刊》第 10 辑，第 224 页。

断结论或有不同。唯有尽可能多层面地通过生活在同一时代的人物命运及其生存状态来展现这一历史事件的进程变化，才能逐渐接近错综复杂的历史本相。

二　乡村士子的举业生涯

相关研究显示，清代268年所举行的112科会试（包括恩科），取得进士出身者约为26391人，平均每届236人。[①] 尽管通过科举步入仕途的乡村士子数目十分有限，但由于每一层级功名的取得，都程度不同地提高了士子的社会地位并相应地改善其生活，且因科举考试并无年龄限制，考生可于有生之年持续不断地应试，给渴望循此途径改变命运之人以无穷希望，乡村士子往往对此锲而不舍，终生困守科场者屡见不鲜。故凡以应试及通过科考获取功名为人生目标，并以此谋求生计者，可视为以举业为生。

行政设市是进入民国以后的事。严格说来，清代并没有后来意义的城乡分别，尤其是没有明显的城乡壁垒分界。除了京师及省垣等规模较大的城市，居住在城墙里面与生活于市镇当中乃至乡下，身份未必有太大差异。晚清租界的开辟和市政观念的引入，使得社会出现变化的征兆，所谓城绅与乡绅之别最为典型。尽管如此，传统中国基本上还是农业社会，从这一角度看，可以说大部分士子都属于乡村。

晚清乡村社会中究竟有多少人以举业为生，目前的研究只能通过应试科举的记载来做推测。有人以苏州为例，将有清一代苏州的总人口（以1820年人口数为基数）除以每科生员的平均数，所得结果是，作为最低一级科举功名的生员，每科只占总人口比例的0.003%，约

---

① 王德昭：《清代科举制度研究》，第65页。关于清代每科进士的取中数额，有学者已注意到《东华录》、《清朝文献通考》、《清朝文献续通考》与《明清进士题名录索引》的不同统计差异，参见商衍鎏《清代科举考试述录》（2003年增补），百花文艺出版社，2004，第191～192页。此处采用王德昭教授认可的说法，即商衍鎏先生生前据《清会典事例》和《清朝续文献通考》所做的统计。

占男丁数的0.12%。[①] 边地的情况则更差，如贵州省三合县“终清之世，仅得副榜二、拔贡一，俨如晨星几点”。[②]

据美国罗有枝的研究，清代男性的识字率达到40%。这一估计虽然备受质疑，以为过高，可是如果同意罗有枝关于识字标准的论点，则大致可以成立，因为大部分低下阶层子弟读书不是为了考试科举。湖北鄂城县达明乡的朱峙三，光绪二十二年记道：“下等人家子弟专以读书认字多为主，盖读一二年即学徒为工商者也。欲习科举为进身之阶，仅四五家。”[③] 不过，这四五家显然起到引领风气的作用。据其后来所述，达明乡有三四百户人家，朱峙三入学后，向亲朋好友发帖请客即达120多家。当然，因为经济状况与风俗习惯的差异，各地情形有着不小的区别。同一地区在不同时期，比例也会有变化。

乡村的孩子往往六七岁入蒙学，十六七岁开始参加科举最初级的考试——县试，而后继续参加府试、院试。院试取中可获得生员名额进学，为科举最低一级的功名“秀才”。秀才必须在学政主持的岁、科两试中取得资格，才能参加省城乡试。乡试正榜录取则晋为“举人”，举人可不受限制地参加每三年一次在京城举行的“会试”（若有恩科，则三年内会有两次赴考的机会）。会试正榜录取则为“贡士”，贡士须在参加殿试后才有可能成为“进士”。进士除一甲前三名直接授职外，其余均须通过朝考后才能授职为官。近有研究者据《清代硃卷集成》中的履历与试卷，证明一甲三名亦须朝考，只是朝考成绩不妨碍其授职翰林院。[④]

科举考试为寒门士子提供了改变自己命运的机会和途径，但科考

---

① 徐茂明：《江南士绅与江南社会（1368～1911年）》，商务印书馆，2004，第312～313页。

② 胡翯羽纂《贵州省三合县志略》卷22，《中国方志丛书·第一五五号》，据民国29年铅印本影印，台北：成文出版社，1974，第367页。

③ 《朱峙三日记》，《辛亥革命史丛刊》第10辑，第258页。

④ 蒋金星：《清代一甲进士有免于朝考的特权吗?》，《教育与考试》2011年第2期，第41～42页。

路途崎岖，十年寒窗、青灯伴读是乡村士子举业生涯的必经之路。由于科考每届间隔三年或两年（正科与恩科），为了维持日常生计和筹集长途赶考的盘缠，士子们或担任塾师，或聘为幕友。张仲礼在其所著《中国绅士》一书中，对士子举业生涯的各种生存方式做过的研究显示，士子们最基本也是最主要的方式就是做乡村塾师。

事实上，为数不少的士子在获取科举功名之前，就已经开塾授徒。而取得功名者，则在收受生徒的数量及束脩方面占有明显优势，每一级功名的获得，均会使其收入更上一层楼。在广袤的乡村，师徒一起参加科考者比比皆是，那些暂不参加考试的生徒，则可在老师赴考时放假休息。

为了减少赴考路途所需的时间和盘缠，有的士子甚至离开家乡，在距离考试场所较近的地方开塾授徒，一面维持生计，同时准备下一次考试。如吴稚晖 18 岁时，即因家贫而在无锡城内开始设馆授徒，“学生六、七人，束脩十八元”，借此得为家中“购置新棉被御寒”。23 岁时（1887 年）考中秀才，一面设帐授徒，一面准备应乡试。27 岁时（1891 年）中式举人。后屡次参加会试不中，依靠在苏州“教授十四学生”维持生活。[①]

士子在塾师收入之外，还可以通过进入书院考课获取更多收入，以维持生计、补贴家用与应酬支出。胡汉民 16 岁时，“以家计故，与长兄清瑞各课徒自给。门徒有十七、八岁者。既课徒，复须自修，且将应考书院，博膏火以赡养弟妹”。因当时广州各大书院皆有膏火之设，“各士人试卷获上取者，每得银六钱，中取者每得银三钱”。[②]

因此，晚清不少书院，往往以增加奖励膏火名额吸引学生。梁士诒 1901 年在凤冈书院主讲时，“向例该院月课择优取录六十名，资以

① 杨恺龄撰编《民国吴稚晖先生敬恒年谱》，台北：台湾商务印书馆，1981，第 8～10、14、19～20 页。

② 蒋永敬编著《民国胡展堂先生汉民年谱》，台北：台湾商务印书馆，1981，第 17 页。

膏火。先生为奖励寒士计，多列名额，捐金给奖。邑人闻风慕学，一时来者数百人”。[①] 可见书院膏火已成为乡村士子举业生涯中十分重要的收入。

河南汲县的王锡彤，16岁丧父，家道中衰，不得不辍学到修武盐业为账房学徒，“每月工资铜钱千枚”（此时当地斗米铜钱三百），因不愿在盐中掺假而失去工作，“正在此时，救命星至矣，淇泉（书院）月课，每月辄获奖钱数千，持归供母，大自夸诧，以为较修武盐肆小伙之月钱为多”。[②] 可见仅靠书院课读的奖金，居然可与一份低等职业的收入媲美，贫寒士子在耕读中一面维持生计赡养家庭，一面期待通过科考改变命运。

王锡彤19岁中秀才，20岁为林氏家庭塾师，“学生五人，每年脩脯铜钱三十千尔”。21岁，被前知府聘为家庭塾师，“授其子及孙读书，月俸银五两，又零用铜钱二千”。这一收入本已接近京师翰林院编修的月俸。因其“自念乡里教授非长久计，惟有举人进士是前途发达之方”，虽然此时家中还有老母妻儿需要抚养，却毅然赴河南大梁书院肄业，“月支膏火银一两五钱，足为饮食之需。每月再得奖金，仍可寄家为养”。[③] 只要课业名列前茅，书院课读所得，不仅可以自赡，还能够养家活口。这种以读养读的方式，为后来新式学堂难以比拟。乡村士子读书仍可赚钱养家糊口，而不是一味花费，是科举考试能够对广大士子长时期具有恒定吸引力的重要因素。

朱峙三出身于湖北乡村的贫寒家庭，父亲以行医的收入养活全家，后因祖父和叔父相继病逝，朱家负债累累。7岁入私塾并决心博取功名以摆脱贫困的朱峙三，17岁参加府试期间，在日记中披露心迹

① 凤冈及门弟子谨编《民国梁燕孙先生士诒年谱》，台北：台湾商务印书馆，1978，第45页。

② 王锡彤：《抑斋自述》，第26页。

③ 王锡彤：《抑斋自述》，第28～31页。

道："科举本非善政，然贫贱之士，小而言之，进学后开贺，可获贺礼者三百余串，中举则倍之矣。"[①] 除了接收贺礼外，更为重要的是，由童生而中秀才入县学，学生本人及家庭均"为乡人敬重，未入学者，乡人冷眼或非笑之"。[②] 对于贫寒家庭而言，其子弟通过科举考试获得功名，即使未入仕途，也能得到一份名至实归的社会尊敬。

王锡彤几度乡试均名落孙山，24 岁时（1889 年），因"病母在堂，稚子在抱"，而"复为童子师，馆于徐氏。学生六七人，并携弟锡龄同往。每年脩脯，可得铜钱三十余千"，加上廪生身份已可为应考童生签字做保人，再添一份收入。做塾师的同时，他还在该地一家书院月课，"又月得钱数千"，养家活口均不成问题。1891 年，王锡彤抱着极为复杂的心情第三次应乡试，"不敢说不应试矣，盖恐又骗人钱也。结果依然不第"。因为愧对推荐其应试者，只好"避匿不见"。

1892 年，27 岁的王锡彤在家授徒，远道来投之学生，"每年脩金外，出麦米三石，由师供食"。"是时余为教读师，余妻为灶下妇。贫儒岁月，夫妇共同之担负如此"。因当时人工贱，家中学生多，请一老仆帮忙做饭，"每月铜钱三百枚而已"。1896 年，年已 31 岁的王锡彤在学政院试时获取拔贡。[③]

乡村士子赶考所需的盘缠，多为亲朋好友的馈赠或借贷。尽管河南距京师较近，举人会试亦需银五十两，至于拔贡赴京所需之费用，包括礼部投文、报到、买卷、团拜等，更在百两开外。王锡彤拔贡赴京朝考，"知府曾与九先生为张罗五十两，友人崔凤梧独送五十两，

---

① 当时自费出国留学每年费用为 200 余串。后朱峙三考中秀才，实际收到贺礼 130 余串，除去各种应酬与开销，所余不过 80 多串。《朱峙三日记》，1903 年 6 月 24 日、11 月 4 日，1904 年 8 月 1～7 日，《辛亥革命史丛刊》第 11 辑，第 297、308、335～336 页。

② 《朱峙三日记》，1903 年 9 月 7 日，《辛亥革命史丛刊》第 11 辑，第 304 页。

③ 王曾三次参加乡试、一次会试不中。优贡则每省于乡试年份，考取四人；拔贡则十二年中之酉年，府学二人、州县学各一人。王锡彤：《抑斋自述》，第 23、25～26、28～31、38、39、41 页。

盐商共送四十两，本处亲友约计钱百千”。[1] 在一些地方，置有乡村公产资助科举赴考者的专项经费——宾兴，1903 年 6 月初，朱峙三参加府试，“领得小宾兴钱二串文”。[2] 所以设立这样的资助，主要是因为科举功名可为族人及乡里争光，增加其乡与族在当地的权势，形成共同利益场。有功名者可以成为乡村争讼的仲裁者、童生应试的担保人以及官府与乡村事务的重要中介，士子与乡村社会借此种种联系纽带而牢固结合。

乡村教读，虽然前途未必光明，倒有不少实惠。两相比较，舍虚名以就实利者不乏其人。江苏宿迁的叶道源 1870 年乡试中举，其父之友为云贵总督，“承诺荐举他出任一个重要的官职”，他不愿出仕，因其教馆所入“足给吾衣食所需，间有余者，以赡亲族”。[3]

由此可见，作为四民之首的士，在其步入科场前后，可通过做幕友、塾师等方式维持生计，而教读身份并不妨碍其同时在书院课读，获取膏火，赡养老幼。各方面的收入叠加，或许无法与经商行医相比，较之务农、帮工、学徒，则有过之无不及（如王锡彤自述的收入，较帮忙煮饭的老仆多十数倍），起码可以维持一般生计。

乡村士子的举业生涯多以舌耕为主要方式，他们怀抱“一举成名天下知”的梦想，与传统社会普遍存在的升官发财梦大同小异，而且通过持续不懈的努力，可以获得受人尊重的身份地位。即使是在不断接近目标的努力过程中，其锲而不舍的精神也能够赢得亲朋邻里和乡间社会的敬重，并且借由种种方式与途径得到收入，以维持生计、赡养家口，舌耕实际上成为一种艰苦辛劳却较为固定体面的职业，形成

---

① 王锡彤：《抑斋自述》，第 54 页。

② 《朱峙三日记》，《辛亥革命史丛刊》第 11 辑，第 294 页。

③ 《吴中叶氏族谱》卷 51，第 93 页。转引自〔美〕张仲礼《中国绅士的收入》，费成康、王寅通译，上海社会科学院出版社，2001，第 90 页。

士子与乡村社会稳定结合的可靠保障。后来向往反清革命的朱峙三反省自己在废科举过程中“尚甘心应科举者，则是谋生、求出路、显亲三项累之”。[①] 以举业为生，确为乡村士子们的一般生活状态。

三　科考弊端及异途冲击

在相当长的时期里，科举考试是乡村士子努力改善生存条件和身份地位的重要途径。不过，科举考试虽然为乡村士子提供了一条相对公平的出路，却并非坦途。

一是科场困顿，早已为失意士人深恶痛绝，《儒林外史》便是生动的写照。其中描写的种种情形，到清季更甚。在迫不得已皓首穷经的苦读中，乡村士子切身体验了科举考试的种种弊端，无论高中者抑或落第者，都不同程度地表示了抱怨甚至批评。

科举的独木桥狭窄难行。癸卯院试未中，朱峙三便有了宿命的感叹：“至各亲友处略坐谈，均说科名迟早有定数。噫！科举取士，寒士可以出头，然老死其间未能得青一衿者，盖十分之九也。”[②] 与之同场考试的洪子卿，年已 59 岁，尚为童生。另一位准备到省应考的老秀才“程师”，做过朱峙三的塾师，还创办民立小学堂，担任堂长，人虽年逾花甲，十四届乡试不中，仍锲而不舍，孜孜以求，决心第十五次赴考。[③] 对于多数乡村士子，科举考试与其说是成名捷径，毋宁说是谋生之道，有时甚至异变成对抗命运的惯性挣扎。

相比于湖北朱峙三的怨而无奈，山西刘大鹏对于科举可谓情有独钟，视其为人间正道，但私下也不得不承认，所谓科举的公平也是相对而言，学问好不一定就可以高中杏榜：“京都凡取士，总以字为先，

① 《朱峙三日记》，《辛亥革命史丛刊》第 11 辑，第 285 页。

② 《朱峙三日记》，1903 年 8 月 13 日，《辛亥革命史丛刊》第 11 辑，第 302 页。

③ 《朱峙三日记》，1903 年 8 月 13 日、9 月 24 日，《辛亥革命史丛刊》第 11 辑，第 302、305 页。

以诗赋为次，文艺又次之。故用功之士，写字为要务，一日之中写字功夫居其半，甚且有终日写字者。京师之人相见问曰：近日用功否？即问写字也，并不问所读何书。"① 这样的情况在明确指"科举为误人之政策"的朱峙三看来，更是通病。因为府试落第，他翻检上年直省闱墨，认为本省解元聪明但无实学，亚元则抄袭陈文子书太多，倒是第三名文字老练近古，可以学习。据说"江浙人取科名者，熟读陈文腔调，即得科举之诀也"。进一步阅读，还是觉得"均不足取也。蕲水三陈及汤化龙之文，均非佳作。江西闱墨解元龙元勋所作十三篇全刻，不但不成文，且不成话，似初明白之童生。如'孝弟力田论'首云木有本而枝叶茂，人有本而风俗敦，孝弟者立生之本，力田者治生之本也。简直如小儿口气矣。浙江解元刘焜、福建解元林传甲乃称能手，予一一读之，以练笔调"。②

另一湖北士人张知本，12 岁时中秀才，17 岁（1897 年）以湖北优贡第一名入京朝考，因"试桌高不及一尺，又无坐椅，众皆匍匐于地，监考者戴红蓝顶，眈眈逼视"，虽取为二等以知县用，却并未赴任，且"深感科举之无意义"。③

晚清科考改革虽加试策论，年轻的乡村士子一面摘抄背诵经史时策闱墨以备应考，一面还是对改革后的科考能否拔取真才抱有怀疑，因为考官也由八股出身，对时务的了解未必比应试者更多："科举本无真本领，亦从前习八股者多读程墨，致阅卷者只能阅其抑扬词藻。"④ 科举改章只是改革考试内容而不改考官与阅卷，不过是换汤不换药。

晚清以降，科举入仕日趋艰难。清中叶前科举考试一旦通过万众

① 《退想斋日记》，1896 年 9 月 12 日，第 61 页。

② 《朱峙三日记》，1903 年 9 月 8 日、23 日，《辛亥革命史丛刊》第 11 辑，第 302 ~ 305 页。

③ 张文伯编《民国张怀九先生知本年谱》，第 2 ~ 4 页。

④ 《朱峙三日记》，1904 年 5 月 16 日，《辛亥革命史丛刊》第 11 辑，第 324 页。

争先的隘路，就可以平步青云，因此在贫寒子弟眼中，简直就是登天的云梯。然而，晚清社会丕变之下，杂途人数激增，导致正途的旁支化日益加剧，对士子的心理乃至生计选择产生消极影响。

清代选官首重正途出身，咸同以降，捐纳、保举冗滥，吏治腐败日甚一日，造成仕途壅阻不堪。曾任吏部官员的何刚德描述："光绪以来，其拥挤更不可问，即如进士分发知县，名曰即用，亦非一二十年，不能补缺。故时人有以即用改为积用之谑。因县缺只有一千九百，而历科所积之人才什倍于此，其势固不能不穷也。"[①] 原为取士选官正途的科举，虽然仍照常运作，但获得功名而能入仕的比率明显减少。

王先明曾统计，太平天国以前捐官的总人数为3.5万人，而19世纪最后30年中，捐官人数达到53.4万人。1860年以后，捐纳而来的四至七品官员多于科举正途得官的人数。有职衔者中，捐纳比例竟然高达66%。以咸丰元年（1851）为例，中举后授予实官和取得候补资格者共计25.3%，"尚有74.4%仍处于'社会沉淀'状态"。对刘大鹏所在的山西太谷、安泽、虞乡等三县科举所做的统计也表明，在咸丰十年至光绪三十一年间（1860～1905），"通过科举制完成社会垂直流动的绅士仅占3%～4%左右"。[②] 这种状况势必导致士子对科举向心力的下降。

对正途功名极为看重的刘大鹏在日记中不无悲哀地写道："当此之时，名器甚滥，所到之处，有顶戴者甚多。或金顶，或砗磲石顶，或水晶顶。究其顶戴之来历，彼亦不知其所以然也。吁！名器如斯，宜乎读书者之少也。"[③] 由于仕途人满为患，作为科举考试和选官重要

---

① 何刚德：《春明梦录·客座偶谈》卷2，上海古籍书店，1983，第3页。

② 王先明：《近代绅士——一个封建阶层的历史命运》，第153～154页。其中一些统计系依据张仲礼、何炳棣等人的著作。

③ 《退想斋日记》，1897年2月16日，第69页。顶戴为清代外官的帽饰，金顶（似应为素金顶）为七品知县，砗磲石顶为六品通判或知州，水晶顶则为五品同知。

补充的举人大挑，在一些省份甚至被迫暂停。1898 年 1 月，刘大鹏到县城，“闻礼房书判言：前数月自京来文，来年挑选暂行停止，下一科再挑。盖因仕途壅塞，凡候补人员不得补缺故也。然未闻停止捐纳一途耳”。[①] 正杂二途乾坤颠倒，让十年寒窗的读书人如陷冰窖。《清史稿》记：光绪“七年，御史叶荫昉复言：‘近年大八成各项银捐班次，无论选、补，得缺最易，统压正途、劳绩各班。今捐例已停，请改订章程，银捐人员，只列捐班之前’。疏下部议。然积重难返，进士即用知县，非加捐花样，则补缺綦难，他无论已”。[②] 贵为进士，全国平均每届仅有 230 ~ 240 人，此时却须用钱才能疏通仕途，可悲可叹。

张仲礼的研究表明，19 世纪中叶以后，各省获得绅士身份的新进者比例高达 40% ~ 56%，“他们大多是通过捐纳而进入绅士行列的”。“‘异途’出身者的比例越来越大，许多捐纳者能获实授，而许多由‘正途’而得宦阶者欲获实授却不得不候补很长一段时间。由于自捐纳制度中涌出的官吏人数日增，传统的由考试竞争的机会均等原则更不复存在。”[③] 通过捐纳、保举而涌入官吏队伍人数的激增，给各省带来巨大压力。自光绪十七年至二十八年（1891 ~ 1902），山东、安徽、湖北、河南、浙江、江苏、甘肃、云南、江西等省先后以本省“候补各官异常拥挤，恳恩暂停分发，以冀疏通”上奏朝廷，分别要求以一年或两年为期，停止捐纳保举和劳绩的分发。[④] 这些情况表明，清初以来选官多重正途的传统，逐渐为捐纳滥行的社会现状所改变，严重者竟然本末倒置。

① 《退想斋日记》，1898 年 1 月 7 日，第 77 页。

② 赵尔巽等撰《清史稿》卷 112，志八十七，选举七，第 3242 页。

③ 〔美〕张仲礼：《中国绅士——关于其在 19 世纪中国社会中作用的研究》，李荣昌译，第 235、206 页。

④ 《光绪朝朱批奏折》第 1 辑，内政官制类，第 212、218、230、247、248、255、318、358 页。

与之相应，过去将捐纳视为异途，不屑一顾的情况有所改变。刘大鹏以否定的眼光记录了人情冷暖的变化：“顷闻太谷大富王姓者年二十余，先捐一道员，改捐某部郎中，于本月初八日赴京供职，饯行者络绎不绝，路旁之人莫不歆然倾慕。”[①] 这种状况不仅使以科举为中心的旧学备受冲击，方兴未艾的新学也受到威胁。直至停罢科举后，传媒对于这种反常状况仍然忧心忡忡。[②] 正途入仕本来就僧多粥少，需按班次等候轮转，加上清中叶后异途的膨胀，周期势必大为延长，在某种意义上甚至造成了正途的旁支化，科举考试对于士子的吸引力自然大为减弱。

四　弃举业就他途者渐增

随着晚清社会风气的变化和科场实态的压力日增，士子们的观念不断改变，读书不再仅仅追求“学而优则仕”，多样化的取向开始向乡村社会渗透。山西商业发达，票号垄断全国半壁江山。长期以来，虽然晋商子弟仍以读书求功名为正道，却不以商为末业。乡村士子亦早已将参与经商视为退路。既然异途入仕较易，何须困顿科场？异途冲击成为停废科举不可忽略的要因。面对仕途艰难的现实情况，不少士子纷纷改弦易辙，有的干脆放弃科考。戊戌前，山西“凡有子弟者，不令读书，往往俾学商贾，谓读书而多困穷，不若商贾之能致富也。是以应考之童不敷额数之县，晋省居多”。[③] 晋省经商之风行之久远，但清季商人与士子地位的此升彼降也是不争的事实。

湖北的乡村士子虽无经商的便利，但读书的目标也首在救贫而非求官。朱峙三曾经表示：“予正少年，脑力能记，以冀早青一衿，庶几寒士家有出路而已。”所以后来他说：“科举在清代为寒士求出路第

① 《退想斋日记》，1905 年 9 月 8 日，第 145 页。

② 《请停保举捐纳述闻》，《岭东日报》1905 年 9 月 21 日。

③ 《退想斋日记》，1898 年 1 月 17 日，第 78 页。

一门径，以故无恒产者舍此不能救贫，至于作官则在第二步。”[①] 科举竟可救贫，寒门子弟借此养身养家，满足自己最现实的生存需求。诚然，科举功名还是地方精英权力资源的要项，因而只要科举考试继续举行，成功与否仍然是乡村社会广泛关注的大事。只不过既然求富的追求多于得官，也就变得与其他同样可以致富的途径难分轩轾。

清代围绕科举考试展开的各类教读，在一定程度上可以说已经成为士子们的一份产业，许多寒士含辛茹苦入读儒学书院，求取功名和做官固然是其心仪的目标，更为现实的诱惑却是可以获得膏火银子，以便养家糊口。清中叶以后，迭经战乱，旧学系统遭受严重破坏，加上朝野上下逐渐提倡西学，多有减旧学膏火以增设新式学堂之意。山西自 1896 年“书院大减膏火以来，士子之心率多散涣”。省垣有晋阳、崇修、令德堂三所书院，而以前者最负盛名。“晋阳书院每当科年，七月月膏火以外，正奖并奖超等第一名，共得二十来金，其余十数金、七八金、五六金不等，极少三金。此次膏火极其肥润，故应课者千余人。”1896 年，晋阳书院肄业诸生因巡抚欲将膏火一律减半而拒绝应课，引起风潮。1897 年，当局又欲大减膏火，使得人心浮动。“书院肄业生皆言所得膏火无几，且未能得者甚多，盖由裁去膏火之故也。晋阳书院膏火原系一百二十分，去岁胡中丞裁去一半，只留六十分，崇修书院膏火原系七十五分，去岁裁去三十五分，只留四十分”。[②] 科举若无法让寒士维持生计，则士子只能顾及眼下实际利益，忍痛舍弃长远目标，改换门庭。据刘大鹏所说，1899 年晋阳、崇修两书院肄业诸生因膏火逐年大幅度递减，“所得膏火不能自给，皆引而归”。[③]

清廷的政策导向，对于乡村士子的行为取向起着至关重要的作

① 《朱峙三日记》，1904 年 5 月 16 日，《辛亥革命史丛刊》第 11 辑，第 285、324 页。
② 《退想斋日记》，1896 年 5 月 25 日，1897 年 5 月 27 日、8 月 8 日，第 58、73、75 页。
③ 《退想斋日记》，1899 年 2 月 3 日，第 88 页。

用。西学逐渐压倒中学的趋势，迫使科举考试在朝野的关注下不断变化，增加了一些与西学相关的科目或内容，而每一项改变，都会引起士风的震荡。后来清政府鼓励游学，兴办学堂，更加速了风气转移。

1901 年 1 月 29 日，清廷宣布变法，刘大鹏在日记中不无悲哀地写道："国家取士以通洋务、西学者为超特之科，而孔孟之学不闻郑重焉。凡有通洋务、晓西学之人，即破格擢用，天下之士莫不舍孔孟而向洋学，士风日下，伊于胡底耶?"[①] 他的一位担任塾师的同年，因东主"欲令子弟学西法，嫌守旧学"，只好"力辞其馆就别业"。[②] 到 1903 年，情况更加不利于守旧之人，"自国家变法以来，校士皆以策论考试，所最重者外洋之法，凡能外洋各国语言文字者，即命为学堂教习，束脩极厚，故当时人士俱舍孔孟之学而学西人之学，以求速效。间有讲求孔孟之道，谨守弗失不肯效俗趋时者，竟呼之为'顽固党'，非但屏逐之，而且禁锢之"。[③] 在日趋强劲的变法呼声中，科举变革乃至停废科举的传闻不绝于耳，随着相关信息的增多，不少士子逐渐意识到，科举考试乃至整个科举制度的退出历史舞台，只是时间早晚的问题，如果不能及早应变，必至束手无策，坐以待毙。

上述种种情形，使得科举制在清廷宣布停废前已成强弩之末，参加科举考试的人数在不少地方逐年递减。刘大鹏所在的山西乡村，光绪中叶后以科举博取功名的人已日渐减少，"吾乡僻处偏隅，士人甚少，即游庠序者，亦多不用功，非出门教书而塞责，即在家行医而苟安，不特读书求实用者未尝多觏，即力攻时文以求科名者亦寥寥无几"。其时在太谷县应桐书院就读者"生有三十余人，童二十余人，尽心作文者不过数人而已。或直录成文窃取奖赏，或抄袭旧文幸得膏

① 《退想斋日记》，1901 年 10 月 16 日，第 102 页。
② 《退想斋日记》，1904 年 12 月 22 日，第 138 页。
③ 《退想斋日记》，1903 年 8 月 9 日，第 126 页。

火”。[①] 自1894年起，刘大鹏日记中屡有“太原府属应童生试者甚少”之类的记载，[②] 新政实行之后，这种情况骤然加剧。壬寅科考，“吾邑于本月初四日开棚考试童生，应童生试者才二十三人，较前锐减太甚，去日考试完竣。余初应童试时尚百数十人（光绪三年），是岁晋大祲，光绪四年，余入泮，应童试者尚八十余人，自是而后，屡年递减，去岁犹垂四十人，今岁则减之太锐，学校衰微至是已极，良可浩叹”。[③] 一年后，该县应考童生试者仅剩18人。[④] 1904年春，朱峙三也记录了武昌县试应试人数减少的情况。[⑤] 这一年《鹭江报》发表的社评指出：“各府州县每遇岁科两试，报名与考之人数与曩时作比例，仅存三分之一。”[⑥] 说明此类现象并非个别偶然，应考人数锐减已成趋势。在越来越多的乡村士子心中，科举考试似乎成了食之无味、弃之不甘的鸡肋。

第二节　科举由改至停的反响与调适

对于乡村士子来说，科考成名意味着家庭生计与个人出路的改善，因此科举制改革与其命运休戚相关。1901～1905年，变革科举的步伐逐渐加快，刘大鹏和朱峙三均密切注视着相关动向，只是两人关注的方面和反应有所分别。乡村士子对于科举制改革的耳闻目睹和实

---

① 《退想斋日记》，1893年5月3日、6月22日，第20～21页。

② 《退想斋日记》，1894年4月21日，第32页。

③ 《退想斋日记》，1903年1月13日，第118～119页。

④ 《退想斋日记》，1904年3月13日，第132页。刘大鹏所说光绪二十一年以来童试人数逐年锐减的情况，有学人提示可能与光绪二年至六年山西大旱人口锐减有关。相关资料显示，大灾确实导致山西人口减少了47.7%（参见曹树基《中国人口史》第5卷，复旦大学出版社，2001，第677、689页），对科考会有较大影响。但刘大鹏记录光绪三年、四年大灾时太原县仍分别有100多人和80多人应试，然后逐年递减，甲午和新政开始后，递减加速，则灾害似非应考人数减少的主因。

⑤ 《朱峙三日记》，1904年3月18日，《辛亥革命史丛刊》第11辑，第321页。

⑥ 《论中国学堂程度缓进之原因》，《东方杂志》第1卷第6号，1904年8月6日。

际感受，明显带有因生活习性、文化传承和切身利害所决定的选择倾向，关注点与当时各界的看法及后来的学人不尽相同。

一　努力适应改试策论

尽管部分趋新学政努力适应改科举的变化，但在一些应考士子看来，清廷改制初衷尚好，而成效则颇可质疑。

朱峙三的记述颇为详细，反映出他本人及南方乡村的信息来源比较多而且快，几乎与清廷的变革进程同步，可以根据科举制改革的进程及时地不断做出相应调适，其自身的适应能力也相对较强。1901 年 8 月 29 日，清廷下诏停八股，9 月 13 日，朱峙三的塾师便将科举考试要废八股改试策论的消息传达给他，并表示："如有上谕，我邑各私塾不授八比文矣。"三周后，朱在日记中确定了上述消息，"朝廷近日已下诏改科举制度，不用八股诗赋取士，师命以后每夕读《古文观止》"。"今日正课，师教予作论，出题曰：中国易于富强论。师云以后俱做义论，不做八股文，讲求时务，须知吾国大势也。出题：'练兵论'，以后所作俱为整篇，非如八股分半篇、中股、完篇也。"从此，师徒两人均停读八股文，开始关心时局，"借阅报章尤注意宫门抄及变法新闻"。因"师喜看新书，讲求时务之学。城内教书者，无不乐与谈论"。[①]

面对科举改革不断推出的新变化，即使是同一地区的不同士子亦反应不一。1902 年 3 月下旬，朱峙三记："八股已废止，老儒多有慨叹者，谓朝廷不应废制艺改策论云云。老儒盖中八股之毒者。"[②] 可见年龄较大的"老儒"对社会变化的适应力比年轻士子要差，对旧制的习惯与依恋更强烈。当然，中年以上的士子也有不少与时俱进者，同

---

① 《朱峙三日记》，1901 年 9 月 13 日，10 月 4 日、5 日、10 日，11 月 3 日、10～11 日，《辛亥革命史丛刊》第 10 辑，第 323～326 页。

② 《朱峙三日记》，《辛亥革命史丛刊》第 10 辑，第 331 页。

年10月，朱峙三的塾师便结合报纸中的时事，给生徒出题作文："泰西何为君主之国，何为民主之国，何为君民共主之国，试举各国之所在。"[①] 其趋时之速，似成竹在胸，已有应对之招。

远在京城的翰林院编修梁士诒，1903年3月致信其弟，"近日张香帅、袁慰帅具折请裁减乡会科岁试中额，限三科以内尽行裁废，奉旨交政务处会议，大约必依张、袁二公之议矣。平心而论，考试但凭一日之短长，试官走马看花，亦无成见，诚不如学堂之切实。现初办学堂，虽未见成效，然五六年后必有可观。今日青年学子，纵终日闭户潜修，仍不如入学堂之获益。现在学堂科学分门别类，兼习之则各业博通。且政治之学，日新月异，亦非伏处岩谷者所可妄测……兄千思万虑，皆愿两弟入学堂，毋拘于成见，无安于小就"。[②] 此时科举改革如何走向，朝中尚未有定议，而梁士诒却料到大势所趋，学堂取代科举只是时间早晚而已，苦心劝说其弟从速弃旧学改习新学。

科举改章后，趋新固然是大方向，可是考试内容范围较既往宽泛得多，不似八股程式那么固定与相对熟悉，士子们的确一度迷茫彷徨。朱峙三属于努力适应调整的一类，1903年初，他将从邻居家借来的《新民丛报》《中国魂》作为模拟范本，"一一阅读之，习其文体，是为科举利器。今科各省中举卷，多仿此文体者"。[③] 随后又找到壬寅顺天试题"东西洋商务日兴，其要何在策"为自修内容，"熟读而深思之"。8天后，该县知县所出观风题中，恰好有"振兴商务以何者为急策"一题，因为押宝正确，朱本人喜不自禁。其赴县礼房交卷时"问之，城内交卷者不多，盖八股初停，义论策试，士顽固者不愿考也"。[④]

---

① 《朱峙三日记》，《辛亥革命史丛刊》第10辑，第335页。

② 凤冈及门弟子谨编《民国梁燕孙先生士诒年谱》，第49~50页。（注：原文标注为1902年3月，但对比袁、张两督出奏时间，似为编年谱者之误）

③ 《朱峙三日记》，1903年1月8日，《辛亥革命史丛刊》第10辑，第337页。

④ 《朱峙三日记》，1903年2月2日、10日、12日，《辛亥革命史丛刊》第11辑，第286页。

士子们适应程度因人而异，改试策论后，各省应试者情况不一，山西除定州外，其余府县皆“应试人不满额”；“阳曲县月课生卷只三四十本，童卷仅十余本，尚复文不对题。离省八十里之徐沟县，今年县试只有九人”。“福建漳州县试有算学代数题，数百童生竟无一知代数为何事者，间有童生称明珠算，竟以珠算算就写于卷中。”① 由此可见，其时等待观望的士子不在少数，调适的情形尚不尽如人意。

兴学与科举此升彼降的趋势通过科举考试的内容也显现出来。1899 年 2 月，学政王同愈在湖北各府按临时，就出题：“国家设科取士，其意安在？士子所学何事，以应国家之需？试各抒所见。”② 1903 年武昌府试，该省学政有意将废科举与兴学堂的两难作为试题，题曰：“问科举进身易，学堂进身难，有科举则学生不能专心，科举可废欤？近日游学日本学生、上海学生，猖狂流荡，不率教，不勤学，学生果可恃欤？然则主持学务者，若不废科举，恐无自强之时。若不惩学生，益重自由之弊。将何道之从，试深虑而畅言之。”③ 停废科举，约束学生，正是清政府挽救危机的应变之道。而二者取向相悖，一旦科举废止，学生数量激增，更加难以控制，这让当道很难痛下决心在科举与学堂之间做出取舍。

1903 年 7 月中旬，当看到报刊上登出《奏定学堂章程》时，朱峙三敏锐地意识到：“观其意似欲废科举，办学堂。”④ 一个多月后，他的家乡便盛传“废科举，专办学堂”的消息。朱峙三根据各省学堂逐渐兴办，尤其是简易师范一年毕业即可派充小学教员，月薪 30 元的情况，又托人联系，准备投考省城的新式学堂。⑤ 是年 8 月至 12 月，正当疆臣合谋并通过枢府促动变革科举之际，科举变法也成为乡

① 《百无一是》，《选报》第 47 期，1903 年 4 月 12 日，教育言，第 11 页。
② 顾廷龙编《王同愈集》，第 301 ~ 302 页。
③ 《朱峙三日记》，1903 年 6 月 11 日，《辛亥革命史丛刊》第 11 辑，第 295 页。
④ 《朱峙三日记》，1903 年 7 月 17 日，《辛亥革命史丛刊》第 11 辑，第 299 页。
⑤ 《朱峙三日记》，1903 年 8 月 23 日，《辛亥革命史丛刊》第 11 辑，第 303 页。

村士绅谈论的话题。[①]

前述曾任朱峙三老师的程姓塾师，年龄与刘大鹏相仿，曾经历过14次乡试，[②] 看到清廷与督抚均有告示，提倡私人办学堂，便积极响应，不再开塾教徒，转而开办民立小学，招考五十名学生。入学考试请该县教谕主试，“一切弥缝礼节，扃门放炮，均如学宪考云云”。所出考题为四书文“君子学以致其道义”。该学堂教学的所有程式，与科考无异，开始主要是配合准备应考的生徒，出题考课，如“宋向戌欲弭诸侯之兵论”“是故君子先慎乎德，有德此有人，有人此有真义”“孟子道性善，言必称尧舜义”“君子居是国也，其君用之则安富尊荣，其子弟从之则孝悌忠信”“善教得民心”等。虽然增设了地理课，但教地理的孟姓老师所教内容则不止地理，如课堂随考题目为“地球为行星之一说”“理财练兵于中国孰急说”“驳平权议”，显然是综合时事与政治的内容，以因应科举改章后试策论之需。县考届期，民立小学不但允许学生参加科考，堂长还亲自送学生至考棚。[③] 既不放弃科考的机会，也不拒绝跟随改革的步伐做趋新的尝试，应为此时大多数士子的基本态度。

《辛丑条约》签订后对于是否暂停科考一事清廷始终犹豫不决，“迭次提倡学堂、废科举，但现在仍并重”。[④] 其态度的摇摆不定影响了士子们的取向，在新学与旧学之间脚踏两只船的人为数不少，一方面，新学堂入学者踊跃，“每一学堂招考，挂牌一、二天即收去……虽在省住候者，闻讯稍迟而不及试者，又非学务公所有人照挂，先递名条

---

① 《朱峙三日记》，1903 年 12 月 16 日，《辛亥革命史丛刊》第 11 辑，第 312 页。另见关晓红《科举停废与清末政情》，《中国社会科学》2004 年第 3 期。

② 清代乡试，正、恩科合计，至 1905 年停科举前，平均两年多一届，14 次科考亦须 30 年左右。即使程师在 20 岁前已中秀才，彼时年龄也在 50 岁开外，比当时的刘大鹏年纪略大。

③ 《朱峙三日记》，《辛亥革命史丛刊》第 11 辑，第 287 ~ 290 页。

④ 《朱峙三日记》，1903 年 11 月 3 日，《辛亥革命史丛刊》第 11 辑，第 308 页。

上去，仍不得取”；[①] 另一方面，学堂学生又心系科考，而不能专心向学。朱峙三虽然考入民办小学，学习了一些新知识，但每当县考府考期近，在家长的督促和改善家境的自觉下，还是将主要精力倾注于科考上面，甚至停学在家，准备科举考试。[②]

1903 年，上海开明书店的王维泰趁科考之机，到开封贩书，以开风气，并了解士风民情。当时各省公车五六千人聚集开封，据他的观察，除江浙闽粤等省直接赴上海购书外，其余各省“选择精当者以直隶、两湖为最，山东、陕西、四川次之，江西、贵州又次之，甘肃、广西、安徽、山西、云南竟寥寥无几，河南为尤甚”。[③] 与九省通衢的湖北相比，刘大鹏的家乡山西相对闭塞。由于信息不畅，刘大鹏得知科举停止的消息，已是在报刊公布的一个多月之后。不过，早在十年前，科举停废问题就成为刘大鹏的一块心病。1896 年 5、6 月间，山西传闻废学校、裁科考，稍后又具体化为“风闻有意全裁各省书院，停乡、会试十科”。尽管不知是否真切，已是“人心摇动，率皆惶惶，凡为士者，竟有欲废读书而就他业之人。盖士子习业已久，一旦置旧法而立新功（法）令，自有不知适从之势。谣之起真耶假耶，不得而知也，真令人二三其心”。[④]《辛丑条约》签订后，作为列强要求的惩罚，山西等省的科举考试被迫停止。十年之中，刘大鹏虽然不停地指责、抱怨，内心也明知大势所趋，难以挽回。

1904 年甲辰会试二场的题目之一是论述设学堂的要旨即陶铸国民、造就人才、振兴实业，三项孰为最急策。[⑤] 让举子纵论兴学大计，

---

① 《朱峙三日记》，1903 年 11 月 10 日，《辛亥革命史丛刊》第 11 辑，第 309 页。

② 《朱峙三日记》，1903 年 3 月 19 日、5 月 27 日，《辛亥革命史丛刊》第 11 辑，第 289、293 页。

③ 王维泰：《汴梁卖书记》，张静庐辑注《中国现代出版史料》甲编，中华书局，1954，第 406 页。

④ 《退想斋日记》，1896 年 6 月 8 日、5 月 22 日，第 57、58 页。

⑤ 《退想斋日记》，1904 年 5 月 31 日，第 134 页。

虽是对科举制的极大讽刺，却暗示着改弦更张之意。故乡村士子对于科举的最终结局与大致走向，已经心知肚明。尽管如此，壬寅至甲辰，连续三年举行或补行科考，对士子乃至学生影响巨大，这也是一部分封疆大吏力主立停科举的重要原因之一。

当然，兴学毕竟是新鲜事物，各地短时间需觅众多学堂主持与教员，很难找到合适人选。于是，按照科举模式办学堂的情形屡见不鲜。朱峙三所在的湖北鄂城县创办师范学堂，招考学生，应考者有生、监、童约一千人，在考棚举行考试，由肖县令出题："蒙以养正圣功也"。这一看便是科考的经学题目，朱峙三觉得有些怪，还特地标明"并无义字"。复试的题目便写成"师道立则善人多义"，为五经义。新学老师系廪生捐教谕，无甚学问，所出观风题：（1）"天命之谓性三句义"；（2）"博学无方，友视志义"；（3）"东汉中兴功臣多习儒术论"；（4）"拟重修陶桓公读书堂记"。[①] 既非新瓶，亦无新酒，直以旧瓶装老酒而已。

二　停罢科举的不同反应

早在 1905 年 8 月 2 日，"端方、袁世凯、赵尔巽、岑春煊、周馥联名请即停科举，不必行三科递减之法"的消息已经在湖北武昌不胫而走。此事的酝酿应在 6 月 30 日王文韶离开军机处之后，直到 1905 年 9 月 2 日，袁世凯、赵尔巽、张之洞、周馥、岑春煊、端方等人才联名奏请立停科举。民间传闻竟比新闻报道还要迅速。[②]

地域、年龄、阅历各异的刘大鹏和朱峙三两人，面对科举停废的不同心态和反应，在乡村士子中颇具典型意义。朱峙三从 7 岁开始为

---

① 《朱峙三日记》，《辛亥革命史丛刊》第 11 辑，第 343 ~ 344 页。

② 《朱峙三日记》，1905 年 8 月 2 日，《辛亥革命史丛刊》第 11 辑，第 353 ~ 354 页。如果日记文字未经改动，则这一记载为科举停废的重要史料。关于 1905 年的联名奏请立停科举，前人多以为由张之洞主动，并依据许同莘的记载，定为旧历七月酝酿发端。实则张之洞并不主张立停，联名上奏由端方和袁世凯主动，公历 7 月已经发动，张之洞的加入反倒落在后面。

科考做准备，此后整整十年苦读，历尽艰辛，常常“菜油灯伴予至鸡鸣初次乃寝”。[①] 进入学堂后，仍然希望金榜题名，鉴于科举改革已是大势所趋，便及早应对。所以在证实科举立停的消息后，反应冷静：“今日科举已成历史上陈迹矣。许多醉心科举之人，有痛哭者矣。”[②] 在此之前数月，已是秀才的他考取了县里的师范学堂，陶醉在“自建学堂后，气象一新，书声嚷嚷然，夜景犹佳”的氛围之中。[③]

而身为塾师、年已48岁的举人刘大鹏，虽然深知科举弊端，三次参加会试均告落第，但因科举停废直接影响其生计前途，因而反应异常强烈，如丧考妣：“世变至此，殊可畏惧”，“甫晓起来心若死灰，看得眼前一切，均属空虚，无一可以垂之永久……日来凡出门，见人皆言科考停止，大不便于天下，而学堂成效未有验，则世道人心不知迁流何所，再阅数年又将变得何如，有可忧可惧之端”。[④] 在他看来，所可忧惧者，一是“科考一停，士皆殴入学堂从事西学，而词章之学无人讲求，再十年后恐无操笔为文之人”；二是“科考一废，吾辈生路已绝，欲图他业以谋生，则又无业可托，将如之何”。[⑤] 对于刘大鹏而言，科举停罢，导致身体与精神的虚脱，旧学湮灭与个人前途紧密相连，强烈的卫道情结背后，也是切身利益的牵扯，个人生计的无着已让他苦不堪言，文化之殇更使其沉痛不已。与之经历相似的一部分中年乡村士子，尤其是那些以塾馆和举业为生者面临可能失去饭碗的困窘，在骤然打击之下，陷入精神与物质双重失落的痛苦难以自拔，由此而产生对新式学堂的敌视，并以守旧自居便不足为奇。从1904年1月批准十年三科减额渐停，到1905年9月遽然宣布立停科举，其间仅仅一年多时间，对于乡村士子，尤

① 《朱峙三日记》，1903年7月9日，《辛亥革命史丛刊》第11辑，第298页。
② 《朱峙三日记》，1905年9月18日，《辛亥革命史丛刊》第11辑，第355页。
③ 《朱峙三日记》，1905年5月9日，《辛亥革命史丛刊》第11辑，第350页。
④ 《退想斋日记》，1905年10月15日、17日，第146页。
⑤ 《退想斋日记》，1905年10月23日，11月2日、3日，第147页。

其是偏僻地区而言，确实过于仓促。

刘大鹏式的抗拒，既在情理之中，又在意料之外。清廷酝酿停废科举时，对于善后曾反复斟酌。不过，清政府着重于宽筹出路，对因文化心理失衡而导致“士心”流失估计严重不足。立停科举，取消了原定三科十年的过渡缓冲期，也加重了士子的心理压力。

由于刘大鹏醉心于举业，对其他出路大都不屑一顾，将个人及家庭际遇与科举制的实行与否完全绑到一起，因此对停罢科举强烈抵触。然而，以守旧自居，并自动归类到顽固不化者行列的刘大鹏，还是不得不承认以下事实：“近年来为学之人，竞分两途，一曰守旧，一曰维新。守旧者惟恃孔孟之道，维新者独求西洋之法。守旧则违于时而为时人所恶，维新则合于时而为时人所喜，所以维新者日益多，守旧者日渐少也。”① 即使如王闿运这样闻名遐迩的名士，1904 年也曾到新式学堂授课讲“礼记”。② 因此，刘大鹏这番表白所透露出来的信息，即变动中的社会渐以趋新为主流。在当时的乡村社会，像他这样固执不变为科举殉道者，也是少数，其态度和反应并不能代表乡村士子的一般趋向。而士子的实际出路，并非如他预计的那么狭隘。例如，诏停科举之前，徐特立与两位乡村塾师已弃科考而到宁乡速成师范学习了四个月，1905 年 7 月结业后，三人在长沙附近成立了“梨江高等小学堂”，相比原来的身份，这是一个“收入更高，更体面、更有发展前景的职业”。此时塾师出洋留学，以至与自己教过的学生一起留学，也并非个别现象。③

当然，由于中国地域辽阔，地区之间的经济文化发展不平衡，乡村士子得到相关信息的渠道、方式与速度不一，各地对兴学响应的情

① 《退想斋日记》，1905 年 7 月 13 日，第 143 页。

② 王闿运：《湘绮楼日记》，光绪三十年五月初二、初三、初七（1904 年 6 月 15 日、16 日、20 日），岳麓书社，1997，第 2632 ~ 2633 页。

③ 转引自蒋纯焦《一个阶层的消失——晚清以降塾师研究》，第 203、197 ~ 198 页。

况，以及风气转移的程度也有差别，对于立停科举的反应，与个人经历和再谋出路的可能性有着密切关联，只是限于资料，缺乏更多地区的不同记录，尤其是乡村士子自己亲笔的记载而难以比较。但在地区贫富差距下，不同年龄层的乡村士子在出路选择与适应程度方面存在明显差异，应是一般规律。

立停科举当年已 45 岁的浙江秀才张棡，科举停罢后并未改习新学，也未到师范学堂进修，而是直接进入家乡的中学堂任教，教授国文和经学，最初年薪二百元，另由学堂供膳食。至 1911 年 8 月其 51 岁时，“照新章计算每月应得脩金五十元”。据其所记可参考的当地物价，1910 年底，其七婶家出售一亩二分地的园子，作价四十五元。所以张棡的感激之情溢于言表：“教育如此优待，则膺此任者其可不认真行之乎。”①

上述情形使得以下现象变得容易理解，即除了像刘大鹏之类自嘲的“顽固者”外，一般而言，科举停废在当时各个社会阶层没有引起太大的反响。翻阅这一时期的报刊和相关文献，除了不多的几篇评论外，反应之平静与今人的重视反差明显。② 目前所见各种亲历其事者的日记或毫无所记，或一笔带过，不加评论，显然没有当成什么惊天动地的事。翰林院侍读学士恽毓鼎所记稍详，也有所议：“有诏废科举，专以学堂取士。科举在今日诚可罢，唯各省学堂未能全立，从前

① 张棡，1860 年生，21 岁时为县学廪生。1911 年时，在其执教的学堂每月任课“国文九点、经学四点”，共上课 13 点钟。张棡撰、俞雄选编《温州文献丛书·张棡日记》，上海社会科学院出版社，2003，前言第 1 页，正文第 119、122、159～160 页。

② 何怀宏称：“当时社会上总的反应却大致接近于是无声无息，革命派的报刊几乎不注意此事，改良派、保守派的反应也不热烈，既乏激愤者，也少欢呼者，似乎这并非是一个延续了千年以上，且一直为士子身家性命所系的制度的覆亡。”《选举社会及其终结——秦汉至晚清历史的一种社会学阐释》，生活·读书·新知三联书店，1998，第 415 页。赵利栋的研究也表明，由于此时学堂大量吸纳科举士子，“他们的一些人既是高等学堂的主体，又是主要面向年龄较小无功名者的初级学堂的教习主体，又是基层新式初级学堂的主要设立者和管理者，成为新式的学绅”（《1905 年前后的科举废止、学堂与士绅阶层》，《商丘师范学院学报》2005 年第 1 期）。

奏定章程尤未妥善，必须重加订定，方可培植人才。”其所举唐宋至元代科举制兴废的史实，表明他对学校取士不无担忧，至于停废科举，也认为是水到渠成。[①] 究其原因，一方面，兴学是大势所趋，而新式学堂毕业生通过各种奖励章程，已经成为清廷取士的正式来源，实现了由科举向学堂的转换，就业渠道也更加广泛；另一方面，科举停废前不少士子多做“识时务”的选择，纷纷变换观念，改弦易辙，不再死守科考一条路，而是寻求多元化的职业取向与路径，为改变自己的命运创造更多的机会。对于他们而言，科举考试纵然不能说可有可无，却也不是非此莫属了。

第三节　科举停废后乡村士子命运的变化

立停科举对乡村士子最为直接的影响，莫过于生计与出路的重新考虑和选择。面对不同的机会，如何选择及其结果怎样，往往取决于环境的优劣和适应能力的强弱。分居南北乡村的朱峙三和刘大鹏的日记提供了不同的视角，从中可以观察科举停废所引起的反应变化在乡村社会的具体表现。

一　乡村士子可选择的出路

山西传统重商，在废科举兴学堂的背景下，不少学童离开私塾，从而切断了部分以授馆为业者的生计来源。在刘大鹏日记中，常常可以看到一些在乡村开设蒙馆、以舌耕为业的老师宿儒，因国政改革，“读书之士俱弃孔孟之学而从事洋夷之学，凡讲说孔孟者莫不群焉咻之，目为顽固，指为腐败，并訾以不达时务，为当时弃才”。[②] 科举停

---

① 恽毓鼎：《恽毓鼎澄斋日记》，第276页。
② 《退想斋日记》，1908年4月22日，第168页。

废，令这些“弃才”“惶惶然不知措手足”，[①] 只能坐困家中，“仰屋而叹无米为炊”。科举停废所造成的社会风气变化，使得士人面临脱胎换骨的考验。

胡思敬《国闻备乘》中，以翰林回乡为例，说明科举停废前后社会对科举功名的态度全然不同，反差之大，令其万分感慨。[②] 而从刘大鹏、朱峙三日记所见的情况却有所不同，尽管晚清功名正途的光辉已大不如前，由于科举制实行多年，已经形成完整的体系，融入社会生活的各个层面，故其进行的每一步，都伴随着相应的习俗和礼仪。庚子以后已成强弩之末的科举考试，在这些习俗礼仪的配合下，看起来还是相当热闹的。相比之下，新进外来的学堂与中国社会各方面还须经历一段磨合期，因而暂时显得有些冷清。科举与学堂并行期间，一旦面临科考，师生相率下场，学堂只好停课。而举业的成败，也聚焦了人情冷暖与利益的厚薄。所以时人断言“学堂与科举势不两立”。[③]

不过，弃举业而向他途，究竟是重生还是就死，观念趋向不同的人看来全然两样。即使依据刘大鹏日记，当时乡村士子中与之年龄相仿而态度境遇相似的人也为数不多。倘若将刘大鹏的个案当成清末全国乡村士子情况的一般，未免有以偏概全之嫌。

面对制度变革，由于年龄、经历与家庭负担等原因，中年人的适应及选择能力相对较差。对于那些未能主动应变的乡村士子，尤其是中年士人，停废科举后，重新选择的机会有多少，清廷是否给予了适当安置，具体落实的情况如何，是否因为无策善后而导致矛盾激化，这是解读刘、朱两人日记相关语境的关键。

---

① 《退想斋日记》，1906 年 5 月 19 日，第 151 页。

② 胡思敬：《国闻备乘 · 科目盛衰》，荣孟源、章伯锋主编《近代稗海》第 1 辑，第 252 页。

③ 公奴：《金陵卖书记》，张静庐辑注《中国现代出版史料》甲编，第 393 页。

仔细考察停罢科举后乡村士子的出路，主要有以下几种途径：

其一，参与举贡、生员考职和优拔贡考试。[①] 前章述及，礼部、吏部和各省纷纷制定相应措施，对举贡、生员的考试与任职给予种种优惠。这些办法大都逐一得到落实，仅优拔贡考试在科举停废之后就继续了三科。科举时代，优贡为三年一考，拔贡则为十二年考一次，且名额鲜少。为善后考虑，每次优拔名额已数倍于前。考职一项，也按预设的三科进行，每科人数接近乡试所取名额，以每次约 1500 人计算，三次考职所录取的名额共约 4500 人。举贡会考进行了两次，一是 1907 年，录取吴承仕等 367 人，二是 1910 年，录取陈命官等 320 人，合计 687 人，录取者均得到吏部授职。[②] 仅此一项，已达到并超过两届会试中额，且授职的情况较平常会试后的进士授职落实更好。[③] 从学部档案的相关资料来看，1909 年由吏部授职并签分学部的人员，有案可稽的 52 人中，科举出身者 48 人，学堂毕业生仅 4 人。[④] 如参加第二次拔贡考试，成绩在二等五名的甘肃考生张维（国钧），即授学部书记官。[⑤] 民国时期的云南宣威地方志特设"疏通旧学"栏目，提及立停科举后，清廷诏令各省督抚报送举贡考试授职，"其廪增附中年事稍长，不能再入学堂者，著各省提学使与优拔两场加倍取录外，设职官考试，分一二两等以巡检、典史试用，（以）上三项考试，皆以三届为限"。[⑥]

---

① 《政务处奏酌拟举贡生员出路章程折》，《东方杂志》第 3 卷第 4 号，1906 年 5 月 18 日，内务，第 94～98 页。

② 商衍鎏：《清代科举考试述录及有关著作》，百花文艺出版社，2004，第 193～198 页。

③ 参见何刚德《春明梦录·客座偶谈》卷 2，第 3 页。

④ 中国第一历史档案馆藏：《关于学部官员升迁调补的文件》，学部档案全宗，职官类第 138 号。

⑤ 张维著、王希隆主编《还读我书楼文存》，生活·读书·新知三联书店，2010，代序，第 19 页。

⑥ 陈其栋修《云南省宣威县志稿》卷 6，《中国方志丛书·第卅四号》，据民国 23 年铅印本影印，台北：成文出版社，1967，第 521 页。

因此，加上优、拔、岁贡数倍于前的增加额，在科举停废至清亡的6年中，不仅举贡生员入仕概率之高前所未有，而且优先录用的待遇在有清一代亦是闻所未闻。其后吏部奏准章程，对举贡与朝考录取优贡两项，均按考试成绩分等后分别予以优待安排。[①] 有研究结果显示，即使在科举时代，三年一届乡试的中举额也只有1500名左右，进士每届236名左右，举人拣选与进士分发还相当困难。[②]

清政府的善后措施过于优厚，引起舆论的不满与指责。[③] 1909年12月11日，《大公报》载《哀考试》一文抱怨道："自入春以来，考优考拔应试者每省类不下五、六千人……优拔甫竟，而生员考职者继之，人数期限视优拔而稍杀，其纷纷扰扰则如出一辙。生员考试方竟，而举贡之考职又继之。"[④] 疏通旧学士子出路的各种考试此伏彼起、络绎不绝，对于骤然停止科举而前途命运四顾茫然的士子，可能只是一种无奈的补偿或绝处逢生的慰藉，但在时人观感上，却已对新式学堂发展产生了相当严重的负面影响。1911年3月13日《申报》发表时评："今距停废科举之时，将及十年，各种学堂亦已渐次设立，而考试反日忙一日，优拔恩岁廪增附等，且日多一日……昔日科举时代，优拔恩岁廪增附等，犹有一定之时限，一定之名额，今则车载斗量，更不知其恒河沙数矣。或曰昔日无数优拔恩岁廪增附等，既以考贡考职转入仕途，宜有此数千百后起之人才以补其缺，而衍我国文学一线之传也。呜呼，是为中国之教育。"[⑤] 直至民国时期，还有人将考试过滥斥为科举余毒。这从反面说明过渡时代留给旧士子的机会不

---

① 参见本书第三章第一、二节。

② 参见〔美〕张仲礼《中国绅士——关于其在19世纪中国社会中作用的研究》，李荣昌译，第133、136页。

③ 《浙江·四千八百余名之优拔》《江西·考试优拔之现相》，《大公报》1909年8月16日、9月11日。

④ 《哀考试》，《大公报》1909年12月11日。

⑤ 《时评·其二》，《申报》1911年3月13日。

少。由此可见，以当时人的眼光来看，仅就科举停废后旧学生员的出路安排而言，相关措施不仅充足，甚至有过度之嫌。既往认为清政府废科举而没有相应善后措施的判断，似与实情不符。

其二，进入省、府、县各级师范学堂及简易科师范。因新学扩展需要大量师资，各级师范学堂纷纷建立，对具有旧学生员资格者优先取录，毕业后即分发中小学堂任教。由于享有优先录取权，士子们大批涌入学堂，湖北“各学堂学生，如五路小学、农务、方言等学堂学生，亦有童生报考者。该堂系中学程度，当时系童监并收者。武普通亦有童生，文普通及省、道、府三师范简易科，则尽秀才也”；[①] 两湖师范还有“径冒填诸生混入者”。[②] 1906 年秋，湖北省城学堂“因近三科二十岁以下秀才录取已尽，改考录二十五以下者”。[③] 急需养家糊口的朱峙三最初选择了一年期的速成师范，毕业后即在家乡小学任教。不久，认识到“非求高深学问，以后难于立足新时代矣”，[④] 又考入省城的两湖师范学堂继续求学。山西举人刘大鹏虽然对于“学堂设立极要极多，所学者皆洋夷之学，毕业以一年三年为限”的趋新风尚表示不满，印象却相当深刻。[⑤] 张百熙、张之洞等人提出递减科举时，专为 30～50 岁的举贡生员设置了师范简易科。[⑥] 就在科举停废的当年，山西省一年半简易科录取就学的师范生已达 190 人。[⑦] 朱峙三曾短暂赴教的河南开封师范学堂，其学生“年长者六十余岁，年轻者

---

① 《朱峙三日记》，1904 年 7 月 10 日，《辛亥革命史丛刊》第 11 辑，第 329 页。

② 《朱峙三日记》，1906 年 12 月 2 日、《辛亥革命史丛刊》第 11 辑，第 384 页。

③ 《朱峙三日记》，1906 年 9 月 17 日，《辛亥革命史丛刊》第 11 辑，第 373 页。

④ 《朱峙三日记》，1906 年 5 月 27 日、6 月 9 日，《辛亥革命史丛刊》第 11 辑，第 365、366 页。

⑤ 《退想斋日记》，1906 年 3 月 22 日，第 149 页。

⑥ 《请试办递减科举折》，光绪二十九年十一月二十六日（1904 年 1 月 13 日），苑书义等主编《张之洞全集》第 3 册，第 1598～1599 页。

⑦ 《学部奏派调查山西学务员报告书》，《东方杂志》第 5 卷第 3 号，1908 年 4 月 25 日，教育，第 60 页。

二十余岁，皆各县来者。廪附生约百分之九十，少数则为童监”。[①] 广东东莞县志记载：“科举停后，邑中举贡或由考职得官，或入京师大学堂肄业。其廪增附生则多入师范简易科，充各学堂教员。”[②] 清末兴学热潮中，各级各类师范学堂吸纳了大批有科举功名的士子，在一定程度上缓解了师资奇缺的困扰，但与此同时也使得新式学堂的教学与管理有较多的旧学痕迹。

其三，出国留学，获取新身份。已获科举功名者出国游学已成时尚，并且辗转影响。理由之一是“盛称倭学之高，言倭之理学，华人不能其万一”。[③] 王树槐据《最近官绅履历汇编》统计，江苏地区取得过旧功名的官绅中，曾出国留学者占进士的 54.6%，举人的 31.8%，生员的 66.7%，进入国内新式学堂学习者，则分别为 3%、12.2% 和 25%。[④] 这表明，由旧学转轨新学的士子已经形成人数可观的群体，所具有的双重身份不仅在清末受到官府社会的青睐与重用，到民初仍然具有优势。刘大鹏对此早就感到愤愤不平：“现在出洋游学者纷纷，毕业而归即授职为官，其学孔孟之道并一切词章家，俱指为顽固党，屏之黜之。”[⑤] 所述游学毕业者即授职为官确系事实，孔孟词章家被指斥为顽固党，“屏之黜之”在清末民初报刊舆论中则尚未见佐证。这是否为风气闭塞的山西乡村所特有的情形，有待史料进一步发掘。

其四，私塾学馆改为新式学堂，塾师摇身变作教师。科举停废，以科举为生计的士子失去凭借，而新式学堂在乡村要想快速扩展，最

---

① 《朱峙三日记》，1907 年 5 月 18 日，《辛亥革命史丛刊》第 12 辑，第 161 页。

② 叶觉迈修、陈伯陶纂《广东省东莞县志》卷 26，《中国方志丛书·第五十二号》，据民国 10 年铅印本影印，台北：成文出版社，1967，第 15 页。

③ 《退想斋日记》，1906 年 3 月 20 日，第 149 页。

④ 王树槐：《中国现代化的区域研究：江苏省（1860～1916）》，《中央研究院近代史研究所专刊》（48），台北：中研院近代史研究所，1984，第 529～530 页。这些数字显示的范围仅限于民初官绅，而不是该地区所有获得过旧功名的人员。

⑤ 《退想斋日记》，1905 年 9 月 11 日，第 145 页。

为便捷的途径就是将学塾学馆改为学堂。光绪三十年（1904）始，清政府已将学堂的推广列为州县事实考核的重要内容，作为官吏任免或加级擢升的依据。[①] 而官员则据此可向急于办成新政的清廷邀功，为自己博取趋新务实的美名。两相结合，改私塾学馆为学堂，以备官员任期内的新政之绩邀功于上，成为较为普遍的模式。学部对各省视学报告与宪政编查馆的考察中均于此有所反映。

鉴于许多地方的学堂不过是私塾的改头换面，科举停废后大兴学堂，对于塾师而言并非灭顶之灾，在一定程度上恰是其弃旧图新的转机。还在科举正式停废之前，认为新式学堂对学生有害无益的刘大鹏之友乔穆卿，便将“其馆改为育英学堂，仿照现行学堂章程，教习三人，学生三十人”，乔本人在学堂“仍教学生以孔孟之学”，其他两位教师则“教算法并西法”，[②] 虽然新旧杂糅，却能和平共处。1905 年 2 月，还有人劝刘大鹏“办理晋祠蒙养小学堂事，亦在使余从新也”。[③] 而在湖北，朱峙三的两位年龄与刘大鹏相仿或更加年长、参加过多次科考的私塾老师，一位在 1903 年就响应鄂督倡导的私人办学，放弃私塾而改办民立小学；[④] 另一位则在科举停废当年，“派在陆军特别小学充文学教习”。[⑤] 因学堂扩展需要大量师资，朱峙三家乡的旧学诸生几乎被网罗殆尽。另一方面，由于相当数量的学堂是由私塾改头换面，教学的形式与内容没有多少变化。1908 年学部在调查中发现，山西阳曲县一些官立初等小学的“管理员教员大率未能合格”，“其教授时，先生高坐，一一讲授，全是以前家塾性质”。[⑥] 这反映出，已获旧学功名者并

---

① 朱寿朋编《光绪朝东华录》第 5 册，第 5193 ~ 5194 页。

② 《退想斋日记》，1905 年 5 月 26 ~ 27 日，第 141 页。

③ 《退想斋日记》，1905 年 2 月 3 日，第 138 页。

④ 《朱峙三日记》，1903 年 2 月 16 日，《辛亥革命史丛刊》第 11 辑，第 286 ~ 287 页。

⑤ 《朱峙三日记》，1906 年 1 月 13 日，《辛亥革命史丛刊》第 11 辑，第 359 页。

⑥ 《学部奏派调查山西学务员报告书》，《东方杂志》第 5 卷第 3 号，1908 年 4 月 25 日，教育，第 59 页。

非因学堂出现即断绝生机，许多学堂其实不过是私塾改换门庭而已。

其五，改就其他趋新事业以求发展。新政期间，除学堂外，还举办了一大批新兴的文教和民政事业，这为旧日士子提供了更多的选择。尽管其中多数职位要求新知识，但对于受过旧学教育的士子而言，转学新知识虽比国内外学堂毕业生困难，却比普通人容易，在学堂毕业生人数不多的情况下，竞争压力并不大。至于进入新式学堂再造的士子，改头换面，成为新人，从事新事业更加轻而易举。苏云峰的研究证实，湖北省有20337名获得旧学功名的人士通过各种新式教育进入教育文化、法政、军事、行政和实业界，占清末20年间该省40000余名绅士总数的43%。[①] 考虑到绅士之间自然存在的年龄差异，这个数字已相当客观。朱峙三本人于两湖总师范学堂毕业后，就曾先后担任《中西日报》《公论新报》的主笔或编辑。

其六，继续充当塾师。停罢科举后，尽管晚清和民国政府千方百计要以学堂取代所谓私塾，但移植日本而来的国民教育体系与其时中国国情颇有不合，教育经费不足又始终制约着学堂发展的规模，各类学塾不可能很快被取代，所以不得不退而求其次，力图改良私塾，使之适应时势，实际上等于承认私塾的合法存在。舆论也认为，废科举善后的最佳良策是私塾改良，“既省经费又广教育且养寒士，岂非事之一举三善备者哉?”[②] 因此，科举停废后，在学部主管全国教育期间，从未下达过取缔私塾的命令。1910年底，会议政务处为避免发布检定小学教员章程对私学可能造成干扰甚至引起恐慌，特请旨饬下学部通行各省，声明该章程专指官立和经官立案之公立、私立两等小学而言，其他城乡私塾及简易小学、识字学塾等皆不在内。[③] 此后私塾

① 苏云峰：《中国现代化的区域研究：湖北省（1860～1916）》，《中央研究院近代史研究所专刊》（41），第408页。

② 《论废科举后补救之法》，《中外日报》1905年9月11日。

③ 《御史赵熙奏学部奏检定小学教员章程妨碍教育折》，1910年1月15日，中国第一历史档案馆藏：会议政务处档案全宗，折奏类，第631卷。

教育一直以合法或半合法的地位延续不断。1935 年，据对全国 82% 县市的不完全调查，仍有私塾 85291 所，塾师 86034 人，① 只是教学内容要做相应的调整。此时距离科举停废已达 30 年之久。郭沫若、梁实秋童年均受过改良私塾的教育，所学教材已是新式教科书。蒋纯焦对晚清以降塾师的研究表明，“私塾改良重在革新私塾的教学形式、教学内容和教学方法，使其向新式小学看齐，对塾师的职业活动并不构成负面打击”。②

不过，即使如此，一些地区仍有因年迈而难以适应的士人因此而生活困窘、需要官方接济的个案。沈洁的研究注意到，苏州府长洲县年届七旬的举人管祥麟在科举停罢前即已家徒四壁，靠授徒维持生计，此时难以进入学堂，时任苏州学务公所总董的王同愈建议，由既往“校士项下常年有每两提出五分赏银拨充儒寡会，现将这笔经费提出，专备长元吴三县举人 70 以上年老无倚者津贴之用。1906 年春，江苏学务处拨银贰拾四两移解乡约公所，转行拨送津贴举人管祥麟”。③

以上多种渠道同时并存，使得清末最后的几年旧学出身者大都能够保持科举时代的出路，前景甚至更加宽阔。随着近代国家体制的形成，各级各类政权不断扩展，增设了许多机构和员缺，官僚队伍日益庞大，其人数及规模均超出历朝历代。各府州县为了催办各项新政事业，陆续设置相应的机构和佐治员，如巡警局、劝学所、劝业员、统计局等，提供了相当多的官员位置。从各省上报的各种考核及擢升者的履历名单可知，光绪三十三年至宣统三年间（1907 ~ 1911），仕进者中举贡、生员的比重不断加大。④ 同时，随着地方自治的推行，各

① 《二四年度全国私塾统计》，《统计季报》第 8 号。
② 蒋纯焦：《一个阶层的消失——晚清以降塾师研究》，第 167、173 页。
③ 沈洁：《废科举后清末乡村学务中的权势转移》，《史学月刊》2004 年第 9 期。
④ 《宪政最新搢绅全书》第 1 ~ 3 册，宣统己酉京都荣宝斋刊。

类知识人在各区域、不同行政层级中的实际权力和影响作用日益加重。一些省份计划恢复乡官，而具有旧式功名是必备条件。[①] 四川南部县光宣年间的诸多档案表明，议事会与董事会确在不少乡镇事务中发挥作用，而地方自治职所产生的各种新社会身份，也为乡村士子带来了众多机会。

清季预备立宪期间，“有举贡生员以上之出身者”是构成各省谘议局议员选举与被选举资格的重要条件；[②] 同样，县议事会议员的选举也规定：“曾经出仕或得科名或在庠者”与高等小学堂或以上之学堂毕业，或有五千元以上之营业资本或不动产者，资格相等。[③] 可见由科举功名带来的种种优待，以及因此形成的地方精英的权力资源不仅依然存在，甚至有所扩大，加上官制改革后避籍制即时停止，各省、府、州、县士绅的势力在新政进程中呈现进一步膨胀之势。

至少就目前已出版的清代文献、文集、日记等资料，以及一些学者通过不同视角的研究和统计结果来看，立停科举至护国运动时期的逾十年里，无论是在政府还是在社会层面，为数众多的士绅，凭借新政、宪政进程所产生的更多权力资源及多样化的渠道，广泛进入各级权力圈。李守孔、王先明对清末奉天、山东、陕西、湖北、四川等省谘议局议员的统计表明，具有进士、举人、贡生和生员功名者分别占总数的4.7%、19.1%、43.1%和24%。[④] 各项相加，绅士身份的议员一般占到议员总数的90.9%以上。日本学者市古宙三也认为，科举

---

① 《广西巡抚张奏妥筹广西整顿吏治四条及核定全州钱粮折》，《东方杂志》第4卷第6号，1907年8月。

② 《宪政编查馆等奏拟订各省谘议局并议员选举章程折》，《清末筹备立宪档案史料》下册，第671～672页。

③ 《直隶天津县地方自治公决草案》，《东方杂志》第4卷第5号，1907年7月。

④ 王先明：《近代绅士——一个封建阶层的历史命运》，第181、300页。王氏关于谘议局议员的估计，依据李守孔《清末谘议局》，收入“中华文化复兴运动推行委员会”编《中国近代现代史论集》第16编，台北：台湾商务印书馆，1986。

废止使得士绅获得了更多的合法权利，扩展了其影响。[①] 即使对新政诸多抱怨甚至采取敌视态度的刘大鹏本人，也于1908年当选为山西省谘议局议员，民初则担任县议会议长、县教育会副会长、县立小学校长、县清理财政公所经理等职务。这些情况表明，科举出身的中下层乡村士子，在基层社会的政治舞台上仍发挥着决定性作用，以至于有学人认为，清末地方自治实际是绅士之治。

二　南北士子的不同感受

将后科举时代的整体情形，与刘大鹏、朱峙三、张㭎等乡村士子对科举停废造成的社会影响几乎截然相反的体验反应进行比照，可见刘大鹏对于新学新政近乎偏执的一概反对，似乎更多是其自身主观情绪的表达，而与客观状况相去甚远。其日记中不少事实与议论的相互矛盾恰好说明了这一点。

仅仅依据刘大鹏日记，容易形成错觉，似乎废科举造成乡村士绅境遇的普遍恶化，引起他们的广泛抵触和不满，结果导致这一群体的边缘化。其实，目前所见刘大鹏日记为选本，其中至为关键的宣统元年至民国元年部分完全缺失。所记虽然看似刘大鹏耳闻目睹的事实，实则并非有闻必录，其主观选择性较强，往往流于对社会变动抵触与偏执情绪的宣泄。如清政府为举贡生员保留的种种晋身之阶，其公布与实施在朱峙三日记中屡有记录："政务处奏定举贡生员出身办法，以比照大、中、小学毕业生"；"礼部奏定生员考职办法。前闻举贡可考知县、教谕，现在生员可考巡检、典史"。[②] 而刘大鹏却完全视而不见，日记中仅记载其子考试优贡的失利。[③] 而且其对所记载事实的主

① 市古宙三『近代中国の政治と社会』、第351頁。

② 《朱峙三日记》，1906年3月22日、5月30日，《辛亥革命史丛刊》第11辑，第362、365页。

③ 《退想斋日记》，1907年1月21日，第156页。

观判断，亦与事实本身存在出入。例如，他一面抱怨舌耕之士生计艰难，一面承认守旧者日见减少，多数人改头换面，另谋生路。只是这样的变化在刘大鹏看来，意思与常人相反，所以他说："出门遇友，无一不有世道之忧，而号为维新者，举欣欣然有喜色而相告曰：'旧制变更如此，其要天下之治，不日可望，诸君何必忧心殷殷乎？'"① 由此可见，单凭这份日记显然难以全面反映科举停废后乡村士子的普遍境遇，甚至不能客观地表现与之地位相同或相似的中年士人的普遍状况、态度和趋向，只能作为部分中年士人文化心理失落的写照。日记本来就是个人情感与情绪宣泄的重要渠道，个人际遇往往直接影响着其对社会变动的态度。

其实，刘大鹏本人在守旧的同时也有所调整应变。1902 年，山西率先创办大学堂，所学以西法为要，以通西法者为主教、助教，还聘请了外籍教师。刘大鹏对此极为不满，赞许因不愿与外籍教师为伍而告退的几位助教"可谓有志气者矣"。可他自己却让次子上省报名应考大学堂，并被录取。② 1904 年，刘大鹏本人也参与商定学堂章程等事。③ 而日益趋新的社会，对于旧学出身之人并不像他所指责的那样歧视甚至排斥，继清末当选为山西省谘议局议员后，民初刘大鹏又两度被推举为县议会议长，不仅没有被边缘化，地位还较科举时代显著上升。所以 1908 年刘大鹏到省城参观各项新政事业，对各级各类学堂"概均极雄壮"印象深刻。④ 1913 年，刘大鹏还担任过原籍蒙养小学堂的教员。⑤ 种种事实说明，即使在山西乡村，以舌耕为业的中年士子在科举停废后也并非只能坐以待毙。刘大鹏式的怨声载道，一方面反映了新政的负面效应，另一方面也是其文化殉道观念使然，即更

① 《退想斋日记》，1906 年 3 月 19 日，第 149 页。
② 《退想斋日记》，1902 年 6 月 11 日、10 月 21 日，第 111、115 页。
③ 《退想斋日记》，1904 年 3 月 9 日，第 132 页。
④ 《退想斋日记》，1908 年 3 月 1 日、2 日，第 167 页。
⑤ 《退想斋日记》，1913 年 4 月 21 日，第 180 页。

多是折射他内心对变化了的世界的看法以及对未来的忧虑。然其偏激中仍不无清醒，愤懑中对科举停罢后传统文化衰落与道德沦丧的担忧，颇具远见地提示了近代知识与制度转型后社会的精神缺失。

立停科举不仅改变了乡村士子的个人命运及其生存状况，也给全社会带来深刻影响。刘大鹏和朱峙三两人感触却截然相反。

例如基层社会学堂的数量急剧增多，朱峙三从中看到的是希望："科举去年明令停废，自是以后各县专办学堂，以为培植人才之地，可望吾国富强矣。"[①] 由于女子教育的倡行，女学堂从城市走进了乡村，山西也受到冲击，"榆次车辋村去冬设立女学堂，本月太谷东里村亦设立女学堂，闻皆二十余岁之妇，其小者皆十六、七之女"。[②] 刘大鹏对此却是牢骚满腹，他认为："学堂之害，良非浅鲜，自学堂设立以来，不但老师宿儒坐困家乡，仰屋而叹，即聪慧弟子，亦多弃儒而就商。凡入学堂肄业者，莫不染乖戾之习气，动辄言平等自由，父子之亲，师长之尊，均置不问，为父兄者知其悖谬，不愿子弟入学堂，遂使子弟学商贾。"[③] 刘大鹏所说的某些情形的确事出有因，朱峙三也不满于学界风气不佳，动辄闹事。但后者自己就是由举业转入学堂，并且接受了自由平等乃至排满革命思潮的一分子。早在科举制废止之前，朱峙三已经预料到"科举不久即废，欲求时务之学，自以住学堂为有出路"，[④] 于是想方设法进入学堂，而且要进入能够学习高深学问的学堂。后来他论及这一转变时说："时论谓朝廷如不办学堂，则乡里儒生坐井观天，囿于一隅，不得相聚于大都会城市中，何曾有革命种族思想耶？聚之都会，尚不敢放昌言也，而必驱之日本留学，或欧美留学，朝夕聚谈，得见夙未见之禁书，知华夷界限甚明，而革

① 《朱峙三日记》，1906 年 5 月 13 日，《辛亥革命史丛刊》第 11 辑，第 365 页。
② 《退想斋日记》，1906 年 9 月 16 日，第 154 页。
③ 《退想斋日记》，1907 年 9 月 13 日，第 162 ~ 163 页。
④ 《朱峙三日记》，1904 年 9 月 27 日，《辛亥革命史丛刊》第 11 辑，第 339 页。

命思想愈炽。”[1]

由分散而处的童生举子到阖堂聚居的新式学生，青年关注的目光由自身前途、科举功名逐渐转向国家民族的兴衰荣辱。早在 1905 年，武昌学界革命暗潮已经涌动，分别在军队和党会联络，“大部分则靠住中学师范的学生，看高深书籍的人，缓缓的宣传，总以达到排满复仇”。[2] 对于新式“学界之人皆以平等自由为宗旨，无父无君，此风愈甚”的趋势，刘大鹏倍感焦虑，传统伦理纲常正遭受前所未有的冲击与威胁。[3] 据说有学堂毕业生“不以其父为父，竟以平等相称，州人为之哗然”。[4] 而一些学堂学生不但“指斥时政得失”，甚而“竟敢显言‘排满’二字”而无所顾忌。[5] 为此，他对清政府实行新政极为不满，变化中的世界使他感到越来越陌生，愤懑之余却十分无奈。

与之相反，朱峙三等青年士子则为自己能从封闭的书斋走向更广阔的世界而感到欣喜。1903 年起，他就通过在海外留学或在新式学堂就读的同乡朋友借阅《扬州十日记》《嘉定屠城记》《浙江潮》《江苏》等书刊，“昌言革命排满，并无忌讳，印刷精良醒目。夜间看看，尤为有味，心目开朗，有时会令人流涕，令人愤怒不可止”，由此“知排满革命为吾辈天职”，“则本朝现代虽有恩于百姓，然知识高尚，值此学术昌明之世，满汉之界犹严，吾侪应该思报复此仇矣”。对于刘大鹏式的文化守成者拥清的态度，则不以为然，“吾邑旧学先辈未见此书，总曰本朝深仁厚泽。奈何！奈何！”[6] 此时尚未进入学堂，仍为旧学秀才身份的朱峙三，已从各种渠道借阅的新书与杂志中接受了

① 《朱峙三日记》，光绪三十年甲辰日记序，《辛亥革命史丛刊》第 11 辑，第 319 页。

② 《朱峙三日记》，1905 年 5 月 22 日，《辛亥革命史丛刊》第 11 辑，第 351 页。

③ 《退想斋日记》，1907 年 1 月 6 日，第 156 页。

④ 《退想斋日记》，1906 年 7 月 30 日，第 153 页。

⑤ 《退想斋日记》，1906 年 4 月 14 日，第 150 页。

⑥ 《朱峙三日记》，1903 年 11 月 8 日，12 月 21 日、26 日、30 日，《辛亥革命史丛刊》第 11 辑，第 308、312 ~ 314 页。

革命的宣传，国家、国民和民族意识强化，对满汉畛域产生强烈不满，并有复仇的冲动。

刘大鹏与朱峙三两位乡村士子的日记涉及清末乡村社会变动的许多方面，远非本章所能囊括涵盖，即使以与之关系最为切要的废科举而言，所展示的也并非放之四海而皆准的普遍结论，而是年龄、取向各异的乡村士子面对社会变动的心路历程和现实际遇。

科举制由原定十年三科渐停，至1905年宣布立停，虽有奖励学堂出身作为替代和过渡，毕竟迅速终止了广大士子千百年来在科考这条狭窄道路上的竞逐，向心力突然消失，一些人未免感到失重失衡。

1905年9月的一篇时评指出：科举时代“由进士而得官者，每三年裁（才）三百人，然则停滞于考试中者，通国当不下数十万人矣。此数十万人，大都进不能得官，退不能迁业，以徼幸妄想终其身，诚可为天下之至苦。而究其原，则非其人作奸犯科，自致于此，国家之所以诱致者使然也。以侥幸之法诱人，人道既苦，而人材亦弊，此亦可谓之作法于凉矣。然而足以相安千余年，而不见其不可终日者，则以若辈虽多终身不得之人，而要无日不有可得之理，故其希望之心不绝。即此希望之心，彼乃借此养生尽年，而得以优游卒岁矣。今一旦废科举，则彼之希望绝，绝则不可以久，虽曰国家为其妥筹出路，然所谓出路者，必不能敌其所希望之物，而不足以宽其生也。夫天然淘汰者，造化之公例，此辈之归于淘汰，更何待言”。[①]

此说指出了制度变革对于个人心理的影响，清政府废科举的善后安排所提供的士子前途与个人生计的种种出路，虽然已竭尽所能地宽筹，在不少守成的士子看来，仍然无法与科举功名及其相应的仕途和社会身份的荣光相提并论，即使科举时代这些荣誉对于大多数士子而言，只不过是热烈期待着的遥遥无期的目标。故士子对科举制的惯性

---

① 《论废科举后补救之法》，《中外日报》1905年9月10日。

依赖，更多是一种心理向往而非完全意义上的现实出路。[①] 就此而论，毋庸讳言，科举制给予乡村士子通过自学考试改变命运的生生不息的希望，使之“借此养生尽年”，有赖于入仕之下的一整套与中国社会结构相适应的机制，让那些长期苦等盼望的士子可以相对体面地生存生活。与此同时，圣贤之书所给予他们的信仰与精神满足，确实是学堂教育无法提供和永远难以替代的。

三　走出乡村的士子

停科举兴学堂后学生不回乡的问题，学术界颇为关注，不少论者认为此举中断了乡村与城市的良性循环，使得乡村很快成为文化的沙漠，并将这一趋势称为知识人脱离农村的“无根化”过程。[②] 这一现象确实值得深究。

引发学堂学生不回乡现象的原因并不简单，停罢科举和新式教育的形式内容脱离乡村实际，都是重要原因之一，而不是唯一原因。立停科举之前，因晚清社会变动，已有一些旧学士子不愿回乡，改到城市谋求发展，以致乡村学堂缺乏师资难以维持的情况比比皆是。清代就行政区划或层级而言，原先并无市的设置，亦无城市与乡村的分别，清季社会大变动，工商业发展，商埠租界兴起，市政观念引入，城与市结合愈加紧密，各项新兴事业主要集中在城里，给不同人群提供了越来越多的选择和发展机会，尤其是具有一定新学知识的人，在城里更容易找到合适的职业。与此同时，虽然其时城乡壁垒尚未形成，城乡之间的生活和报酬差异却日渐明显，栖身居所并未受到严格

① 一些年龄偏大的塾师对改良私塾往往有明显抵触情绪。苏州吴江县视学员在对辖区内私塾的调查走访中，劝说一位姓顾的塾师改课本，对方“以手指口云，我欲吃饭，有什么改良不改良。随劝改用课本，亦可吃饭，顾云我不会教”。转引自沈洁《废科举后清末乡村学务中的权势转移》，《史学月刊》2004 年第 9 期。

② 徐茂明：《江南士绅与江南社会（1368～1911 年）》，第 329 页；萧功秦：《从科举制度的废除看近代以来的文化断裂》，《战略与管理》1996 年第 4 期。

户籍限定的个人，也不得不做出非此即彼的选择。

科举时代的绅士回乡，与城市不够发达、职业选择相对单一密切相关，若不为官为贾，不易在城里立足谋生。即使入仕为官，若未能显达，仍是度日艰难。河南新乡有一寒门出身的王安澜（静波）考中进士，授职翰林院编修，“凡科举徒之希望，完全达之。是年（1895 年）亦归里，仍就其教读之事业。盖编修俸银每年四十两，俸米亦值四十两。浩荡皇恩，至此极矣。若京都生活，以寒素处之，租房市米每月至俭需十余两。若座师、馆师、房师之节敬、寿敬，仍须另筹，然亦万不能少，年年在乞丐中度日。所希望者惟督、抚、藩、臬晋京，则集同衙门若干人联名请燕，因得沾丐其冰敬、炭敬，否则槁饿以死亦无人怜。倘以教读谋生，则京中富室延编修作教师，月俸亦不过十两而已，尚不如归教乡里小儿，犹可以太史公名义多收几两也”。王锡彤与之“归来接晤，余之仕宦心益觉冰冷矣”。[①] 如王安澜这样的穷编修，在官贾云集、人文荟萃的京城，不过是一个小角色，即使身为京城塾师，束脩也不高。但在偏远的乡村，中进士点翰林却是光宗耀祖、轰动十里八乡的大事，回乡后身价倍增，教读可得的束脩，较之京城穷翰林的俸银，以及在乡间村舍的亲朋好友前的风光，不可同日而语。科举时代，除少数例外，城市百业尚不昌盛，故获取科考功名，甚至已入翰林之人，若未能仕途显赫，又不愿意改行或经商，是难以在京城里讨生活的。

晚清以来，不断开放商埠，导致城市快速发展，一方面，商业更加发达，就业的方式与机会显著增多，不断扩大与乡村的差别；另一方面，交通大为改善，城乡距离明显缩短，“即如东三省，从前道途遥远，是以商贾视为畏途；今则火车、火船朝发夕至，水陆皆通，与从前大不相同”。[②] 出行方式的变化，使得那些穷经皓首的乡村士子，

① 王锡彤：《抑斋自述》，第 46 页。

② 李燧、李宏龄：《晋游日记·同舟忠告·山西票商成败记》，山西人民出版社，1989，第 113 页。

在对千变万化的城市充满好奇的同时，也在探索新的出路。除仕途之外，他们面临着比以往更多的选择方式与机会，来筹划和改变自己的命运。

更为重要的是，清季城乡收入差别已开始拉大。同样选择教书为职业，城乡的收入恰好与科举时代颠倒过来。1905 年 12 月，朱峙三在日记中比较新旧学的收益情形，其时在乡下私塾授馆收入为“年束脩一百二十串文”，若到省城读速成师范，“毕业后月可得三十元，合钱每月可得三十三串”，其每月伙食加杂用需七串，剩余二十六串，“较在县里（学堂）加一倍半矣”。[①] 1905 年距 1895 年不过十年，同样是以教书为业，城乡境遇刚好翻了个个。

近代报业的繁盛，也使昔日的士子们在城市谋生获利更为容易。例如朱峙三到省城读书，因家贫负债且父老子幼，又失去教读收入和书院膏火，为此“心烦意乱，不可名状”。后经人介绍，“充中西报访员”（访员即记者），作论说“每篇可得洋二元”，“从此可月得十元至十五元之数，较之在县充小学教员薪水多矣”。所付出的代价则是“礼拜不能闲游，又不能不操心耳”。后来不仅由访员而至主笔，且发现“兼做小说，每千字二元，不甚操心，且较论说为易成，又不惧外界攻讦辩论也”。他每月仅论说撰稿一项，已有十六元收入，自己生活之外，还可以补贴家用，故“安然求学矣”。从其日记中可知，他曾经一上午“在自习室作小说，成六则，又作论说一篇”。有时月收入达到二十元。[②] 如此半工半读，半年多即可达到前述乡间私塾授馆的全年收入。

随着晚清新政各项举措的渐次开展，单一的小农经济结构发生变

---

① 《朱峙三日记》，1906 年 1 月 17 日、20 日，《辛亥革命史丛刊》第 11 辑，第 359～360 页。

② 《朱峙三日记》，1907 年 6 月 18 日、9 月 8 日、9 月 15 日、10 月 13 日，1908 年 4 月 13 日、5 月 10 日。《辛亥革命史丛刊》第 12 辑，第 164、168～171、179 页。第 181 页记“上午在自习室作论说一篇，《寒溪避暑记》五则”。

化，诸多趋新事业的兴起加快了城市的变化，一些取得旧学功名的士子，被日新月异的城市所吸引，决然放弃了回乡教读的道路，背井离乡闯荡城市，以谋求更好的个人发展前景。

因此，士子不回乡，不仅是科举停罢使然，在很大程度上还是近代城市发展的结果，停罢科举只不过加速了这一进程。而科举改革乃至停罢，本身即社会变动导致的结果。大量乡村士子涌入城市，在造成乡村文化沙漠化的同时，不断催兴着城市百业的繁荣，加速推进近代中国城市的发展，也使中国社会的城乡差距不断拉大。并无科举传统的近代欧美发达国家同样经历了这样的城市化进程。

近代社会变动使旧学士子的价值取向多元化成为必然趋势，科举停废迫使昔日拥挤在独木桥上的士子改弦易辙，大部分举子童生选择了各式各样的新路，而对于那些不愿或难以弃旧图新的中年士人，变动的社会也保留了不小的空间让他们继续沿着旧轨滑行，只是本来尚存一线的建功立业希望，被纯粹的稻粱谋所取代，心绪自然容易恶化。因此，尽管传统意义上的“士”阶层随着科举停废在社会结构里逐渐消失，众多士子却通过诸多渠道重新分化组合，然后再度融入并服务于社会。

那些并非主动离开乡村的旧学士子，通过各种途径，不仅基本能够维系原来的社会地位，而且在清季政权向基层延伸的过程中成为地方精英的重要组成部分，继续掌控着各种权力资源，占据社会权势的重要位置。一面当着民国县议会议长，一面坚持用大清纪年的刘大鹏，让人觉得多少有些矫情。但即使像这样旧道德旧文化的坚守者，只要没有政治上公开的反动，民国社会也有其生存和发展的空间。同样一度热衷于科举考试的朱峙三走上了一条与刘大鹏截然相反的道路，进入学堂，投身革命，正在刘大鹏的口诛笔伐之列。两人素不相识，在科举制之下却有着共同的运行轨道。从废科举开始，两人分道扬镳，后来的轨迹又有所重合。民国年间，朱峙三先后担任县书记官监理司法，并两度出任县长，后来长期服务于教育界，其职业生涯与刘大鹏不无相似。前述科举善后时以拔贡入职学部书记官的张维（国钧），则加入了同盟会，先后任首届国会众议院议员、甘肃省议会议长、政务厅长、财政厅长。[①]

由此看来，废科举最大的输家正是清朝统治者，他们本来试图以弃旧图新挽救统治危机，却因此而造就了大批激进青年，并导致中年士子文化心理失衡，在全面新政和加速预备立宪过程中，吏治与财政纠结，多种矛盾激化，最终反倒丢掉了江山社稷。

至于乡村士人，如果没有民国时期对私塾的改造加剧，以及后来的土地革命掀翻下层，即使新政改革引起包括乡村权势转移在内的社会变动，而城市化的过程又导致青年学子日益脱离乡土社会，原来科举制通过各种习俗礼仪实现的与乡土社会的牢固结合不复存在，他们仍然可以借由不同的形式改头换面，在相当长的时期内继续扮演地方名流的角色。而这也正是他们在民初社会各方面所起的实际作用。美国学者费正清指出，在府厅州县自治会会员中“相当数量的人是有低级功名的绅士。大部分被选为自治会会长和镇乡董事的人是绅士。的确，清末的地方自治实际是绅士之治”。虽然这样的机构，更像是“政府的一个辅助机构或咨询团体”，但低级绅士们比过去任何时候更接近权力中心，因为这时“绅士的权力由法律规定并加以保证”。[②]

---

① 张维著、王希隆主编《还读我书楼文存》，代序第3～4页。

② 〔美〕费正清编《剑桥中国晚清史（1800～1911）》下册，中国社会科学院历史研究编译室译，中国社会科学出版社，1985，第449～450页。

第五章

立停科举后的抡才与培才

就个人前途而言，终结科举制对于不同地域和年龄的士子的命运有着不同的影响，而从政府层面看，立停科举的制度变革初衷，实际贯彻起来却遇到了不少棘手的问题。

在奏准立停科举的督抚及清廷的意识里，科举为立停而非废除。“立停科举”是与此前清廷批准的十年三科渐停科举相对应的概念，既是1905年袁世凯等督抚向清廷奏陈之策，亦为当时传媒报道指称清廷颁布停止科举考试上谕这一事件所用之词。后来人则多以“停废科举”或“废除科举”相称，往往忽略了“立停”与“废除”在词义与立意方面的差异。“立停科举”决策的用意，其实在于合并科举于学堂，使科举与学堂归于一途，抡才与培才相互统一。与一般时人及后人理解的断然废除有着显著区别。

诚然，当时不少人亦将立停科举理解为废除或废止，故对停科举之后考试频繁不满。而对后科举时代的学堂的诸多非议，究其原因，还是误以为学堂应该取代科举，与晚清趋新督抚们合并而非取代的设计初衷相去较远。结果使得学堂非驴非马，为世人所诟病。

科举为国家抡才取士之大典，朝廷选官之“正途”，由于科举侧重文字能力及对儒家经典的理解，这种选才取士标准，与近代欧美各国强调录用专业人才的取向反差较大。[①] 清统治者乃至社会有识之士，在后科举时代如何确立考试与选才标准等问题上，认识反复，态度摇摆。[②] 而因新式教育从外国传入，中西学能否兼通，亦造成莫大困扰。如何协调中西新旧，一直缠绕不清。立停科举的酝酿及抉择，含有知识系统弃旧图新的价值判断，但旧物并非全为糟粕，而新品未必均是救弊良方，如何权衡取舍成为长期困扰中国人的一大难题。围绕这一问题的争论，科举改革前已经开始，立停科举后仍然未能解决，矛盾反而在后来的考试与选才用人中进一步凸显。

关于清代科举考试的研究成果颇为丰硕，因研究角度和关注重点不同，迄今对于科举停止后考试、选才与用人新旧交织、错综复杂的情形仍观照不足，一些不同看法应当通过更多的实证研究加以证明。[③]

---

① 明清之际朝野对于科举人才的质疑和批评，王德昭已予以综合归纳（《清代科举制度研究》，中华书局，1984），此不赘言。黄光亮注意到中国古代旧制学校与新式学堂在教学内容方面的差异，认为这是通才教育与“专门实用之学”的差别（《清代科举制度之研究》，第344、345～347页）。

② 1901年的新政上谕中，已充分反映出最高执政者的这一困惑：“近之学西法者，语言文字、制造器械而已，此西艺之皮毛而非西政之本源也……舍其本源而不学，学其皮毛而又不精，天下安得富强耶……而今之言者率有两途：一则袭报馆之文章，一则拘书生之成见……新进讲富强，往往自迷本始；迂儒谈正学，又往往不达事情……惟是有治法尤贵有治人，苟得其人，敝法无难于补救，苟失其人，徒法不能以自行。”《光绪朝上谕档》第26册，第460～462页。

③ 如有学人认为：科举的渐变改革之所以不能贯彻到底，是由于新旧教育体现于考试的宗旨相互矛盾冲突，“对科举制进行全方位的改革，使其从传统的选士制度转变为近代性质的考试制度，是不具备历史可能性的”（刘绍春：《晚清科举制的改革与废除》，《社会科学辑刊》2001年第5期）。有人则充分肯定科举后新旧并途的仕进途径，认为提供了较科举时代更多的出路与选择，“然新教育意在育才而非求官，后来的学堂选官制度、文官考试制度等均未能接替科举制形成有效的官吏养成体制”（吕玉新：《清末民初仕进途径略论》，复旦大学硕士学位论文，2004年，第27～29页）。

尤其重要的是，对于立停科举前后相关章程与措施的本意及实情，尚须认真解读和联系贯通，才能避免落入“盲人摸象”的误区。

第一节 合并科举于学堂

清季立停科举后频繁举行的各类考试，多被时评及后来研究斥为“科举余毒”。细读相关章程，可知这其实是立停科举的设计者们向清廷奏请兴学的题中应有之义。

既往研究者鲜少注意的是，清初至戊戌前，会试后取中的贡士，须经殿试得“进士传胪后，一甲一名除翰林院修撰，二名、三名除翰林院编修。其余进士再经朝考，选考在前列者为庶吉士，入翰林院肄业，谓之馆选；未膺选者，分别用为部属或知县等职”。[①] 由于清廷在戊戌年（1898）七月初三日已颁布谕令，宣布“嗣后一经殿试，即可据为授职之等差，其朝考一场，著即停止”，[②] 宣布取消殿试之后入官通籍的“朝考”，[③] 改变了唐以来取士与试官二者分开的事实，取士与试官合二为一，成为隋唐以来选官制度的重要变动。[④] 但癸卯、甲辰会试后仍举行朝考，新式学堂学生毕业则无须朝考。

如此调整朝考选官制度，本来是为了与科举改革倡导学用合一相适应，新政时沿用，客观上为立停科举后抡才与培才的统一奠定了基

---

① 王德昭：《清代科举制度研究》，第48页。

② 《光绪宣统两朝上谕档》第24册，第301页。

③ 明清科举实为取士而非选官的制度，朝考则是士人选官必经程序。朝考种类甚多，进士朝考只是其中之一种。道光年间一位翰林院编修述及：“进士授官之制，国初选庶吉士专由保举，雍正初设朝考与保举兼行。乾隆二年，御史程盛修言：‘新科进士俱未经出仕之人，九卿等原不能深知，不过就有志读书犹可以造就者举之。行之既久，或有冒滥。’于是罢保举，专以朝考决之。”王庆云：《石渠余记·记进士授官中额》卷1，沈云龙主编《近代中国史料丛刊》第8辑之075，台北：文海出版社，1970，第105页。

④ 参见本书正文第15、16页所引元代马端临《文献通考》及清代刘锦藻《清朝续文献通考》的叙述。

础。后科举时代的相关措施，均试图通过合并科举于学堂，以实现抡才与培才的统一，达到学以致用的目的。

一 抡才与培才并于一途

袁世凯、张之洞等人倡议立停科举的目的和理由，似与后来学人的理解有不少距离，其中之一是前者屡次强调“致治必赖乎人才，人才必出于学校”，而“学校所以培才，科举所以抡才，使科举与学校一贯，则学校将不劝自兴”，[①] 其内在用意往往被忽略。在倡停科举的督抚们看来，学校在培才方面的作用正是科举最薄弱的环节，而科举抡才的功能，却可以通过学堂考试与奖励出身的结合来实现。既然学校可以吸收科举的优点，科举无法替代学校的作用，那么，停止科举无疑有利于学校发展，促进人才辈出。因为“凡科举抡才之法，皆已括诸学堂奖励之中，然则并非废罢科举，实乃将科举学堂合并为一而已”。[②] 因此，立停科举后，学堂考试从形式至内容均有不少科举的痕迹，甚至毫不忌讳对科举程式的模仿，其实并非“余毒”的作用和影响，反倒与期望科举与学堂殊途同归的理想设计相吻合。

据现有资料，将科举合并于学校的设想最早于1896年10月由梁启超提出，即取法三代和泰西，“合科举于学校”。[③] 而后在新政期间督抚们议改科举的奏章及往来信函中，方案逐渐形成与完善。1901年两广总督陶模、广东巡抚德寿的《奏请变通科举折》，即以“三代以上，只有学校，并无科举”立论，主张“嗣后无论旗汉，无论由何项进身，非有学堂执照者不得授以实官，则所取皆实学，所学皆实用，

---

① 袁世凯、张之洞：《奏请递减科举折》（1903年3月13日），沈桐生辑《光绪政要》卷29，宣统元年崇义堂刻，江苏广陵古籍刻印社，1991年影印本，第7～8页。

② 张百熙、荣庆、张之洞：《奏请递减科举注重学堂折》，朱寿朋编《光绪朝东华录》第5册，第5127页。

③ 梁启超：《饮冰室合集》第1册，第27～29页。

学校既兴，人才自出”。[①] 所奏直接将学校制度与铨选制度挂钩，主张完全以学堂执照取代科举功名，将毕业文凭与任官资格相互贯通。

1902 年 10 月下旬，由仓场侍郎而为政务处提调的荣庆与徐世昌、铁良一道赴军机大臣瞿鸿禨处“面酌奏稿，并陈科举学堂合一办法，颇蒙赞赏”。[②] 则京官与枢机亦有意于此。

1903 年，张之洞在与袁世凯讨论科举减额动议受阻的信函中，也以学堂考试完全取代科举，毕业与就职合为一体为归宿，并阐述其立论依据：“惟思科举不能包学堂，学堂仍可包科举。各堂学生平日虽用积分法，毕业时仍可参用考试法，其文理不优、学术不正者，尽可于毕业考试时分别去取……从前江楚会奏变法折，本有此说。如此则进士出身之京朝官，不致因失差出阻。且此后翰林、进士，均须肄业学堂，于各门科学曾经研究，足任主司之选。其一学堂之内，学生毕业或偶有参差，可令先毕业者停待数月，汇齐若干名，再请放考官，并无妨碍。”张之洞希望袁世凯以此说服当道，特别叮嘱：“此事关系甚大，科举不改，学堂终无成效。”[③] 如前所述，由于鸦片战后半个多世纪，纳学堂于科举的尝试屡遭挫折，故尝试以学堂包容科举，便成为情非得已的选择。一些趋新官员在兴办学堂的过程中，却对此信心满满：“合科举于学校之中，蔚起人文，定堪操券。”[④]

然而，在立停科举之前，对于“考什么”与“怎样考”的问题，抑或在如何用新的考试制度替代科举的考试功能方面，改革的倡导者

① 舒新城编《近代中国教育史料》，《民国丛书》第 2 编第 46 册，上海书店出版社据中华书局 1933 年版影印，第 99～101 页。

② 《荣庆日记》，光绪二十八年九月二十五日（1902 年 10 月 26 日），第 56 页。荣庆日记中所提及奏稿迄今未见，具体内容难得其详，依照清朝体制，若当道意见依违两可，则留中未发的可能性较大。

③ 《致保定袁宫保》，光绪二十九年三月十一日（1903 年 4 月 8 日），苑书义等主编《张之洞全集》第 11 册，第 9035 页。

④ 张一麐：《心太平室集》卷 7，台北：文海出版社，1966，第 365 页。

及推动者的思考都还比较粗略。[①] 除了肯定以学堂毕业文凭取代科举功名外，关于考试的范围、内容与标准，尚无具体要求，只是模糊地以学堂“各门科学”的学业作为考试内容，希望将所学与所用贯通。在具体实施方面，引入西方学制进行壬寅、癸卯学制订定前，并无整体规划及步骤安排。这与中国传统官学与私学教育，注重因材施教，强调人的品性塑造重于技艺娴熟不无关系。

在政府层面，将科举与学堂并途的思路则始终有迹可循，只是前期试图纳学堂于科举未果，有心栽柳柳不发、老树未能接新枝，只得乾坤扭转，后期改由学堂纳科举而已。如在科举改革之初，清廷已为奖励新学起见而设置了学堂出身（包括留学出身）；在停罢科举后，则为旧学疏通出路考虑，保留了旧学中的优贡、拔贡考试，生员考职与举贡保送四种考选形式。这种新旧并途的过渡衔接，在减少与缓和新旧过渡矛盾冲突的同时，也带来了一系列消极后果。

其实，培才与抡才二者能否殊途同归，科举与学堂是否可以长短互补，必须经过实践检验。仔细考察清末最后几年的情况可知，立停科举后的考试与选才，遇到了种种错综复杂的情况，朝野围绕这些问题出现的意见分歧与相应的方案调整，反映了起初将科举学堂合并为一的设想似乎过于简单。因为合科举于学堂，将抡才与培才并途，始终无法回避两个重要问题：从培才的方面来看，教学内容唯中还是唯西，能否中西学并重；就抡才的角度而言，则涉及人才选拔的取向和标准，究竟取通才抑或选专才，两者能否兼得。而上述问题不仅涉及

① 1876 年，王韬在给丁宝桢的信中曾提出设想：“今请废时文而别以他途取士：曰行，曰学，曰识，曰才。行如孝第廉节，贤良方正，由乡举里选，达之于官，官然后贡之于朝……其以植典型，懋廉耻者，尤在乎立品为先。”王韬：《上丁中丞》，光绪二年，《韬园尺牍》，中华书局，1959，第 110～111 页。王韬针对科举仅以文字取士的弊病，希望以行、学、识、才的多元标准鉴别人才，对于为官资格，比较侧重道德与社会实践能力，包括人际交往。因此，必须恢复乡举里选的古代人才甄别模式，学识方面重视通古今。而对于典型人物的挑选，则更注重品行要求。王韬所说仍是一种思路，至于用什么形式体现与贯彻上述理念，未见具体方案。

教育宗旨与内容，还与思想文化、价值观念、评估方式和标准密切相关。

科举由改到停，现实问题之一是考试的形式与内容如何才能反映知识要求的时代变化，各地于此均有方面、程度等差异，考验着主考者对选才取士准则的理解与把握。在经历千古未有大变局的近代中国，如何在中西新旧的复杂纠葛中确定人才取舍的知识标准，不仅令当道颇为棘手，也使倡导西学的开明之士感到困惑。1901 年的新政上谕充分反映出最高执政者的无奈："而今之言者率出两途：一则袭报馆之文章，一则拘书生之浅见，指其病未究其根，尚囿于偏私不化；睹其利未睹其害，悉归于窒碍难行。新进讲富强，往往自迷始末；迂儒谈正学，又往往不达事情……特是有治法尤贵有治人。苟无其法，敝政何从而补救，苟失其人，徒法不能以自行。"①既然清季朝野舆论多认定科举取士不能学以致用，那么沟通中西学，由新式学堂培养选拔德才兼备的国家栋梁，便成为举国期待。就此而言，抡才与培才结合，确定恰当的选才标准与培才方式，至为关键。

二　学堂教育中西学并重

选才的学识测验唯中还是唯西，能否中西兼顾，决定着培才的方向及内容。因此，选才标准与教学内容的侧重、考试标准的确定密切相关。而如何学以致用，涉及中西学轻重缓急的权衡取舍。清季朝野对于这一问题的思考在立停科举之前已经开始，洋务学堂的办学实践因而不断受到困扰，始终未能找到有效的解决之道。

1898 年 5 月，皮锡瑞翻阅时务学堂考生的考卷，发现其中学程度

① 光绪二十六年十二月初十日（1901 年 1 月 30 日）上谕，朱寿朋编《光绪朝东华录》第 5 册，第 4602 页。

甚差，感慨之余，在日记中写下了自己的担忧："梁卓如言今之学者，未得西学而先亡中学，今观诸生言洋务尚粗通，而孟子之文反不通，中学不将亡耶？予非守旧者，然此患不可不防也。"①

政府方面，对学堂教育最早公开质疑的是大学士孙家鼐。他在1896年8月奏《议复开办京师大学堂折》中，明确表示对洋务学堂教学成效的不满，认为总理衙门所办同文馆及各省语言学堂，多以外国语言课程为重心，"充其量不过得数十翻译人才而止"；而福建船政学堂、江南制造局学堂及南北洋水师武备各学堂，则过于强调专业知识，"皆囿于一才一艺，即稍有成就，多不明大体，先厌华风，故办理垂数十年，欲求一缓急可恃之才而竟不可得者，所以教之之道，固有未尽也"。② 1898年7月，主持洋务的总理衙门也反映："近年各省所设学堂，虽名为中西兼习，实则有西而无中，且有西文而无西学。盖由两者之学未能贯通，故偶涉西事之人，辄鄙中学为无用。各省学堂，既以洋务为主义，即以中学为具文。其所聘中文教习，多属学究帖括之流；其所定中文功课，不过循例咿唔之事。"③ 这说明在新式学堂早期的实践中就已出现培才意图与抡才标准不统一、"体"与"用"分裂的困惑。

新式学堂学生对中国固有学术文化的轻视与忽略，使得以操办洋务为主业的总署颇为担忧，认为东西各国的学校，"断未有尽舍本国之学而能讲他国之学者，亦未有绝不通本国之学而能通他国之学者。中国学人之大弊，治中学者则绝口不言西学，治西学者亦绝口不言中学，此两学所以终不能合，徒互相诟病，若水火不相入也"。为防弊起见，总署强调，中西学贯通，体用兼备，是人才的根本条件，二者

① 皮锡瑞：《师伏堂未刊日记》，清华大学历史系编《戊戌变法文献资料系日》，上海书店出版社，1998，第637页。

② 孙家鼐：《议复开办京师大学堂折》，沈桐生辑《光绪政要》卷22，第21页。

③ 总理衙门：《奏拟京师大学堂章程》，北京大学校史研究室编《北京大学史料》第1卷（1898～1911），北京大学出版社，1993，第82页。

缺一不可。倘若“不讲义理，绝无根底，则浮慕西学，必无心得，只增习气”。洋务学堂不能成就真正的人才，其弊在此。同文馆、广方言馆初设时，风气尚未大开，目标“不过欲培植译人，以为总署及各使馆之用”，只是救急之需，“故仅教语言文字，而于各种学问皆从简略”。今后学堂的人才培养应考虑长远，吸取教训，“力矫流弊”，“中西并重，观其会通，无得偏废”。[①] 可见议停科举之前，朝廷内外对于新式学堂培养人才的成效已经有所怀疑和忧虑。在此背景下，关于体用关系的思考，以及选才兼顾中西学的要求，成为此后调整教育方针的重要取向。

与当道对学堂学生中学程度的担忧相对，日本人所办报纸却在尽情嘲笑中国士子对西学的无知。科举立停的当年，各地岁科考试皆以策论取士，考生难以抄袭模仿，故而笑话百出。如某书院月课，以亚力山大传命题，有考生误释为“亚力如山大之传记者”，文云：日本为亚洲一多山岛国，战争之力不亚于西欧，如海上神山般屹立。[②] 另一篇报道显示考生对近代西方历史的陌生：某处岁考，题为“拿破仑足迹遍欧亚两洲论”，有答卷曰：欧洲、亚洲幅员辽阔，“非惟人之足迹不能遍，即车之轮、马之蹄亦不能遍也”。但天不绝人，有一种生物神，“非金非木，有色有声，即所谓拿破仑者是也。破仑之为物甚小，有柄焉可以拿，人苟拿之，则日行百里者，可则五百里……外国练兵之法，阵势既熟之后，则练习拿破仑。既拿破仑之后，则欧洲之大，亚洲之广，足迹均可遍也”。在这样完全不着边际的臆想之余，还要进而建议，应节俭财力，“派员赴欧亚各国购买拿破仑若干具，

---

① 总理衙门：《奏拟京师大学堂章程》，《北京大学史料》第1卷（1898~1911），第82页。为了贯彻前述宗旨，《京师大学堂章程》将“溥通学”与“专门学”结合作为功课设置的方针，其“溥通学”（顺序依次为经学、理学、中外掌故学、诸子学、初级算学、初级格致学、初级政治学、初级地理学、文学、体操学，共十门）为所有学生必须学习的课程。

② 《丛谈·亚力山》，《台湾日日新报》（汉文）1905年11月5日。

使军士人人拿之，更何惧彼奇门遁法为哉”。[①] 学堂学生与科考士子的两极表现，似乎表明中西学贯通如鱼与熊掌不可兼得，顾此则失彼，这成为困扰制约学堂教育发展的一大难题。

在培才的层面，学堂教育能否中西学并重，一些趋新人士有着自己的判断。1898 年 7 月，吴汝纶就京师大学堂设总教习一事表明看法：“以中学为主，主中学，势必不能更深入西学；若深入西学，亦决不能再精中学，既不能兼长，何能立之分教习之上，而美其名为总教习哉！”[②] 总教习尚且不能中西学兼长，何况青年学生？因此，在桐城派大家吴汝纶看来，中西学并存之道，不能仅由学堂教育来实现。1902 年，吴汝纶考察日本教育后，致函贺松坡，再次谈及中学与西学的关系，对学堂教育的实况前景忧心忡忡：“新旧二学，恐难两存”，“若西学毕课再授吾学，则学徒脑力势不能胜。此鄙议所谓不能两存者也。此邦有识者或劝暂依西人公学，数年之后再复古学；或谓若废本国之学，必至国种两绝；或谓宜以渐改，不可骤革，急则必败。此数说者，下走竟不能折衷一是，思之至困！执事乃欲兼存古昔至深极奥之文学，则尤非学堂程课之浅书可比，则尤无术以并营之，又众口之所交攻者也。西学未兴，吾学先亡，奈之何哉！”[③] 在日本深入考察西方学制的吴汝纶已清醒地意识到，中学与西学是截然不同的两个系统，姑且不论两者是否有融通的可能，仅就学生精力而言，试图两学兼顾的设计本身就是一厢情愿的妄想。而朝野不断鼓噪迅速推广新式教育以救危亡，其实恰是以牺牲几千年延绵不绝的中学为昂贵代价的。

尽管已预测并感伤于中学将亡，吴汝纶仍然竭力反对在学堂实施

---

① 《丛谈·拿破仑》，《台湾日日新报》（汉文）1905 年 11 月 5 日。

② 《与李季皋》，光绪二十四年五月十八日（1898 年 7 月 6 日），《吴汝纶全集》第 3 册，第 195 页。

③ 《答贺松坡》，光绪二十八年七月十三日（1902 年 8 月 16 日），《吴汝纶全集》第 3 册，第 406 ~ 407 页。

中西学并重的计划，担心学制因此无限延长，人才培养缓不济急："今约计西学程度，非十五六年不能卒业，吾国文学又非十五年不能卒业，合此二学，需用卅余年之日力。今各国教育家皆以为学年限过久为患，群议缩短学期。今我又增年限一倍，此乃教育之大忌。然则欲教育之得实效，非大减功课不可。"至于如何增减，吴汝纶的具体建议是："西学则宜以博物、理化、算术为要，而外国语文从缓。中学则国朝史为要，古文次之，经又次之……其效约在十余年之后，非救急之用。"①

然而，学堂教育的中西学地位关系到新式学堂的生存发展，官方极为敏感，取道中庸似乎较为稳妥。刘坤一、张之洞的《江楚会奏》第一折作为教育改革的宗旨趋向，正式提出中学与西学并途、中才与西才同造的方针。② 张之洞认为，学堂学生若"皆以中国为体，西学为用，既免迂陋无用之讥，亦杜离经叛道之弊"，故"总期体用兼备，令守道之儒兼为识时之俊，庶可有裨时艰"。③ 这一方针始终影响着清廷科举改革的思路，而实际运作中却遭遇困境。

对中西并途的教育方针持不同意见者认为，就教学实践而言，两者殊途难以同归。由于中西学均极博大，学堂教育很难实现兼通，莫如顺势应时，另辟蹊径。1901 年 10 月 28 日，原河南巡抚于荫霖在回銮途中觐见，与慈禧谈及变法，直言不讳地对刘坤一与张之洞的主张表示怀疑："国家造士全为中材，如刘坤一、张之洞所议普通学合，今日臣工士子恐无一能交卷者。合三年而论，秀才数万，举人将数千，使之尽通乌乎能？势必如圣谕所云，抄写洋报而已。莫若使之为专门之学，除四书五经外，无论中学、外学，各通一艺，不必强兼。

① 《与张尚书》，光绪二十八年九月十一日（1902 年 10 月 12 日），《吴汝纶全集》第 3 册，第 406～407 页。

② 《刘坤一遗集》第 3 册，第 1276～1288 页。

③ 《两湖经心两书院改照学堂办法片》，光绪二十四年闰三月十五日（1898 年 5 月 5 日），苑书义等主编《张之洞全集》第 2 册，奏议 47，第 1299 页。

专则有功，简则易能，譬如能算学，则为算学人才；能制造，则为制造人才；能通本朝掌故，则为掌故人才。能如此，便真有人才可用。”[①] 于荫霖明确反对不切实际的中西兼容之说，主张中西分造，人才规格各异，以各有所长为国家所用。

面对中西学不易兼得的两难和亟须用人的现实，于荫霖以专才代通才的主张不无道理，张之洞本人也曾于两宫召见时承认自己不懂声光电化诸学。[②] 纵览海内外，即使在一定领域能够学贯中西者亦属凤毛麟角，对于一般学子，更是过于理想的要求。故放弃通才标准，在以中学为根底的前提下，使其专精一门，可能较为现实。

从后来的情况看，由于清廷对中西学并途打造经世致用全才充满热切期待，于荫霖更改选才标准的建议，并未得到足够的重视。1902 年 12 月 1 日发布的上谕，明确表示选才必须中西学兼顾，即使已获三甲的新进士也不能例外。其用意显然是希望饱读诗书、满腹经纶的三甲进士，在京师大学堂兼学一门西学，成为国家栋梁。与此同时，前已由吏部掣签分发的新入仕为官者，亦须到课吏馆等机构培训考核后甄别任用。[③]

第二节　学堂的抡才措施

在晚清科举改革初期，以至停罢科举之后，如何贯通抡才与培

① 于荫霖：《悚斋日记》卷 6，光绪二十七年九月十七日（1901 年 10 月 28 日），沈云龙主编《近代中国史料丛刊》第 23 辑之 224，第 45～46 页。

② 《科举难废》，《万国公报》第 174 册，1903 年 7 月，第 24 页。

③ 光绪二十八年十一月二日（1902 年 12 月 1 日）上谕：“著自明年会试为始，凡一甲之授职修撰、编修，二、三甲之改庶吉士用部属中书者，皆令入京师大学堂分门肄业。其在堂肄业之一甲进士、庶吉士，必须领有卒业文凭，始咨送翰林院散馆，并将堂课分数，于引见排单内注明，以备酌量录用……分部司员及内阁中书，亦必领有卒业文凭，始准奏留归本衙门补用。如因事告假及学未及格，必俟补足年限、课程，始准作为学习期满。其即用知县签分到省，亦必入各省课吏馆学习，由该督抚按时考核，择其优者立予叙补。其平常者，仍留肄习，再行酌量补用。”中国第一历史档案馆编《光绪宣统两朝上谕档》第 28 册，广西师范大学出版社，1996，第 281 页。

才，坚持中学西学并重，促使新学与旧学衔接，一直困扰着主导改革者的倡行与决策，但前后侧重有所分别。议改科举阶段，重点在如何使科举接纳新学，科举停罢后，则是怎样才能使科举抡才的形式与精神在学堂教育中延续。奖励学堂出身，考试留学毕业学生，拟订及不断修改学堂考试章程，就是其重要体现。

一　奖励学堂出身

新政初期，张謇在《变法平议》中提出，为了使新式学堂得以发展和推广，应当以奖励出身为措施，鼓励进学："使其家人父子，咸愿其家有一人焉，入学堂以发名成业，其必自明定学生登进之路始。凡历小学校至府州县寻常中学校毕业者，宜给凭证，作为生员。其中学校之师范高等分数多者，作为贡生。由是而文者历专门学校文法理工农医科毕业者，宜给凭证，作为举人。又历大学院文法理农工医科毕业者，宜给凭证，作为进士。"对于军官学校的学生也应给予相应的武职出身。他还认为："士之希生员、举人、进士也，为其荣于邦，而他日足以赡其家。"就读学堂的学费虽不是一个小数目，但与旧学相比，应试之人"得者仅数千百之一，而不得者屡丧其资斧"，机会成本更大。两相比较，旧学并不优于新学。因此，若明定奖励出身，对于士子很有吸引力，可以导致新学繁荣及风气转移。①

张謇的这一设想，符合趋新督抚们合并科举于学堂的基本思路，通过奖励出身的方式衔接新学与旧学，不仅具有简单易行的优势，还能大大地减弱士子对于新学的抵触。1904 年 1 月颁行的癸卯学制，通过《奏定各学堂奖励章程》，明确将各种学堂的类别、学习年限、学生学习程度，直接与出身和实官用途分别对应，并做出详细规定。如自小学堂起，至通儒院毕业，约需 25 年，其毕业"予以翰林升阶"。

① 张謇：《变法平议》，《张季子九录·政闻录》卷 2，第 15～16 页。

大学堂分科大学毕业，考列最优等者，作为进士出身，用为翰林院编修、检讨升入翰林；考列中等者，则作为举人出身，以各部主事分部尽先补用。即使二次均考列下等者，仍可以知县分省补用。其他各种专门学堂或高等小学堂，均以举、贡、优、拔作为奖励，并对应各种官职。

按照该奖励章程的规定，形式上学堂学生不必通过科举的程序，而实际上却继承了科举以考试为入仕进阶的传统。与科举考试的显著区别，一是学堂考试虽与奖励出身并授予官职相结合，但皆以分数定等，均不限名额；二是各省公设、私设学堂，只要曾经呈报本省学务处、咨明学务大臣立案，“其教育悉遵用官学堂课目规则办理者，毕业后，得一体申送考入官设之升级学堂。应得奖励，与官学堂学生无异”。[①] 毋庸讳言，任何政令与制度的实施贯彻均有时效性，在新学萌芽与发展初期，由于科举考试的惯性作用，奖励章程在一定程度上起到扶持新学的作用。而在科举停废之后，继续实行奖励出身办法，却产生了越来越多的负面作用。

唐代科举考试“明经、进士及第之后，只是取得了做官的资格，还不能直接入仕做官，必须再经过吏部考试，及格后才能分配官职，脱去粗麻布衣服，换上官服，即所谓‘释褐’”。[②] 清代科举在殿试获进士出身后，仅一甲三名直接授翰林院修撰与编修，二、三甲进士还须参加朝考并于其后引见给皇帝，除庶吉士入翰林院学习外，其余授予官职。

因此，奖励学堂出身与停止朝考两项，实际上不仅将科举与学堂合二为一，且彻底改变了唐以后实行近千年的取士与举官分离的办法，再度将二者合为一体。由于学生人数众多，照此办法，必然造成

---

① 《奏定学堂章程·各学堂奖励章程》，第 1 ~ 18 页，湖北学务处刊本。转引自璩鑫圭、唐良炎编《中国近代教育史资料汇编·学制演变》，第 522 ~ 523 页。

② 张希清：《中国科举考试制度》，第 134 页。

毕业即授官者比比皆是的情形。

鉴于这一重大变化可能对吏治与育才造成恶果，有识者已疾呼政府纠偏。1905 年 9 月，清廷刚刚颁布停废科举的上谕，御史陈增佑即上《奏请变通学堂毕业奖励出身事宜折》，其基本主张为：科举既然已经废除，“则士子出身，尽归学堂一途”，而《奏定学堂章程》内，所列奖励出身各条，与各国取士之法“绝不相合”，[1] 必须尽快予以调整。

他指出，奖励学堂出身，造成“学堂与仕进混合之弊”，其结果仍是所学非所用。他举证大学堂分科及实科毕业奖励授予各种相应官职者，其职位与事务，与所学内容风马牛不相及，以致“滞碍难行之处极多”。[2]

科举停废后，学堂普及已无阻碍，各省所有中学小学毕业生以数千人计，全部作为拔贡、优贡、秀才，“名器太滥，不足以劝”。奖励出身所造成的学堂与仕进相混同的弊端，若“行之十年，进士举人塞满天下，而人亦不复为贵，殊非政体”。东西各国学堂学生毕业仅获文凭，官员选拔，仍需通过专门考试，而应试者，皆为取得学堂毕业文凭的学生，所考职位，多与所学内容对应，笔试和口试结合。有鉴于此，他主张各专门学堂毕业生根据自己所学专业选择职业，“学农者为农师，学工者为匠师，学商者入银行，学医者入医院，盖各有当办之务，而不必皆为官也”。建议清廷考虑将“学堂与出身，截然分为两途”，[3] 仿照西方各国向毕业学生颁发文凭，学校只应负责培才，而非将抡才与培才混进。

---

① 陈增佑：《奏请变通学堂毕业奖励出身事宜折》，1905 年 9 月，沈桐生辑《光绪政要》卷 31。

② 陈增佑：《奏请变通学堂毕业奖励出身事宜折》，1905 年 9 月，沈桐生辑《光绪政要》卷 31。

③ 陈增佑：《奏请变通学堂毕业奖励出身事宜折》，1905 年 9 月，沈桐生辑《光绪政要》卷 31。

针对清廷对废除奖励出身可能影响兴学的顾虑，他强调："科举既废，则出身只有学堂一途，自不能舍此他适。学堂虽非作官之地，而为官则必须已学之人，亦不忧其不踊跃从事矣。"当初以奖励出身鼓励士子们报考新式学堂，皆因科举与学堂并存，既然已立停科举，撤除兴学障碍，便无须顾忌因取消奖励出身而影响兴学大计。他还指出："国家最利之事，在人人皆知求学，国家最不利之事，在人人皆思作官。人人皆知求学，则各谋其本业，而天下以安；人人皆思作官，则各忘本分，而侥幸奔竞之风作矣。"①

从这份奏章看，陈增佑似乎深悉近代教育的本质，知道学堂课程是根据中等资质的人而设置，通过课程考试，一般中材可成，但若要"能悟新理，创新法者，皆由深造自得而成"。近代学堂教育的宗旨是教成人格，教成国民，寓国富民强、通国皆兵之意，使受教育者多才艺，"而谋生之途较广"。"故以学堂为专造人才而设，实昧于兴学之本旨也"。② 这一分析揭示了新旧学的本质区别，也说明抡才与培才相统一的理想设计，有违取材与选官分途的普遍规则，会助长学生读书做官的愿望，造成人才积压与仕途拥挤，妨碍新式人才学以致用。只是专才不仅是为了谋生，人才也不仅限于做官，这样的道理，陈增佑还不能透彻认识。奖励出身和实官，就是单独以做官的标准衡量人才，忽略社会职业同样也有规格不同的人才需求，只不过标准有别而已。令人遗憾的是，清廷顾忌影响科举善后，并未采纳其合理意见。

直至宣统三年七月，《学部会奏酌拟停止各学堂实官奖励并定毕业名称折》才正式将停止奖励实官问题提上议事日程。学部反省将求学与得官相混淆的弊端危害："窃维东西各国学堂毕业与入官考试无

① 陈增佑：《奏请变通学堂毕业奖励出身事宜折》，1905 年 9 月，沈桐生辑《光绪政要》卷 31。

② 陈增佑：《奏请变通学堂毕业奖励出身事宜折》，1905 年 9 月，沈桐生辑《光绪政要》卷 31。

不判为二事。中国兴学之初，科举未停，任官之制未备，自不得不沿用科举办法，学堂毕业者即予实官，以广登进而资任使。惟比年以来，毕业人数逐渐增加，而官缺之增设有限，学生得官以后仍复置之闲散，且《文官考试任用章程》应于本年颁布施行，而实官奖励一节，按之将来新章，不免有所抵牾。”学堂毕业给予实官奖励的规定，至此基本完成了后科举时代过渡衔接的使命，为了避免不同规定之间实施的冲突，“拟自《文官考试任用章程》施行之日起，无论何项学堂考试毕业者，概不给奖实官。其游学毕业生之廷试，明年亦拟不复举行，另由内阁会同各部规定文官考试资格及技术官、教育官须用专门毕业人才之办法，以昭核实而励贤能”。

学部同时说明，关于学堂学生的毕业名称，有两种方案：一种是仿照日本，改用察博士、学士、得业士（高等及专门学堂毕业者）；另一种是沿用旧学的进士、举人、贡生、生员等名目。学部认为，日本做法的最大缺陷是没有中学堂以下毕业者的名称，不利于教育的推广，尤其对于偏远地区来说，旧学功名仍是兴学的重要动力。并引用甘肃提学使的奏报，当地给予过毕业奖励的学堂，续招新生尤其踊跃，而未有奖励的学堂，则学生数量极少。“若将毕业名称靳而不与，不特未设学堂之处无增加之望，恐已设之学堂亦有解散之虞。是废止进士、举、贡等名称别定学位，虽属正当办法，而按之现在情形，则尚未能骤行。”学部最终采取折中办法，决定《文官考试任用章程》实行后，各学堂毕业名称，大学毕业者仍为进士，高等学堂仍为举人，中学及相同程度之学堂毕业统称贡生，高等小学及初等实业学堂毕业者统称生员。高等专门学堂毕业者，均加上某科进士或举人字样，以示与普通教育毕业者之区别。凡获得上述名称者均以毕业考试成绩列中等以上为限。与此同时，宣布自《文官考试任用章程》施行之日起，其已经获得学堂奖励各种功名者，“不准截取就职”，仍需要按新章规定重新参加文官任用考试。宣统三年七月十七日（1911 年

9月9日），该章程获得朝廷批准颁布，学部为此专文通行各省督抚，要求“凡学生毕业在接奉官报以后者，均应遵照新章拟奖”。[①] 但此时相距武昌起义的爆发已不远了。

二　学堂考试章程的出台与修改

前述主张立停科举的督抚奏章中所涉科举与学堂合二为一的内容，并非仅仅是为了减少兴学阻碍的托词，事实上，科举考试的形式甚至某些内容，的确在后科举时代的学堂教育里得到延续。[②] 更重要的是，1905年立停科举后，新式学堂不仅沿袭了科举取士的固有功能，而且承担了因铨选未及应变所新增的新学人才选官机制。因此，相关考试不但没有随着立停科举而中止，反而由于既有格局的改变及新旧并轨衔接的双重压力，数量不断增多，种类日益增加。

根据《奏定各学堂考试章程》的规定，国内新式学堂的考试分为五种，即临时考试、学期考试、年终考试、毕业考试、升学考试。其中临时、学期、年终三种考试，均由学堂自行办理；毕业考试和升学考试，主持者和操作程序与科举岁科极为相似。中等以上学堂的毕业考试，明确规定“拟照乡、会试例，高等学堂毕业，届期奏请简放主考，会同督抚、学政详加考试；大学堂分科大学毕业，届期奏请简放总裁，会同学务大臣详加考试”，显示了模仿延续科举形式的旨意，以贯彻学堂与科举熔于一炉的理念。

此外，毕业考试的形式内容，显然也吸收了戊戌以来科举改革的成果，体现了中西学并重的准则。如规定学堂毕业考试分内外两场，外场试在学堂举行，有笔试与口试两种形式。口试部分按学科门类分

---

① 《学部会奏酌拟停止各学堂实官奖励并定毕业名称折》，《内阁官报》第20号，宣统三年七月二十日（1911年9月12日），法令；《学部通行各直省督抚改定各学堂毕业名称，自接奉官报之日起均遵照新章办理文》，《内阁官报》第36号，宣统三年八月初七日（1911年9月28日），法令。

② 对比洋务时期学堂与停废科举之后学堂，这一区别尤其明显。另见详文。

日考问，笔试部分则将试题公开，“笔答或应演图者，均当堂在漆牌上写出”。内场试则完全为笔试，“拟比照拔贡、优贡例，只考两场，以当日完场为便。每场出论、策、考、说各二题，头场以中学出题，经史各一，经用论，史用策；二场以西学出题，西政、西艺各一题，西政用考，西艺用说”。内外两场考完，以各科所得分数，“并参证平日功课册、行检册所列分数，汇定一总分数，第其高下，以定去取”。① 这些规定，既与近代西方各国学制的办法不同，也与科举改章的做法有别，可谓中西合璧。

由此可见，癸卯学制所规定的学堂考试制度，确实反映了统治者选才标准中西并重、中体西用的旨意，一方面继承了科举改革后考试的一些内容和形式，保持了经史论策的传统，另一方面新式学堂制度毕竟来自西方，与科举仅以文字楷法取士相比，学堂考试章程增加了口试的形式及检查学科讲义的内容，考官可以直接观察学生的即时反应，了解学生的学习情况和表达能力，有助于避免枪替、抄袭等弊端。此外，为了平衡地区之间的差别，控制教育质量，还增加了毕业复试的程序。

立停科举后学堂数量快速增长，在各科教育不断发展的同时，传统中学衰微已呈江河日下之势。面对兴西学与保中学的尖锐矛盾，最高统治者很快做出抉择。1906 年 3 月 20 日，都察院御史刘汝骥于俸满召见时，在中南海西暖阁与慈禧就学堂的现状有一段耐人寻味的对话。慈禧问道：“直隶学堂如何?”刘奏答：“近日办学堂的毛病是糜费太多，中学堂以上学科太杂，于经学反多荒废。”慈禧接着表态：“经学是最要紧的，万不可荒废。”刘汝骥赶紧汇报：“近日英、法、德、俄、瑞士各国，翻译中国书甚多，四子五经，彼国童子皆能童而

① 《奏定各学堂考试章程》(1904 年 1 月 13 日)，璩鑫圭、唐良炎编《中国近代教育史资料汇编·学制演变》，第 508～514 页。

习之。”于是慈禧关心起派遣留学的效果：“日本留学生将近万人，国家费用不少，流弊日多，何故?”刘汝骥认为：“此当慎之于始，非中学有根柢者不得遣派，自然流弊可去。”[①] 此后，经学为重的抉择，以及选拔派遣留学生注重中学基础的倾向，成为学部的指导方针，并逐渐变成衡量学堂教育效果的重要标准。1907 年至 1909 年，存古学堂蔚然兴起，便是表征之一。[②] 另外，学部成立前后，清廷选派留学生的办法和考试取录条件有所变化，立停科举前遣派留学，只注重年龄及英文水平。1907 年以后，取录首先强调“国文通达”，其次才是英文程度。[③]

1907 年 1 月，学部奏准《修改各学堂考试章程折》，最值得注意之处，便是明确了各学堂必须考试经史课目，原来未设经史课目的学堂，也须加试经学一题、中国史学一题。而“中学以上之学堂，毕业考试中国文学一科，应试二题，一题就该学堂主要学科命题，观其知识能否贯通，一题就中国经史命题，观其根柢是否深厚”。经史考试的分数不仅作为一门独立课目计算，还与毕业考试的平均分数一起计入总分。经学课程之外，品行分数与修身科分数另行计算。[④] 与此同时，慈禧颁布懿旨，强调学堂管理应“以圣教为宗，以艺能为辅，以理法为范围，以明伦爱国为实效”。学部选派的视学官若发现离经叛道、品行不端之人，“不惟学生立即屏斥惩罚，其教员管理员一并重处，决不姑宽”，甚至督抚及提学使亦难辞其咎。[⑤] 显然，当道不但希望在学制中努力保留读经问史的传统，延续科举时代的精神，而且冀

① 刘汝骥：《丙午召见恭记》，《陶甓公牍》卷 1，安徽印刷局，1911 年校印本，示谕，第 1 ~ 2 页。

② 关晓红：《晚清学部研究》，第 181 ~ 187 页。

③ 《咨各省督抚嗣后派遣出洋学生应遵章切实考验文》，《学部官报》第 40 期，1907 年 11 月 26 日，文牍；《游美学务处呈报本年应送游美学生考试取录办法文》，《学部官报》第 102 期，1909 年 10 月 14 日，京外奏牍。

④ 《修改各学堂考试章程折》，《学部官报》第 13 期，1907 年 3 月 5 日，本部章奏。

⑤ 1907 年 12 月 25 日上谕，朱寿朋编《光绪朝东华录》第 5 册，第 5806 ~ 5807 页。

望借此整饬学堂，控制学生，消弭祸乱，维持长治久安。

除了最高统治者坚持在学堂发展中贯彻保存中学的清晰意图之外，学部还承受着来自各方非议责难的压力。1907 年，都察院代递中书黄运藩上《整顿学务请复科举折》，以地方贫穷不能多设完全学堂、学潮纷起恐父兄令弟子废学为由，要求“科举与科学并行，中学与西才分造”，请求朝廷恢复科举。学部议复，以科举数百年流行，其习非所用已有定论为据，加以驳斥，同时强调，学堂教育尚未完全普及，但比科举时代各地仅有几所书院而言，已增多数倍，而且“书院师生课程亦多有名无实，较之今日各处建设学堂数似尚不及，安见一复科举制艺，地方即不贫困，教育即可有资耶?”学部还认为，科举得官可以侥幸一试，学堂则穷年累月从事于辛苦烦难之科学，两者并行必然导致学生趋易避难。且学问贵在融会贯通，“若中学与西才分造，势必各得一偏，永无融会贯通之一日，似非造就人才之本意”。因此，“端正学术，慎守宗旨，求整顿于学堂之中，断不能言造就于学堂之外”，建议当道对黄运藩所奏“毋庸置议”。①

学部所说看似义正词严、理据充分，却有避重就轻、偷换概念之嫌。例如，将书院与学堂比较，故意忽略为数众多的学塾，则学堂教育效果不佳，费用却大幅度提升的问题，不仅被轻轻滑过，而且成为对科举不利的根据。尽管学部对请复科举的态度坚决而严厉，社会舆论也并不赞许，可是其时清廷内部意见分歧，并非一致抵制之声。报刊透露：“前黄运藩上奏请复科举一折，经政府会议，赞成者甚多。其中谓复则复矣，但须更改本来名目，其大要，系先经府县试，试后再送交提学司复考，然后分别优拙，酌定额数，以为去取。至于考试之法，则以四书五经命题，令作讲义及策论诸科目。若八股文则全废也。闻已拟定奏稿，准备复奏。后张香帅闻知此事，怒其不识时务，且有碍大局，因疏请两

① 《学部议复中书黄运藩整顿学务请复科举折》，《盛京时报》1907 年 11 月 19 日。

宫，严加戒斥。如此，则黄运藩微特空费口舌，且将因言获罪矣。”①

黄运藩请复科举的方案最终遭到否决，但对学堂教育的种种怀疑、指责，以及要求恢复旧制的压力，导致学部企图通过考试来证明新式教育成效的努力更为执着，使得考试和复试毕业生的程序更为复杂，以至于传媒讽刺学部“今日考学生，明日考学生，是谓科举忙”，直斥新式学堂的各种考试为变相科举。② 可见在时人眼里，考试取士是科举最基本的特征，就此而言，立停科举后考试非但没有停止，反而频率日增。

由于试图纳科举于学堂，且抡才皆为入仕，故培才也相应更多考虑官吏养成，而非国民教育及悉心培养各行业的技术人员，这与从西方引入的近代学制的内容和宗旨一开始就背道而驰，其后更渐行渐远。这种求全责备、违背教育规律的设计，也使近代中国的新式教育不堪重负，且与人们此前的热切期待相悖。

三　回国留学生考试的科举色彩

受抡才与培才合二为一理念的主导，立停科举后，除国内学堂学生毕业考试外，留学毕业生也须通过回国考试，才能确认资格并授予相应出身，有的还直接授予职官衔位。

第一次游学毕业生考试于1905年7月3日举行，此时科举制尚未废除，学部也未成立，考试的组织由学务处主持。据第一次出国游学毕业生考试亲历者曹汝霖的回忆，尽管参加考试的仅有14人，程式却十分有秩序而且郑重。考试共分两场，第一场在学务处，及格者再参加第二场即保和殿殿试。题目分为文理科两种，文科题为策试。殿试不久便引见授职，一等为进士，授翰林检讨、主事、内阁中书；二

① 《杂报·清廷决议再行科举》，《台湾日日新报》（汉文）第2831号，1907年10月9日。

② 《闲评一》，《大公报》1911年6月22日。

等为举人，授七品小京官、知县。[①] 依据亲历者的描述，留学生回国考试从形式到内容大多仿照科举，却无须朝考便授职，则确有将抡才与授官合二为一。

学部成立后，加强了对留学生考试的组织管理，1906 年 10 月 2 日，清廷批准的《学部奏定考验游学毕业生章程折》规定，游学毕业生回国的考试分为两场，第一场就各毕业生文凭所注学科择要命题（每学科各命三题，作两题为完卷），第二场试中国文、外国文各一题。游学生考试卷由襄校官分阅并评记分数，再由学部大臣会同钦派大臣详细复校，分别定取最优等、优等和中等。[②] 按照考试的成绩与名次，授予出身及奖励实官，这对毕业生本人和政府用人都意义重大。

据第二次毕业留学生回国考试亲历者颜惠庆回忆，应试者对文字种类尚可选择。主考官唐绍仪是留美幼童出身，而副考官包括严复与詹天佑均有留学经历，令参加考试的留学毕业生感到亲切和欣慰。“试题与答卷均用英文，这在会试中实属奇事。”[③] 与应考者的感受迥异，作为考试主持者的学部诸位堂官，面对应试者的答卷，心情却颇为复杂。媒体报道：“考试留学生同考官严幼陵观察，因见此次所取各学生欧美科学均极优长，独于国文一门未窥堂奥，特上条陈于学部各堂官，请代奏设立国文专馆，延湛深中学之士充当教习，将已取各生派入肄业，限以三年毕业，然后廷试给予出身。”[④] 严复的建议显然是反向模仿光绪二十八年新进士须到京师大学堂肄业三年后方授职的前例，让留学毕业生补习国学，所据宗旨仍为中西兼通。

---

① 曹汝霖：《一生之回忆》，转引自陈学恂、田正平编《中国近代教育史资料汇编·留学教育》，上海教育出版社，1991，第 69～70 页。

② 《学部官报》第 6 期，1906 年 11 月 16 日，本部章奏。

③ 颜惠庆：《颜惠庆自传——一位民国元老的历史记忆》，吴建雍等译，商务印书馆，2003，第 52～53 页。

④ 《外省纪闻·内政》，《河南官报》第 141 期，1906 年 11 月。

倘若照此议实行，一是国内学堂学生毕业将在学习年限及费用方面，明显优于留学生，从而造成留学生源难以为继；二是人才培养周期大为延长，急需留学生的部门缓不济急。因此，至少在操作层面看，严复的建议过于理想。最终学部出于鼓励留学的整体考虑，未予采纳，但对留学生中文程度的担忧，却成为历任学部主官的心病。第三届游学毕业考试，中文考试题目出自《左传》："巫臣使吴，教吴乘车战阵，遂通于上国。"一考生原来的外国毕业文凭成绩为优等，因此次考试中文答卷有"古之所谓车者，今日之人力车、马车欤"一句，竟然落第。[①] 为了提高留学生的中文水平，管理学部大臣张之洞建议："此次考取留学生，凡中文程度低者，须限年补习，并拟严定下届考试办法，谓长此不变，必致斯文扫地，非中国福。"[②] 不久，张之洞又为考试留学生事具折奏请："考试宜注重于普通学……近年一般青年留学者，多系有名无实，甚有浪游终日，全不上课者。拟请严加甄别，以杜倖进而宏奖励"。[③] 进一步严格留学生出国资格的考试和审查，并设法加强留学生的日常管理。[④]

随着回国留学生的不断增加，原有考试场所难以容纳众多考生。1910年留学生毕业回国考试，学部堂官本拟改就京师大学堂举行，"嗣因学部堂官以既名殿试，不能易地，致蹈名不副实之诮，且体制攸关，未便轻易更改，监国亦深以为然，故现仍定在保和殿举行"。[⑤] 在科举废止五年之后，留学生考试不但仍以科举为基本程式，且因"体制攸关"而不敢改动考试地点，显示当局坚持贯彻将科举与学堂熔于一炉的初衷。

---

① 刘真主编、王焕琛编著《留学教育——中国留学教育史料》第2册，台北："国立编译馆"，1980，第807～808页。

② 《本馆专电》，《神州日报》1907年10月22日。

③ 《要闻一·政府注重学务汇闻》，《神州日报》1908年9月15日。

④ 参见关晓红《晚清学部研究》，第385～399页。

⑤ 《留学生殿试仍在内廷举行》，《盛京时报》1910年5月20日。

此次考试，除保留廷试的形式之外，出于对革命党人活动日益活跃的恐惧，考试的内容与前两次相比更趋守旧。学部认为："惟有严加考试，专重国文，视其中学有根底者择尤录取。盖因文见道，察其言论，即可测其性情，凡中学深者，类皆能知忠君大义，断不至为逆党所煽惑云云。刻已决定廷试试卷仍照往年殿试旧规，限令对策一篇，以定甲乙。"① 从甲辰科三甲进士须一律入京师大学堂，分门肄业三年才能授职，至出国留学毕业生殿试恢复科举策问，历史在短短几年中怪异地翻转轮回。可见作为检验人才的手段，考试形式与内容的变化其实是选才标准变动的重要体现。晚清学堂考试与选才，始终与清廷的国策紧密结合。

四　非议与批评

为贯彻纳科举于学堂的设想，丙午年之后，举贡优拔考试和生员考职、各级各类学堂的毕业考试复试、留学生毕业回国考试，新旧交织，你方唱罢我登场，构成了清末"考试社会"的独特景观，也招致朝野诸多批评和非议。这些批评意见对学部加强学堂学生管理及调整考试不无影响。

1907 年 7 月，翰林院侍读周爰诹以学堂招致乱党之祸为由，要求撤回日本留学生并停止毕业考试，"四书五经皆令默试"，禁女子出洋游学，设法推广存古学堂，② 此议虽因矫枉过正、偏激太甚而被学部议驳，所谓"因废科举而并废圣贤之书"也不完全是事实，但存古学堂却因此而上下呼应，大行其道。

1909 年 8 月，监察御史胡思敬指斥学堂新章行之数年，有十弊六害。十弊的主要内容可概括为：（1）实施分科教学，中学所占比

① 《廷试留学生注重国文》，《盛京时报》1910 年 5 月 12 日。

② 《德宗景皇帝实录》卷 575，光绪三十三年六月己丑（1907 年 8 月 8 日），《清实录》第 59 册，第 617～618 页。

重过少，乃“有心撕灭数千年礼教纲常”；（2）学制规定中学生以上“皆以洋文为主课，旷少年之时日，锢子弟之聪明”；（3）学堂规制章程，服饰语言皆效法洋人，数典忘祖；（4）教习兼差过多，学生不守规则，滋事妄言，丧失师道尊严；（5）学堂出身过滥，学生计较奖励轻重而频繁易校，导致仕途冗杂，吏治败坏，斯文扫地。六害即学费过高有压抑寒畯之害；医学工等分科专才入仕为官有搅乱仕途之害；各地为兴办学堂，筹集经费，捐派繁重，有骚扰闾阎之害；专重外洋专门实业，以为人才标准，有摧残士类之害；东洋留学生党派甚多，内地学生遥相提倡民权，有增长逆焰之害；派遣留学生与购置学堂教学器具，大量国帑外流，导致国家贫弱，有推广漏卮之害。①

胡思敬所陈学堂的十弊六害，虽然如其承认的那样，“激于一时孤愤，不免言之过当”，但其中亦有不少值得深思之处，如医学工等分科专才入仕为官扰乱仕途，以及“学生屡迁，各计较奖励轻重以定去留。无不请奖之学堂，即无不毕业之学生。而朝廷鼓舞之法穷矣”，从反面印证了新式学堂过于借重科举功名，与新式教育宗旨相悖的实情。

1909 年 7 月《申报》发表的一则评论耐人寻味：“学堂，新也，科举，旧也，判然如泾渭之不容混合者也，今则浑而为一。学堂，校长也，教员也，学生也，可以考优拔，是由学堂而入于科举之途。科举，举人也，拔贡也，优贡也，可以入经科大学，是由科举而入于学堂之途。出中小学，考优贡，得优贡，入大学，出学堂入科举，出科举入学堂，出此入彼彼入此。异哉，中国之学堂，异哉，中国之科举。或曰，吾道一以贯之，何学堂科举之有？”② 趋新督抚们纳科举于

① 《清实录（附）宣统政纪》卷 17，宣统元年七月庚戌（1909 年 8 月 18 日），《清实录》第 60 册，中华书局，1987，第 322～325 页。

② 《清谈·学务与科举》，《申报》1909 年 7 月 15 日。

学堂、中西学并重、抡才与培才结合的愿望，实行起来却产生了彼此混同的偏蔽，就时人的观感来说，这种融合新旧、贯通中西的努力，似乎不伦不类，仿佛给科举披上了学堂的外衣，而给学堂注入了科举的灵魂，最终在趋新与守旧两面均不能讨好。

随着学堂数量的不断增多，以及留学生毕业回国人数的增加，奖励出身持续产生负面影响。1909 年 10 月下旬，御史赵熙以学部考试游学毕业生名单为据，上奏《试学入官宜名实相副折》，提出按照学部考试游学生的情况及奖励章程的规定，本届留学毕业生有工科六名、农科两名、医科两名、格致科两名、法政科一名列最优等，可获进士出身，有入翰林之望。但新式学堂所学乃专门实业之学，以此充当文学侍从，乃所学非所用，名不副实。应当各归所学，如以习农工商者安排到农工商部等。故“有请者学位与官职当各为一事，不必毕业者人人皆官”。特别强调“人人以学为生计，自立之道也；人人以官为生计，非自立之道也。方今各学堂学生及游学生合之优拔诸生，人人皆官，官既日多一日，诚恐生计日促一日”①，不仅导致仕途拥挤，吏治混乱，还使学用相悖。所说与1905 年 9 月御史陈增佑所上《奏请变通学堂毕业奖励出身事宜折》大同小异，境遇却截然不同，该折很快引起清廷重视，奉旨“下学部议”。

学部议复赵熙之折时，承认按章奖励留学生，确有所学非所用之弊，但强调如此办理实有不得已的苦衷，翰林本为文学侍从，翰林院乃词臣待诏、论撰文史、充经筵日讲、备皇帝顾问之所。因科举时代以此为入馆登阁之选，是士人最高荣誉的象征和读书人梦寐以求的目标，而国家富强，又必须提倡实学，发展实业，若因所学为实学而非

① 《清实录（附）宣统政纪》卷 21，宣统元年九月庚申（1909 年 10 月 27 日），《清实录》第 60 册，第 394～395 页。

文学，就不能授予翰林，会被误认为歧视，岂非与提倡鼓励学生选择实学的初衷相左？故以实属权宜情非得已做辩解，并申明“近来游学生之授职翰林中书者，多充学堂教习，或为各部调用，亦尚非尽置之闲散之地”。[①] 由于新学难以摆脱科举的阴影，抡才又须与培才统一，诸如此类的弊端便无法避免。

学部同时承认，新式学堂毕业生的流向呈现过于集中之势，“惟就现在情形而论，游学生毕业授职大半咸集都下，其有授职知县者，亦多呈请留京供差，不愿就外，以致边远省分需用实业人才尚供不副求”。学部为此提出解决方案，即此后游学毕业生廷试仍照旧按等第分别授职，除已授知县应令遵章赴省不得留京外，其余人员由学部汇集名册，分咨各省督抚，查明学堂局所及各种不同类型公司，遇有需要此类人员，开列人数电知，即由学部请旨发往该省委用。按照宪政编查馆分年筹备清单，宣统三年实行文官考试章程，“一俟此项章程实行，则学堂毕业授官自应分为两事，即游学生廷试亦可停止。所有详细章程，应由宪政编查馆妥议具奏。现在距实行文官考试年限已属不远，拟请一切因仍旧章办理，以免纷更”。学部所奏奉旨依议。[②]

与赵熙上奏同时，御史叶芾棠奏《官多流杂有害治安请量予停止折》，从危害吏治的角度，要求停止奖励实官。认为科举废除及捐纳停止后，举贡考职、优拔贡考试和留学生、学堂毕业生奖励接踵而至，造成“岁入仕途者不下数千人”的局面，加之各局所、学堂办事人员皆有保奖，“以致各部各省人浮于事几数百倍”。由此造成官场与社会的连锁反应：因差缺难得，拥挤于仕途之人百计钻营；“请托者

① 《学部奏议复御史赵熙奏试学入官宜名实相副折》，《政治官报》第773号，1909年12月20日，折奏类，第8页。

② 《学部奏议复御史赵熙奏试学入官宜名实相副折》，《政治官报》第773号，1909年12月20日，折奏类，第8～9页。

众，长官不能因缺择人转致为人择缺，则害在吏治矣”；贿赂公行则害在风俗，造成社会风气败坏；因乞官缺而借债者，得官后加倍向民众索取，则害在民生。要求清廷对各种相关奖励予以重新考虑，何项停止，何时停止，应当有所考虑和答复。①

会议政务处认为叶芾棠所奏均为事实，但奖励措施或为鼓励兴学而设，或为疏通立停科举善后士子出路而特别安排，不能遽然中止，“若忽阻于后，未得者必因此而生觖望，办理亦殊多窒碍”，因而建议在宣统三年实行《文官考试任用章程》时，再将各项奖励措施停止。②

也有言论认为：“科举停而考试频繁，此固议停科举者所不及料也。然而，执此以诟停科举之无谓则又不可。盖今日之考试，与昔日之科举颇相径庭。昔日之科举，直所谓暗中摸索，凭一日之短长者也。今则毕业之证凭及以前当官之成绩均行列入，且分门考校。有真才者，不患无见长之地。”同时指出，不能尽如人意者，为主考者弃取不公，如留学生考试的主考官，或偏重东洋，或偏重西洋，有主观好恶，无一定之法。③

对于各级各类学堂频繁的考试，作为主持者的学部，也有不得已的苦衷。在1910年10月资政院第四次会议上，有人质问学部尚书唐景崇究竟学部整顿各地学务的要点是什么，“试问今年学部专门司忙碌一年，但所忙者但为核分数、忙考试而已，尚有暇注意小学乎？”“学部特派员王君季烈莅坛答辩，谓学堂奖励章程系光绪二十九年所定，彼时因科举初废，出于不得已耳，一俟文官考试章程颁行后，所有学堂奖励章程自然废止。至于考试各省之高等学堂

---

① 《御史叶芾棠奏官多流杂有害治安请量予停止折》，《政治官报》第1077号，1910年12月27日，折奏类，第5~6页。

② 《会议政务处奏议复御史叶芾棠奏官多流杂有害治安请量予停止折》，《政治官报》第1077号，1910年12月27日，折奏类，第4~5页。

③ 《论近日各项考试》，《盛京时报》1911年3月21日。

学生，诚恐有程度不足滥为充数之弊，故于慎重之中而有限制之意。”[①] 唐景崇和王季烈（学部专门司司长）的回答表明，学部作为主持全国教育行政的最高机构，在过渡时代，既要保证新旧并途的顺利进行，又要确保培才与抡才质量不出问题；既要执行政府颁行的规章，维持相对稳定，又要为并不配套的相关制度担负起暂时承乏的责任。

清末考试频繁的原因，新旧并途仅是表象，实质则是合并科举于学堂后，学堂除了培才的职责外，还必须承担起既往科举抡才的功能，这使得学堂教育不堪重负。因此，只靠出台学制、学堂管理章程来构筑新的教育体制，并不能解决停罢科举后所涉及的诸多问题。明清科举始终与铨选结合，停罢科举而铨法不变，学堂就无法摆脱入仕为官的制约与阴影，不得不借科举功名考试及奖励实官，以维持学堂对学生的吸引力。

学部并非没有意识到问题的症结，也不是没有思考过解决问题的思路及办法。早在立停科举后不久的1907年，学部已奏请将考试学生与任用官吏划分两途，即将培才与抡才分离，学堂考试只是对教学成效的检验，而非选官资格的确定，结果“下廷议”后，杳无音讯。[②] 在学部具奏一年多后的1908年，职司铨选的吏部出台了《遵拟改选章程折》，对州县官员选拔资格和选拔方式做了较大调整。[③] 将铨选州县官员的权力下放至督抚，但仍未解决抡才与培才并途这一制约学堂发展的根本问题。

事实上，吏部对州县官铨选改革的思路和动作，已经开始触及任用资格、途径等实质问题，但因铨选制度只是整个职官制度的一个组

---

① 《资政院记事·第四次（十二日）会议记事》，《盛京时报》1910年10月18日。

② 《本社专电》，《神州日报》1907年5月2日。

③ 《吏部会奏遵拟改选章程折》，《盛京时报》1908年9月13日。具体规定，见9月15日、16日专件。

成部分，而内外官制改革的新方案正在讨论与酝酿之中，铨选所涉各方关系相互制约影响，牵一发而动全身，内外官制改革的曲折，以及吏部本身存废的争议，使得本已提上日程表的铨选改革放缓了步伐。受制于官制改革与财政问题的诸多因素制约，原定宣统三年发布的《文官考试章程》并未如期推出，无法解决学堂毕业后是否或如何导入仕途的问题，因此，尽管朝野百般抨击，学部仍只得尴尬地在众人的指责唾骂声中，勉力维持奖励出身及学堂毕业授官的办法，迄清亡未能改弦更张。

第三节　任用资格考试的多种尝试

停罢科举后各项新政迅速铺开，对西方行政、司法的理论与制度的介绍引进，使朝野均感觉到原有知识不足以应付专业化分工的现实需求，而学堂教育本身，即有较长的人才培养周期，本已缓不济急，加之抡才与培才并途，由学堂教育承担起官吏养成的职责，更加不堪重负。立停科举后一年，主持全国教育的学部已在《奏定考验游学毕业生章程折》内，正式向清廷提出，应当区分“学成试验”与“入官试验”两个不同概念。强调学部所组织的考试，只是属于“学成试验”的范畴，希望由用人部门承担起“入官试验”的责任：“京外衙门可就所分之科，分别调用，加以试验，奏请录用实官，庶几循名责实，各尽所长，用副朝廷因才器使之至意。”①从理论层面提出了将培才与抡才分离的要求。由于时机并不成熟，清廷对此未予答复。但在实际操作层面，新政与仿行宪政期间，为解决京师部院及直省各级衙署对专才的迫切需求，主要采用两种途径：一是各种专门学堂承担起培养专才的任务，部分毕业生直接对口分配至

① 《学部官报》第6期，1906年11月16日，本部章奏，第74页。

相关衙门；二是各部院根据各自业务需要，逐渐尝试摸索建立面向社会甄别与选拔人才的任用资格考试机制。[①]

清末专门学堂种类繁多，以培养从政为目的者主要集中于法政学堂、巡警学堂。由于人才培养缓不济急，许多学堂学生毕业即直接授予职官的情况比比皆是。[②] 尽管如此，由于急行新政，专门学堂毕业生犹如杯水车薪，未能解决社会对人才的迫切需求。因此，通过专业培训与考试，提高现有职官队伍的素质，以缩短人才的培养周期，提供社会各方面急需的专才，就成为应急的权宜措施。在此背景下，清末职业任用资格考试应运而生。

新政期间所进行的职业任用资格考试的较早尝试，为1903年商部咨调各部院司员的考试，报刊称之为“临阵磨枪”：“近日各部考试商部咨调司员，所出题目非商务农工，即理财制造，故琉璃厂新学书肆新到之商务理财等书籍，每日销场颇畅，尤以万国商业历史、商工地理学、商工理财学、理财学教科书、外交报财政四纲等类为尤多。”[③] 这种临时抱佛脚的做法固然不可取，但至少对在职官员的学习具有一定导向性，迫使他们关注新知识。

外官方面，1907年5月，直隶总督袁世凯“拟仿照日本文官试验法，设立考验官员处一所，嗣后除现任各官外，皆当试以中外法律及政治等学，必考验合格乃得予以差缺，其详细章程现已札委天津府李太守兆珍妥拟。又拟仿日本文官惩戒法，于督署中设立调查处一所，专司考察本省司道以下属员”。[④] 这是改制期间典型的老人老办法、新

---

① 如法官考试、巡警考试、外务部考试等。

② 如1910年四川省高等巡警学堂学生第五期毕业合格者70人，最优等学生许铨等19人以七品警官记名，以巡警道属副科长及各州县警务长记名候补；优等生叶祖修等37名以八品警官记名，以巡警道属科员及各区区官记名候补；中等生蔡泽等14名以九品警官记名，由该省酌量录用。《民政部奏议川省高等巡警学堂学生毕业请予录用折》，《政治官报》第1064号，1910年10月14日，折奏类，第3~4页。

③ 《时事要闻·京都》，《湖南官报》第523号，1903年11月8日。

④ 《直隶·选官察吏新法》，《盛京时报》1907年5月10日。

人新办法，以已任现职者划线。此后初仕为官者，必须参加中外法律及政治学的考试，合格者才能得到任用。清末以各种途径进入候补官员序列者，人数众多，袁世凯主政时期的直隶，又以仿行日本宪政著称，所以直隶开全国风气之先应是意料之中。无独有偶，同年7月，福建藩司因科举停罢，而旧学士子文字功底较深，故专门在举贡廪增附诸生中招考“年在四十以下，三十以上，准其考充各衙门局所营队为书记生”，并订示日期举行考试。[①]

其实在科举停废后，作为制度衔接，清廷已经授意有关方面草拟外官制文官任用考试章程。1908年9月下旬，吏部将所拟各项文官考试、任用、官俸等章程呈上，所附章程中还有文官处分条例，作为暂行办法，俟宪政馆与政务处议定后颁布实行，以此作为新官制的配套规制。而外务部与法部所拟出洋任用章程、惩戒进级章程，亦拟作为暂行办法，待文官各章程颁布实行后再并章处理。[②]

尽管清廷各部院的相关章程制度尚在酝酿，有的省份却已迫不及待地开始了实践探索。宣统元年五月下旬，闽浙总督松寿奏报闽省考试捐纳保举入仕的候补官员情况，由督抚司道主持，结合专业知识与实践能力，对候补官员实行甄别。[③] 同年九月，宪政编查馆对考验外官划分等第与核算分数予以规范。[④] 只是由于外官改制一波三折，[⑤] 以及外官任用章程的配套措施尚在酝酿及预备实行之中，各省推行的情况参差不齐。

---

① 《杂报·士而学律》，《台湾日日新报》（汉文）第2747号，1907年7月2日。

② 《宪政编查馆会奏核复各衙门九年筹备未尽事宜缮单呈览折》，《政治官报》第692号，1909年9月30日，折奏类，第3～6页。

③ 《闽浙总督松寿奏考试候补各员等第折》，《政治官报》第618号，1909年7月18日，折奏类，第13～14页。

④ 《宪政编查馆复豫抚电》，《政治官报》第728号，1909年11月5日，电报类，第8页。

⑤ 详见关晓红《种瓜得豆：清季外官改制的舆论及方案选择》，《近代史研究》2007年第6期。

1909年，清末新政的重心转向预备立宪的各种条件筹备，在朝野急行宪政的鼓噪中，三权分立的理论颇为流行，各种趋新事业也如雨后春笋般迅速兴起。行政与司法分立，以及对司法人才的急需，在宪政编查馆与法部预备立宪清单上，正式列入日程。正是在这样的社会氛围下，各种任用资格考试开始纷纷举行。尽管在一些省份只是匆匆地走着过场，但在喧闹与忙乱中，近代职业任用资格考试的制度规则逐渐酝酿产生，并通过实行过程的反馈逐渐调整完善。这标志着在通才选官考试准则之外，对“专才”的职业任用资格考试制度和专业化职业教育（培训）制度，开始成为培才与抡才的重要内容。在社会与教育发展的双向互动中，人才需求多元化已是普遍而急迫的现实，考试取才准则的相应变化势所必然。

1910年，因急行宪政的需求，为各级各类即将成立的审判厅准备人才的问题提上日程，也因此而催生了相应的法官考试章程和制度，成为立停科举后规范抡才方式的重要依据之一。该年宪政编查馆奏呈《酌拟法官考试任用暂行章程》，该章程规定，除法政学堂毕业生外，参加考试的人员必须具备下列三种资格之一：举人及副拔优贡以上出身者；文职七品以上者；旧充刑幕确系品端学裕者。同时将科举与学堂出身、现职官员、旧式幕友中有学行者均纳入选拔范围。[①] 1910年4月，法部奏报各省筹办审判各厅拟俟考试法官后一律成立，并引述宪政馆奏定逐年筹备事宜单的规定，“此后法官之任用，舍考试外更无他途”。以此为努力趋向。[②] 与此同时，《法部奏法官任用须经考试折》明确提出“嗣后无论何项出身人员，均毋庸

① 《宪政编查馆奏酌拟法官考试任用暂行章程》，《政治官报》第826号，1910年2月18日，折奏类，第21~22页。

② 《法部奏各省筹办审判各厅拟请俟考试法官后一律成立折》，《政治官报》第903号，1910年5月6日，折奏类，第6~7页。

再行签分大理院”，改变既往按照清朝常规惯例的掣签授官，代之以经过专门法官考试的专才。[①] 这一系列章程的出台，使得法官任用考试制度相对完整，成为近代中国最早由官方正式颁布实施的职业任用资格考试制度。

法官任用资格考试，毕竟是一个新的事物，章程颁布后，实行起来遇到了许多意想不到的困难。科举时代金榜题名，再经朝考后便可等待吏部授职，前程似锦，而立停科举不数年，却要改行职业资格考试，面对如此巨大的变化，一般士子乃至学堂学生也需要有心理调适过程。因章程规定的报考资格过于严格，考期临近，报考者寥寥。为了解决难题，法部只好再拟奏章，请求本届举行法官考试暂拟推广与考资格。[②] 法政学堂分甲乙两班，行政司法分途，乙班考法官，不能毕业给奖，御史石镜潢认为这一规定对司法独立的推广大有妨碍，导致“近来风气愿为行政官者众，而愿就司法官者少”。宪政编查馆议复时也承认，“法官考试举行有期，而各省电称应考人员虽按照暂行章程从宽收考，尚苦人数无多，不敷选录”。有鉴于此，宪政编查馆提出，因学部毕业考试的科目比法官考试为多，建议凡法政学堂毕业生毕业考试成绩合格后，免去第一次法官考试，由法部直接分发，[③] 作为过渡衔接的暂行办法。

法官考试任用章程颁布后，虽然有一些调整和补充，实施过程还是相对严格慎重。从考试范围、程序、应试人员来看，尽管报名者的资格有若干条件限制，要求是已获旧学功名的举贡优拔、新式学堂毕业生、各省刑幕等，可是已完全脱离了学业考试的程序规

---

① 《法部奏法官任用须经考试折》，《政治官报》第845号，1910年3月9日，折奏类，第6～7页。

② 《法部奏本届举行法官考试暂拟推广与考资格折》，《政治官报》第1016号，1910年8月27日，折奏类，第7～8页。

③ 《宪政编查馆奏议复御史石镜潢奏法令解释纷歧致适用未能画一折》，《政治官报》第1030号，1910年9月10日，折奏类，第3～5页。

范，受试对象也明显改变，[①] 是一次真正意义上的职业任用资格考试。

尽管应试资格已扩展至新旧学子和刑幕，但司法体制在基层的推广，仍遇到人数不足的困难。1910 年 7 月，广西巡抚张鸣岐奏报，该省应考人员仅有 152 名，三场考试后录取 32 名。与急需法官设立各地审判厅的需要相比，缺口甚大。[②] 同年 9 月，广西考试录取的 32 人“一律照章以正七品推事、检查官用”。考生中有刑幕、现职知县、学堂毕业生 20 人，旧学士子 11 人。[③] 贵州巡抚庞鸿书奏报，该省参加考试法官人员 158 名，三场考试仅录取 42 名。[④] 陕西巡抚恩寿也向清廷诉苦：“立宪筹备期限甚迫，所有司法、行政各机关，以及筹备地方自治，非有深明法理之员绅，不能相助为理。陕省风气朴塞，法政人才尤为缺乏，培植栽成实不容缓。”[⑤] 从湖南巡抚岑春蓂奏筹办审判厅的情形来看，人才来源还是旧刑幕转型居多。[⑥]

法部为使考试任用章程能够更好地贯彻落实，在第一次法官考试后专门公布了《酌拟法官分发章程》，符合分发条件的，均为已通过第一次考试或免除第一、二次考试的人员，可以就近分发各省。考虑到京师为首都，官员如果各操方言，不利于办事沟通，故要求分发

① 第一次法官考试的结果，最优等 83 名（各科平均 80 分以上，最高各科平均 96.4 分），优等 193 名（各科平均 70 分以上），中等 285 名（各科平均 65 分以上）。《法部第一次考试法官等第名次分数单》，《政治官报》第 1079 号，1910 年 10 月 29 日，折奏类，第 5 ~ 14 页。

② 《广西巡抚张鸣岐提学使李翰芬按察使王芝祥会奏考试法官事竣折》，《政治官报》第 988 号，1910 年 7 月 30 日，折奏类，第 3 页。

③ 《法部奏请将广西考试法官录取人员任用折（并单）》，《政治官报》第 1038 号，1910 年 9 月 18 日，折奏类，第 5 ~ 6 页。

④ 《贵州巡抚庞鸿书奏考试法官事竣折》，《政治官报》第 1085 号，1910 年 11 月 4 日，折奏类，第 8 页。

⑤ 《陕西巡抚恩寿奏推广法政学堂办法等折》，《政治官报》第 1106 号，1910 年 11 月 25 日，折奏类，第 6 ~ 7 页。

⑥ 《湖南巡抚岑春蓂奏筹办审判厅情形折》，《政治官报》第 691 号，1909 年 9 月 29 日，折奏类，第 7 ~ 9 页。

京师者不论籍贯，均须熟悉官话。[①]

法部主持的第一次法官考试的实行，使人们对官员的专业素质更为重视。御史温肃奏请此后不仅在法政学堂毕业生中进行考试，且"请饬催法部，凡审判检察衙门自大理院以下，从速举行考验"。[②] 这一建议，实质是将资格考试由选官初仕推及现任各类官员。由于法官职业的特殊性，其人员素质关系到社会安定，温肃的建议，指示了法官考试任用制度完善的方向。而在任官员的考试如储才馆、课吏馆等，也是清末职业考试的重要内容。只是对象均为在编或候补官员，有培训进修性质，与以选才为目标的考试有较大差别，此不赘述。

由前述内容可见，立停科举后的各种考试，就选才目的与性质而言，大致可分为三类：一是作为停科举的善后，为旧学士子疏通出路，如考试优贡、拔贡，举贡、生员考职与孝廉方正恩科等，基本保留了科举的形式；二是国内新式学堂学生的毕业考试和留学生归国考试，检验其所学情况并授予出身，成为立停科举后抡才取士的主要途径；三是法官任职资格和选用巡警等考试，作为文官分类选任考试的尝试，反映了法政、巡警人才需求的专业化趋势。耐人寻味的是，上述三类考试，尽管考试主持者、参试者的身份及考试类型差异很大，考试的总体内容却中西新旧兼有，反映了立停科举后清廷在考试、选才方面的基本标准和原则，呈现出相辅相成之势，即在遗留的旧学考试中加入了西学元素，而在新式学堂学生考试、留学生毕业回国考试中，则不断增加中学的内容，法官及巡警等职业资格考试则中西学并重。

---

① 《法部酌拟法官分发章程折（并单）》，《政治官报》第 1035 号，1910 年 9 月 15 日，折奏类，第 3 ~ 5 页。

② 《御史温肃奏各项法官请仍遵颁定章程补行考验片》，《政治官报》第 1114 号，1910 年 12 月 3 日，折奏类，第 6 页。

第四节　新式学堂的培才及问题

立停科举的终极目标是为学堂发展扫除障碍，培育匡时济世之才。这一目标以合并科举于学堂的理念为基础，期待同时发挥科举抡才作用与学堂培才优势，使抡才与培才相互结合包容，两全其美。就章程条文来看确为理想设计。可是在停罢科举六年的过程中，不仅抡才问题遭遇来自各方的非议，培才方面也出现诸多问题。

1905 年 9 月，随着清廷立停科举考试诏令的颁布，不少人认为，学堂大兴的机会已经到来，上自主持全国新式教育的学部，下至各省、府、州、县，各级政府，各类教育团体及趋新人士，均不遗余力地宣传与推广学务。其后学部所做的两次大规模统计表明，在科举停废后短短的五年中，无论是学生人数还是学堂数量，较科举停罢前都有显著增长。仅从快速增长的统计数字看，相较清末新政举办的各项趋新事业，教育发展的总体成效确实令人鼓舞。可是相关研究表明，学堂取代科举后，识字率似乎一度还有所下降。在官方机构所公布的节节攀升的统计数据背后，新式教育却遭遇困境，引起人们的诸多批评与反思。

学堂培才的诸多问题，一部分源于清末新式教育本身的基础程度，及其引入西方学制和形式是否适宜中国的国情；另一部分则因为立停科举的初衷是促使抡才与培才合二为一，学堂负有继承并统合科举抡才的责任，自然与科举制有着剪不断理还乱的联系。两方面相互影响作用，使得科举与学堂都被诟病和抨击。基于本书主题，此节着重考察后一方面的问题。

一　读书入仕与国民教育

停罢科举后新式教育在全国的推广，首先遇到的困难便是新旧教育观念截然不同，人们不自觉地以旧习惯接引新知识，用旧理念看待新教育，学堂自然成为科举的变相。

癸卯学制的《奏定初等小学堂章程》规定，国家“设初等小学堂，令凡国民七岁以上者入焉，以启其人生应有之知识，立其明伦理爱国家之根基，并调护儿童身体，令其发育为宗旨；以识字之民日多为成效。每星期不得过三十点钟，五年毕业”。并且强调：“国民之智愚贤否，关系国家之强弱盛衰；初等小学堂为教成全国人民之所，本应随地广设，使邑无不学之户，家无不学之童，始无负国民教育之实义。”①《奏定高等小学堂章程》也在立学总义中明确规定：“设高等小学，令凡已习初等小学毕业者入焉，以培养国民之善性，扩充国民之知识，强壮国民之气体为宗旨；以童年皆知作人之正理，皆有谋生之计虑为成效。”② 从字面观之，立学宗旨显然与科举时代的学校有着根本区别。即就个人而言，读书是为了做一合格的国民，并为走向社会后的谋生做准备；对政府来说，培才是基于国民教育和社会发展的需要。这一从外国贩来的新教育观念，虽然堂而皇之地写入上述章程，成为癸卯学制的重要内容，但由于这些宗旨的知识内涵，乃自东西洋移植而来，与中国传统读书做官的科举正途格格不入，国人接受的程度、各地情况亦参差不一，而停科举前后也有较大差异。

尽管戊戌以来，政府已经积极倡导振兴学务，但在许多地区，兴学却并非一道诏令就能解决问题，尤其在科举与学堂并存期间更为困难。离京师不远的顺义县，为了让私塾的学生改课学堂，劝说无效，有人甚至动用五花大绑。为此，1904 年 11 月 24 日，上谕令军机大臣等，“有人奏顺天府属顺义县因乡村塾师学生自为课读，不赴学堂，

① 《奏定学堂章程·初等小学堂章程》，朱有瓛主编《中国近代学制史料》第 2 辑上册，华东师范大学出版社，1987，第 174 ~ 175 页。

② 《奏定高等小学堂章程·立学总义章第一》，《时报》1904 年 5 月 22 日；朱有瓛主编《中国近代学制史料》第 2 辑上册，第 189 页。

差役往拿，送县拘禁，请饬查办等语。著徐会澧、沈瑜庆确查办理，毋任滋扰。原片著钞给阅看。将此谕令知之”。[①] 而在厦门，停罢科举后的学堂招生似乎并不景气。当地的“玉屏书院，改为中学堂，经姚道台出示，招考学生。奈乏人报名，屡经改期展限……兹闻报名者仅二十余人，未得符原定六十名之额”。最后只好先开学，以后再设法扩大生源。[②]

立停科举一年多后，不仅偏远地区风气闭塞的穷乡僻壤，就连中原地方的一些乡村，不知学堂为何事者也属平常。1906 年 2 月，吕相曾上任河南滑县知县，走访四乡，问及是否有子弟入学堂，“则懵焉不甚解。间有能道其所以者，曰学堂非习洋务者乎？彼若父若兄者，不欲其子弟之入而习之也。所述佥同”。其审视旧案，方知前任也曾筹集兴学经费，“其不能改建学舍之故，大率耗费于诸生之膏火”。没有膏火则学生之生计无着、家庭之需要不能分担，学堂对学生自然缺乏吸引力。由于教育经费来源不足，吕知县只得以国民捐形式募集部分资金，并征用当地的秋声楼做储书所，利用旧地，加建房舍，革去膏火，令学生自备伙食，每月根据成绩等次决定奖金（其实也是膏火的变相而已），添置图书器具一百五十多种，五百七十多部，“操衣靴帽一律鲜整”，“改堂室百二十间”，筑体操场，在周围种植树木，收考生数百人，命名为景贤学堂。[③]

与上述情形有别，广东沿海的情况似乎令人鼓舞。立停科举的诏令颁布后，当地绅士及名门望族闻风而动，积极筹措经费，引起媒体关注：“科举既废，学堂急宜兴办。兹闻潮阳各族绅士，近来纷纷聚议，筹措经费，广设学堂，以培成子弟。陈氏一族，已经议有头绪，

---

① 《德宗景皇帝实录》卷 536，光绪三十年十月壬戌（1904 年 11 月 24 日），《清实录》第 59 册，第 136 页。

② 《厦门通信·中学堂启读有期》，《台湾日日新报》（汉文）第 2395 号，1906 年 4 月 28 日。

③ 《滑县吕大令相曾改建滑县景贤学堂碑记》，《河南官报》第 129 期，第 11 页。

其郑、姚各族，亦有经费可筹，易于兴办。”[①] 而一直准备筹办优级师范学堂，却苦于没有找到合适地点的两广总督，即刻征用贡院，派人勘估绘图，改为优级师范学堂，并附设中小学堂。[②] 广东一些地方原已设立的学堂，则以“科举既停，就学者日众，堂中房舍，恐不能容，复将堂后破屋，兴工修葺”。[③] 沿海与内地风气之差异，可见一斑。

相对筹措经费开办学堂而言，人们较易接受的是学堂毕业奖励科举出身。厦门某洋货商行老板之弟留学英国，毕业回国后经学部考试，赏赐为商科举人，“该行即日张灯结彩，爆竹声隆，鼓乐喧奏，不胜堂皇。亲友闻之，咸往道喜者，接踵不绝”。主家“谒祖拜客，署匾竖旗”，以夸耀乡里，延宴席，演戏数场，热闹非凡，与科举时代的习俗并无不同。[④] “闽省漳泉一带，学堂虽已创设，而学子犹视为改良之科举。每届卒业，必雀项蓝衫，四处拜客。名为双料秀才，待回乡后强分祠堂、书田，横行乡曲。今姚提学特饬各府县随时劝导，务须尽除此种恶习，并将各姓家祠堂所存书田改为家族学堂经费。”[⑤]

1908 年 8 月，《盛京时报》刊登了一篇题为《论振兴学务宜先劝学》的时评，认为兴学热议而实行不尽如人意的根源，在既往读书入仕可以光宗耀祖，并为所在地区带来权势资源与声誉。因此，科举时代统治者虽未曾建学堂，而穷乡僻壤皆有绅富捐设书院，培养寒畯。且每一到任官吏，亦百计筹措，甚至捐廉俸以为之提倡。其原因即“八股试帖，为荣显之本源，父兄以此责之子弟，耆老以此望其乡人，即有司亦以此博一己之名誉。及经理书院之绅董，亦不忍稍事侵吞，

① 《潮阳各族筹设学堂》，《岭东日报》1905 年 9 月 18 日。

② 《贡院改作优级师范学堂》，《岭东日报》1905 年 9 月 26 日。

③ 《蓬洲·瀹智学堂增修房舍》，《岭东日报》1905 年 12 月 25 日。

④ 《厦门通信·捷报商科举人》，《台湾日日新报》（汉文）第 3472 号，1909 年 11 月 23 日。

⑤ 《要闻一·闽省内地学生之现象》，《神州日报》1908 年 9 月 21 日。

以阻多士之志气”。在读书做官的诱惑下，人人都有利益相期，一人得道，鸡犬升天，故人人均为此不遗余力。如今倡导国民教育，读书反而只是个人的事。虽然同样是那些乡村绅董办理学堂，却百弊丛生。至于捐资提倡，几如凤毛麟角。而官吏更视为具文，但求形式，不求精神，所以学界遂成此特殊之现象。另一方面，虽然在上者宣传设立学堂是为人民造智识，非为人民谋仕进，但实际上“今日大多数之学生，无不挟一功名之念，而若商若贾若农若工，则以为我不学古入官，又何事乎学堂”。①这使得学界前途很难有进步希望。科举、学堂的重要分别，在于学业前途是否与社会成员普遍联系，这一不经意间的看法，抓住了国民教育使读书变成个人之事，以至于无法获得普遍认同的一个重要症结。

当然，评论者的眼光还是趋新，认为学堂不能大兴的另一原因，“皆由于法制之未定，劝导之未善也。人民之思想，束缚既久，不可以猝易。则以其所崇信之事为鹄，就其所能解者而导之，其影响波动，有不可以道里计者”。“我国若求学务之振兴，但求国民有向学之思想。”②这大概是当时一般报刊舆论的普遍认识，《选报》的评论就认为，“中国最弊之积习而深入人心者，莫若人人以科名为荣、官爵为重。尽国中之四民而悉欲使之为士，父兄之属望其子弟，师长之期许其生徒”，无非以状元、宰相为目标。科举改革，“策论之与八股，相距咫尺而已矣”。③“科举既罢，士习犹尚虚荣，兴学数年，成效实鲜。”④因观念仍旧造成兴学阻力，导致学务发展不能顺利进行。

另一个不应忽略的问题，即最初以科举出身奖励学堂，目的在于衔接学堂与科举，减少过渡震荡，结果却背离国民教育的宗旨，造成

① 《论振兴学务宜先劝学》，《盛京时报》1908年8月13日。

② 《论振兴学务宜先劝学》，《盛京时报》1908年8月13日。

③ 《论改科举当急设学堂》，《选报》第5期，1901年12月21日，论说三，第5页。

④ 顾公毅：《张謇传略》，中华民国教育部编《第一次中国教育年鉴》戊编，开明书店，1934，第404页。

新教育发展的障碍与危害。孙宝瑄认为，通过日本来学习西方的观念与制度，不免有东施效颦之弊，最显著的例子莫过于对学堂教育的理解截然不同："日本人以百姓之卒业于学校者，谓之完全国民，其学而未成者，皆国民之候补者也……今日学校设矣，果有培植国民之心耶？东西国之教人学也，教人学做国民；我国之教人学也，教人学做官。使人人受学，则人人皆官矣，一国之中不复有民矣。"① 由于观念转变是一个潜移默化的过程，将科举与学堂并于一途，势必导致全社会普遍将学堂直接比附于科举，坚持读书做官才是正道，若只为谋求生计，则何须向学。即使立停科举一百多年后的今天，相当多的人还是按照科举的观念来理解国民教育，以各种科举变相的名词来指称高考事物（某某状元之类），学生及其家长依然期望通过读书能早登仕版，出人头地，光宗耀祖，而非做一普通国民。

二　科举与学堂的成本

除了观念差别外，学堂推行受阻，在很大程度上和科举与学堂成本悬殊，对各级政府与个人家庭均造成沉重经济压力密切相关。

科举时代，统治者主要通过抡才影响社会取向，科举考试并非教育实体，而主要是选士取才的方式，各府州县虽有学额但数量较少且严格限制，所需经费不多且有固定拨款与开支渠道，而书院、社学、义学，除划拨一定数额学田，借田租维持部分开支外，尚有来自社会或个人捐款的多种筹款渠道，并非由官府承担全部责任。无法计量的众多学塾，更是属于社会、宗族乃至家庭等的事务与责任，无须官方经费投入。尽管上述各种办学形式情况参差，或多或少亦影响科举取士的质量，却未必构成直接因果关系，因此对朝廷官府不易形成

① 孙宝瑄：《忘山庐日记》（上），1903 年 5 月 14 日，上海古籍出版社，1983，第 679 页。

压力。

近代国民教育则与科举有很大差别，学校虽亦分官、公、私立各种类型与不同层级，政府却不仅要筹措官、公立学堂的开办及常年经费，还要统一规划管理各类学堂，甚至设法解决毕业生的出路。最为重要的是，新式学堂的花费远远高于旧式学校、书院、学塾，尽管各省府州县政府已竭力转移科举时代原有学校、书院的各项资产，并多方开辟财源，但仍面临学务经费短缺、僧多粥少的巨大压力；就学生及其家庭而言，则读书从一件原本可以赚钱，在维持生计的同时不断向个人梦想接近,[①] 有可能“一举成名天下知”的事，完全变成不但花钱，而且难以兼顾家庭和前途未卜的事，负担大幅度增加。清季财政恶化，民生凋敝，又大力推行新政，需款甚巨的学务遭遇严重瓶颈。处置不当，势必激化矛盾，导致社会震荡。

清末担任浙江教育会会长的孙诒让，深悉兴学的艰辛困难。为了筹集教育经费，官府采用抽商税或酌提祠庙田产的方法，各地劝学董“热心集事，又不得不略事科派，而商民于是与学校交恶。提拨陋规公款，不能无借于官权，而州县有司，勇于自润，怯于图公，催科之外，皆非所乐。而提公款，则稽查旧储，厘剔私润，往往牵涉出入衙署之劣绅；拨陋规，则根究侵挪，求索羡馀，又往往牵涉蟠踞城社之书役。此皆官之所狎暱而覆护者也”。触及既得利益与种种化公为私者不可告人之私隐，于是官吏与学校交恶。而科举时代的宾兴、书院诸公款，向来为学董所把持，成为其贪污“肥家之窟穴”，秉公经营者“百不得一”。停罢科举后，将旧学资源移以兴学，其不愿交出的不必论，即使答应承缴之人，亦因交盘时要清算亏蚀盈余，对旧学董不利，而使新学董与旧学董交恶。这些矛盾的激化，必然造成毁学风潮，成为学务发展的严重障碍。为此，孙诒让主张仿效欧美等国，以

① 参见本书第四章第一节论述。

国家税和地方税资助的办法推广教育。[①] 然而，因“地方”的行政界定一直困扰着内外官改制，[②] 希望借助税收解决学堂发展制约的设想，基本成为空想。

就教育形式而言，学堂与科举最大的不同，是前者具有一定的封闭性。科举时代，虽然学校与书院的名额十分有限，进学生员人数明显少于学堂，但应考资格却相对开放，应试者可以通过自修以及入学塾等方式，完成学习的过程，通过逐级考试，取得出身资格，以证明其达到相应的程度与水准。而且科举的应试年龄非常宽松，若16岁参加初次童试，到80多岁时，理论上一生中至少可以参加30次科举考试（清代科举乡会试正科虽三年一届，但恩科较多，平均两年多一届）。这样，即使最终没有获得任何科举功名，也在此漫长过程中完成了应有的教育。

相反，普及学堂教育，理论上面向所有社会成员，名额不受限制，可是就学年龄有所限定，而且学堂规模与数量均受制于经费是否充裕。背负巨额赔款的清政府无力支撑不断增长的学务需求，加之地区经济发展不平衡，城乡差距显著，假如所有人的教育都必须在学堂完成，根本不具备可行性，甚至最终可能背离初衷。有人预见到这一点，曾及时提醒过当政者。早在1901年10月28日，河南巡抚于荫霖晋见慈禧，应召对时便提议：“中国与外国情形不同，且无论大学堂造就人才效验，通天下读书人断非大学堂所能容纳，须令家自为学。即请饬下政务处赶紧选定书籍，明白宣示。书籍越简越好，有书可念，自不患人不去学。”[③] 其时科举尚未停止，于荫霖已经估计到中国的国情与学堂教育初兴的状况存在反差，试图提出一个可行的补救办

① 孙诒让：《学务本议》，孙延钊撰《温州文献丛书·孙衣言孙诒让父子年谱》，上海社会科学院出版社，2003，第476～477页。

② 详见关晓红《清季外官改制的“地方”困扰》，《近代史研究》2010年第5期。

③ 于荫霖：《悚斋日记》卷6，1901年10月28日，沈云龙主编《近代中国史料丛刊》第23辑之224，第1261页。

法，通过国家编定简易教材提倡自学的形式，弥补学堂容量有限的不足，扩大受教育者的群体。遗憾的是，这一建议当时显然没有引起当局重视，造成科举停废以后学堂教育陷入数量激增与经费严重不足的矛盾，无法实现良性循环。直至1909年，学部才不得不大规模倡行简易学塾，但为时晚矣。

早在立停科举的当年（1905年9月），《中外日报》登载的《论废科举后补救之法》一文，提出了一个重要问题，即由于新旧教育的成本悬殊，以中国正值赔款负担沉重，各地经济均无余力的现实，倘若官方难以全力负担学堂教育的开支，而需读书者自己支付，废科举后有可能导致读书人数比原来减少。其所持论据是，科举时代以四书五经为考试内容，应试书籍和闱墨可以代代相传、经验口口相授，读书成本相当低廉，寒门士子高中状元而为宰相者，“计其本十金而已”。由于成本低而可预期的价值高，“以至少之数而挟至奢之望，故读书者多也”。而新式教育绝非几本经书和一个塾师的酬金可以涵盖，其成本中不仅包括各门课程的教材，还有大量的实验器具，以及学制规定的各种设施条件，加上各科教师的薪金，倘若政府无法承担，必然大大增加读书者的成本。“今一旦废科举而兴学校，其所学者必科学也，一器之费，千万金，一师之俸，数千金，此断非数家之力所能及，不能不合一县之力成之。而今之县，稍有余力，均已尽于赔款，盖有欲兴一小学堂而不可得者，况即兴一小学堂，而其力亦不足以养多人（所收学费不能不十倍于平时乡塾之费）。即以官力助之，今之官力亦能有几。是一废科举设学堂之后，恐中国识字之人必至锐减，而其效果将使乡曲之中并稍识高头讲章之理之人而亦无之，遂使风俗更加败坏，而吏治亦愈不易言，则于立宪之途更背驰矣，此又急宜加意者也。”

文章还指出，倘若因此而保存科举，不予废除，则是畏避药之苦口而不治其病，天下断无此理。解决这一两难问题，必须寻找趋利避害的方法，以求安稳度此过渡时代。“本报以为，莫如即以私塾之改良为考生之出路矣。”作者按照人口与学堂的比例计算，认为如果设置学堂，大县当有数百，小县亦应有数十所，按照这样的规模数量，“如此则识字之人，或不至锐减于科举未废之先”。“而今度官私之力，恐不足以举此，则惟有以私塾补学堂之不足而已。窃谓每县之中，官绅当先合力以办学堂，至力所不及而止。”至于如何改造私塾，使之适应近代教育的要求，作者认为应以绅民为主体，设置私塾改良会，“讨论其乡之私塾，平时之利弊若何，以后之变通若何”。私塾改良的教学要求，应与科举时代明显不同，“于向时乡塾所授识字与粗浅文理之外，不能不增入算学、历史、舆地诸科之至浅略者”。为此，应要求塾师自购自学几本相关图书，数月之后以教授学徒。至于私塾的学费，也应订立一个基本标准，“不能听其随意高下”。①

有意思的是，改良私塾虽以学堂教育为楷模，但还是要因循学塾的旧例。如招收子弟，不必强求一律，可按其读书目的分为两种，一种以粗通文墨为基本要求，另一种是希望子弟大成后升入学堂者，“如此为之，所需私塾数必极多，而适有此无数不能应考之考生得以弥补其缺，既省经费，又广教育，且养寒士，岂非事之一举三善备者哉”。这实际上是依据传统学塾分为所谓蒙馆与学馆的实情。

以私塾替代初级学堂之法，为科举停废后过渡时代的特定措施，正是鉴于“养兵、造路所在需财，如至力能广设学堂，恐必在数十年之后。此数十年中，皆当借私塾以识字，私塾愈多，则识字之人愈出”。这样一来，“经费极省，广设易易，其某乡某甲敢籍口于不设者，可以用强迫教育之法也。不然，必大其规模始为学堂，则所设能

① 《论废科举后补救之法》，《东方杂志》第2卷第11号，1905年12月21日，教育，第251~253页。

有几何，遂致失职之士欲糊口而末由，乡曲之民求识字而不得，非两失之道哉”。[①] 这一设想既可以解决因资金不足学堂无法普设的困难，为广大求学者提供学习的机会，同时还可以增加科举停废后塾师的出路，确有可行性。学部曾采纳相似建议，在京师开展了私塾改良的试验，只是成效不显，而做法却不无可议。

学堂与科举的成本差异，不仅在办学者一方，更对读书之人及其家庭造成巨大的现实压力。科举时代的府州县学和书院，均有月奖、膏火或廪膳银，这对于家境贫寒希望通过读书改变命运的士子是莫大的诱惑，既可解决个人及家庭生计的实际困难，又可不断在努力中反复考试以求荣显，两全其美，故士子较易安心读书。

科举改革之初，因新办学堂数量甚少，一度沿袭了旧学限学额与给予学生膏火的传统做法，以此吸引学生。停罢科举后，学堂规模与数量大幅度扩张，普及教育不可能继续采用以限定学额为基础的科举模式，光绪三十一年十月，总理学务处咨行各省，各学堂一律停止月考奖赏，要求各府厅州县一律遵照办理。[②]

膏火减少甚至取消，对于贫寒学子乃至其家庭无疑是十分沉重的打击。读书难以兼顾家庭生计，甚至要自己掏钱，对经济困难的家庭简直是雪上加霜。因此，推行学堂教育在一些地区尤其是乡村难免遇到较大的阻力。河南临颍知县张嘉淦劝说当地乡民接受附属初等小学堂自费的演说词，关于私塾与学堂的成本另有一种计算方法：“或因自费而生疑阻，则何弗思民间私塾一切衣食文具之费，有谁为代备者，而且束脩又须自出。今若入师范附属学堂，则脩金不出分文，而自得数十位名师群起而教之，天下事岂有如此便宜者哉?”[③] 仅仅将所

① 《论废科举后补救之法》，《东方杂志》第2卷第11号，1905年12月21日，教育，第254页。

② 《河南学务处遵饬移咨各学堂停止月考奖赏咨文》，《河南官报》第73期。

③ 《临颍张大令嘉淦劝始发附属初等小学堂自费演说》，《河南官报》第147期。

修课程分别计算，这样的算法看似有理，可是学习各种课程与乡村生活的实际究竟有什么关系或是实际用处，新式学堂并未给出令人满意的答案。现实的区别是，科举时代士子读书即可养家活口，学堂即使不收学费，学生读书期间也有生计问题，更无论照顾家庭。换言之，贫寒之家可以读得起私塾、书院乃至学校，对于花费高昂而出路渺茫的学堂，只能望而却步。如果官府倚靠权力强制推行，往往激起冲突。正因为如此，清季大规模毁学风潮的频发地区，恰是经济文化相对发达、读书人较为集中之域。

面对现实，1909 年 12 月，学部调整了初等教育以官立学堂为主导的发展模式，承认私塾在乡村的合法地位，并相应地变通了相关标准和要求，通咨各省，强调应根据各地具体情况采取因地制宜的措施，不再一味按照国民教育的理念统一硬性规定，以改良而非歧视的态度利用私塾等科举旧学的教育资源。① 只是这一认识与决策，距立停科举已经整整四年，时过境迁，实际作用大打折扣。

三　新瓶装旧酒的师资与管理

观念宗旨之外，学堂培才的好坏，师资与管理至关重要。立停科举后学堂快速发展，规模不断扩大，学堂的教员与职员缺口严重，往往不得不因陋就简，许多不懂新式教育者滥竽充数，导致教学与管理水平的低下。不少所谓学堂，不过是书院学塾换了块牌子而已，教学和管理基本延续科举时代的办法。

由于各地大规模地推广学堂教育，师资倍感缺乏，合格的师资尤

---

① “查朝廷振兴学务，实以初等小学为普及教育之基。惟我国地大人众，固贵有完全之小学以养其道德知识之源，而公家之财力有限，自不可无私塾以资辅助……通咨各省，务各按照本地情形，采择增减，切实举办，以收教育普及之效。总之，私塾所以辅助小学之不及，应改良，不应歧视，庶国内多一就学之人，教育即有一分起色。”《学部通行京外凡各私塾应按照本部奏定变通初等小学简易科课程办理文》，宣统元年十月二十九日（1909 年 12 月 11 日），朱有瓛主编《中国近代学制史料》第 2 辑上册，第 309 页。

为不足，许多已经开设的学堂难以保证教学质量。担任各种职员者亦不如人意。江苏教育总会曾发出一封致各分会的公开信，谈及学堂存在的诸多问题，其中“教员之不胜任，学生之不守法”最为普遍。更为棘手的是，对这些不胜任教职者不能辞，对不守法的学生亦不能退。奉天提学张筱浦认为，这是当前学界的一大危机。由于各地为新政考核而追求政绩，大办学堂，师资成为亟待解决的问题。他在致江苏教育总会的信函中承认，不少学堂中“身任教员者，大抵数种：一、曾出外洋游而未学；二、三月速成、四月速成；三、略涉译书，剿说报章。是三者有一于此，则自命既已甚高，而引重亦无所不至”。①

不少速成回国的游历官绅，其实就是镀了薄薄一层金的科举功名获得者，大都是旧学根底未必扎实，而新学知识一知半解的滥竽充数之辈。师资之滥，造成不少新式学堂徒有虚名。湖北是当时全国兴学得风气之先且办学成绩斐然的地区，但湖北师范学堂的几位日本教员辞聘回国后，一些游学日本生滥竽充数，“上堂完全吹牛，拿日本琐碎之事掺入讲词，以欺学生”。② 有的人甚至连国门都未出，通过造假学历而摇身一变成为炙手可热的西学师资。盛宣怀曾嘱朋友帮忙寻找英文教习，对方回复：“承嘱举英文科学教习，兹有知人郑训寅，年二十二岁，闽县人，前在京师大学堂肄业，屡试前茅，徒以家贫乏资，退求衣食。核其英文、算学及汉文均属明通。”有意思的是，就在同一封信的后半截，所推荐者的履历竟然变为：“福州闽县郑训寅，年二十二岁，曾在马神庙大学堂肄业，能任学科如左：英国文学、西史、外国地舆、文法、数学、几何、代数、三角、物理、化学、植物学”，③ 变身之快令人咋舌。

---

① 《奉天提学张筱浦学使致江苏总学会书》，《河南官报》第125期，外论。

② 《朱峙三日记》，《辛亥革命史丛刊》第11辑，第180页。

③ 《金邦平致盛宣怀函》，王尔敏、吴伦霓霞主编《盛宣怀实业朋僚函稿》（上），香港中文大学中国文化研究所，1997，第226页。

立停科举之后，大兴学堂需要利用整合原有资源，京师的宗室、觉罗、八旗等官学和各地驻防官学以及国子监相继改为学堂。[①] 由于府州县学还承担典礼的功能，不能完全废止，基本处于自生自灭的状态，所有的具体资源如场所、建筑、产业等，陆续被挪用。其中相当大的部分用于学堂。利用书院的系统建立学堂体系，早在朝野人士的规划之中。戊戌至新政，清廷几度下令改书院为学堂，所以兴学初期，大部分学堂其实是书院的变身。尽管教育统计表上学堂规模与学生数量不断增长，实际上不少是书院及私塾门牌的更换而已。

书院改学堂的后果之一，就是原来书院的山长以教师身份大量进入学堂，并且继续沿用与科举制相契合的书院教学和管理方式，直接影响到新式学堂的教育质量，甚至成为导致学潮蜂起的重要原因。科举尚未停罢前，有人私下议论学堂办学者与学生的关系，已感到忧心忡忡："以今日政府及督抚手段，虽停科目，而学校亦必不能养育其才。何以故？以办学务者不得人，故学生程度稍高，必不肯低首下心，甘受无礼之压制。于是动遭嫉疾，不免无故被斥。如浙省大学散堂事可鉴矣。"[②]

这样的担心显然并非杞人忧天，奉命主持三江师范学堂事务的李瑞清（梅庵）便发现，官办学堂中"委员太多"，且多为"不通学务之人，往往以官场习气施于学堂"，与学生的矛盾冲突不断；学堂管理又普遍存在"规则太松，学生随意请假，出入自由"的情况。他希望两江总督周馥"无论何人荐委，不徇情面，破除私利，秉公裁汰，

---

① 光绪二十八年正月十二日（1902 年 2 月 19 日）上谕："翰林院侍读宝熙奏，请变通宗室八旗学校章程一折，据称宗学及觉罗等学教习学生，恒不到馆，虚应故事，八旗官学于中西根柢之学，亦少讲求。着照所请，将宗室觉罗八旗等官学改设小学堂、中学堂，均归入大学堂办理，庶几扫除积弊，造就通才。着张百熙妥为经理，以专责成而收实效。另片奏，请通饬各省驻防官学书院一律改为小学堂，并慎选学员，预防流弊各等语，并着张百熙核议具奏。"《光绪宣统两朝上谕档》第 28 册，第 12 页。

② 孙宝瑄：《忘山庐日记》（上），第 737 页。

一面访师范高等毕业之人随时抽补”，[①] 以期改造学堂。翰林院侍读宝熙在给清廷的奏报中也提及：“近日各省所办学堂，其总办、提调、教习等员，闻竟有不学无识滥厕其间者，学员一不得人，人才何由成就……相应请旨通饬各督抚，务当慎选学员，力除瞻徇，预防流弊，核实奉行。”“若仍如是苟且敷衍，漠不关心，深恐数年后成效无闻，则学堂将为集矢之地矣。”[②]

科举时代的学校、书院，主要以月课、季课和学政的岁科两试等考试手段管理学生，学生大多不住校，考试时应卯、交文章便可，名列前茅还可得膏火，补入廪名额。这使得管理者与被管理者的关系相对松弛。而新式学堂要收取学费，又住校学习，学生方面对师资与管理的要求自然提升，学堂方面管理学生的难度也相应增加。加之清季学生的年龄普遍偏大，长期离开家庭，容易心理焦虑，又受到西方自由平等学说的影响，一些单纯的管理问题也会被放大变形，造成学堂当局乃至教师与学生的冲突对立加剧，导致清末学潮此伏彼起。[③]

四　由西而中的调整

河南巡抚于荫霖1901年与慈禧谈及变法时，曾对新政革故鼎新能否得偿所愿表示过担忧：“今日法诚当变。所变条目亦全是应办之事。但我中国积弊，人心不变，法断变不好。就是面子变，骨子亦断不能变。中国之病，全是粉饰欺蔽。皇太后、皇上那里知道，折上说的全靠不住，全是纸上空谈。总而言之，全坏在一个利字。这个病根

---

① 《附件·李梅庵观察上周制军禀》，《河南官报》第65期。

② 中国第一历史档案馆藏：军机处录副奏折全宗，文教类，学校项，7211－17，胶片号：537－2814。

③ 如1907年湘潭师范学堂学生，因中秋会食后检阅账目而起风潮（《申报》1907年10月31日）；同年凤阳府怀远官立小学堂学生以堂中饭菜“不堪下箸”，屡请撤换厨役未获批准，庐柳生为首七名学生鼓动全体学生一律罢课（《申报》1907年5月9日）等。转引自陈燕平《从〈申报〉看晚清学堂风潮（1905～1911）——以江浙为中心的考察》，中山大学本科学位论文，2010年。

不去，譬如盖房子，地基不清，如何盖得好?"[①] 四年多后，严复评价办学成效，似乎印证了于荫霖的先见之明，他认为，学堂"行之数年，无虑尚无成效，问其所以，则曰无经费也，又曰无教员也，此中小学堂之通病也。至于高等学堂，则往往具有形式，而无其实功；理化算学诸科，往往用数月速成之教习，势必虚与委蛇……功课既松，群居终日，风潮安得以不起乎？此真中国今日学界不可医之病痛也"。[②]

因此，尽管清末学堂教育从官方公布的数据来看发展迅速，但教学质量则大多如新瓶装旧酒，成效不彰。至于表征和原因，却人人言殊。立停科举的初衷虽然是纳科举于学堂，并且在用人行事方面，的确沿袭了不少科举旧学的形式和内容，可是按照西方模式拟定的近代学制，在课程设置与学时安排方面，又似与科举完全分道扬镳。实行数年，效果很不理想。张謇在1908年谈及自己的观感："如部章所订之初等小学课程，下走施之一州，亦既六、七年矣，其毕业者亦三数次矣，国文则仅识字解浅义耳，不能阅报；算术则仅笔算耳，不能应事；体操则仅能活动手足耳，不能增胆力；修身则仅讲故事理论耳，不能娴礼法……八年以来，粗有经验，但觉前途愈行愈窄，证诸同志，咸怀此忧。"[③]

1909年春，江苏教育会给学部上了一份呈文，认为初等小学的学制，是在《奏定学堂章程》时确定的，实行已近五年，尽管"主持学务者提倡于上，热心教育者鼓吹于下，而初等小学尚未能多于私塾。以江南号称财赋之区，凡小学生徒能毕初等五年之业而不为家族之生计所迫以致中辍者，尚寥寥焉，其他贫瘠之省，更复何望?"另外，

① 于荫霖：《悚斋日记》卷6，光绪二十七年九月十七日（1901年10月28日），沈云龙主编《近代中国史料丛刊》第23辑之224，第1258～1259页。

② 《论教育与国家之关系》，王栻主编《严复集》第1册，第169页。

③ 张謇：《初等小学教育必须改良之缘起》，《张季子九录·教育录》卷3，第3页。

由于读经讲经耗时太多，中文授课时间过少，学生不能理解其义，而有畏惧敷衍，以致最终退学，“意欲保存国粹，而事实乃与期望相左”，因而建议学部考虑缩短全国初等小学的学习年限，并简化科目设置。①

1909 年 5 月，学部于《奏请变通初等小学章程折》中，也坦陈办学情况不尽如人意：“惟近年以来，稽诸各省册报，揆之地方情形，大抵都会城镇，设立初等小学者尚多；乡僻之区，学堂盖寡，即小学简易科亦复寥寥。”造成上述现象的原因，是州县官吏很少能够尽心教育，大多“欲袭其外貌，姑设一两学堂涂饰耳目，足以搪塞上司之文檄而止”。学部指称：“大抵小学之少，固由于官绅之不力，而其所借为口实者，约有数端：如经费多则立学甚难，课程繁则师资不易，读经卷帙太多，不能成诵，国文时刻太少，不能勤习。”针对以上问题，学部拟出对策，修改调整初等小学课程，将原来修身、读经讲经、中国文学、历史、地理、格致、算术、体操八科，删除历史、地理、格致三科，总课程设置变为五科；将读经中篇幅较长、内容相对深奥的《大学》《中庸》《孟子》并入高等小学，专授《孝经》《论语》《礼记节本》；对民间私塾及贫困地区，准其设置小学简易科，必修课程仅为三门，即修身、读经合并为一门，中国文学和算术各一门，就学年限为三年至四年，办学及师资条件也有所降低，“无论寺庙、民家、场院、村舍皆可为学，无论举、贡、生、监及学问较浅之寒儒，既有颁发课本，照此讲授，皆可为师，当不至再诿于财力不继、师资难得，致碍教育前途”。② 这一因时变通之策，在学部而言为迫不得已，客观上却起到了根据国情现状调整学制内容的积极作用，可是总取向却往科举时代退了一步。

---

① 《江苏教育会呈学部变通初等小学堂章程文》，《教育杂志》第 1 年第 5 期，1909 年 4 月。

② 《大清宣统新法令》第 4 册，商务印书馆，1910，第 33 ~ 34 页。

五　后科举时代教育成效的众说纷纭

由变科举而转向渐停科举，原因之一是学堂教育成效不彰，含有试行以观后效之意。后来以科举妨碍学务为名改为立停，则是据学堂教育效果应当优于科举的假设判断，而非通过学堂与科举比较，优劣高下已有实证的结果。立停科举后，屡屡有以学堂弊病为由提议恢复科举，根源即在于此。而是否应当恢复科举，关键是如何看待与评估学堂教育的成效和问题。对于科举停废后学堂教育利弊得失的评价及其原因，时人与后人皆见仁见智，众说纷纭。

1909 年 10 月，胡柏年条陈新政时指出：学堂教育之所以不尽如人意，主要是因为学堂与科举混进，“中国废科举兴学堂亦已数年矣，而教育尚未能普及，读书识字之人且若较昔日而加少者，何也？公立私立之学堂少，而乡间又不明学堂之益，多不遣其子弟就学也……亦由于学堂之中仍存科举之名目，毕业之后仍奖以举贡生员之出身，致使乡间穷民皆指学堂为入仕之阶梯，而非教人以谋生之知识，吾侪小人但得谋生足矣”。[①] 照此看来，合并科举于学堂非但不能起到推进学务的预期作用，反而对教育普及产生严重阻碍。果真如此，改进的方向应是扫除科举制遗留，使得学堂教育摆脱科举的纠缠，展示其自身固有的价值和效益。

不过，胡柏年的论说并没有遵循上述逻辑，却有反思后顿悟、另辟蹊径之意。他认为，新教育被人质疑与诟病，在很大程度上是超越现实的结果。即以中国目前的基础，学外国近年之成法，未能按循序渐进之理而有拔苗助长之嫌。“夫五大臣之所考察，皆各国数十百年所缔造之成绩。非当日创始立宪过渡时之规画也。各国立宪之先，过

① 《都察院奏代递主事胡柏年条陈宪政利弊呈》，《政治官报》第 736 号，1909 年 11 月 13 日，折奏类，第 34 页。

渡之际，皆必有由渐改革，因其情势，养其程度，以驯至立宪之秩序者也。诸留学生所学之法政，亦皆各国现时之法政，于中国现在之情势尚多扞格而不能即行者也。以过渡之时，袭已成之迹，是犹医者不问其人之体质如何、感受之天时地气如何，而概投以古方，欲投其奏效也。”[①] 若据此衡量学堂教育，则应继续科举改革，而非停科举办学堂，才是顾及过渡时代的循序渐进办法。

无独有偶，清末曾任学部参事，又先后担任民初教育部次长和总长的范源廉，深谙全国教育在清末民初的发展情况，1914 年发表《说新教育之弊》，表明自己的看法，与胡柏年当年的反思颇有相通：清季罢科举、兴学堂，乃“处积弱之余，而欲为图存之计”，寄希望于教育之革新。因成效不如预期，而教育经费难筹等，使热心者渐趋消极，对新教育的质疑之声不绝于耳。时人所指摘的教育弊端，一般“以宗旨不正、学科太繁、费用过多、成绩不良之四者为尤甚”。在他看来，以学潮迭起、学生倡言平等自由来抨击教育宗旨，十分荒谬。各国历史证明，凡自由平等学说盛行之地，与施政者的失宜相关，而自由平等学说影响小的地区，恰是施政有所改善的缘故。因此，近代中国自由平等之说所以风靡学界，是政府施政存在问题，而非教育宗旨所造成。关于新教育学科太繁的问题，他认为“欲培养国民适于生存之力，又非普通学不为功也”,[②] 普通学是专门学和职业学习的基础，以此指摘为新教育之弊是错误的。

关于新教育的费用问题，学校经营确实需要多种费用的支持，由于国家内忧外患，财力拮据，“故教育费常被认为不急之需，置诸可省之列。第察全国之情形，因中小学校近多停办之故，而子弟之改入

① 《都察院奏代递主事胡柏年条陈宪政利弊呈》，《政治官报》第 736 号，1909 年 11 月 13 日，折奏类，第 4～20 页。

② 范源廉：《说新教育之弊》，《中华教育界》第 17 期，1914 年 5 月。

私塾或教会学堂者，骤然增多”。[①] 作为新式教育的倡行者，他显然更多地从政府和社会责任的层面观察思考教育发展中出现的问题。

至于学堂本身的问题，范源廉也有所触及。针对时人因各学校毕业生的水平及能力不足，而对新教育予以否定的问题，他分析原因有三，其一是各地学堂教育往往有“设学与就学之躐等”的情况，即不按学制所规定的秩序，超越等级办学。清代学制，自小学至大学毕业，需时二十一二年，毕业于高等专门学堂要十七八年，即使高中毕业，也需十四年时间。民国改订学制，自小学至大学毕业，需时十八年，而自1902年《奏定学堂章程》颁布至民国三年（1914），总共不过十二年。各地创办各种层级的学堂即招生开学，而各级学堂学生升学，又大都没有按照学制的相关规定，“夫学制之规定如彼，而设学与就学之情形乃如此，岂不甚可异哉?”[②] 章程条文与实际贯彻的差异，确实不能忽视。

他认为造成新式教育频遭抨击的第二个原因是“管理教授之未善”。这首先由于师资的储备严重不足，合格师资更是为数过少，而各地学堂的教学管理往往随意性很大，造成“学校之管理无法，教授失宜”，使教育质量大受影响。

原因之三是“社会之习尚”，即社会需求与学校毕业学生所学专业之间的不平衡。由于近代中国社会各种新兴行业的发育尚未完成，对人才的使用很难真正实现对口，故各种专门学科毕业生遭遇冷落，难以学以致用。而清末官制改革，地方自治需人，法政学科因此一枝独秀，表明社会需要是影响学校成效的重要因素。教育与社会的关系，应是教育服务社会的实际需求，在社会需求与人才培养不均衡或相脱离时，教育成效自然难以彰显。所谓“教育之力固足以转

---

① 范源廉：《说新教育之弊》，《中华教育界》第17期，1914年5月。
② 范源廉：《说新教育之弊》，《中华教育界》第17期，1914年5月。

移社会；然方其未至也，则常为社会之力所转移”。[①] 值得注意的是，范源廉列举的三条原因中，只有第二条是教育本身的问题。

今人的不少著述，较多引用1911年4月杜亚泉发表于《东方杂志》的《论今日之教育行政》一文的部分内容，表明其时知识人对于废科举不无悔意。就所截取并单独引用的只言片语（即“吾直以当日之设学堂、废科举为多事矣”），似乎的确可得出类似结论。但细读引文的前后联系与理解其整体语境，发现作者之意其实被误读与滥用。杜亚泉此文，主要是针对奖励出身与普及教育的预期效果相反而立论，他认为：“然使今日之时势，果得以出身奖励之政策，收此预期之效果也耶，则吾直以当日之设学堂、废科举，为多事矣。向使当日者，不废科举之制度，但稍稍改易其课士之程式，简稍通时事之儒臣，典试各省，招一二研究科学及肄习外国语者，入其幕中，依今日之教科门类，列为试题，以定弃取，则科举之奖励，决不难与学堂之奖励收同一之效果也。且以予意观之，不但收同一之效果而已，其效果且倍蓰焉。则亦何必投此巨额之教育经费，以行此学堂奖励之政策也哉！”随后进一步阐释道：“今日之学堂，精神形式多未具备，教授管理不尽合法，敷衍之习、腐败之象，每为世所指摘……教育之普及，较之科举时代乃反见其退步焉……学堂奖励之效果，不及科举奖励之效果。予为此言，非欲废学堂而复科举也，第以出身奖励为政策，则与其设立学堂，予宁赞成科举，以其效果无大殊，而可以节省巨额之经费，且减少其弊害也耳。”[②] 作者其实是对以奖励出身为诱饵，拙劣模仿西方学制形式，而实际“精神形式多未具备”的学堂大失所望，对投入巨额经费、人才培养效果不彰的新教育感到痛心，故有如此则当日废科举为多事的比喻。史料解读与运用过程中的断章取

① 范源廉：《说新教育之弊》，《中华教育界》第17期，1914年5月。

② 杜亚泉：《论今日之教育行政》，《东方杂志》第8卷第2号，1911年4月23日，第16～17页。

义或囫囵吞枣虽各有偏执，但有意无意忽略语境却同出一辙。既往对杜亚泉关于科举与学堂论述的引用，多未能理解其真实用意。

杜亚泉在反对以出身奖励为兴学举措的同时，也触及课士与培才的分别，提出如果改变科举考试的程式和科目，学堂与科举能否并行不悖的疑问。也就是说，科举与学堂，本来未必处于非此即彼的对立状态，硬要合于一途或此存彼废，看似截然相反，思维方式却都是将二者混为一谈的体现。

上述情况表明，本来属性与功能并非一事的停废科举和兴学堂，在清末新政的历史进程中常被混淆且人为扭结在一起。而当初既以停科举为兴学堂扫清障碍，则后科举时代学堂的表现与成效，不能不成为各方瞩目的焦点：趋新者以科举余毒作为学堂成效不彰的缘由，而守成者则反过来以学堂效果不佳作为恢复科举的口实。既然学堂的优劣受到科举存废的压力，国人自然对新教育的成效有着强烈期待，并急于求成以迅速验证，可是这样势必使学堂教育质量存在的问题被过分关注和强调，并用于与科举时代情况对比，反而容易导致对新教育的否定。早在学堂初兴的1901年，《选报》已有评论预见到新旧教育转型的艰巨复杂，举子们所受训练与近代教育截然不同，骤然改之，时限不能太短、期待不能过高，“而欲造就此洞明中外政艺之人才，非十年后不克观其成”。[①]

注意到废科举与兴学堂的相互联系及区别，更应小心梳理史事的纠结，在重新审视与评价近代国民教育的负面效应时，不能偏于一端。首先要分别科举与学堂各自的问题，不必延续废科举的思维，将二者强行联系；其次则注意厘清将科举与学堂合于一途，对于二者产生的实际影响，即不要简单地以任何一方为准则进行评判。科举制与

① 《论改科举当急设学堂》（集录），《选报》第5期，1901年12月21日，论说，第3～4页。

社会的长期结合互动，已经演化为对读书人的普遍尊敬，读书明理、知书识礼，通过士子们的言行影响社会；与此同时，科举取士的传统理念在后科举时代依然隐寓读书做官的追求，则被视为科举余毒。这在整个东亚具有共同性，影响一直延续至今。

值得注意的是，清末民初对新式教育的批评主要集中于普通教育，专门教育与实业教育则甚少涉及。因为专门教育与实业教育均为科举时代所缺少，其教学内容几乎全新，无参照比较之对象。普通教育则不然，中学为体的观念，使得科举时代的精神渗入学堂。朝野上下，虽然对中学为体、西学为用的原则大致赞同，然而具体到学什么和怎样学的操作层面，如何扬长避短、趋利避害，很难达成一致意见。

经学的命运最为典型。中国为伦理社会，伦常道德至关重要，经学因而成为治国安邦之本，科举制度则起到维系经学地位的作用。立停科举后，主持变革者曾试图以经学在学堂扮演中学之本的角色，可是读经既然已经沦为各科之一，非但“体”的地位与作用无从体现，而且因其“用”难以立竿见影而普遍受到忽视。[①] 在西方思潮的冲击与社会急速变化的双重驱力下，旧道德百孔千疮，社会各业气象万千，价值标准由一元转向多元，尊孔读经形式虽在，却承担不起纲常伦理支柱的重任了。

第五节　用人方针的变化

抡才标准与培才成效，最终要看社会对人才的接纳及评价，并落实于人才的使用。立停科举后，朝野上下逐渐从兴学的狂热中平静下来，对学堂教育的态度开始出现分别，专门教育和实业

① 详见朱贞《清季民初的学制、学堂与经学》，中山大学博士学位论文，2012 年。

教育大多受到肯定，对普通教育的怀疑与否定的倾向则逐渐抬头。人数激增的国内外学堂毕业生，中西学程度都不如预期，其不安分的品行却造成社会的广泛动荡。某些新式学堂学生对自由平等理解的偏差，各地学潮迭起与士子不回乡，或回乡不敬父，均恶名昭彰，恰好成为新教育不如科举时代的铁证，令人怀疑普通学堂教育能否培养出中西学兼通的匡时济世之才。这种怀疑直接影响到对国内外学堂毕业生的使用，即使他们已经通过重重考试得到了功名或文凭。

一　专才治事与通才治民

清季媒体注意到一个怪现象，新政开始至科举立停之前，政府选才用人多偏向新学，立停科举后则似乎相反。直至清亡，尽管新旧并途，考试繁多，除陆军部、外务部、法部、邮传部及一些有特殊需要的趋新部门，能较多吸纳留学毕业生与学堂毕业生外，政府的用人方针不仅明显偏向旧学出身者，而且一脉相承，变化甚微。个中原因值得探究。

相关资料显示，清政府用人方针的变化，当与孙家鼐关系匪浅。管理过大学堂事务的孙家鼐于科举停罢一年后（1906 年 10 月）奏报清廷："学堂偏重西学，恐经学荒废，纲常名教日益衰微，拟请设法维持。"他提出一个甄别用人的方案，即在学堂毕业生考试时，按所学分门别类，第一类仅通语言文字者，日后只能作为翻译使用；第二类学习制造等专业知识者，应另设职务，并不给予"治民之权"，大体相当于日后所谓"技术官僚"；第三类"惟中学贯通，根原经史，则内可任部院堂司，外可任督抚州县"。这可以说是对前述 1900 年河南巡抚于荫霖以专才代通才主张的重要调整。即用人方针，以长于西学某一方面的专才治事，以贯通中学的通才治民，各尽其用之下，明显偏重于中学。与此同时，孙家鼐还主张对"东洋留学回国学生，宜慎重任用”。①

孙家鼐位居枢垣，素来老成持重，该奏章对清廷选才用人趋向的变化有着直接影响，为后来中西学人才的使用定下了基调。1907 年 10 月，有消息传出：“日前政府会议，以后考取御史章京，凡留学生与进士、举人、拔贡一体保送，已议准在案。今军机处考试章京，咨请各衙门保送，仍以进士、举人、拔贡为限，留学生不能与列。”报馆对此颇有感慨：“盖政府诸公终不能忘情于恢复科举也。”② 不仅如此，有人甚至对已在部院衙门任职的早期留学毕业生亦大加诋毁，嘲笑他们不能应付衙门公务，且有危害朝野之虞：“伍廷芳学西文最早，为美国法律专家。及为侍郎，不能阅刑曹之稿。严复译孟德斯鸠法意，发明民权自由，实已中毒于民。”并以此立论，攻击学堂教育误人子弟。③ 请复科举的奏章时有所闻。

由于立停科举后的一段时间内，人才培养存在分途并进的情况，因此对待新旧两途出身人员的态度引起媒体关注。据报道，1910 年 5 月，“本年廷试留学生及举贡会考、优拔朝考，内用则有编检、主事、小京官之别，外用则有知县、州同、州判、县历大使之分，枢臣屡因此会议，谓自本朝取士以来，人才未有盛于今日者，亦未有杂于今日者，若不预定用人方针，则人才拥挤，于仕途殊多妨害。拟廷试留学生授职后即发往边疆及沿江海通商大埠，饬各督抚酌其所学，量才器使。若举贡会考取中一、二等者，以多数留京内用，至考取之优拔，则专以知县分发”。④ 这一关于政府会议用人方针的报道，似乎印证了孙家鼐的主张实际已被采纳，用人的确是西学专才治事，而中学通才治民。

---

① 《德宗景皇帝实录》卷 563，光绪三十二年八月丙戌（1906 年 10 月 9 日），《清实录》第 59 册，第 454 页。

② 《中央新闻·保送考取御史章京》，《神州日报》1907 年 10 月 28 日。

③ 《清实录（附）宣统政纪》卷 17，宣统元年七月庚戌（1909 年 8 月 18 日），《清实录》第 60 册，第 323 页。

④ 《政府考用人才之方针》，《盛京时报》1910 年 5 月 12 日。

二　旧学根底的趋新之才

其实，身处变动时代之中，即使参加旧学考试的举贡，也努力表现出趋新以适应社会需求的一面，为自己寻求更多的机会。因为有根据特长报考相应科目的规定，响应者不在少数。1907 年 8 月，吏部堂官议定："此次举贡取中各员一等者，以主事用，应签分部行走。现以各员考试时有考专门学问者颇多，各堂拟定如考兵学即分陆军部，如考铁路邮电则分邮传部，如考警察则分民政部，矿务农事则分农工商部，财政则分度支部。凡有专门者均无用掣签，其未考专门学者，则统由吏、礼、法等部掣签分用。"[①] 这些旧学根底纯正而又有趋新知识的人才，似乎最受官场欢迎，不仅京师各部院对举贡敞开大门，各省督抚也是青眼有加。法部规定，监狱专修科毕业生中，原无官阶，仅有拔贡附生出身者，准其呈明札派各厅以录事候补，俟考验得力补缺后，再行酌量派充看守之差。在委派时，应按照原试验等级的名次先后委用。[②] 贵州巡抚庞鸿书专折要求"本年保送举贡请饬部多配数签分发来黔"，希望吏部将举贡优拔两项考列一等以知县分省人员，"于掣签时，将贵州多配数签，分发来黔，以备任用"。[③] 四川的优拔贡举考试人员，按照新章录用时，也给予了很大的优惠。[④]

取材用人的趋向，不仅与部门主官的观念意识联系，也与新政展开的程度密切相关，甚至受到地理位置的影响。同样是学部用人，荣庆与唐景崇时期新旧学人员的比例区别甚大。1909 年，由吏部签分到

---

① 《取中举贡分部办法》，《盛京时报》1907 年 8 月 3 日。

② 《法部奏酌拟监狱专修科毕业员生分别委用办法折并单》，《政治官报》第 1074 号，1910 年 10 月 24 日，折奏类，第 4～5 页。

③ 《贵州巡抚庞鸿书又奏本年保送举贡请饬部多配数签分发来黔片》，《政治官报》第 837 号，1909 年 2 月 10 日，折奏类，第 15 页。

④ 《四川总督赵尔巽奏请以宋嘉俊等补垫江令各缺折》，《政治官报》第 703 号，1909 年 10 月 11 日，折奏类，第 13～14 页。

学部有案可查的52人中，举贡优拔占48人，学堂出身者仅4人。[①]而京师与内陆省份相比，那些急需人才的新辟地方，尚无新旧畛域。东三省设省后，百废待兴，东督以需才甚殷，要求略为变通限制，以举贡考试授职之员及游学毕业和各省专门学堂毕业授职之员，“量予分发，以新旧并进之方为拔取真才之计”。凡东三省有缺可补者，“比照各省分发之例一律配签掣分”。[②]

一般而言，立停科举的最初几年中，除了急于举办趋新事业的部门外，各省衙门更欢迎那些取得旧学功名而有出国留学、游历经历之人，或是旧学举贡。即使在学部这样主管新式教育的机构里，学堂毕业生仍然基本未能进入尚、侍等堂官行列，司官中亦仅占11%，大多数集中于下层。“参与学部决策的主要是科举出身而有出洋游历考察经历，或了解、接受近代教育理论，又有新式学堂办学经验的旧学人才”。[③] 与民国时期留学生多受重用的情况大相径庭。

20世纪80年代台湾学者关于区域现代化的研究表明，停废科举并未造成“士”阶层的边缘化，不少旧学出身者，恰在仿行宪政过程中成为各级谘议局或议事会的骨干，并借此据有“话语权”。[④] 即使在日记中对停科举诸多抱怨的山西举人刘大鹏，不仅被选成该省谘议局议员，而且担任所在县的议事会会长。而清季“绅”权的大幅度上升，并成为政治舞台的要角，也是前述不少研究成果已证明之事实。

1910年6月《大公报》评论曾将新旧两途考试入仕的情况进行对比：“留学生考而得官也，举贡亦考而得官者也。留学生一入官场

---

① 关晓红：《晚清学部研究》，第199～219页。

② 《吏部奏议复东督等奏请变通分发章程办法折》，《政治官报》第873号，1910年4月6日，折奏类，第5～6页。

③ 参见关晓红《晚清学部研究》，第218页。

④ 各地谘议局议员绝大多数为旧学出身的情况，详见苏云峰《中国现代化的区域研究：湖北省（1860～1916）》，《中央研究院近代史研究所专刊》（41），第287页；张朋园《中国现代化的区域研究：湖南省（1860～1916）》，《中央研究院近代史研究所专刊》（46），台北：中研院近代史研究所，1983，第147页。

则俯首低眉其志愈下，举贡一入官场则高视阔步其气方张。故同一人官也，而举贡与留学生之气象不同。”[①] 此时距立停科举尚不足四年。

因翻译介绍进化论等西学名著成为留学毕业生佼佼者的严复，回国后不得不承认：“不由科举出身，故所言每不见听。”为此曾赴闽参加乡试。[②] 而曾任学部尚书的荣庆在1910年9月接见拔贡朝考入选考生时，毫不掩饰地表示对旧学人才的青睐，对留学生则颇多微词：“现在时事艰难，需才佐理，如吾辈者已老朽不堪世用，而留学生等又大率汉学甚浅，年轻气躁，难当重任。求其年力富而根柢深者，惟公等一辈耳。”[③] 荣庆深为慈禧倚重，平时谨言慎行，[④] 作为部院长官、军机与政务大臣，在公开场合如此表态，即便不能代表当道的意见，至少也不会明显有悖其旨意。

1909年2月，《大公报》曾撰文指出，官制改革后，官员的差缺与资格应当相符，可是其时尚无一定标准。因此，奏调人员只能以吏部少数人的意见来决定，至于是否有能力胜任，缺乏考虑。由此偏重旧学人才的录用，造成两难：“旧日有资格者，大半不谙新政，而今日新进之员，大半无其资格。居今日而欲选拔真才、整顿新政，若斤斤于官阶之高下，履历之深浅，实不免有窒碍之处。”希望清政府抓紧考虑设置制度性标准，使用人才应“有改订官吏之资格，使新进者得以自展其才，而旧有资格者亦不致有向隅之叹。此今日第一之要务也”。[⑤]

如何依照不同标准选取人员并与所用职位相合的问题，直到民国时期仍然存在很大困扰。民初县知事考试为舆论瞩目，据披露：“资

---

① 《闲评一》，《大公报》1910年6月2日。

② 《侯官先生年谱》，王栻主编《严复集》第5册，第1547页。

③ 《京师近事》，《申报》1910年9月13日。

④ 参见戴逸、孔祥吉《荣庆其人与〈荣庆日记〉》，《清史研究通讯》1987年第3期。另参关晓红《晚清学部研究》，第155～164页。

⑤ 《言论·读谕恭注》，《大公报》1909年2月10日。

格取从宽主义，凡由科举出身如优贡、拔贡、副贡以及举人，曾办行政事务三年以上者，皆得应考。”① “盖旧日官吏因闻政府去取之方针，故纷纷逐队前来。”② 而旧学士子的应试能力明显优于留学毕业生，结果“所取县知事应口试落第者约三分之二，及第者大半乃前清旧官僚”。③ 因第一次考试县知事所获“多亡清滑吏，故舆论极为不平”，大总统只得手谕内务部总长朱启钤，嘱第二次考试时必须秉公认真选拔真才：“知事为亲民之官，得人与否关系治乱，此后司法有缩小范围，知事须兼承审官，虽有政治经验，亦须富有法律学识，方为完全资格。”④ 其后因舆论反应强烈，北京政府不得不考虑对社会有所交代，将变更考试知事的宗旨“专注于旧官僚”的责任推托给主持者。⑤

其后媒体注意到，民初政府的方针其实并无实质性改变，1914 年 8 月，大总统袁世凯与国务总理徐世昌谈话，竟然提出召致前清遗老和硕学通儒两项人员，“徐亦颇属赞成，惟召致后所以安插之方，尚须先事讨论”。⑥ 不是针对特殊用途，则可以视为具有指向性的意义。

三　合未久也要分

立停科举后至民初，新旧学考试及人才使用殊途难以同归，旧学出身者颇受青睐，有着深刻复杂的社会原因与文化心理因素。

本土文化对异质文化的认同接受，需要一个相当漫长的过程。在不同的文化背景之下，对同一事物所持的态度有时完全不同。制度转型需要相应的观念更新，而任何事物的比较与评价，都涉及评判标准

① 《知事试验条例之变更》，《盛京时报》1914 年 4 月 7 日。
② 《第二期知事试验之问题》，《盛京时报》1914 年 4 月 2 日。
③ 《特约路透电 · 北京电》，《申报》1914 年 3 月 8 日。
④ 《对于考试县知事之手谕》，《盛京时报》1914 年 3 月 28 日。
⑤ 《将变更考试知事之宗旨》，《大公报》1914 年 3 月 28 日。
⑥ 《预拟召致两项人员》，《大公报》1914 年 8 月 7 日。

与参照系。学堂教育的目标与科举制下的学校、书院大相径庭，科举以通才为标准，重文章楷法；新式学堂教育则分为普通学与专门学，前者着重于教育国民，后者侧重于专业知识，强调具体做事能力。科举与学堂，各自适宜自己的社会需求，本无所谓优劣高下。而具有所谓世界眼光的近代国人，一心想进入其中，却自立于世界之外，往往好用比较法加以评判，忽略了异质事物不能任意比较的原则，不自觉地沿用科举时代的标准去衡量要求起步不久的学堂教育，或用学堂理念评判科举士子，必致左右为难，一无是处。

延续科举时代的观念，清末社会为新式学堂毕业生提供的活动舞台相当有限，教育与社会发展良性循环的条件尚未成熟。而与历史悠久的科举制相比，清末学堂教育造就的人才，即使在数量上也并未显示优势。加之学堂教育初期出现诸多问题，受到社会普遍诟病，学堂毕业生得不到社会信任也在情理之中。

还在新政初议的1901年，日本报刊就断言中国的变革若由科举出身者主持，难以摆脱八股的影响。不同文化系统思维方式的差异，无疑会对于执政者的用人行事具有潜在影响，“岂知八股之文易废，八股之派难废。盖八股之毒已深入于支那士臣之脑间，浃髓沦肌，人人有八股之性质，亦由欧美各国人人有自由性质也。今清国之政俗靡不现成一八股之模样，则以谋国者皆出身八股之人，故所行所言，所作所为，终难脱八股之蹊径也”。[①] 毋庸置疑，科举文化对于人们耳濡目染的长期浸润，必然对思维方式产生不容忽视的影响。曾有人上书两江总督刘坤一，列举同文馆、广方言馆开办多年，朝廷三令五申兴学，仅有数百学生成材，原因即为“学堂设矣，而取士仍用时文小楷，所教在此，所重在彼。则士心不定，向学必不能专”。[②] 政府用人标准不变，提倡与实行

① 《杂录·戏论八股难废》，《台湾日日新报》（汉文）第862号，1901年3月20日。
② 《杂录·黄仲苏大令上刘总督书》，《台湾日日新报》（汉文）第989号，1901年8月17日。

势必相互矛盾。几年后，立停科举虽已完成，但用人方针迄清亡未见有大改观。

清末立停科举后仍以旧标准观验新人才的情况，曾引起媒体注意和抨击。1908 年初，革命党人主办的《中国日报》登载了这样一则消息："政府拟明年三月举行留学生殿试，学部议奏殿试考法，宝侍郎主张试洋文，严侍郎主张试汉文，荣尚书主张试楷法，就商张之洞，张则主张第一场试洋文，第二场试汉文，不论楷法，但汉文、洋文择优长，即可授职编检。"该报对留学生考试依然采用殿试而且并不检验其所专攻学科的方式予以抨击，认为这是重蹈科举的覆辙，"纯以文字取巧"，轻视科学和实际能力，不能选拔出真正的经世致用之才。而且，政府决策及执行的官员，"生平于科学诸门，未尝梦见，故奏请复考科举者，接踵而起，则兹之以两场汉洋文考试留学生，亦何尝非科举文字之同一用意哉"。①

前述学部关于考试内容的意见分歧，表明即使在主持全国学务的部院堂官层面，中西学也难以兼通协调，体用之别，专通之分，无法形成新的切实可行的一致标准，对后科举时代的人才进行相对客观的评估。当局尝试过各种办法，始终未能奏效，导致近代教育学术思想界趋新与守成交替登场，进而影响政坛和社会各界。而在喧闹纷繁的表象背后，隐伏着一个近代中国悬而未决的重大问题，即千古未有的大变局之下，如何在学习引进西方文明的同时，保存发扬文化传统，并在异质文化冲突中，调适并重建价值观念、道德体系及评估标准。就此而论，立停科举的设计与推动者，旨在将科举、学堂合并为一，并非简单地废除科举。其后的考试与选才，也确有科举与学堂熔于一炉的趋向。只是在中西新旧缠绕的背景下，选才的标准办法及人才任用等方面意见分歧，不仅培才与抡才很难归一，即使抡才方面，学堂

① 《论说·殿试留学生考法之怪闻》，《中国日报》1908 年 1 月 16 日。

教育亦缓不济急，未能如偿所愿地承担起科举的功能。而在培才方面，立停科举导致人们对制度兴革的艰巨复杂估计不足，新式教育加速推广过程中，因为急功近利而负面效应十分严重。因此而不断出现的问题，反而成为影响新教育与科举优劣对比的恶性因素。

关于科举制度对中国社会所产生的正面影响与作用，论者多着眼于科举考试为寒士提供了相对公平的垂直流动机会，并造就了一个介乎统治者与民众之间的“士”阶层。就此而言，科举停废后，相对独立的“士”阶层逐渐萎缩直至消失。可是以考试选拔人才的基本方式，不仅没有停止废弃，反而更为频繁、普遍和广泛地应用于各个领域，成为挑选、拔擢人才的主要形式。科举停废直至清亡，几乎成为考试的社会。可见，立停科举非但没有刹住千年制度的惯性，作为科举长盛不衰的重要形式，考试事实上成了评判学业和取材资格的测量方法，贯穿于整个教学进程，功能比以往更为强化。

立停科举后的几年里，考试种类增多，频率加快，受试人数大大超过科举时代。各种考试章程的出台与奖励措施相互作用，内容取鉴于西方近代教育，考试的具体形式则承袭了科举的做法。时人对此感受强烈，并予以激烈抨击。当然，后科举时代考试种类增多与频率加快，既是过渡时期宽筹士子善后出路的需要，也是社会发展进程中职业专门化要求的折射。清政府不但希望通过考试甄别选拔新学人才，还试图借助考试及奖励出身授予实官等措施，促使更多的人学习与掌握各种专门知识，以推动官员的功能化。这在客观上适应了近代社会分工细化的趋势。

1911 年 9 月，社会舆论的广泛批评、清政府内部的指斥以及仿行宪政进程不断加快的压力，终于促使学部奏请停止奖励实官。[①] 这表

---

① 《学部会奏酌拟停止各学堂实官奖励并定毕业名称折》，《内阁官报》第 20 号，宣统三年七月二十日（1911 年 9 月 12 日），法令。

明学堂最终必须终结其一度承担的后科举时代过渡衔接的抡才使命，拟自《文官考试任用章程》施行之日起，已经获得学堂奖励各种功名者，“不准截取就职”，需按新章规定重新参加文官任用考试，“学成试验”最终与“入官试验”相脱离，抡才与培才由合而分。只是《文官考试任用章程》迟迟未能出台，而大清朝气数已尽，奖励出身作为连接抡才与培才、纳科举于学堂的特殊纽带，在停罢科举六年后，成为清王朝的陪葬品。

在《文官考试任用章程》出台之前，虽然清廷未能举行统一的文官考试，但实际操作中，因缘内外官改制与仿行宪政的需要，外务部、法部、邮传部等京师各部院，曾相继举行过专门化的入官试验，开启了近代职业资格考试的新局，为民国时期文官制度的建立创造了条件。只是科举时代培养通才的理念，与近代国人体用观照下西学细分科、重专才的标准相互抵牾，难以调和；而西学传入并在学堂教育层面被接受之后，科学知识与民主思想产生了巨大影响，由此引发社会的冲突动荡，成为中西学能否兼通协调内在矛盾的反映，至今仍然困扰和考验着人们的智慧。

第六章

停罢科举的连锁反应

美国学者罗兹曼对近代中国历史有过这样的评述："1905 年是新旧中国的分水岭，它标志着一个时代的结束和另一个时代的开始，必须把它看作是比辛亥革命更加重要的转折点。"① 此说虽未见展示具体内涵与立论依据，然若将停罢科举放到清末制度变革与社会变动的全局之中，并与其后五大臣出洋而开启的仿行宪政相联系，则所见大致不差。当然，即使如此，也要防止落入变化即进化的窠臼，因为单就科举的存废而言，远非新旧两极评判所能涵括。

以社会为整体观照，则各种制度作为维护社会秩序的强制性规则，相互连接，交相作用。尤其是像科举制这样具有枢纽地位的制度，其调整变化势必牵一发而动全身，引起整个社会机制的连锁反应。《辛丑条约》交涉时列强和清廷在局部停止科举考试问题上一再争执，正是鉴于此事对于士子民心的影响巨大。事实上，因应千古未有之晚清大变局，科举停废之前，许多制度已经悄然发生变化，只是多数仍处于量变积累过

① 〔美〕罗兹曼主编《中国的现代化》，陶骅等译，上海人民出版社，1989，第338页。

程，而且虽然颇受诟病，尚未找到行之有效的解决办法及合适的契机。

停罢科举，成为近代中国社会制度变革的重要突破点，所产生的震撼，促使人们重新审视其他相关制度，并以停罢科举为例，证明祖制行之再久，只要是不合时宜，仍须改革甚至淘汰。由立停科举开始，制度变革出现链式效应，影响所及，涵盖了当时社会的多个层面。

第一节　科举与官制改革

已有的某些研究，因问题意识及研究角度有别，加上近代治学分类分科的局限，多以为变科举只是或主要与西学教育相关，与政体变制的官制改革关系相对疏离，忽略其间的内在联系。诚然，变科举与兴学堂的关系最为直接，可是科举为朝廷取士正途，而取士是选官的前奏，直接关系铨选，更改取才的标准和方式，选官与设官分职也应随之改变。因此，科举制的兴衰变化，对于官制乃至整个王朝政治，以及相关各项改革均产生了不同程度的触动。

一　变科举乃立宪政之基

重新审视戊戌维新的史事，可见维新派变科举的议论，始终与变官制的目标联系在一起，是其全盘改革方案的重要组成部分。简言之，远在立停科举之前，维新派不但注意到科举存废与官制变革密不可分，而且始终强调两者在变革方案整体中的衔接。

在戊戌时期的维新派看来，变科举是实行包括变官制在内的一切新政的起点。谭嗣同认为："惟变学校变科举，因之以变官制，下以实献，上以实求，使贤才登庸而在位之人心以正。且由此进变养民卫民教民一切根本之法，而天下之人心亦以正。根本既立，枝叶乃得附之。"① 梁启超

① 蔡尚思、方行编《谭嗣同全集》（增订本）上册，中华书局，1981，第210页。

也强调变科举对于整个社会变革的发端作用："中国今日非变法不能为治，稍有识者，莫不知之。然风气未开，人才未备，一切新政，无自举行，故近日推广学校之议渐昌焉。虽科举不变，朝廷所重，不在于是，故奇才异能，鲜有应者。殚心竭力……惟科举一变，则海内洗心，三年之内，人才不教而自成，此实维新之第一义也。"① 皮锡瑞对此表示赞同："梁卓如痛言中国变法，止知讲求船只枪炮，徒为西人利；不知讲求学校、科举、官制，西人无所利于此，故不以此劝变法，其实此乃根本所在。可谓探源之论。刘桢卿所言亦近是，不及梁透彻。"②

清代科举考试日趋程式化，且以八股取士，偏重词章楷法、圣贤经义，所选人才入仕为官，做人方面不无可依，做事方面则越来越脱离政务实际。由于正途出身官员不谙政务和律例，具有相关业务能力与丰富实践经验的幕友③，实际成为直省各级行政的参与甚至隐形操纵者。

咸同以后，处理各项临时或新增政务的局所，逐渐形成各级功能机构，弥补了原有职官体系不能适应社会变化的缺陷，但局所旁支逸出、日益繁杂与持续衍生的形态，以及捐纳、保举与局所相辅相成，不断扩大非正式官员编制的事实，使正途频受冲击，异途崛起和坐大，对吏治财政又造成了诸多不良影响。④ 所以，科举不仅关系士风文运，且与官制、吏治密不可分。在晚清应世变的整体社会变动中，科举改革缓不济急，难以发挥应有的功能，以至于朝野上下不仅质疑科举制的效用，还由此及彼指斥科举考试凭据的经学、理学无济于事。

---

① 《梁启超书牍（六）》，《戊戌变法》第 2 册，第 546 页。
② 皮锡瑞：《师伏堂未刊日记》，《湖南历史资料》1958 年第 4 期，第 70 页。
③ 幕友分为刑名、钱谷、书启、挂号、文案等名目。
④ 详见关晓红《晚清局所与清末政体改革》，《近代史研究》2011 年第 5 期。

1904年日俄战争结束，日本打败一向以老大自居的俄国，被时人视为立宪对专制的胜利。[①] 取法日本，以立宪为强国之道的认识深入清季朝野人心。与此相应，近代西方教育被视为治体变政、仿行立宪的先决条件。与君主专制政体相适应的科举，更加显得不合时宜。兴学堂、广教育、开民智、仿宪政遂成大势所趋。

1905年9月，清廷废除科举的诏令刚刚颁布，《岭东日报》便发表社说，表示欢迎之余，还大胆推测："自数月以来，朝廷立意维新，减刑法，废科举，擢用学生，以示趋重留学，派遣大臣出洋考察政治，纶音叠颁，要政并举，天下人之耳目，焕然为之一新。凡数千年来之弊政而未能革者，至今而一旦除之。几年以还，人士所期望而不可得者，至今而幸或行之。前之訾执政为无志变更，以维新之面目，保其守旧之精神者，自兹而后，而疑虑之念，可以顿释……此次特罢科举，考试留学，其意固所以坚求学者之心志，而勉兴学者以奋起。传言朝廷已有立宪之旨，因虑学堂未盛，民智未开，拟谋广兴教育，而后再议变政。"[②] 明确地将停废科举视为立宪和变政的明确信号。

时人在私下议论中，也有类似观点。1905年9月19日，保皇会的刘桢麟致函谭张孝，信中谈及："此次政府立废科举，大可以此机会为游学请，料不见拒……盖科举已废，中国立宪之机已迫，将来为学生世界，政党将由此起点。吾觉目下有政党之质点，而无政党之材料。此机会大可惜，此机会亦大可乘。"[③] 不仅视停科举为中国立宪的契机，而且仿佛看到了学堂勃兴后人才济济，中国实施政党政治之希望所在。

清政府方面也充分意识到立停科举后应推广相关制度的改革，

---

① "日俄之胜负，立宪专制之胜负也。"沈祖宪、吴闿生：《容庵弟子记》，来新夏主编《中国近代史资料丛刊·北洋军阀》第5册，上海人民出版社，1993，第67页。

② 《论今日新政之缺点》，《岭东日报》1905年9月26日。

③ 方志钦主编《康梁与保皇会——谭良在美国所藏资料汇编》，天津古籍出版社，1997，第195页。

1905年12月派遣五大臣出洋考察各国宪政。这一消息令朝野振奋不已。尽管由于革命党人的刺杀行动，五大臣的行程因炸弹事件而迟延数日，但清廷改革官制、仿行宪政的决心似乎有增无减。

五大臣深悉清廷破釜沉舟的心意，出发前已做好各种准备，回国不久，便将梁启超等背后推手所拟的洋洋万言考察报告奏报清廷。1906年，作为试行宪政的先机，官制改革逐渐铺开，继之预备立宪的种种措施陆续提上日程。与政治改革和社会发展联系密切者，如推广简易识字学塾以提高识字率，地方自治机构的成立以及选举，警察、司法机构的建置等，这些被视为宪政基础的要项，均在相当程度上依赖学堂加快发展，以期培养出大批相关人才，源源不断地将各项人员充实进正在筹建或拟扩展的新政宪政机构，为推行预备立宪提供切实的基础条件保障。

1907年9月30日，慈禧颁布懿旨，强调以教育为宪政基础，且“视进步之迟速，定期限之远近……顾议院言论之得失，全视议员程度之高下；非教育普及，则民智何由启发。非地方自治，则人才无从历练。至教育宗旨，必以忠君爱国，屏除邪说为归。自治法规，必以选举贤能，力谋公益为主”。令学部通筹普及教育之善法，编辑简明精要课本，以便通行。着民政部妥拟地方自治章程，请旨饬下各省督抚择地依次试办，并由该部随时切实稽查，立为考成。勿任空文塞责，务使议员资格日进高明，庶议院早日成立，宪政可期实行。[①] 尽管慈禧对于立宪的态度，颇为时人质疑，这样的官样文章亦或许言不由衷，但行西政讲西学确为趋新之时人时论所倡言力促。而一般官吏，更加相信推广新式教育是立宪之先导。[②]

---

① 《光绪朝上谕档》第33册，第199页。

② （都察院）代奏日本使署一等书记官张祖廉条陈：立宪之基，归本教育，宜急杜学校流失。《德宗景皇帝实录》卷583，光绪三十三年十一月庚戌（1907年12月27日），《清实录》第59册，第711页。

在清廷看来，卸下了科举的包袱，减少了推广新式学务的一重障碍，可以避免新旧缠绕，以宪政为名义和目标，放开手脚大力推进新式教育，改造原有教学形式。1910年9月，学部通咨各省督抚推广厅州县简易识字学塾："惟此项学塾为增多识字人民而设。宪政筹备单，宣统六年人民识字义者须得百分之一，距今为期非远，非将此项学塾极力推广，恐不能如期无误。应由提学司严饬各厅州县切实推广，以重要政。此项学塾形式不求完美，需款无多，入塾不限资格，招生尤易，勿得借口于风气未开，财力不继，致干贻误宪政之咎。"①

宪政编查馆的奏报表明，截至1910年11月底，四川、湖北、直隶等省所设简易识字学塾均已逾千所，其余各省设塾也在数百所。②这些数据的增长是否浮夸虚报，另当别论，至少在清廷看来，某种意义上已为预备立宪奠定了普及教育、推广地方自治的基础。

光宣年间，各地督抚奏报预备立宪事务时，均将各级学堂及学生数量的增长列为要政，逐项报告，而立停科举后力行甄别擢拔能员重要形式的州县事实考核，也将新建学堂数量列为主要内容。③由此可见，立停科举终结了学堂科举并存的尴尬后，推广新式学堂成为各地按期督办的政务内容，为仿行宪政打开了通道，使戊戌以来的变政思路逐渐变为事实。

二　启动内外官改制

就清季朝野舆论的主要趋向而言，仿行宪政应以改革官制为起点。而启动内外官制改革，恰好均以停科举后设立学部和提学使司为嚆矢，清晰地呈现出科举与官制改革的密切关联。

---

① 《通咨各省督抚推广府厅州县简易识字学塾文》，《学部官报》第141期，1910年12月12日，文牍，第2页。

② 《清末筹备立宪档案史料》（上），第86页。

③ 关晓红：《清末州县考绩制度的演变》，《清史研究》2005年第3期。

官制乃庶政之纲，仿行宪政亟须对原有职官体系进行全面更动。立停科举、成立学部的上谕相继颁布不久，媒体就直接呼吁清廷对官制进行相应调整。由于礼部所管事务本来就相比其他各部为简，学部设立后，礼部更觉清闲，故有人建议将光禄、鸿胪、太常三寺并入礼部，所留三寺的额缺应改为矿务、邮电、铁路部门。[①]

清代官制自顺治时仿明制不断有所变通，历经三朝，于乾隆中期定制，两百多年间虽多有御史奏陈利弊，但均未做大调整。京师部院除理藩院为清代特有的新增机构外，主体架构上基本沿袭隋唐以来的六部制，实际起主导作用的军机处，则长期只有上意而无法理依据，不过是皇权的御用工具。1901 年，应列强要求，总理各国事务衙门改为外务部，班列六部之前，其后于 1903 年又相继成立巡警部、商部，此类新事新设的机构，尚未与原有政体的机构与职能交叉重合，属于未拆旧宅即添新屋，职官整体结构未受明显影响。光绪后期，在正式职官体系之外，又陆续设立政务处、练兵处、学务处、财政处等临时机构，专门负责与新政相关的事务。

停罢科举后，清廷先将各省学政事宜归并学务大臣考核，毋庸再隶礼部，继而批准成立学部，着原有礼部管理学校的职能归并调整，国子监亦被并入学部，[②] 建立了专门的新式教育行政系统。隋唐以来一直延续的以六部制为基本框架的传统职官结构，终于以立停科举后掌管新旧学事务部门的职能变动为契机，开始全盘分解重构。[③]

1906 年，内官（京官）开始全面改制，新旧部院与临时机构合并重组，形成新的行政架构。与旧制相比，重组的十一部无论名称抑或职能范围，都与旧制六部大不相同，体现了晚清社会变动导

---

① 《论设学部后宜改立三寺》，《河南官报》第 76 期，第 18 页。

② 光绪三十一年十一月十日（1905 年 12 月 6 日）上谕，《光绪朝上谕档》第 31 册，第 200 页。

③ 关晓红：《晚清学部研究》，第 224 页。

致职能分工扩展的需求。

随着部院架构的全盘改组，与京内官制相对应的直省外官改制也提上日程。与学部的设置相应，新的直省官制，首先以立停科举后设置提学使取代学政为嚆矢。

既往学政主要职司衡文课士，主持各省岁科考试，停罢科举后，除善后安排中的相关旧学考试外，学政在校士方面的功能基本丧失。安东强博士在对学政与皇朝体制的渊源流变深入研究后提出，尽管自戊戌始，不少趋新学政在新式学堂建立、书院改设学堂、科举改章的过程中，努力适应并积极参与相关学堂的创办与考校事务，但客观受制于岁科两试须巡历各府州县考棚，无暇顾及其他；而学政以皇差身份派往各省“孤悬客寄”，规制上并非督抚属官且明确不能干预地方事务，新式学堂选址、筹款、生源等均需府州县官绅的支持与配合，确有诸多不便，故张之洞和袁世凯奏请分科递减科举名额时，议改学政为视学官的建议难以落实，其后云南学政吴鲁上奏请裁撤学政，袁世凯也上折提出善后之策，经政务处与学部会议决定采纳相关意见，以提学使取代学政管理新式教育事务，[①] 延续了二百多年的学政制度就此终结。学政因岁科考试而聘用幕友协助阅卷改卷的惯例也随之消失。

与学政制度相比，提学使的设置不但职能扩展至教育、文化及文物事业的管理，更为关键的是，提学使取代学政，引起外官制朝着相辅相成的两个方面发生根本变化。一是权力重心下移，既往督抚与学政的主客关系不复存在，学政从皇差变为属官，导致直省官制产生实体化趋势。既往清代职官的设置，其立意与格局均强调内外相维，督抚作为朝廷的方面大员，只是在一定区域内代行政务，

---

① 关晓红：《晚清学部研究》，第 102 ~ 110 页。另见安东强《清代学政沿革与皇朝体制》，中山大学博士学位论文，2010 年，第 190 ~ 218 页。

因而不设属官。三年一届的学政以皇帝名义钦定派差，地位与督抚平行，甚至以督抚为敌体。其他司道官员亦非督抚属官，只是由其节制。立停科举引起直省官制的变化之一，即裁撤学政，提学使变为直省固定实缺的官员，且明确为督抚属官，位列布政使司之后，提刑按察使司（即臬司，后改为提法使司）之前。[①] 本来直省督抚是分地而治，与分事而治的部院并行，尽管咸同以后局处所大量增加，已经使得督抚权力扩张，实际上掌控了一省的所有大权，但毕竟没有得到体制的正式认可。学政在既往职官系列里属于内官外差，介于内外官之间，是清代官制恪守内外相维宗旨的典型体现。[②] 新制提学使作为督抚的正式属官，引发整个直省官制由传统的内外相维格局转向上下有序，一省官员大多成为督抚的下属，咸同以来督抚权力由虚转实的趋势，通过职官设置的调整使之得到确认。

变化之二，原来学政衙署只有幕友和书吏，未设行政机构以及分类办理政务的官员，而在直省新的教育行政体系中，提学使司实行分科治事，所设各科科员，取代学政幕友承担处理各种教育行政事务的职能。裁撤学政、设提学使司，用科层制替代幕友制，为外官改制开辟了近代功能化政府的新方向。[③] 1907 年外官制改革一度陷于困境时，有人援引学政幕友制终结之例，借此排除从幕府到职官的

---

① 关晓红：《晚清学部研究》，第 102 ~ 110 页。

② 清代官分文、武、内、外，且十分重视“内外相维”。“内外相维”一词，宋元之际指军制布置，以防军队将领叛乱，明清两代，皇帝多用来比喻强调朝廷内外职官设置的用意。康熙六年四月上谕：“国家诸务，内则责成部院，外则责成督抚。”〔《圣祖仁皇帝实录》卷 21，康熙六年四月戊申（1667 年 4 月 26 日），《清实录》第 4 册，中华书局，1985，第 294 页〕嘉庆帝曾训斥百官：“国家内外相维。以直省之事，分隶六部，法令科条，具有成式。从否予夺，悉秉上裁。”〔《仁宗睿皇帝实录》卷 270，嘉庆十八年六月戊午（1813 年 7 月 20 日），《清实录》第 31 册，中华书局，1986，第 662 页〕意为内外本无畛域，应相互维护支持，而非恃权凌事。咸丰帝谕内阁：“国家设官分职，内外相维。部臣疆吏，均有稽查督率之责。”〔《文宗显皇帝实录》卷 7，道光三十年四月庚午（1850 年 5 月 19 日），《清实录》第 40 册，中华书局，1986，第 136 页。说明：时道光帝虽已驾崩，咸丰帝即位，然次年才改年号〕

③ 关晓红：《清季三司两道改制》，《中华文史论丛》2011 年第 3 期。

障碍。[1] 不仅如此，在提学使司之下，府厅州县先后设置劝学所，形成上下贯通的教育行政体系。分事而治的部院必须与分地而治的直省重新确定关系，划分权限。

总而言之，立停科举后应运而生的学部，在新政内外官改制中引领风气，其将学务列入州县考成，派遣提学使出洋考察，提学司下设学务公所，各地设置劝学所、劝学员以及选择当地绅士参与学务管理等诸多做法，相继被法部、民政部、农工商部等部院仿效，在提法司、巡警道、劝业道的建制运作中得到体现，[2] 对传统职官向近代立宪官制过渡起到了开风气之先的重要作用。

第二节　铨选制改革

清代铨选接续科举取士分配任用正途人才，捐纳、保举则从不同渠道以不同方式补充科举选才的不足，均与科举制度联系紧密，成为源源不断地供给与维系清朝正式职官及候选官吏的基本制度。由于捐纳、保举、铨选与科举密切关联，主张科举改革的有识之士，往往同时提出将保举、捐纳制革故鼎新的相关建议。三代两汉，举士与举官合二为一，唐以后，试士属礼部，试吏属吏部，于是一千多年来科目取士，铨选举官分为两事。[3] 不过，取士与举官毕竟直接联系，共同构成职官制度的基础。1905 年的立停科举，必然对相关制度造成不同程度的影响，引起相应的改革和调整。

一　改革保举整顿吏治

保举制度由来已久，清初由武治转为文治，在科举未形成规模和

---

① 关晓红：《种瓜得豆：清季外官改制的舆论及方案选择》，《近代史研究》2007 年第 6 期。

② 关晓红：《清季三司两道改制》，《中华文史论丛》2011 年第 3 期。

③ 《清朝文献通考》卷 59，选举九，第 5365 页。

固定程式之前，朝廷所需官吏多由荐举而来，顺治元年已有荐举令，并确定了荐举的重要原则：“举主所举得人，必优加进贤之赏，所举舛谬，必严行连坐之罚。至于荐举本章，止许开具乡贯履历，其才品所宜，应听朝廷定夺，不许指定某官，坐名何地。”此时保举有明确限制，捐纳杂流、革黜官员是不能荐举的，且规定因畏避连坐而缄默不举者以蔽贤治罪，有独知灼见者可以自行保举，“保举得人者升赏，误举者连坐”。[①] 顺治后，历朝清帝都十分重视保举，因为保举与科举的最大不同，在于并非以文字取人，而是更为注重被推荐者的实际能力、才干及品行。故其本意并非滥举，而是对保举者与被保举人皆有相应监督制约的荐举贤才制度。

咸丰、同治年间，因镇压太平天国及捻军之战事所需，清廷对用兵省份督抚所保举的人才，无论是条件或人数，均大大突破规制所限。尤其是李鸿章、左宗棠等一批因保举被录用拔擢的人才在晚清政坛崛起，功勋卓著，表现突出，更使清廷坚定了通过保举发掘人才挽救危机的信心，顺治以来十分强调的连坐之法，在政令中亦不再提及。由于清廷对保举限制与处罚的措施日渐松弛，咸同后期督抚保举的人数越来越多，良莠不齐的现象日见突出，官场裙带之风盛行，吏治腐败危害愈深，保举遂大为世人所诟病。

停罢科举后，既往与科举相得益彰的保举制改革也逐渐展开。1906 年，御史刘汝骥奏呈《请严限制保举折》，从整顿吏治的角度立论，指陈自京师至外省叠床架屋的局处所，皆为投机钻营者滥行保举营谋地位而设，保举成为“坏人心术，堕人志节”的渊薮。该折列举了河工保、军功保、劝捐保等范围广、人数多、危害大的情形，指出滥保已经成为当今弊政，直接危害朝政吏情。为了获得更多的保举名额及破格任用，保举者往往夸大其词，渲染灾情和虚报

① 《清朝文献通考》卷 59，选举九，第 5366 页。

战况，一次赈灾捐案，保举人数竟有五百至一千三百人之多。且所保之人，所得之官阶，多有超擢逾规的现象，甚至包括革职官员或获罪之臣，徇情滥保，有悖朝廷旨意，置国体于不顾。刘汝骥奏请饬下政务处和吏部，严定保举新章，力除积弊。此折所列举的大量事实及建议，很快得到高度重视，清廷为此颁发上谕，重申保举制度原为朝廷鼓舞人才之具，应详慎遴选，爱惜名器，令政务处会同吏部、户部和兵部妥议，严定限制。①

慈禧对刘汝骥所上奏折印象深刻，1906 年 3 月 20 日，刘汝骥以都察院御史任满被召见，在中南海西暖阁和慈禧有一番对话："皇太后训：'近来保举过滥，你条陈的很好。'臣奏对：'蒙天恩明诏中外，下所司会议，臣感激无地。'"② 表明其所奏保举问题，已引起当政者重视。

刘汝骥所奏，促使清政府采取了一些措施来整顿吏治，分别对被保举入仕或升擢者予以甄别及加强培训。1906 年，即刘汝骥上奏的当年，《吏部奏添设学治馆折》宣布此后"非正途出身学堂毕业之捐纳、保举，初任牧令丞倅暨例应投供之佐杂各员、赴部投供分发者，分别入馆分门学习，如公事明白、堪以入仕者，学习不拘日期，轮选到班时即照例拟选。其吏事不谙、文义不通者，应暂行停选。虚积过班，令其留馆学习六个月，再行察看，果能造就日进，再行补选，所遗之缺即以其次到班应选之人递推"。已通过月选分发的人员，也需经吏部考试，不合格者令其学习三个月后再行验看分发。若留馆学习一年仍无进步，"即行令停其铨选分发"。③ 对捐纳保举人员通过培训、考试予以甄别，革除弊端、整饬吏治。

尽管清廷未能下决心从根本上废除捐纳和保举制度，有效遏制

① 刘锦藻编《清朝续文献通考》卷 90，选举七，第 8500～8501 页。

② 刘汝骥：《丙午召见恭记》，《陶甓公牍》卷 1，示谕，第 1～2 页。

③ 刘锦藻编《清朝续文献通考》卷 92，选举九，第 8518 页。

其对吏治与社会风气的危害，但吏部设置学治馆及各省课吏馆，已加强了对捐纳、保举人员的学习培训，注意提高此类官员的素质，并且实施甄别考试，使得滥保滥捐人员大量涌入仕途的情况得到一定控制。

与吏部的措施相呼应，1908 年 7 月，两江总督端方、江苏巡抚陈启泰专折奏请对捐纳、保举出身的道府同通州县佐杂等官员集中分班学习，并按照考试成绩重新决定去留。该折申明：根据宪政馆与吏部会奏的考验外官章程规定，除正途出身及本系高等以上学堂毕业学生外，凡捐纳保举之道府同通州县佐杂各员，无论月选分发到省，一律俱入法政学堂，考其文理深浅，分班限年学习。先已到省者均严行考试一次，按成绩一、二等可以分别差委，三、四等则入堂学习。江苏在前任巡抚陈夔龙时已将仕学馆改为法政学堂，此时希望扩充规模，“暂定正额二百名，旁听员不计数”。巡抚督率司道，“将在省道府以下各员分次考试。除不能执笔、文理不通之员遵章不列等次，咨令回籍外，其考列一、二等者饬令听候差委，三、四等者暨奉文后新到省各员，均按其文理深浅分作长期、速成两班”，先后送入法政学堂学习。① 故直至清末，虽保举制尚存，对保举官员的重新甄别和限期学习，亦已逐渐纳入制度规范，一些省份的督抚司道，往往根据这类人员的考试成绩及实际表现，决定其仕途进退。

上述做法，是在保举捐纳制度尚未整体革除的情况下，针对杂途仕进所带来的各种弊端，退而求其次的一些补救措施，以求提升改善官僚队伍的素质。这些措施得以出台，确以科举停废和学务推广为前提与基础。尽管仍为治标之举，然对肆无忌惮的滥捐滥保，仍有一定程度遏制，故在吏治整顿方面有一定积极意义。

---

① 《两江总督端方、江苏巡抚陈启泰奏考试职官入法政学堂折》，光绪三十四年六月初六日（1908 年 7 月 4 日），《宫中档光绪朝奏折》第 25 辑，第 750 ~ 751 页。

二 停科举以促停捐纳

与科举、保举相比，在社会上更加声名狼藉的是捐纳。冯桂芬《变捐例议》提及，当时京师流传的俗语，即将科举与捐纳两者加以比较："国家用科目，君子小人参半也；用捐班则专用小人矣"。捐纳对吏治与社会产生的恶劣影响："捐班逢迎必工，贿赂必厚，交结必广，趋避必熟，上司必爱悦，部吏必护持。"①

冯桂芬的指斥并非言过其实。清代财政匮乏，顺治年间便有开捐的记载，其时捐纳的范围仅限于在职文武各官，捐者所得也仅为记录和加级，其后更进一步限制为只予记录，"除有事故准其抵销"，② 记录与加级可以作为晋升的条件，而不能直接晋升。嘉庆后期，清朝进入多事之秋，乾隆暮年停止捐纳的决心，③ 其子孙不但无法落实，反而变本加厉大开方便之门，以致泛滥成灾。由于仕途壅塞，甚至正途出身之人，也必须通过捐纳银钱，才能对付各种名目的暗中摊派而获得分发，令出身贫寒者入仕难上加难，有悖科举制的初衷。

咸丰即位之后，内乱外患频仍，为了筹措军饷以解燃眉之急，只得大肆开捐。捐纳的种类与花样不时翻新，不但降职革职人员（因贪污获罪除外）可捐复起用，京外各官亦可将试俸历俸年限全行捐免。实官捐开后，捐纳人员有增无减，至光绪中期，仕途人满为患，各种名目所捐之候补官员被吏部逐批分发到各省，各省承受巨大压力，督抚们个个苦不堪言。自光绪十八年起，安徽、湖北、江苏、河南、浙江、云南、江西等省和东北，纷纷以候补各员人数拥挤为由，先后奏

---

① 冯桂芬：《校邠庐抗议》，第60页。

② 刘锦藻编《清朝续文献通考》卷93，选举十，第8527页。

③ 乾隆五十八年颁布上谕，除贡监一途外，停止举行捐纳，"倘复有奏请开捐者，即为言利之臣，更当斥而勿用"。刘锦藻编《清朝续文献通考》卷93，选举十，第8527页。

请朝廷暂停分发，以疏仕途。[①] 随着捐纳保举人员的激增，安插此类候补官员的各级各类局处所数量直线上升，外官的非经制组织（幕府、局所等）逐渐膨胀，对清王朝的运作产生强烈冲击，造成机构重叠、职能混乱交叉、官员素质下降等弊害。

咸同以降，捐纳与保举之滥相互充斥，受到朝野舆论的猛烈抨击。改革保举捐纳的建议方案，与改革科举的主张相互呼应。

1898 年，湖广道监察御史郑思赞，借议改科举之机奏陈停止捐纳，理由是科举改章，“制度更新，灿然毕举”，尤其是开经济特科，“无论已仕未仕皆准咨送与试，以备破格之选”，“开从前未有之奇局，搜海内非常之人才，若不将捐纳一道亟行停止，纳赀即可得官，将人人存倖进之心”。倘若以收捐而济饷需，则海防捐输每年不过一二百万，“国家为此百余万捐项，名器一滥至此，与皇上破格求才之政令必有大不相合”。改科举兴学堂是为了求人才，捐纳却足以破坏仕途，应“饬将新海防捐输京官郎中以下，外官道府以下，所有效捐暨各项过班以及一切花样，概行停止，以清仕路”，消除积弊。[②]

经历庚子之变，清廷厉行新政，继颁布改革科举，设置经济特科上谕后，终于宣布“嗣后无论何项事例，均著不准报捐实官，自降旨之日起，即行永远停止，通限一个月内截数报部，毋得奏请展限”。[③] 可是实际上各省的实官捐输未能令行禁止。1901 年 10 月 27 日，山西

① 光绪十八年《东省候补人员仍形拥挤拟请暂停分发以资疏通折》，光绪十九年《安徽省候补人员仍形拥挤请展再停分发一年以冀疏通折》《湖北候补各员人数拥挤拟请暂停分发以疏壅滞折》，光绪二十年《江苏候补试用人员极形拥挤援案恳恩暂停分发以疏仕途折》《豫省候补人员仍形拥挤拟将捐纳劳绩两班仍请暂停分发折》，光绪二十一年《浙省候补试用人员壅滞已甚请旨敕部停止分发以冀疏通折》，光绪二十六年《滇省候补正佐各员倍形壅挤拟请旨暂停分发二年以冀疏通折》，光绪二十八年《江西候补各官异常拥挤恳恩暂停分发以冀疏通折》，《光绪朝朱批奏折》第 1 辑，内政官制类，第 218、230、247 ~ 248、255、318、358 页。

② 《朝廷遴选人才亟宜停止捐纳以一趋向而杜倖进折》，《邸抄》第 84 册，第 43730 ~ 43732 页。

③ 刘锦藻编《清朝续文献通考》卷 93，选举十，第 8534 页。

举人刘大鹏记：“为赔洋款，山西一省共捐二百余万金，凡出捐输金者，皆赏给实职官阶。现在因捐输而得官职者纷纷，上至道台、知府，下至知县、教官杂职，皆因捐输而得，名器之滥，如此其极，无论至贱之人，亦有官职在身，良可慨也。”由于捐纳可以实官为标，晋省又有经商传统，以生意人的眼光衡量，这是一笔稳当得利的投资，故捐买官职在当地蔚然成风，“今岁七八月间，各处捐赔洋款，士多借此捐纳职官，富者以己之捐项，贫者借人之捐项，温饱者买人之捐项，以百金买千金，如是者纷纷”。①

张謇在1901年的《变法平议》中一针见血地指出：“与科举而并妨学堂者，曰捐纳、保举。”② 只改科举，不改保举停捐纳，求仕进者趋易避难，人才培养不可能真正收到成效。因此，有识之士迫切希望通过改科举促进其他相关制度的变革。

1905年9月，立停科举诏令颁布不到十天，媒体报道就传出要求终止捐纳、保举的消息：“闻官场传述，言官拟具折奏请力停保举捐纳，大略论罢科举而不停保举捐纳，学堂仍难起色。三年大比，登进尚少，近来保举之案，动辄数百人，捐纳更无限制，诚恐科举罢后，群趋保举捐纳两途。”③

《东方杂志》也以《论今日新政之缺点》为题，断言“中国政、学界之所以腐败者，由于科举与捐输”，“今废科举而不停捐输，是所谓自相抵牾之甚者也”。捐输得官，则无异于官爵可以买卖，“而窃高官而据重位者，皆不学无术之鄙夫”，必将造成贿赂公行，败坏吏治学风。有鉴于此，呼吁当道尽快以废捐纳响应废科举，并且深入分析了科举与捐纳恶劣影响层面的异同：“今者，千余年来相沿之科举，已毅然废之，而捐输则依然如旧，夫论全体之受害，科举似较捐输为

① 《退想斋日记》，1901年10月27日、11月15日，第102页。

② 《变法平议》，张謇研究中心、南通市图书馆编《张謇全集》第1卷，第63页。

③ 《请停保举捐纳述闻》，《岭东日报》1905年9月21日。

深，科举并妇孺而知仰慕，不废而教育必不能兴。论政界之难期振作，捐输实不减于科举，科举人材所学非所用而已，若捐输则并不待学，但使所费略巨，获选较捷，而又工于迎合，巧于夤缘，不几年间，循格而上，且不难为封疆大吏，谁不乐以区区之资而易此赫赫之官哉？且始之所输者一，而后之所偿者什百倍之，天下便利之事，孰有过此？”[①] 尤其强调捐纳对于吏治民生的危害。

一向不讳言保守，民国时还刻意表白自己为大清子民的刘大鹏，对于捐纳深恶痛绝。在他看来，山西吏治败坏与捐纳关系密切，“各州县乡绅，皆由捐纳，阶职夤缘，奔竞谗媚，宰官而得。一遇公事，借官势而渔利害民，官亦依为爪牙，朘削百姓脂膏，名曰乡绅，其实皆市侩也”。[②] 1906 年 3 月，他在日记中发泄对于时政的不满：“当时弊政莫甚于卖官鬻爵，乃新政既行于今五年，依旧捐纳实官未曾停止，令人莫解。维新之家动曰除弊，卖官之弊何以不除耶？”[③]

相关部院对舆论的呼声并非无动于衷。立停科举不久，政务处要求“凡属捐纳之各部司员均须考试，严禁枪替，然后分别优劣，可留者留，如既不明公事，又不堪造就者，即开去衙门，候有相当之差派用”。[④] 1906 年，户部奏准停止实官捐输（江、直两省准延缓两年）。由于事起仓促，未及考虑替代性制度的衔接过渡，以解决具体的财政困难，因此各省贯彻实施停止实官捐输的诏令时，遇到诸多问题。有的省份先停后开，如 1908 年张人骏奏准办理代收赈捐及常捐各项，开办一年，期满后再行停止。继而两江总督端方在延缓两年期满之时，仍以“江南息借农工商部存本银两悬欠甚钜”为由，再次奏准两项捐输展限一年。紧随其后，闽浙总督松寿、湖广总督陈夔

---

① 《论今日新政之缺点》，《东方杂志》第 2 卷第 11 号，1905 年 12 月 21 日，社说，第 226～227 页。

② 《退想斋日记》，1902 年 2 月 26 日，第 106～107 页。

③ 《退想斋日记》，1906 年 3 月 22 日，第 150 页。

④ 《外省纪闻·内政》，《河南官报》第 128 期，第 11 页。

龙、吉林巡抚陈昭常各以飓风和水灾造成经济损失，无法维持等为由，再开赈捐与常捐七项。宣统三年，江北、四川、安徽、湖北相继奏准展限一年再停捐纳。[①] 因此，虽有停止捐纳的诏令，实际执行过程却拖泥带水，甚至变本加厉。如此，则以停科举促停捐纳，虽然舆论鼎沸，当道也明诏停止，可是由于缺乏具体督办及奖罚措施，落实起来效果甚微，而各省因灾害或外债迭至，为解燃眉之急，亦只能要求清廷饮鸩止渴。

三　变通铨法

清代铨选以科目选士及保举选官等为基本途径，立停科举连带捐纳、保举制度的部分变更，直接影响到铨法的调整变革。

新政时期最早的“改选法”主张，是1901年7月刘坤一、张之洞专折奏请改革科举之后呈递的《遵旨筹议变法谨拟整顿中法十二条》（即《江楚会奏》第二折）中提出的。该折希望对现行铨法“略为变通”，具体方法是此后“州县同通统归外补，无论正途、保举、捐纳，皆令分发到省补用试用，令其学习政治，上官亦得以考核其才识之短长。遇有缺出，按照部章应补何班，即于本班内统加酌量，拟补不必拘定名次。惟到省未满一年者，除本班无人外，不得请补”,[②] 试图改变科举词章取士后，经铨选除授直接进入仕途者的所学非所用状况。改制的范围，主要针对州县“亲民之官”。

立停科举为清季铨选改制提供了契机，1907年初，都察院河南道监察御史俾寿，具折奏陈《改订官制宜委筹阶级以资谙练而广作育折》，认为官制改革应根据科举停废后学堂教育一枝独秀的现实，改

① 刘锦藻编《清朝续文献通考》卷93，选举十，第8536～8537页。

② 张之洞、刘坤一：《遵旨筹议变法谨拟整顿中法十二条》，光绪二十七年六月初四日（1901年7月19日），苑书义等主编《张之洞全集》第2册，第1420页。

变既往官阶升进的资格和程序,[1] 所奏针对部院官员，恰好弥补了江楚会奏议改铨法对京官层面关照的不足。

与俾寿出奏的时间相近，孙诒让的《学务本议》继承了原来两广总督陶模的思路，呼吁清政府调整过渡时期的学务方针，颁布法令，以新式学堂毕业学历为官吏选拔任用的重要资格。考虑到学堂学生为数尚少的现实，建议以十年为人才选拔新旧递嬗的过渡期，“十年以外，非京师大学堂毕业者，不得为知府；非各省中学堂以上毕业者，不得为州县（凡州县牧令办学务成效卓著者，虽仅中学毕业，亦得擢升知府）。十年以内，学校毕业生不敷用，则权宜变通，令每省必立吏治简易学堂一区，以政法、教育、经济三科大意讲授。无论外补内铨，凡实缺人员到省者，必入校听讲二年，由校长会同提学司考验，毕业者方准赴任；不中程未毕业者，留堂再学一年；不可教育者，开缺。其他候补人员到省者，则必入法政学堂受普通教育，毕业而后，准其留省”。[2] 该方案强调铨叙规则必须适应社会发展变化，以新式学堂毕业生为铨选正式资格，为其设计进入仕途的具体办法与程序安排，同时在过渡期内对候补官员及其他各项人员加以培训考试，变通使用，解决学堂毕业生人数不够和其他人员出路不多的两难问题。

朝野的诸多议论建议，为当道处理相关事宜提供了重要参考。1908 年 6 月，清廷颁布上谕，以既往吏部“仅以班次资格为定衡，大失量能授官之本意”，承认由于保举捐纳冗滥甚多，官吏于治理民情多未明达，法律条文亦不能通解，不谙吏事者十居七八，“其为害于

① “现在外官如何办理尚无所闻，而各部所定章程大都以增设郎中、员外郎、主事员缺为主。夫科举捐纳既停，已到部者只有此数，有日减无日增，而毕业学生有进士、举人、五贡、生员各项出身，不必皆系进士，即不能人人骤膺主事。”请旨饬下各部堂官，根据政务需求与人才规格的实情，“务将部中事务以及司员如何升转，如何选取，通盘筹画，妥定阶级，俾得循序渐进，以资熟手，则人才不患消乏，部务亦可谙练”。《俾御史奏请改订官制妥议阶级之折意》，《申报》1907 年 2 月 21 日。

② 《学务本议》，张宪文辑《孙诒让遗文辑存》，第 36 页。

国计民生者甚巨”。为此制定新规：（1）州县两途着将部选旧例，限三个月后即行停止。所有各班候选州县，由吏部分别查明，会同军机大臣迅速妥拟章程具奏，请旨颁行。（2）在所颁政令三个月后实行新铨选法，将应选州县官吏，作为“改选班”分发各省，即将本来由吏部掌控的州县官部分铨选权下放至直省。（3）外省原有各项候补班次、轮次，应酌量删减归并。（4）改选人员到省后，由督抚率同藩、学、臬三司，对官员逐一面试考核，“量其才性，试以吏事，或派入法政学堂，分门肄业，并须勤加考察。除有差人员随时接见外，其余各员，两个月必须传见一次，三司按月传见一次，详细考询其才识学业，能否造就，有无进益”。考核后对糊涂谬劣、不通文理、沾染嗜好、老弱病衰者，均即咨回原籍，开除本班。[①] 由此，则部分铨叙权下放到直省，督抚及三司（提学、提法、布政使司）成为甄别官员、决定其进退的裁判，而执行州县官铨法新规的优劣，则成为对督抚司道官员本身考核的重要内容。上述情况表明，继立停科举之后，至少在直省职官层面，铨选改革确已引起重视，新政初期刘坤一、张之洞《江楚会奏》第二折所提铨法改革基本思路，通过吏部奏颁《改选章程》得到具体落实和体现。

此道上谕，以三个月为实施新铨法缓冲期，一举废除了清代二百多年来州县官均需由吏部分班掣签铨选的“部选旧例”，原按旧例轮班等候者，亦须重新考试甄别，依据才能品行分别录用。既往最为重视的出身资格明显淡化，新知与能力得到彰显。不过，这道上谕只是新铨法的起步，其局限性反映在以下两方面：其一，改选人员仅涉及州县层级，并不包括京官系列的部院堂司和督抚司道。其二，所处理的对象其实是科举时代留下的各项候补选班，充其量是一项过渡期较

---

① 光绪三十四年五月十五日（1908 年 6 月 13 日）上谕，《光绪朝上谕档》第 34 册，第 116 页。另见《吏部会奏遵拟改选章程折》，《盛京时报》1908 年 9 月 13 日。具体规定见 9 月 15 日、16 日专件。

长的临时性措施，而非全盘取代旧制的新铨法。不过具体做法大致可体现铨法变革的趋向与原则。

由于内外官制改革未能同步进行，政体变革处于新旧交替状态，尽管立停科举使得铨选旧制已经失去本源，但仍然有大批积压已久的候补官员需要逐次安排，加上名目繁多的各种科举善后，候补官员还在急速膨胀之中，铨法改制一时间还不能彻底弃旧图新，作为权宜变通的临时性措施必不可少。新立的法政系统此类问题最为突出，法律学堂毕业学员中，内外官皆有，出身不同，铨法各异，品级不一，毕业后如何使用，颇费思量。法部只好规定一些临时措施予以调整，以努力适应新旧过渡时期人才使用所遇到的棘手难题。①

过渡性的铨选规制调整，旨在努力适应社会变动中各方对人才的需求，但由于科举善后各种考试录用的人才不断增加，国内外学堂毕业生授予出身后也要寻找出路，吏部在新旧人才并途的多重压力下，颇有些力不从心。

立停科举后，进士朝考随之自然终止，舆论倾向选官应以学堂毕业生为基础。按照清廷的设想，科举与学堂合于一途，学堂毕业即为取士，进而授予实官。然而，随着学堂教育的迅速扩展，毕业生人数激增，如何落实学以致用，安置得当，成了棘手难题。与此同时，学堂毕业不可能人人做官的问题也日益凸显。由于文官考试任用制度迟迟未能出台，各部院与直省均以急需专业人才为由，直接从学堂毕业生中挑选任用官员，故相当长一段时间内，学部在学堂毕业生分配事务方面，实际上代行了吏部的职能。而新建各衙门在分批大量吸纳考试优拔、举贡生员考职和学堂毕业生之后，也出

① 1910年9月8日，法部奏陈改用办法七条，《清实录（附）宣统政纪》卷40，《清实录》第60册，第715～716页。

现人满为患的问题。1911 年 7 月，有消息称“前两次游学毕业生之分外务部者，到部即有津贴，闻今年分入该部者，已无此希望矣。又闻今年游学生之分部者，因各部人员皆形拥挤，多拟到部后即请假回籍”。①

由此可见，立停科举后，铨法已有所变化。因科举善后名目繁多，学堂又合并科举功能，频频奖励出身乃至直接授予实官，并途之下，大量候补官员不断产生，铨法旧例难以为继，不能不朝着文官制度调整改革。由于《文官任用章程》与官制官规均尚未出台，制度更替不能一蹴而就，而彼时吏部存废之议尚未定谳，清季铨法的变动还只是局部临时举措，不能真正适应后科举时代的政体和社会需要。由此造成不少的社会问题，引起各种矛盾冲突，错过了新旧制度全面改革衔接的良机，未能继续扩大立停科举的改革效应。

第三节　新学分科催兴百业

有论者感慨诏罢科举后，传统中国四民之首的“士”阶层消失，导致社会结构发生变化。其实，严格说来，“士”阶层只是因科举制终结而后继无人，原有的旧学士子除因生理年龄规律自然减员外，更多随着各类社会分工的发展，逐渐演化转换成为近代“新知识人”。新式学堂毕业生中，不少是功名偏低的旧学士子，他们不再局限于传统取士选官的独木桥，而是在毕业后面向社会寻找更多的选择机会。巨变中的社会，也为他们提供了诸如此类的机会，其中相当部分的职业即由学堂教育所催生。清末法政、实业、师范等专门教育与筹备立宪清单开列的事项相互配合，催兴百业，成为后科举时代独具特色的社会文化景观。

---

① 《游学生官途不及从前矣》，《盛京时报》1911 年 7 月 25 日。

一　科举革废与农工商业的发展

传统社会士子的职业选择相对狭窄，所谓“儒者不为农工商贾，惟出仕与训蒙而已”。[①]

甲午战后，张之洞曾上《创设储才学堂折》，指陈科举弊端及兴学之利：“古者四民并重，各有相传学业，晚近来惟士有学，若农、若工、若商无专门之学，遂无专门之材，转不如西洋各国之事事设学，处处设学。”他在南京设储才学堂，分工艺、商务、交涉、农政四大类科目，请求朝廷对学堂毕业生“量予科名仕进之途，俾知学有专长，在朝廷断不歧视，自然互相劝勉，愈造愈精”。[②] 张之洞看到了学堂分科教育对社会发展的积极作用，希望清政府鼓励提倡，只是以“科名仕进”为鼓励学生之法，恰好与借此挽救空虚积习，“规画富强之本源”的目标相悖。

清季的有识之士如孙宝瑄等人，看到明清科举制对于风俗人心的危害，世人普遍以读书仕进为官者贵，而业农工商者贱，极大地妨碍了社会发展。“俗称我国为重文轻武之国，抑知不然。我国非重文轻武，实重士而轻农工商也，重虚才而轻实业也。此我国之病源也。夫农工商为一国之根本命脉，乃贱之如奴隶，而独贵士。天下人稍有才智者自不安于农工商，争趋于士之一途，仅余顽暗愚钝之人，守农工商之业而已。以顽暗愚钝之人治农工商，而求农工商之进化，不綦难哉?”[③] 一言以蔽之，近代社会要发展繁荣，必须革除仅以文字词章取士选才之弊端。

无独有偶，立停科举前《选报》的一篇评论也指出，科举考试重

---

① 陈芳生：《训蒙条例》，《丛书集成续编》第78册，上海书店出版社，1994，第719页。

② 《创设储才学堂折》，光绪二十一年十二月十八日（1896年2月1日），苑书义等主编《张之洞全集》第2册，奏议40，第1081、1082页。

③ 孙宝瑄：《忘山庐日记》（上），1903年5月20日，第684~685页。

经义词章的导向，妨碍中国振兴百业，并寄希望于学堂教育的发展改变这一状况，“中国最弊之积习而深入人心者，莫若人人以科名为荣，官爵为重，尽国中之四民而悉欲使之为士”，父兄对子弟的期待，师长对生徒的祝愿，无非以状元、宰相为品题。因此，除士之外，业农工商者，均不以文化学习相尚，至“农学、工学、商学，则二千年来未之前闻也”。科举制下，中国的人才仅为入仕一途“专以备程试之用、进取之资，而不知中国今日无农务之人才，则垦牧决不能兴；无工务之人才，则制造决不能精；无商务之人才，则贸易决不能盛。凡此种种人才，实为中国富强之基础，而不必命诸于朝，使之驰骤于功名之路，而后为干城之选也”。①

废八股、改书院、兴学堂的相关政令举措逐步颁行后，1905 年 1 月《万国公报》在评论中盛赞道：此“亦足为仿效西法之起点，中国之学术，至此而已有穷则思变之势矣……凡学堂中所造就之人才，皆可成为中国之新民，加以振兴女学，不使男人专美于前，增设农工商诸学，不使士人独尊于上，以之媲美泰西，无难矣”。② 预料改停科举、增广学科设置，将给社会带来全方位的巨大变化，成为振兴中国的起点。

事实表明，改停科举与倡导实学、女学，为振兴百业培养人才、奠定基础相辅相成。1902 年，在岑春煊、张之洞、刘坤一等督抚的鼓动下，清廷已批准各省“先行分设农务工艺学堂，以资讲习”。③ 停罢科举后，清政府采取措施大力推行专门教育与实业教育，与新政、宪政兴办实业的指标要求客观上形成衔接关系，提高了各级官吏办学的积极性，给地方社会的经济发展带来新的活力。

① 《论改科举当急设学堂》（集录），《选报》第 5 期，1901 年 12 月 21 日，论说，第 3～4 页。

② 《论中国之学术》，《万国公报》第 192 册，甲辰十二月（1905 年 1 月），第 15 页。

③ 《光绪宣统两朝上谕档》第 28 册，第 17～18 页。

中国长期以来小农经济占据主导，不少区域并无任何近代实业基础，因此，倡兴实业，首先必须养成人才，开办学堂便成为教养新式人才的主要载体。对于官员而言，开办专门实业学堂有一举三得之利：既响应朝廷号召增加了办学数量，又可以促进社会经济发展，更能提升自己的政绩和声誉。

政府与官员的鼓吹引导之外，立停科举也使得不少昔日在科举独木桥上徘徊观望的士子开始将眼光转向政府竭力鼓吹与扶持的实业和专门学堂，加之奖励学堂出身的若干优待，以及各省官员为政绩考核而积极支持和促动，实业、专门学堂获得一个空前发展的机遇。如科举停后不久，福建便设局劝办农桑，附设浙粤两股蚕务学堂，因购置应用图书、仪器，添聘教习，“来学者众”，不久就增拓校舍，扩充学额，以满足需求。考虑到“今者科举既废，士子出身胥由学堂，实业各门本与诸学并重”，为规范教学，筹建者按照奏定学堂章程的相关规定，将与中等实业学堂程度相近的浙粤两股蚕务学堂，改名为福建农桑局并附设中等实业学堂。由于此前的粤股蚕务学堂，主要目的是“授以简便艺术以速成职业为主义”，故请改为蚕业速成科，以培养日后就职于蚕业的技术工人。该堂所授蚕业实习科目，包括蚕体生理、蚕体解剖、蚕体病理、养蚕法、显微镜使用法、制丝法、土壤论、肥料论、桑树栽培论、桑树敌害论、气象学、农学大意。普通科目系中国文学、修身、数学、物理、化学、动物、植物、体操等。[①] 通过知识传授与技术指导，促进本地经济发展与生活改善，逐步开始了传统农业、商业的转型。

即使就农业本身而言，改良稻种等进步也有赖于新知识的引进传播。广西的做法是在1908年秋开办农林试验场的基础上，于1909年

① 《宫中档光绪朝奏折》第24辑，光绪三十二年十二月十六日（1907年1月29日），第163页。

2月申请开办中等农业学堂，并将试验场并入学堂，不仅将学生实习与开发新的农业品种相结合，而且根据直省新官制的要求，“劝业员一项，可用本籍人。中等农业学生毕业，照章以直州判府经历等奖励。拟俟此项学生毕业，即专用为劝业员，此为治本至计”。[1] 设置专管农工商业的官绅，并要求其具有相关专业知识与相应学历，尽管逐步推广各地尚须时日，但至少是一个不错的开端。

1909年8月，四川总督赵尔巽奏：“四川近年颇知莺（罂）粟为害、蚕桑为利，山泽农民，且有自铲烟苗而补种桑树者。但种桑养蚕，不先明其学理，究其利病，则收效不良。”为实现弃种罂粟转习农桑，提出依靠本省农业学堂、蚕桑公社的毕业学生，以及就学于江浙及日本蚕业学校毕业回籍者，由官府饬令各属就地筹款，设立蚕桑传习所。各地传习所“分别复式简式选聘教员，学理与实习兼授。并拟在省城另设蚕桑师范讲习所，广造师资，以求蚕学统一之效”。[2] 据奏报，四川所属州县共设置了69处蚕桑传习所，学生达3400多名。[3] 这种以农业学堂附设蚕桑传习所作为研究推广蚕桑技术的基地，带动促进养蚕植桑的发展模式，不少省份纷纷仿效。

1909年9月，广西巡抚张鸣岐奏报梧州开办蚕业学堂，[4] 闽浙总督松寿于同年在福建省设立农业中等学堂及农事试验场。[5] 1911年

---

① 《清实录（附）宣统政纪》卷6，宣统元年正月丙申（1909年2月5日），《清实录》第60册，第118页。

② 《清实录（附）宣统政纪》卷16，宣统元年六月甲辰（1909年8月12日），《清实录》第60册，第316页。

③ 赵尔巽：《奏川督各属筹设蚕桑传习所推广蚕桑办理情形折》，《学部官报》第98期，1909年9月5日。

④ 《广西巡抚张鸣岐奏梧州开办蚕业学堂办理情形折》，《政治官报》第693号，1909年10月1日，折奏类，第7~8页。

⑤ 《闽浙总督松寿奏闽省设立农业中等学堂及农事试验场折》，《政治官报》第731号，1909年11月8日，折奏类，第16页。

初，浙江巡抚增韫奏报，浙江向来以丝绸缎著称，棉麻也是输出大宗，鸦片战后，因货物质量没有改进，无法竞争，而“销路日衰”。该省布政使司认为必须从教育着手改变不利形势，经官绅合议，决定于省城设立中等工业学堂一所，先开设机械、染织两科。毕业生“已具担任小工厂之能力，逐渐扩充，可由小工厂而成大工厂”；而毕业生的专门造诣则可备工厂的中级技师。[①] 这些实业人才的培养，为近代浙江丝绸业的发展起到奠基作用。

顺天中等农业学堂选购辨别中西优良种子，并义务向当地农民宣讲推广，“每年冬季开农业讲习会一次，凡远近农人均得来堂听讲，陈列学堂中西农业各品以资参考”，与当地农工学会、直隶农务总会“相互切磋，以宏智识”。[②] 湖南的农业学堂则设蚕桑、农业、林业三科，另有供实习用的试验场、肥料场、花圃和菜圃。[③] 由于与农民生计结合紧密，即使在风气相对闭塞的陕西，其定边、紫阳等 18 个县也相继开办初等农业学堂，重点传授推广蚕桑、染织的技术。[④] 除了当地官员的提倡推动外，不少学堂的毕业生还将所学知识与家乡经济发展相结合，努力学以致用。如“粤东法政学堂学员陈拜五等，以惠州、海丰一属，每年输入洋布，所值甚巨。因该属向无土布出产，以致利权外溢，故特在该县组织一实业公司，以织造土布为主，兼制麻油与海产罐头等物”。[⑤]

清末民初历次教育统计的数据表明，全国各省绝大多数实业学堂，为立停科举后几年内所建立，即使是 1905 年 9 月前设置的学堂，

---

① 《浙江巡抚增韫奏中等工业学堂开办情形折》，《政治官报》第 1157 号，1911 年 1 月 15 日，折奏类，第 5 ~ 6 页。

② 《顺天府奏遵设中等农业学堂并筹办情形折》，璩鑫圭等编《中国近代教育史资料汇编·实业教育　师范教育》，上海教育出版社，1994，第 110 页。

③ 《湖南巡抚岑春蓂奏扩充农业学堂情形折》，《学部官报》第 110 期，1910 年 1 月 2 日。

④ 葛天：《清末陕西新政研究》，西北大学硕士学位论文，2009 年，第 20 页。

⑤ 《外省纪闻·内政》，《河南官报》第 129 期，第 8 页。

也在其后得到显著的发展。[①] 各地方志的相关记载也表明，新政期间实业教育的勃兴发展，对振兴中国近代农工商业有着重要影响。如河北晋县民国年间所修方志述及："县境士之旧业，首重词章，次重小楷。先生以此为教，门人以此为学，相习成风，毫无实效。间有明理之士，遵行古训，百中不得二三……现今设立学堂，普通教育俱有实效……开农学、购农机器、讲求新理新法。"[②] 云南"宣威蚕业素不发达，四乡妇女虽间有饲之者，惟全恃天然之柘以为养料，饲法亦未经改良，故成绩绝少。清末各县均办实业分所，我邑分所中先后由省领获桑秧，植于附城隙地，计有湖桑千余株，鲁桑称是，争荣竞秀，渐有可观。时并由所招生二班，实地养蚕缫丝，期以新法提倡境内"。[③] 学以致用对于传统农业的改良，乃至一定程度的民生改善，无疑有积极意义。

二　催兴百业服务社会

科举时代，科考对地方社会经济的影响，主要通过四种方式：一是各地学校和书院的学田，以及资助贫寒子弟的宾兴。前者是由官府划拨给学校或书院的固定资产，以租金作为补贴。后者是各家族或宗族，以公田的形式将田租收入作为补贴举子读书或赴考的路费。二是科考举行期间，由于众多士子乡试赴省赶考，物质供不应求，促成生活物资与城市房租的起伏，同时在一定时期内增加了水陆交通的客源。不过进省进京赴考的秀才举子，往往有官方的资助补贴，所以对于当地政府而言，反而是一笔消耗性支出。最为极端

① 参见学部总务司编《光绪三十三年分第一次教育统计图表》《宣统元年分第三次教育统计图表》等，璩鑫圭等编《中国近代教育史资料汇编·实业教育　师范教育》，第51～65页。

② 李席纂《河北省晋县乡土志》，《中国方志丛书·华北地方·第一五九号》，据民国17年抄本影印，台北：成文出版社，1968，第63～65页。

③ 陈其栋修《云南省宣威县志稿》卷7，《中国方志丛书·第卌四号》，第590页。

的事例是福建曾用水师舰艇送考生赶考。三是闱姓以赌博形式猜测中举者姓名和概率，官府以抽捐形式取得一定比例的收入。[①] 长远看来，这对于地方经济而言，其实是一种消极甚至有害的增长方式。四是对于应试和中举家庭，因报名具结与各种庆祝活动，迎来送往的礼敬及其所产生的消费。[②]

从上述可见，科举考试着重测验考生的文字运用及理解能力，围绕科举进行的种种所谓社会经济活动，除了有助于士子博取科名光宗耀祖外，大多不能给地方经济带来总量增长的良性循环，并直接造福于当地百姓。就此而论，科举作为一门“产业”，只是动员社会力量支撑广大士子以长期专心从事举业，使得科举制与地方社会牢固结合，是一种基本属于消耗而非增长性的经济活动。

立停科举后，随着新政对实业发展的日趋重视，除了农工商业的逐渐振兴，各地学堂教育根据地方社会特色，发展相应的专业教育，在相当程度上起到催兴百业、造福地方社会的作用。

山东滨海的烟台设立了水产小学校，“招考商民及渔户内聪明子弟，入校肄业……就渔捞、制造、养殖各项事宜，择一二科分别教授”，为当地渔业培养技术人才。[③] 南京开办了茶务讲习所，“专收茶商子弟及与茶务有关系地方之学生”，除招收江苏籍学生外，还给江西、安徽等省留出一定比例的名额。毕业考取最优等者，“奖以一等艺师，以备派赴外国商场经理茶叶之选；考列优等者奖以二等艺师，以备经理内地新法制造之选；考列中等者，奖以一二等艺士，以备派充产茶州县周巡讲授之选”。[④]

邮传部创设交通传习所，设置铁路与邮电两科，各分简易、高等

---

① 参见赵利锋《晚清粤澳闱姓问题研究》，暨南大学博士学位论文，2005 年。

② 参见本书第四章。

③ 璩鑫圭等编《中国近代教育史资料汇编·实业教育　师范教育》，第 119 ~ 120 页。

④ 《宁垣之茶务讲习所》，《教育杂志》第 3 年第 3 期，1911 年 4 月 8 日，记事，第 24 ~ 25 页。

班，招生达600人之多，“皆为路政、电政、邮政各局所他日致用起见”。[①] 江苏、湖北相继于1907年成立了铁路学堂，湖北设置建筑、机械、业务三个专业，江苏则为建筑、业务两班。湖北铁路学堂同时面向湖南、湖北两省招生。邮传部还在吴淞口开办了商船学堂，培养船政人才。[②]

商务部筹办的艺徒学堂，专为“教育贫民子弟，造就良善工匠”而设，有速成科与完全科之分，分设金工、木工、漆工、染织、窑业、文具六个专修科，所修课目非常实用，且专业细分化程度较高。如金工一科，分为锻工、铸工、钣金工、装修工、电镀工五类，染织又分为染色、机织两门，窑业则授以烧瓷、画瓷之法。1906年12月首次招生即有5600余人报考，录取310名正额学生，590名副额学生。由于所授课程简浅实用，再次招生又有7000多名报考者，对振兴手工业颇有助益。[③]

直隶保定、福建、江宁等所成立的商业学堂，有商业经营、税则、银行、保险等专修科，商务课程的教授，还聘请了日本的理财学士。商业学堂的设置，为近代中国银行、商务、保险等新兴行业的人才培养，起到重要的奠基作用。[④]

浙江巡抚增韫于1910年创办了高等医学堂，对欧美医学的成就予以认同，认为与传统中医相比，西医之长在于实验，“欲图社会之幸福，谋民生之健康，必以设医学堂为要政”。故仿德国医学制度，参以东西各国成法，在前任提学使袁嘉谷筹划的基础上，落实资金，

---

① 《邮传部奏创设交通传习所开办情形折》，《大清宣统新法令》第17册，第8～9页。

② 璩鑫圭等编《中国近代教育史资料汇编·实业教育　师范教育》，第146～153、160～161页。

③ 《商部奏筹办艺徒学堂酌拟简明章程折》《农工商部奏艺徒学堂开办情形折》，璩鑫圭等编《中国近代教育史资料汇编·实业教育　师范教育》，第123～129页。

④ 璩鑫圭等编《中国近代教育史资料汇编·实业教育　师范教育》，第162～167页。

成立高等医学堂。①

种类繁多的各级学堂相继开办，起到催兴百业推动社会发展的积极效果，故连一向不事声张的钦天监，鉴于科举停废后应以“振兴实学为当务之急”，亦具折奏请从各省筹集经费，购买实验仪器和书籍，并刊刻印刷相关教材颁发给各学堂。② 这些举措，不仅促进了社会风气的转移，还使学制系统的相关学科设置不断增加，教育对于社会的服务作用开始体现。

三　培养法政人才与司法分科

清代律例繁密，处理各种诉讼纠纷是府州县官员的主要政务之一。由于缺乏专业人才，科举出身为外官者，若不聘用刑名幕友，难以处理大量积压的刑民讼案。而书吏与劣幕串通舞弊，往往成为吏治腐败的渊薮。

在停罢科举及官制改革的交互作用下，司法朝着脱离行政体系独立运作的方向发展，随着各省提法使司的相继设置，各级审判厅纷纷建立，司法独立在部院与省级层面，形式上略具雏形。其时尽管三权分立的学说已经传入，并被越来越多的人所接受，可是观念转变之外，人才的准备更为迫切。由新式学堂培养新型司法人才，成为顺利进行司法改制的重要条件之一。

媒体早已注意到，停罢科举有可能成为培养新型司法人才的极佳契机。③ 首先，科举善后的相关安排虽已十分优渥，但毕竟考试优拔、举贡生员考职的人数有限。而新式学堂招考学生，一般偏重年龄三十岁以下的生员，三十岁至四五十岁的士子，改弦易辙的选择余地相对

① 《浙江巡抚增韫奏创办高等医学堂等折》，《政治官报》第1157号，1911年1月15日，折奏类，第7页。

② 《钦天监奏筹经费整顿数学折》，《东方杂志》第2卷第11号，1905年12月21日，教育，第266~267页。

③ 《论国家于未立宪以前有可以行必宜行之要政》，《中外日报》1905年9月30日。

较小。除了进入各级师范学堂，出国留学则有语言障碍，转学理工科又年龄偏大，而在仿行宪政的背景下改学法政，不仅颇为时尚，凭借旧学功底，理解适应也相对容易，且出路前景可观。充裕的生源使清末民初法政学堂接纳旧学士子众多。近代政体转型之下，既往相对简小的政府随社会需求和变政的推行，职能不断扩展，可以吸纳大量官员，使得人们趋之若鹜。

立停科举后，新政初期开办的仕学馆内已附设法政学堂，[①] 各省的进展与情况不一，有的以法政学堂包容课吏馆、仕学馆，并特别开办接纳旧学士子的“绅班”。如江苏巡抚陈夔龙奏请专设仕学速成科，课程包括修身、刑法、理财、交涉、学务、警察、地舆、工艺。“大抵以中国政学为基础，以各国政学为进步，仍照直隶办法”，学员 40 名为一班，“本省绅士亦准附入肄业”，[②] 学制为两年。

在广东，“粤督岑宫保创办法政学堂，请拣发州县五十员，年在四十岁内者，以便入堂学习，为地方讲求宪法之用。现在京都来就拣发之举班，均以纷纷到部呈请就拣，计自七月初一日赴部投供者约三百余名”。[③]

清季司法改制以停罢科举后的学堂推广为重要条件。广西巡抚张鸣岐奏请筹办省城模范监狱，先办监狱学堂。[④] 安徽巡抚朱家宝也将筹划警务与推广教育结合起来，其奏报提及：该省预计宣统二年和三年共需巡警官吏 600 人，但巡警学堂仅有 300 多名学生，为满足需

① 《江苏巡抚陆元鼎附陈苏省设立仕学馆由》，光绪三十一年十二月二十四日（1906 年 1 月 18 日），《宫中档光绪朝奏折》第 22 辑，第 715 ~ 716 页。

② 《调补江苏巡抚陈夔龙奏试办仕学速成科折》，光绪三十二年二月初三日（1906 年 2 月 25 日），《宫中档光绪朝奏折》第 22 辑，第 791 ~ 792 页。

③ 《外省纪闻·内政》，《河南官报》第 129 期，第 9 页。

④ 《广西巡抚张鸣岐奏筹办省城模范监狱先办监狱学堂折》，《政治官报》第 731 号，1909 年 11 月 8 日，折奏类，第 13 ~ 16 页。

要，拟采取的扩充办法一是另择校舍附取40名学生，一年速成，以补不足。考试后成绩中等以上者，“另设侦探、司法、卫生、消防四科，专习三月，再就省城编成二区，实地练习，作为全省模范警察。练习期满，按照等次，分别委充各属警务长区官及正副巡官，饬回原籍，随同地方官绅筹办乡镇巡警，以促进行而收实效”。二是另设晚班补习科，对部章未颁以前设立警务学堂的速成科寻常科毕业，已经在警当差者，继续补习。① 巡警人才的培养，对城乡社会治安、消防与卫生条件的改善，起到积极作用。

宪政馆奏定逐年筹备事宜单规定，“此后法官之任用，舍考试外更无他途”。1910年4月《法部奏各省筹办审判各厅拟请俟考试法官后一律成立折》，也将法官的正式取录任用作为司法机构成立的前提。②

仿行西方宪政，将司法与行政分离，对人才的专业知识要求便不断提高。既往无法进入科举考试的不少操作应用性较强的专业，开始被人们重视。如科举时代被认为操贱业的验尸者，此时被视为专门人才而受到尊重。护理云贵总督沈秉堃奏改仵作为检验吏，给予出身，③ 并在滇省开办检验学堂，已经毕业学生各给文凭，还奏准“俟审判厅成立，再附设检验传习所一区”。④ 闽浙总督松寿强调，仵作即欧美所称法医，既是司法的重要组成部分，也是一门专门学科，奏请在高等巡警学堂内附设检验学习所，通饬各县，选送“身家清白、文义通顺，年在二十岁以上聪颖子弟各一名”，大县两名来省城，由检验学习所发

---

① 《安徽巡抚朱家宝奏筹画警务推广教育等片》，《政治官报》第1085号，1910年11月4日，折奏类，第11~12页。

② 《政治官报》第903号，1910年5月6日，折奏类，第6~7页。

③ 《护理云贵总督沈秉堃奏改仵作为检验吏给予出身片》，《政治官报》第780号，1909年12月27日，折奏类，第12~13页。

④ 《清实录（附）宣统政纪》卷25，宣统元年十一月丁巳（1909年12月23日），《清实录》第60册，第473页。

给每月膳费，各县发给路费，学习期限为一年半。聘请两名曾在国外法医学堂毕业并有文凭者为教导，另聘丰富实践经验的仵作一人，专司讲解古代断案的“洗冤录”，带领学生实习，毕业后“择合格者填给文凭，发交各审判厅并繁缺各州县充役，照部章改名检验吏，实地练习，优给工食，予以出身”。①

浙江巡警道以省城盗贼频繁犯科作案，“实非地方之福，虽署内原有探访一科，署外亦有探访公所，而任事者不学无术，仍属利不及害，因拟设立侦探专门学堂，收录学生，并于东京、北洋等处遴聘教员，以资造就”。② 清末司法分离的初步实践，与各种法政专门人才的造就，为民国时期的司法建设开辟了通道。

第四节　开民智与近代文化事业的兴起

近代文化事业的发展，与科举改革及停废密切相关。立停科举后，通过劝学所等机构组织的宣讲读报等方式开启民智，促进了报业、出版业的繁兴以及图书馆、女学的兴起，在一定程度上起到了转移社会风气的作用。

一　报刊印刷与倡兴图书馆

科举改革的进程，始终对近代印刷业与新闻出版业的发展有着至关重要的影响。1898 年，总理衙门要求将京师大学堂译书局与上海译书局合并办理，其理由为：“译书一事，与学堂相辅而行，译出西书愈多，讲求西学之人亦愈众。”为避免重复，希望将两局合并管理，“京师编译局为学堂而设，当以多译西国学堂书为主。其中国经史等

① 《闽浙总督松寿奏筹设检验学习所办法折》，《政治官报》第 1025 号，1910 年 9 月 5 日，折奏类，第 14 ~ 15 页。

② 《浙江·组织侦探学堂之先声》，《大公报》1909 年 11 月 30 日。

书，亦当撮其菁华，编成中学功课书，颁之行省”。[①] 可见译书与学堂发展关系密切。

1901 年 7 月，有日本记者已注意到改科举与西学新知传播的关系：“清国朝廷近日颇有改革科举之议，识时之士咸知八比之文不久行将裁汰，于是或采买西书以资博览，或留心算学俾获专长，故近日上海书局所发售书籍，除经史而外，则时务册及西学各种书目发售最多，至八比之文则稍逊一筹，亦可见风气所趋、习尚所尚，不能相强也。”[②] 由于科举改章，应试者多留心史论及中西时务，台湾及福建各书商纷纷采买各种新书，甚至有因“制艺无灵”而将旧八比文集之书页用作新书包皮，“足见风气所趋，花样顿改”。[③]

不过，科举改革的影响，未必皆为新旧转移，士子们风从响应的，还是科举考试的指挥棒。王维泰所著《汴梁卖书记》记述了1903 年会试期间各省应试者购书的情况，“其最多之多数，必问《通鉴辑览》《经世文编》，甚至或问《子史精华》《四书味根》《五经备旨》者，此皆未脱八股词章窠臼，为最下乘者”。而真正对西方政治思想有所留心者，不到千分之一二。此时各门科学书籍购买者甚少，而对西方法律及政治外交感兴趣者，又多非参加科举考试之人，购书之人“究以守‘学优则仕’之义为多。可见科举与学堂，其冲突有如此”。[④] 对应试士子而言，考试的内容必然决定了读书的趋向。

科举制从议改至立停期间，新式学堂规模与数量均不断扩展，教科书的编辑出版发行日新月异，对于印刷出版业的发展变化产生了很大影响。保皇会所办印刷图书事业的变化轨迹，显示出科举革废的影

① 《总理衙门片》，光绪二十四年五月二十日（1898 年 7 月 8 日），《邸抄》第 84 册，第 43579 ~ 43581 页。

② 《外事·讲求西学》，《台湾日日新报》（汉文）第 959 号，1901 年 7 月 14 日。

③ 《外事·制艺无灵》，《台湾日日新报》（汉文）第 1273 号，1902 年 7 月 30 日。

④ 王维泰：《汴梁卖书记》，张静庐辑《中国现代出版史料》甲编，第 407 ~ 408 页。

响力度。戊戌变法失败，流亡海外的康梁组织保皇会，利用舆论工具抨击清廷、传播新知，报刊之外，出版印刷至关重要，广智书局是要角之一。不过，因风气未开，购买西学书籍人鲜少，广智书局在一段时间里也难以单靠传播新知赚钱自立，而不得不跟着科举改革的进程，同时编辑印制士子备考所需的科场书以牟利。1910 年 5 月，梁启超在致美洲各埠帝国宪政会各位同志的公开信中承认："当本局初办时，科举未废，故所印之书，多为科场应用。及科举废后，此等书全不能销行，以致壬寅、癸卯两年所印出之书，积压不售者，值数万元。"① 按照梁启超的解释，新书并非销路不畅，而是翻版太多。由于党禁甚严，官场专与保皇党作对，不能标明确实版权，以致销路好的书无不为他局所翻印。其自称所著书每出一部，必销数万，而广智书局自销不到数千。不过，科场书同样存在翻版问题，只是销量太大，仍然有利可图。而梁启超本人就是力图以科场书获大利的推手。早在 1901 年，他就为急需金钱的保皇会计划："顷八股已废，此局更当起色。现拟编一入场用之书（如《经策通纂》之类，可售数万部，每部售价二十元左右），大约需本钱二万左右，而一年之内，可获利十余万以上，此可操券而决者。"② "科举废后，则学堂教科书最为盛行，然教科书必须由学部审定乃得行销。近年由学部自编自印，颁行各省学堂，则此宗利益更非书坊所能有矣。"③

报刊印刷之外，近代图书馆的筹设倡兴，也与新式学堂的发展密切相连。学部兼管文化事业，将图书馆的筹建与管理，作为新式学务的重要内容予以规范要求，并由各地新式学务机构承担管理职责。各省学务公所均设有图书科，学务经费中也明确分出一定额度用于购置

① 梁启超：《致美洲各埠帝国宪政会书》，丁文江、赵丰田编《梁启超年谱长编》，第 487 页。

② 方志钦主编《康梁与保皇会——谭良在美国所藏资料汇编》，第 99 页。

③ 梁启超：《致美洲各埠帝国宪政会书》，丁文江、赵丰田编《梁启超年谱长编》，第 488 页。

图书，且创设伊始便确定所设图书机构应具有公共服务性质，并以创建京师图书馆为带动，督饬各地筹备兴建图书馆。“在学部的倡导、要求下，继直隶、江苏、河南、湖南、湖北、奉天之后，山东、山西、浙江、广西、云南、贵州等省陆续按学部规定的期限，于1909～1910年设立了省会图书馆，初步形成一定规模的近代图书馆系统。”[①]而在一些州县，小学堂无力设置图书馆，便代以其他简易机构。如河南虞城县县令为开通民智，在高等小学旁增设一蒙学堂，“专授中国文字，加以算学、历史”，“并于蒙学之对面西屋设一阅报所，陈列各种报章，任人纵阅，并置各种教科书，以供学人研究，亦开通风气之一助也”。[②]

二　开民智兴女学广教育

科举时代，府州县教官需要定期或不定期地宣讲“圣谕广训”，以端正学风和教化社会。自科举考试废八股以后，各省督抚则多以倡行读报一节奏请新政，宣讲内容由清廷上谕扩大至时事新闻，一些书院备买报刊供生童观阅，“使之广见闻而开知识”，转移社会风气。[③]立停科举后，这一功能依然保留，并被学部纳入各地劝学所的章程。但宣讲员不再局限于教授、教谕或劝学员，宣讲的内容也不断充实更新，与社会发展进程的变化联系密切。

在首善之区的北京，“自治会、宣讲所、研究处、阅报社触目皆是”。[④]京师督学局将宣讲报刊新闻时事列入计划，得到社会好评，“开通下等社会，除白话报外，最妙的是演说。从前各茶馆，但知演说水浒传、七侠五义等等，到后茶馆改良，都知道演说报纸。无奈经

① 关晓红：《晚清学部研究》，第90、472～477页。
② 《本省纪事·开阅报所》，《河南官报》第70期，第16页。
③ 《外事·置设报纸》，《台湾日日新报》（汉文）第1070号，1901年11月23日。
④ 《北京视察识小录》，《大公报》1907年11月26日。

费短少，规模狭小，不能长久。现今由督学局分区设立宣讲所，由劝学员每日演说，大为进化的助动力”。[①] 不少师范学堂学生不但主动申请成为义务宣讲员，且分担阅报所的月捐。[②] 宣讲以读报及政府法令为主要内容，有利于启发下层社会的觉悟，提高他们对政府法令及移风易俗的认识。

除向下层社会宣讲时事外，开通民智的另一重要内容，就是让占全国人口近半数的女性有接受教育的权利与机会，因为“使国中之妇女自强，为国政至深之根本”。[③] 就官方层面而言，女学的倡兴与科举革废关系极为密切。科举时代，女子均被剥夺了受教育与考试任职的权利。停罢科举后，女学堂的倡导，虽仍有不少阻力，毕竟已风气渐开。

女学正式独立列入学制，尤其与立停科举关系匪浅。癸卯学制订定于科举未停之时，在癸卯《奏定学堂章程》的体制内，各种学堂没有招收女生的规定，女学只能附于家庭教育。这与科举制度完全排斥女性不无关系。

1907 年 3 月 8 日，《学部奏定女子师范学堂章程》获准颁行，从学部奏折亦可见女学倡兴的一波三折：由于反对者众，很长时间未敢进行尝试，为避免因诋毁而压制女学，学部煞费苦心拟定“《女子师范学堂章程》三十九条，《女子小学堂章程》二十六条。凡东西各国成法，有合乎中国礼俗，裨于教育实际者则仿之，其于礼俗实不相宜者则罢之，不能遽行者则姑缓之”。尽管女子师范学堂仅以养成女子小学堂教习，“并讲习保育幼儿方法，期于裨补家计，有益家庭教育

① 《记改良北京市》（丑），《顺天时报》第 1673 号，1907 年 9 月 18 日。

② 《荫佑、善懋等为开办宣讲所致京师督学局的呈》《魏允公等为开办公立宣讲阅报所致劝学员的呈》，北京市档案馆藏：北平市教育局全宗档案，档号：J4－1－1～33、1801、1803。

③ 《论沪上创兴女学堂事》，王栻主编《严复集》第 2 册，第 469 页。

为宗旨”,[1] 但因明确规定每州县必设一所，并随时酌量地方情形逐渐添设，对于普及推广女学仍具有积极意义。立停科举后，学部将女子小学和女子师范学堂正式列入学制，给妇女接受教育以法定权利，相较科举制完全排斥女性无疑是划时代进步，对民族国家兴盛的意义不可低估。

在男尊女卑数已千年的国家，由官方倡导女学，确属不易。《学部奏定女子小学堂章程》虽然强调女子小学堂与男子小学堂分别设立，不得混合，但毕竟以国家法令的形式承认七岁以上的女子可以进入学堂，具有与男子一样受教育的权利。此外，“女子缠足最为残害肢体，有乖体育之道，各学堂务一律禁除，力矫弊习”，也被载入女子小学堂章程中，作为新的社会风尚，对革除恶俗陋习具有相当大的积极意义。考虑到在经历长期封闭的社会，备受歧视的妇女接受教育是一件并不轻松的事情，学部在章程中还特别规定，女子小学堂“开办之后，倘有劣绅地棍造谣诬蔑、借端生事者，地方官有保护之责。如该学堂办理有未合者，地方官应随时纠正”。[2] 希望在官方的倡导、控制与保护下，使女子学堂的开办，成为按照清政府的意愿移风易俗的榜样。

果然不出所料，女子学堂章程公布不久，各地关于女学有伤风化

---

① “方今朝廷锐意兴学，兼采日本欧美规则。京外臣工条奏请办女学堂者，不止一人一次。而主张缓办者，亦复有人。臣等每念中外礼俗各异，利弊务宜兼权。自钦派学务大臣，以至设学部以来，历经往复筹商，亦复审慎迟回，未敢轻于一试。故前年奏定学堂章程，将女学归入家庭教育法，以为先时之筹备。上年明定官制，将女学列入职掌，以待后日之推行。惟近日臣等详征古籍，博访通人，益知开办女学，在时政固为必要之图，在古制亦实有吻合之据。且近来京外官商士民创立女学堂，所在多有。臣等职任攸关，若不预定章程，则实事求是者既苦于无所率循，而徒骛虚名者或不免转滋流弊……现在京外各地方，如一时女教习难得，不能开办者，务须遵照前章，实行家庭教育之法，以资补助。其已开办各女学堂，务须遵照此次奏定章程，以示准绳。倘有不守定章，渐滋流弊者，管理学务人员及地方官，均当实力纠正。总以启发知识，保存礼教，两不相妨为宗旨，以期仰副圣朝端本正俗之至意。”《大清光绪新法令》第13册，商务印书馆，1910，第35~40页。

② 《大清光绪新法令》第13册，第40~47页。

的批评和责难接踵而至。1907 年 4 月，学部因此通饬京内各女学堂劝谕学生遵守本国礼俗，用心之良苦，字里行间历历可见：“本部奏定女学章程内称，凡东西各国成法……其于礼俗实不相宜者则罢之等语，业经奉旨允准在案。近闻玻璃窑地方开办女学慈善会，各女学堂学生皆入其中发卖所作手工物品，以助拯款，并在彼处唱歌舞蹈。昨阅北京女报所载该会广告，且有招集马戏之事……今本部特为申明，劝诫各学生陈设手工物品以助赈需，仅可遣人送往，不必亲身到会。至于赴会唱歌舞蹈，于礼俗尤属非宜。招集马戏混迹其中，更非敬重学生之道。京师为首善之区，各女学生自必服习诗书，饫闻礼义。本部以全国学堂为己任，惟有责成各学堂创办人员，传知各女学生，共喻本部敬重女学生之深意，保全女学堂之苦心。以上所言各节，务望各学堂共相遵守，勿显悖奏章，是为至要。”①

主持女学的学部既有防微杜渐之心，更有设法维护之意，通饬仅隔十日，都察院代奏候选道许珏条陈厘订学务折，就提出女学堂宜恪守中国礼教，不可参用西俗。② 而法部主事江绍铨曾禀陈邮传部，拟请拨款于东城女学添设电话专科以资习业，囿于兴女学阻力过大，女子就业更易成为众矢之的，电话本身也是新事物，邮传部顾虑重重，最终以“诸多窒碍，所请拨款之处实难照准”驳回。③ 在各方压力与责难下，学部对于女学的约束日渐增多，推广更加谨慎，不过毕竟开启了官方提倡与规范保护女学的时代，为民国时期女学的进一步发展奠定了基础。

与女学的发展相似，边疆地区教育的启蒙与推广也相继提上日程，并在西北、西南、东北等地逐渐开展，这是立停科举后新教育扩

---

① 《四川学报》第 6 期，1907 年，公牍，第 1 页。

② 《德宗景皇帝实录》卷 571，光绪三十三年三月甲午（1907 年 4 月 15 日），《清实录》第 59 册，第 550 页。

③ 《女子执业之困难》，《大公报》1908 年 11 月 4 日。

展、维护国家、稳固边疆的表现。

1906年12月，四川总督锡良奏报：川藏、滇川边界多用藏文，“历年台藏文武员弁所用通事，明于事理者绝少，或则传达舛错，致误事机，甚且有意倒颠，借端播弄，番情每致不洽，弊窦防不胜防”。为了经略与开发边疆，锡良筹拨款项设立四川藏文学堂，招考文理通顺、身体健壮之学生120名入堂肄业，学科以藏文、藏语为主，即饬所招精通汉语的藏族教习尽心讲授，各科汉教员则教以国文、修身、伦理，并兼授英文及历史、地理、算学、体操诸科。[①] 1907年6月，学部在京师设置满蒙文高等学堂，满蒙汉族子弟均可“一体甄录入学”。[②] 新疆先后开办了80多处汉语学堂，[③] 为西北的开发与边防巩固未雨绸缪。

科举时代，女子与娼、优、隶、卒的子女皆不能参加考试，亦不能就读官学，停罢科举后，新式学堂以国民皆有接受教育的权利而非将人以贵贱划等。1909年7月，护理云贵总督沈秉堃在云南边地设置土民学塾，并令土目子弟送省附学，在既往的“化外之地”设立新式学堂，贯彻平等观念，打破了只有贵族子弟才能受教育的垄断，以期消除历史形成的等级贵贱。[④] 1910年2月，黑龙江巡抚周树模奏报，该省幼女学校已设十六区，在滨府所设布泽小学，并令释放家奴一体就学，[⑤] 使得既往因身份低贱不能读书者进入学堂。这些针对边地及少数民族区域采取的兴学措施，对于开通民智、转移风气乃至统一多

① 中国科学院历史所第三所主编《锡良遗稿·奏稿》第1册，中华书局，1959，第651～652页。

② 朱寿朋编《光绪朝东华录》第5册，第5680～5681页。

③ 《新疆巡抚联魁奏新省办理学务情形折》，《政治官报》第961号，1910年7月3日，折奏类，第11～12页。

④ 《护理云贵总督沈秉堃奏筹设滇边土民学塾并谕土目子弟送省附学折》，《政治官报》第607号，1909年7月7日，折奏类，第6～8页。

⑤ 《黑龙江巡抚周树模奏各项学堂办理情形折》，《政治官报》第827号，1910年2月19日，折奏类，第21～22页。

民族国家的长远发展有着积极意义。

科举制的终结，某种意义上可以说造成了清末政治与社会变动的多米诺骨牌效应。以改科举和最终停罢科举为枢纽，戊戌与新政改革前后贯通，兴学堂、办报馆、印图书、开演讲、启民智，使法律和公共治安观念、平等与国民意识均通过报刊与教科书等形式进一步传播，继而内外官改制全面展开，法官、巡警与新的考试及职业资格任用制度逐步建立，农、工、商、法、医皆有学，新的社会规范及人才标准逐渐变化形成。在此基础上，仿行宪政、割除弊端，以求富国强兵、百业兴旺、社会进步。尽管各地基础条件不同，由立停科举引发或加速的各项制度改革进展程度有所参差，但总体而言，在转移风气、推动社会发展方面，有着无可置疑的积极作用。上述诸多举措，促进了近代知识与制度的转型，在近代中国社会发展中具有里程碑式的重要意义。需要强调的是，任何社会变动都是多因的，相互联系而又相互影响。清季社会的上述变化，立停科举只是其中重要因素之一，而绝非全部，对于清末民初社会的乱象纷呈，由哪些因素共同作用而导致，恐怕还需要进一步地全方位深入研究。

余　论

晚清科举制度由改到停，经历了半个多世纪艰难曲折的历程。1905年9月谕令立停科举，既是近代中国社会各种矛盾纠结变化导致的必然结果，反过来又对清末民初的社会发展产生重要影响。然而，尽管停罢科举在后人看来有那么多的“假如”和遗憾，但就当时情况则确有不得已而为之的苦衷。

一　立停科举之情非得已

和所有标准化的测试检验一样，高度程式化的科举考试也容易出现流于形式的偏蔽，一方面不易检测出考生的实际水准和能力，另一方面则很难容纳能够有用于时的所谓实学。即使承平之世，清王朝并非要求举子人人胸怀大志、为官从政，个个精明能干、匡时济民，却更多希望他们通经致用，从经史之学中领悟做人的准则和处事的经验，恪守纲常、臣服当道，以利于稳定与巩固皇朝统治。

植根于中国社会文化土壤的科举制度，随着明清皇朝体制下君主专制的强化，日趋固定、单一及僵化。早在康乾盛世的后期，对于科举考试弊病的不满之声已经渐起，调整改变科举考试的程序和内容的呼声日趋强烈。西学东渐和西式学堂的引进，使得中西学的矛盾冲突不断加剧。面对千年未有之大变局，社会急剧变动，科举无法提供国家与社会迫切需要的多样化人才，引起朝野上下的广泛质疑和批评。随着中西文化主从体用地位的颠倒，清王朝不得不正视学堂与科举的兼容问题，或者说不能无视学堂西式教育的冲击，尤其是不能否认西式教育的西学“有用”于时，确实较科举倡导的理学和一些疆臣主张的汉学更能应对世变。尽管曾国藩一度尝试复兴理学，明末清初被指为空疏而陷入沉寂的王学，也在日本的影响下再度兴起，但中学整体“无用”的形象似乎得到越来越多的共识。

关于科举取士所得人才为何不能经世致用，乾隆朝军机大臣鄂尔泰曾一语道破天机：“非不知八股为无用，而用以牢笼志士，驱策英才，其术莫善于此。”① 与鄂尔泰同朝为官的张廷玉认为科举可使“士皆束身诗礼之中，潜心体用之学”，采用时文“本欲其沉潜于四子之书，反复于濂洛关闽之说，返躬深造而明理以达于用也”。此处之“用”，即专指为皇权所用。对于治事于世，则“徒空言而不适于实用”。② “愚民”无疑有利于统治者，而三纲五常更是维护社会控制的重要支柱，士为四民之首，更需“牢笼”和“驱策”为其所用。清季陕西藩司樊增祥则录取时人的对话以释疑：“曰：彼一时此一时也。中国历朝以来皆以一人坐制天下，惟恐奇杰之士逞其嚣然不靖之气，窥觎宝位，窃据神州，乃啗之以科名，纳之于场屋，使天下才智之士窃（穷）老尽气致力于文字之中，其下者则听其生活于兵农工商及一切杂徭贱业之内。设有不靖，以中国之人平中国之乱，

① 陆保璿辑《满清稗史》，汪庆祺、汪德轩校订，沈云龙主编《近代中国史料丛刊》第53辑之523，台北：文海出版社，1967年影印原上海新中国图书局排印本，第67页。

② 张廷玉：《澄怀园文存》卷4，沈云龙主编《近代中国史料丛刊》第52辑之516，台北：文海出版社，1970，第351～352、341页。

不必奇材异能也。向使汉祖唐宗早知六合之外犹有跳龙卧虎十数大国，可以远越重洋以夺吾国之美利，损吾国之威权，而我制举之文与徒搏之勇举不足当其万一也，则亦必亟开民智，早图富强，何待今日始成为过渡之时代哉?”① 一言以蔽之，科举制是适应与维系皇权政治的产物，与以启民智、倡民主、论平等为特征的西方宪政差异甚大。

晚清科举改革，实际上经历了由纳新学于科举到纳科举于学堂两个相反相成的阶段。自鸦片战后至癸卯学制颁行的长达60年间，议改科举的主要取向是纳新学于科举。所提出的主张可划为两大类：一是在科举常科或特科中增入实科科目；二是改变科举考试的内容和方式。前者最终以算学列入科考及开经济特科，部分得到采纳；后者直至1898年才以废除八股、改试策论有所体现。

然而，论与策仍是汉宋以来中国传统文体的固有形式，很难恰当表现西学实学的多样化内涵，② 各种策论甚至还在短暂的革新试验期间，便成为街头书肆售卖的闱墨，大有成为趋时之新“八股”的势头。③ 因循纳西学于科举的思路，试图老树嫁接新枝使科举制激发活力，历经半个世纪的论争及犹豫，仅落实于经济特科考试，因所行时间短促，成效不彰，未能达到预期目的。

由于洋务运动以来新式学堂的发展步履蹒跚，非但未能显示其优势以吸引举子，甚至无法使学生抵御科举考试的诱惑，造成了科举妨

① 樊增祥：《樊山政书》卷10，第286页。

② 科举改章酝酿期间，张之洞不无遗憾地说：“惟声光电化等学，（科举——作者注）场内不能试验，拟请删去（从科举改章事宜内——作者注）。”苑书义等主编《张之洞全集》第3册，第2217页。

③ 有研究者指出，当时不少坊间刊刻的策论，诸如《中外时务策问类编大成》《中外文献策论汇海》《经策通纂》《时务通考全编》等，取材多自经世文编等，或由当时的中外报刊、译书、时务学堂或新式书院的课作辑录。参见刘龙心《从科举到学堂——策论与晚清的知识转型（1901～1905）》，《中央研究院近代史研究所集刊》第58期，2007年，第116～117、122页。

碍学堂的表象，改良后的科举也并不被时人认同与看好，癸卯乡试湖南考官与主讲书院的湖南名士王先谦、刘凤苞会晤，两人均“甚以改书院为学堂为不然”。[①] 科举改革自戊戌期间的若干举措后，亦未见进一步更新的意图与前景。恰在此时，经历戊戌、庚子的反复和重创，目睹日俄战争中一向以老大自居的沙皇俄国不敌新兴的日本，国人产生立宪政体优越的观感和印象，日益加深的危机，使国人已无暇继续讨论中西新旧的优劣短长，从容观验学堂、科举的孰是孰非，朝野上下逐渐放弃了夷夏之辨的观念，在中体西用的旗号下，实际上接受了全面学习东西列强的主张，以免在全球竞争场落入被淘汰的惨境。时人谓：“我国之知立宪专制之别，大约不过十余年。甲午之战，论者惊叹于日人上下一心，相与推原，乃稍稍语及宪法，甲辰以后，则以小克大，以亚挫欧，赫然违历史公例，非以立宪不立宪解释之，殆为无因之果。于是天下之人，皆谓专制之政不足复存于天下，而我之士大夫亦不能如向日之聋聩矣。舆论既盛，朝议亦不能不与为之转移。”[②] 在兴学育才、实行立宪才能救亡图强的理念主导下，国人普遍感到时不我待，最终放弃了纳新学于科举的缓途，另辟蹊径，改行合并科举于学堂的急道。一言以蔽之，立宪的要求，才是压倒骆驼的最后那根稻草。

就当时情形而言，减额渐停似乎已缓不济急，议修京师贡院所显示的情况，更使力主改革科举者意识到翻盘危险的临近——倘若科举与学堂并存的时间继续延长，不仅对新式学务妨碍极大，还有可能颠覆原已宣布的渐停科举成议。于是寻求一劳永逸之法，避免危机就成为必然的选择，即通过权谋改变决策层人事，直接将减额渐停改为立停科举。

---

① 吕珮芬：《湘轺日记》，李德龙、俞冰主编《历代日记丛钞》第154册，第205～206页。

② 别士：《刊印宪政初纲缘起》，《东方杂志》第5卷第12号，临时增刊，总13657页。

停罢科举，形式上是由一批督抚联名奏准而实现，实际上起决定作用的因素，远比已有的认识复杂。除了朝野对立宪救亡的期待，以及学堂与科举的矛盾外，还有其他相关制度变化的牵动。清季捐纳保举滥行，造成异途对正途的冲击，吏治腐败、科举取士选拔的人才不能适应社会变革的需要，使得原有制度的运作难以维系。正如张仲礼所说："科举制度在能满足其导引思想的基本目的时，它是能正常发挥作用的。但是到19世纪时，它遭受了因内部因素引起的瓦解，并证明了它不能适应西方冲击所产生的新的需要。这时清代的科举制度不再能作为一种支柱来支撑起一个已变化了的社会。"①

立停科举制，在当政者或许有其不得已的苦衷，尤其是中学全面失守的内部现状和日俄战争体现老旧与新锐明显反差的外部压力。平心而论，时人的观念也有两点可议。其一，科举的直接作用不过是取士，本来并不包括教育，也非直接选官。只是处于枢纽位置的科举考试，对于学校书院塾学的教学以及入仕资格至关重要，具有导向性作用。纳科举于学堂，其实是不能对称匹配的。其二，科举取材的标准，与清朝体制息息相关。天下平定后，清朝设官旨在防弊，选才并不要求强于具体办事，因为钱粮刑名等主要政务，自有幕友操办。官员除了掌握一般程序外，主要是为百姓树立道德模范，驾驭属下的师爷胥吏。晚清为因应世变乱局，急需匡时济世之良才，"有用"之学与"做事"之能，成为取才用人的根本标准。用这样的标准眼光看待科举考试，更加一无是处。

《鹭江报》发表评论，将苏轼、朱熹关于科举的议论，与近代变通科举的利弊进行对比，说明科举的出现是历史发展的必然，"封建、

① 〔美〕张仲礼：《中国绅士——关于其在19世纪中国社会中作用的研究》，李荣昌译，第228页。

井田、学校三者交相维系，封建、井田坏，学校决不可复行。时也，亦势也。不得已易为科举”。[①] 言下之意，社会变动后，科举制难以单独继续存在，退出历史舞台也是势所必然。

二　放不进学堂的科举考试

如前所述，与既往通行的认识大相径庭，立停科举的初衷，其实并非彻底废除科举，而是试图纳科举于学堂。因为“凡科举抡才之法，皆已括诸学堂奖励之中。然则并非废罢科举，实乃将科举学堂合并为一而已”。[②] 由此而在倡停科举的各位督抚看来，学堂在培才方面的作用，正是科举最为薄弱的环节，而科举抡才的功能，却可以通过学堂考试与奖励出身相结合付诸实现。既然学堂可以吸收科举的优长，而科举无法替代学校的作用，那么停止科举不仅有利于学堂发展，促进人才辈出，也不会削弱取士的机制功能。这样的设计确实用心良苦，并非借口托词。

以考试作为甄别选拔人才的形式，本来是科举制度最有价值之处。晚清趋新督抚们奏章所述纳科举于学堂，使两者合二为一，其实是设想停罢科举后，由学校同时承担起科举取士的功能，确定人才资格，使培才与抡才得以贯通。为使所学与所用更好地结合，不惟培才与抡才合一，更直接与铨选挂钩：毕业即授官授职，毋庸另行检验。由此，学堂考试的频繁远过于科举，加上为旧学士子宽筹出路和新设的各类专业资格考试，科举取士的功能不但基本被延续下来，而且有过度膨胀之势。[③] 只

---

① 《论苏朱二氏私议贡举得失与近代变通科举利弊》，《鹭江报》第 34 册，1903 年 6 月 16 日，社说。

② 张百熙、荣庆、张之洞：《奏请递减科举注重学堂折》（1904 年 1 月 13 日），《光绪政要》卷 29，江苏广陵古籍刻印社，1991 年影印本，第 7 ~ 8 页。

③ 关晓红：《殊途能否同归——立停科举后的考试与选材》，《中央研究院近代史研究所集刊》第 59 期，2008 年，第 1 ~ 27 页。

不过这绝不意味着合并科举于学堂的成功，反而被普遍质疑，如此则使学堂成为科举之变相，进一步造成学界和官场的混乱，并不断被舆论诟病。学部后来反省这一设计的谬误，开始分别学成试验与入官试验，意识到培才与抡才确应分为两途。①

1909 年 7 月，《大公报》以《废科举者兴科举也》为题，描述了立停科举后的乱象：废科举的本意是为了兴学堂，而几年过去，“兴人才消长之机会，曾何有毫末之变革”。学堂应为培育人才之地，而非选拔人才之地，奖励学堂出身误导世人，宽筹出路耽误转向实学，“于是乎有考试之科举，有学堂之科举，有学堂而掺杂于考试之科举，更上一层，则有廷试游学终南捷径之科举。以科举停止，时代一变而为科举大发达时代，当亦为个中人所不及料者也”。这些怪相并非科举的回光返照，而是“科举欣欣向荣、方兴未艾”的征兆。原来科举三年一试，且有额数限定，故不至于十分拥挤，而各级各类学堂则“无岁无毕业者”，即无岁无举人进士，仕途更加拥塞，朝廷必须设置更多的官职予以安排。新旧科举人才大幅度膨胀，实在是无法计量，国家却并没有因此而繁荣富强。②

就此而论，合并科举于学堂的办法，非但难以达到中西兼容之目的，而且在实际贯彻中造成学堂的不伦不类，为有识之士所诟病和抨击。清末舆论从对学堂满怀期待，到大失所望，进而诸多指责，原因之一，在于一直纠结于科举与学堂孰优孰劣，将科举作为学堂的参照，而对科举与学堂的实质差异，因“当局者迷”而无真正深入的了解和把握。

培才与抡才虽有联系，但毕竟两者功能截然不同。将其合于一炉，结果是学堂一方面深受科举制的影响，另一方面又必须承受双重

---

① 学部：《奏定考验游学毕业生章程折》，《学部官报》第 6 期，1906 年 11 月 16 日，本部章奏。

② 《废科举者兴科举也》，《大公报》1909 年 7 月 28 日。

检验的压力，左右为难。废科举兴学堂数年，教育非但未能普及，读书识字之人据说还较往昔减少，原因之一便是学堂存科举之目以及奖励举贡生员出身。一些地区乡间贫民读书旨在谋生，以为学堂是入仕阶梯，不能教人以谋生知识，所以反而不遣其子弟就学。

相关史实表明，合并科举于学堂的设计，其实是对科举与学堂功能作用的误判，看似理想境界，可以中西合璧，实行起来却产生了若干严重弊端。

其一，误以为学堂当然较科举为优，改科举兴学堂，一切问题便迎刃而解。还在科举继续运行的1903年4月，《鹭江报》就刊登了一篇文章，将科举与学堂进行比较分析，认为朝野关于科举与学堂的兴革争议不休，可是倘若科举与学堂同为奴隶教育，两者就没有本质区别。所以“不必于科举学堂争其界限，当于科举学堂立其程度”。只有等学堂的数量和规模达到一定程度，办有成效，才能废除科举。如果在教育的管理、教员和管理员以及主考者的程度未达到应有水准时贸然废除科举，其结果“不过多收数万辈奴隶才而已矣”。解决问题的关键，“惟吾国界中考校成为考校，教育成为教育。则行科举也可，兴学堂也可。如其不然，则科举学堂同为奴隶之阶梯矣，同为亡国之孽瘴矣，又何分夫科举，又何分夫学堂?”① 可惜这样的先见之明没有引起重视，以至于科举与学堂孰优孰劣在后科举时代仍然困扰着教育界和国人。

其二，混淆了科举与学堂的区别。由于抡才与培才并途，频繁举行的各级各类考试，由检验学业程度的手段畸变为学习目的，教育宗旨则由培养人才异化为考试的附属，反而削弱了学堂本应具有的优势。

科举制本身的变与废，体现了这样无法两全的尴尬：科举与学

---

① 《奴隶科举奴隶学堂》，《鹭江报》第29册，1903年4月27日，社说。

堂，人才选拔与人才培养，自唐以后原已分两途，[①] 术业有专攻，不能混为一谈。抡才本以选官为准则，培才在近代则以教成国民并有一技之长为目的，二者途径不一、功能与规格各异。可是时势却迫使国人非两者取一不可。立停科举之前，有报刊撰文《中国士流改进策》，呼吁改变观念，调整政策。外国学生毕业虽有文凭学位，出校后仍须自营生计，不能马上进入仕途，一定要在其事业卓有成效，才望为人所推服，而后经过公选，才能入仕为官。国家以教育产出有学问之人，正是希望其有所作为，立于当世，造福社会。倘若由国家培养又责成国家使用，则学生一生之责任，皆由国家承担，学生自己却无责任，如何能够自立？国家设立学堂，应当以此为培才造士之区，而不必为予人官职之地，“谓他日之受官职者，必学堂出身可也，谓学堂出身者，他日必授以官职不可也。必使学堂之学生知此为立身养命之原，而非为干禄求荣之地，则当其学之之时，必处处为他日实用地步，而凡不足以实用于他日者，皆将弃之而不顾矣”。[②]

其三，立停科举后奖励学堂出身，学生读书仍以入仕为目的，学非所用的情况严重。河南拔贡王锡彤认为，捐纳保举不断增加官员与候补官员，恩科过多，新旧学考试频繁，又均授予出身，此乃清廷“不讲取士之方，但广入官之路”，以致造成“官毒”。[③]

其四，一些官员以开办学堂为追求时尚，盲目模仿西方学制的形式，片面强调规模数量，导致花钱无数，教育未见普及，识字率反而下降，加剧了社会矛盾冲突。1905 年 3 月，刘大鹏在日记中对办理学

---

① 元代马端临考证，举士选官在三代本为一事，“至唐则以试士属之礼部，试吏属之吏部。于是科目之法、铨选之法，日新月异，不相为谋，盖有举于礼部而不得官者，不举于礼部而得官者，则士所以进身之涂辙，亦复不一，不可比而同之也，于是立举士、举官两门以统之”（马端临：《文献通考》卷 36，选举考九，总第 5365 页）。刘锦藻于厘清选举制源流时也强调：“举士举官本合为一，自唐以试士属吏部，试吏属吏部，而其事始分。”（刘锦藻编《清朝续文献通考》卷 90，选举七，总第 8499 页）

② 亚泉：《中国士流改进策》，《选报》第 5 期，1901 年 12 月 21 日，论说二，第 3 页。

③ 王锡彤：《抑斋自述》，第 33 ~ 34 页。

务只讲形式不计效果的现象表达不满：“现在变法，改书院为学堂，而学堂规模只是敷衍门面，务悦庸俗之耳目，并不求实，凡设立学堂，铺张华丽，经费甚巨，意在作育人才，而人才终不可得。”[①] 而办学的官绅，大都也是科举出身。在王锡彤看来，光宣之际咨调回籍办学的官员，“名曰服务桑梓，实则饥饿而回。至绅士既多，权势遂重，官民猜忌，祸难以兴……清二百余年之乡试、会试结出此果，诚为当局所不及料”。[②] 因此，既往被社会舆论及朝野人士所诟病与抨击的未必皆是学堂教育本身的不足，更多是由科举出身者办理和管理学堂，以及合并科举于学堂的设计意图在实践中所产生的种种问题。

三 科举改革的“围城”心态

近代国人对于科举改革，似乎抱有一种文化的“围城”心态，困在里面时觉得十分压抑，拼命想冲出去，觉得外面的世界更精彩。冲破围城到外面后，却又茫然失措、惊恐失望，怀念曾在城里面时如何的好，为覆水难收痛心疾首。

这种看似矛盾的文化“围城”心态，当然不仅由科举停废而引发，在很大程度上其实反映了近代国人在遭遇社会剧变、面对中西新旧冲突融合过程中的紧张焦虑。在所谓“先进”与“落后”的对比中，面对人我异质文化不得不然的取弃，已属不易，本土文化越是历史悠久、蕴含丰富、曾经灿烂辉煌，所感受的矛盾与痛苦就越发深刻。社会转型过程中，由于制度兴革与文化认同往往不能同步，加上中外新旧的纠结，彼此隔膜，往往容易误读错解，引起过度的排斥反应。守成者以固有眼光衡量新事物，百般挑剔；趋新者则对移植或舶

---

① 刘大鹏：《退想斋日记》，1905 年 3 月 14 日，第 140 页。

② 王锡彤：《抑斋自述》，第 34 页。

来的西方观念制度期待过高，低估国情差异、学理与践行中理想与现实调适的艰难。

1906年，京师大学堂师范馆监督江瀚致信军机大臣瞿鸿禨，谈及废科举推广国民教育的情形，便表达了这样的心境。在他看来，“无如国民教育方始萌芽，而各省学风嚣张已甚，大率以聚众要求为团体，以蔑弃礼法为文明，服从约束，则斥为奴隶性质；反对抗议，则美为社会义务，种种流弊，可为浩叹。人格如斯，何能自治？若遽立议会，势必至官权旁落，而民权仍不得伸”。[①] 严复也指出：“夫言自由而日趋于放，言平等而在在反于事实之发生，此真无益，而智者之所以不事也。自不佞言，今之所以急者，非自由也，而在人人减损自由，而以利国善群为职志。”[②] 当时确有不少青年学生对西方自由平等思想做简单化的理解，并迅速付诸尝试。然以世风日下之感慨看待变化，也未必不是文化遗民的心态使然。

张之洞的表现更具典型性。新政期间，张之洞在倡办新式教育方面引领风气，湖北模式对全国学务产生了广泛影响，对于宪政，也表示赞同，甚至发力推动。可是，当改革触及基本理念和切身利益时，其态度便急转直下。1906年，官制改革方案涉及司法独立问题，要将各省司法权从督抚的行政权中分离出来，张之洞大为不满，密电时任军机大臣姻亲的鹿传霖，表达自己的忧虑，并请转告同为枢机的瞿鸿禨，设法挽回，以免动摇根本：“论官制局司法独立一条，闻谬党狡辩坚持，诸大臣全不悟其居心蓄谋之所在。止老于此件议论若何？有挽回之望否？此皆东洋学生谬见。现在各报馆皆称各学生为中国将来主人翁，存心叵测。将来裁判，必用东洋法政学生，是天下大权全归

① 《瞿鸿禨朋僚书牍选》（上），《近代史资料》第108号，中国社会科学出版社，2004，第34页。

② 《民约平议》，王栻主编《严复集》第2册，第337页。

于数百名学生矣。大患无穷，可危可惧!”① 这种“穿新鞋走老路”的思维习惯，必然产生制度改革淮橘为枳的效果。至于立停科举，张之洞后来是否抱有悔意，还有待进一步确证，他更倾向于渐停，则为不争的事实。② 对于科举停罢后中学加速衰微，张之洞感到忧心忡忡，倡建存古学堂以图补救。就此而论，至少在这方面他觉得立停科举操之过急，以致滋生流弊，也在情理之中。

有学人指出，中国士大夫向西方学习之时，大多从传统的“经世之学”观点出发，常常用西学中源论，证明中学比西学高明。这表明中国传统文化体系具有巨大潜能和丰富资源，能够以西学加固中学，或者把截然不同的西学改装成一种不中不西的东西。中国传统文化从来都不是被动吸收外来文化，而是把外来文化加以中国化，纳入中国固有的思维模式之中，以保持中国的固有发展格局与方向。③ 清季西学中源论仍然流行，不过，不少朝野人士已意识到在近代激烈军事与商业竞争中，西学似乎整体优于中学的事实，只是不便公开承认，而以中国古已有之为托词，以便改行西法。而中国固有文化程度高，既有助于接受西洋学说和制度（如幕末明治日本人就不得不借助朱子学等理解西学），又容易造成观念的格义附会、行事的削足适履，种种移植借鉴的似是而非，非但起不到应有的作用，而且要承受无妄的骂名。

四　立停科举与近代社会

有学者认为，科举制度是学校育士、科举选士与铨选官员三位一

① 《瞿鸿禨朋僚书牍选》（上），《近代史资料》第108号，第33页。

② 参见本书第二章第四节。

③ 罗荣渠：《中国早期现代化的延误——一项比较现代化研究》，《近代史研究》1991年第1期。

体，起到支撑封建官僚政治的杠杆和调节器的作用，有效地制衡和稳定了中国传统的政治结构。① 作为与社会各方面联系广泛而紧密的枢纽性制度，晚清科举的变化，本因社会之变化而起，而停罢科举这样的重大变革，势必进一步加剧社会的变动，引起结构性震荡，促使社会根本转型。伴随而来的，固然难免一些负面作用，但就结果看，对中国社会的发展变化无疑具有重大深远的分水岭式影响，意味着旧时代的结束和新时代的开始。

科举变革的实质是将一个由选拔少数精英并集中于政教服务的制度，转变为推广普及新式教育，源源不断地向社会各领域输出人才的制度。科举停罢最直接的结果，当然是新式教育的发展和士阶层的解体以至于逐渐消失。由此造成两方面变化：一是社会结构的重组，四民社会加速解体，代之而起的是国民社会（这一过程在中国十分漫长）；二是原来处于四民之首的“士”，随着社会分工的日益多元化，有了更多的职业选择，转型成为各行各业的新兴知识分子，从而在更加广阔的领域发挥作用。梁启超曾批评科举制下“妇女不读书，去其半矣，农、工、商、兵不知学，去其十之八九矣”。② 停罢科举冲破了既往科举制对女性的禁锢，使占人口近半数的妇女，拥有接受教育与实现自身价值的权利和机会，有助于国民素质的提高。

无可否认的是，科举停罢前，转型中的社会及其文化价值取向已开始产生重大变化，而科举停罢促使变化加速：“废科举兴学堂后，四书五经不再是决定士人命运的考试内容，年轻的士子遂弃之如敝屣，转而学习现代的数、理、化、工、医、法、师范、实业、外语等知识，形成完全不同于传统的技术型知识。这些在传统社会被视为

---

① 刘虹：《中国选士制度史》，湖南教育出版社，1992，第6页。此三位一体包括了铨选官员，似与实情不符。科举取士后，取得功名的士子只是具备了某种选官资格，并非直接铨选授职。因为举人还要经过大挑、进士要经过朝考，才能由吏部分班铨选。另文详论。

② 清华大学历史系编《戊戌变法文献资料系日》，第237页。

‘奇技淫巧’的知识，在清末民初却成为由传统士绅蜕变而来的新型知识分子首选的学业。”① 连被视为贱业的牙医、仵作，因引入西学分科而成了众多学科的一部分。农工商、邮政、交通、巡警等攸关国计民生的行业，借着各级各类学堂的开办而繁荣昌盛，为社会经济百业的兴盛奠定了基础。由此推动，近代中国城市化的速度越来越快，程度不断提高，整个社会的人才流动日趋广泛和频繁。

影响更为巨大的是，立停科举直接促成了包括留学生在内的学生群体迅速扩大，他们作为新兴社会力量，给中国的社会变革和反清革命注入了强劲动力。只是既往的某些结论，有必要依据相关史实重新检讨。

关于科举停废与辛亥革命的关系，既往所持论点之一，是科举停罢使得众多举子“上断其根，下失其路”，于是纷纷投笔从戎，进而走上反清道路。实则立停科举后清廷宽筹善后出路，有功名的年轻士子大都不存在难觅出路被迫造反的情形。有人统计，立停科举后不到四年里，仅为疏通旧学士子出路的举贡优拔考试，以及孝廉方正科考试后任用为官者，已达5500人之多，其中尚不包括士子中已就读各类新式学堂和各级军事学堂、参加地方自治机构以及通过法官、巡警考试而被任用者。② 此时距辛亥尚有一年。虽然不排除因主客观条件所限，个别地区士子的出路偏狭，但就一般情况而言，清季士子投笔从戎似另有缘由。

庚子之后数年无战事，承平之时，难以按军功获得升迁，而清军

---

① 徐茂明：《江南士绅与江南社会（1368～1911年）》，第327页。

② “昨得京友访函，谓有人统计近年新登仕版之官约可达五千人以上，兹列表如下：留学毕业生计用二百四十人；举贡应试者一千五百人取三百二十人；拔贡应试者三千五百人照章第一次试后取六成，第二次试后取四成，应取八百四十人；优贡应试者五百人，试章与拔贡同，应取一百二十人。各省孝廉方正约得二千人，应尽取用，又未取举贡优拔四千二百二十人，照例得就职，即以对折算亦将二千人，以上都凡五千五百二十人，而高等学堂毕业生及陆军学堂毕业生，并法部考取各省法官及买移奖得官者尚不在内，亦可谓盛矣。”《仕途又添五千余人》，《大公报》1910年7月1日。

的整顿转型恰在此时。由于武科举已停，对军官资格的认定与晋升，更重视新知识方面的学历与测试，“各省武职，政府拟俟将来陆军部设立各处陆军，布置妥协后，则武职自提镇以及千把均一概裁汰，所有武职人员，或改就文职，或改充警察官长，或仍归陆军部临时考验，方能定夺。大约总兵以上者，免其考试，听候简派差缺”。① 新军对知识与专业化有特别需求，具有相关能力者待遇优厚且升迁较速，对士子的吸引力较大，加上军事救国思想逐渐深入人心，弃文习武，尤其是考入军事学堂，成为不少士子的首选。② 影响所及，连招募巡警也对学堂出身者特别优待。1909 年江苏巡抚奏报，由于此前州县所用巡警多为绿营简汰兵弁，无法适应要求，且有许多旧制的陋习，特别规定该省巡警官中的上级官长，非学堂出身者概不遴派。③

广西讲武堂于 1908 年 7 月开办，1910 年 1 月毕业，两班学员共 97 名，据广西巡抚奏报，由于该省“急迫需用各级军官甚多”，拟将这些毕业学员先发凭照派入各标营充当学习官，“以备委充各级将校之选”。④ 说明有文化的军官备受青睐，学堂出身已是成为高级军官的重要资格。

其时新军待遇与其他行业相比确实较优。据 1909 年 10 月王士珍奏报，江北陆军速成学堂毕业生共 178 人，考取上等者 155 名，中等 23 名，派到军队见习，上等学生每月津贴为银十二两五钱（即每年 150 两），中等学生也有每月十两（每年 120 两）。⑤ 这还仅

---

① 《外省纪闻 · 军事》，《河南官报》第 142 期，第 32 页。

② 《陆军部奏核拟江北陆军速成学堂毕业照章补官折》，《政治官报》第 704 号，1909 年 10 月 12 日，折奏类，第 7 页。

③ 《江苏巡抚瑞澂奏整顿吏治军政巡警大概情形折》，《政治官报》第 690 号，1909 年 9 月 28 日，折奏类，第 6 ~ 9 页。

④ 《广西巡抚张鸣岐奏讲武堂学员毕业派充学习官等折》，《政治官报》第 984 号，1910 年 7 月 26 日，折奏类，第 9 ~ 10 页。

⑤ 《署江北提督王士珍奏江北陆军速成学堂毕业生派入军队见习等片》，《政治官报》第 711 号，1909 年 10 月 19 日，折奏类，第 18 页。

仅是见习期间的津贴，若成为正式军官，数额自然更高。对于需要养家糊口的一般士子而言，收入较丰是其选择职业时考虑的重要因素，且庚子之后十年未有战事，新军较其他行业而言，不仅体面且待遇优厚，客观上必然对士子产生吸引，未必是因生计无着而入伍当兵。福州长门炮台统领黄书林禀准在驻地设立炮台学堂，“选送兵弁肄业，储为将材之选”，报名投考者竟有4000多人，“争先恐后，犹复源源而来”。只好借福州府衙分期考试，每次限考六七百名。①

士子之外，人数更多的童生也纷纷从军。“河南整顿武备以来，国民尚武精神日形发达，各属生童有志从军，投效陆军充当学兵者接踵而来。惟随营学堂未设，各军兵额已满，近经督练公所出示晓谕，各属生童截止投效，毋庸远道来省，既蒙霜露，复费川资，不免徒劳跋涉。倘有志愿充陆军者，尽可在籍练习体力，候续派征兵时由地方官具保，投入选验所考验，以归一律。”② 清季军事教育是新式教育的重要部分，富国强兵为舆论反复鼓吹的理想，尚武还作为教育宗旨的重要内容被广为宣传，1884年出生的胡祖舜，少年时“数应童子试不售”，报捐监生，科举停罢后相继当过帮董和记者，“精神物质生活较泰”。后因对“庚子自立军、丙午日知会两案”印象颇深，受到革命思想的激励，又途遇在营伍当兵的乡友，遂于1908年加入新军。③

科举时代，士子除耕读外，大多只能挤在入仕为官的独木桥上，立停科举后，观念的转变，优厚的待遇，快速的升迁机会，给士子们提供了多样化的选择。有研究者注意到，导致清廷灭亡的要因，并非

① 《外省纪闻·军事》，《河南官报》第152期，第31页。

② 《本省纪事·截止投效》，《河南官报》第142期，第11页。

③ 胡祖舜：《六十谈往》，武汉大学历史系中国近代史教研室编《辛亥革命在湖北史料选辑》，湖北人民出版社，1981，第46~47页。

士子因无出路而纷纷反清。[①] 即使不停科举，只要西学传播，自由平等的民族民主思想激荡，清朝覆亡可以说是迟早之事。另有研究以湖南为例证明，学堂的寄宿生活容易激发青年学生的“反体制冲动”，远离父母的约束，加之革命书刊的鼓动与社团的组织，使之更容易将自己的叛逆付诸行动。学堂“天然成为培植学生集体行动的场所”。[②] 当然，此时不少青年学生对自由平等的理解尚较肤浅，孙宝瑄日记曾有如下评议：“今日之游学日本者，多主张革命排满，或立会，或演说……独患学生中有误会自由说者，往往出言无信，任意妄行。或立楼上溺人之顶，或入人园中作践人花草。人或责之，则曰：吾自由也。是则可忧矣。”所以孙宝瑄认为，其时“民权之不可骤用，有三原因：一贫民多，富民少；一愚民多，智民少；一邪恶者多，方正者少。惟其贫也，愚也，邪恶也，故不能尽一群之义务，斯不足享一群之权利，此世界之公例也”。[③] 日本变法是先设议院后开学校，中国则恰好相反。因而作为时代先锋的青年学生，有过多的革命热情而缺少理性思考，勇于破坏的同时，缺少创造与建设的能力，这对其后中国革命的负面影响不可小觑。

---

① “截至清末，利益关系的调整并没有引发事实上的大规模反抗行为，变迁是在相对和缓的气氛中完成的。通常认为应当集合成反王朝力量的被新制度所遗留的社会群体，因为种种原因，并没有如想像中那样造成巨大的社会震荡，以至于最终导致王朝灭亡。废科举事件在清末如果说曾引起过反抗的话，也都是零星的、小规模的，并没有构成风行一时的舆论势力。即使是受这一制度更替直接牵系的一般利益群体，也基本未见其滋生激烈的反抗情绪，更不用说引领什么反王朝的行为。而1905年的废科举诏令之后，政府及社会各自启动了应对变迁的多种适应机制，数量众多的现遗举贡虽然在学堂时代被新的制度所‘边缘化’，但他们并未立即遭遇严重的生存危机和前途危机，也没有更多的材料可以证明清末社会广泛的反王朝情绪与这一群体有关。可以说，废科事件是在一种相当平和且赞成势力远远强于抵制势力的良好氛围中完成的，异质于学堂教育的社会群体并未构成对新体制的莫大威胁。”沈洁：《废科举后清末乡村学务中的权势转移》，《史学月刊》2004年第9期。

② 应星：《社会支配关系与科场场域的变迁——1985～1913年的湖南社会》，杨念群主编《空间·记忆·社会转型——“新社会史”研究论文精选集》，上海人民出版社，2001，第208～283页。

③ 孙宝瑄：《忘山庐日记》，1902年12月21日，第607、686、690页。

至于民初军人主政，根本原因应是社会各种矛盾尖锐激化、基层民众以各种形式反抗、统治集团内部无法协调以及改朝换代直接导致政局动荡。三国魏晋（此时尚未有科举）乃至近现代各国，王朝更迭、分裂割据、革命风潮抑或统治层内讧所致政局动荡时，多由军人秉政，承平之时则多为文官把持，几乎已成普遍规律。民初军人轮流秉政的特殊情况与科举停废不能说毫无关联，却似非主要因果。

从清王朝自身兴亡的角度而言，废科举兴学堂或许并非明智的选择。因其结果非但不如统治者希望的那样，使大清国人才济济，支撑危局、救亡解困，反而为丛驱雀，造就了专制王朝的掘墓人。不过清王朝君臣大都是被迫改革，据说曾有朝臣对变法导致西学盛行后的结局早有估计："某相曰：中国迫于强敌，加之以寇盗，因之以饥馑，岌岌乎有不可终日之势。守旧亡，维新亦亡。同一亡也。吾以为维新首讲学，学于东洋乎？东洋之羽翼也。学于西洋乎？西洋之羽翼也。推之十八行省，人人谈自由，人人谈平等，无一非维新之徒。即无一非与朝廷作对。维新之亡，恐其亡也速，守旧之亡，则其亡也缓。凡害去其重者，从其轻者而已。"[①] 两害相权取其轻，明知有缓速之别，却在清季朝野趋新立宪的舆论鼓噪下不得不去重从轻。如此，则即使不行立停科举，而只是对科举内容尝试做推广西学的改革，仍然可能导致士子们接受西方思想后，审视与思考现实问题，而对现有秩序产生不满、采取行动的结局。桑兵对晚清学堂的研究，揭示了当时学界革命倾向普遍化的事实，以及辛亥革命的发生与学堂学生接受西方民主思想的联系。[②]

---

① 《中国近事·谋国者言》，《新民丛报》第20号，1902年10月，第1页。

② 本书第221页已提及朱峙三在进入学堂前已通过借阅书籍报刊产生革命思想并对清廷不满。可见平等和革命思想的传播滋长，报刊与西学书籍起到很大作用。桑兵：《晚清学堂学生与社会变迁》，学林出版社，1995，第359～370页。

新式学堂的教学，尽管仍有读经的课程与内容，但因为失去了科举考试的向心力，学生们已渐从既往的思想约束中解放出来，甚至开始对旧传统与道德有所怀疑否定。1909年夏秋之交，江苏常熟、昭文两县公立高等小学堂毕业试卷，令清廷大为震惊。两县高小学生光绪三十三年上学期的修身科考试，试卷共有四个问答题，其中第三题“三纲之说能完全无缺否”，江苏提学司抽查时发现，除个别学生答卷“尚无谬说外”，其余分数较多者，大都谓君臣夫妇二纲可以不设，“其尤谬者，王以谦卷则谓君为臣纲，夫为妻纲，其理甚谬；徐曾植卷则谓后世谓父为严君误矣；程瑛卷则谓在朝为臣则认为君，否则吾与君为路人；张元龙卷则谓三纲之谬，彰彰明矣；王耀祖卷则谓三纲中君为臣纲尤谬，盖君非我之祖父，与我并无关系也各等语，实为离经叛道之尤。又毕业考试各卷徐曾植王以谦赵仲葵张元龙四名修身卷内，谓七出三从之制可革；谓三从四德有碍女子权利；徐曾植国文卷内谓事贼为一节之偶失；庄宗耀地理卷内，谓君主与人民固无阶级，均属谬妄”。提学司与巡抚均指斥教员“与定章注重四书要义之旨显然违背，致使无知幼学肆口妄言，罔识大义。该学生等固咎无可辞，该教员等实有陷溺人心贻误子弟之实据”，最终处理是将该教员“褫革衣顶，即行撤退。并追缴所得文凭，不准充当各处学堂教员”，移交地方官察看。对六名学生的处理“拟请一体追夺文凭，照章不准更名改籍另考别处学堂”。[①] 上谕诏令全国加强学堂师生的监管，加重对离经叛道者的惩罚，以免“育才之举转为酿乱之阶”。[②] 可见崇尚西学之用，仍无法回避西体的影响，最终必然动摇中学之体，原为挽救大清朝危难的新政改革，反成为其催命符。

---

① 《贵州教育官报》第28期，贵州学务公所1909年印行，文牍，第2~5页。

② 光绪三十三年十一月二十一日（1907年12月25日）上谕，《光绪朝上谕档》第33册，第300~301页。

五　文化道德之殇：后科举时代的难题

合并科举于学堂，就科举而言，只是保留其通过考试选拔人才的功能形式，除了读经被列入学制外，既往科举考试的内容大多被学堂教学所取代。就此而言，立停的只是明清科举考试的形式，渐废的却是既往考试经义的内容。与晚清应变求存的现实相适应，新式学堂更注重所谓有用于时的“做事”能力培养，而非如何“做人”的义理熏陶。与科举时代强调“士先器识而后文艺”“读书明理”[①] 的取向，有着显著区别。因此，学堂将抡才与培才合一，在偏重“做事”的同时，相对忽略了“做人”与“做官”应有的道德素养；另外，政府对科举停罢之后道德教化与文化传承功能的接续重视不够，缺少真正有效的补救措施。而存古学堂开办的曲折、倡行博学鸿词科无果而终、小学读经被诟病并屡议废止，也表明后科举时代维护传统中学深陷困境。

被誉为满洲才子的端方，曾在给友人的信中表达自己的困惑：“方今人士各囿一隅，守正者既不知时务，通变者又易涉嚣张。体用兼求，此中规模正须审慎耳。”[②] 如何培养体用兼备，既懂“做人”又会“做事”的人才，均煞费思量。

有研究揭示，明清科举不仅是朝廷取士做官的一种程式，更具有使社会价值高度一体化的特殊作用。因为“只有按照统治阶级钦定的儒家经典所主导的价值规范来应试的人，才能获得功名地位，这就使得士人为应试而浸淫于儒家经典的过程，自然成为中国知识分子学习以儒学为立身行事的标准的社会化（Socialization）过程”，而由于在

① 《乾隆朝上谕档》第 14 册，第 213 页。

② 中国第一历史档案馆藏：端方档案全宗，第 559 卷，函 15，转引自张海林《端方与清末新政》，南京大学出版社，2007，第 34 页。

士绅、官僚与地主这三大社会精英层之间存在着相对频繁的社会流动，“儒家价值规范在各精英阶层的对流中得以广泛的认同与普及……它使传统中国人重视儒家知识、重视以儒学为基础的教育与风俗成为天经地义”。[①] 艾尔曼教授也认为：“科举考试反映了更为广泛的士人文化，因为这种文化已经通过基于经学的官僚选拔渗透到国家体制之中。”[②]

作为维系社会秩序的重要制度，科举制其实具有多种功能，并非只是选举，尤其不能简单对应于教育制度。就明清而言，实际上至少具有六种功能：（1）选拔统治者所需的做官人才；（2）推动建立以科举为导向，儒家经典为学习内容、个人自学为主要形式的各级各类传统教育模式；（3）应试士子可以举业为职业生存方式；（4）使价值规范与价值判断单一化与标准化，并具有权威性；（5）道德教化的重要形式；（6）文化传承的重要载体。时人对前三项功能及其相互关系的认识大体一致，并在立停科举决策时设计了预应性措施；而对后三项功能的作用估计不足，或已经无暇顾及，因而相对疏于观照。这一局限，导致对科举善后的考虑，集中于疏通已获功名的士子出路，以安定人心，而对其他重要功能，未见妥善的衔接过渡之方。

四书五经作为科举考试的主要内容，重在对经义的理解阐释，包含了传统中国社会的文化价值标准及其判断的基本元素，士子在应试过程中反复研习、背诵相关条文，耳濡目染，日积月累，逐渐内化为其言行的准则依据，并且借助各种教学形式代代相传。载道之文，本非只是科举文体，然明清以来科举考试日趋程序化，使其他文体的应用范围大为缩小。通过科举取士及入仕为官，科举文体成为官场诗文

① 萧功秦：《从科举制度的废除看近代以来的文化断裂》，《战略与管理》1996 年第 4 期。

② 〔美〕艾尔曼：《中华帝国后期的科举制度》，吴薇译，刘海峰校，《厦门大学学报》（哲学社会科学版）2005 年第 6 期。

应酬乃至民间生死祝铭的主要形式，同时成为朝廷倡导价值标准、维护纲常的重要载体，实际具有道德教化和文化传承的功能。

晚清科举改革无论从形式到内容，已竭力压缩既往经义阐释的比重，增加西学知识比重，企图使所学尽快趋于实用，以“做事”而非“做人”为旨归，已大大削弱了科举在道德教化及文化传承方面的作用。西式的学堂显然更加难以接续这方面的功能。因为学堂毕竟是欧风东渐的产物，本身即是传播西学知识的平台，而非维持中学圣道的载体，学堂的教育与管理方式，也与儒学传统的读诵经书方式大相径庭。故戊戌时已有人怀疑，学堂教育不可能体用兼顾，独力担当兼备中西学之长的重任，中国文化传承及道德教化必须另辟蹊径。

就某种意义而言，儒学传播方式与基督教传教确有某些相似，[①]而与西式学堂教育相去甚远。故 1898 年 8 月，八股误国之论朝野遍闻之时，王照在请礼部代递的奏稿中，曾提出解决中西学并存不悖的方案，以期当道于兴学的同时设法保存传统文化：“今请以西人敬教之法尊我孔子之教，以西人劝学之法兴我中国之学，特设教部，就翰林院为教部署，以年高之大学士统之，辅以翰詹各官，专以讨论经术，维系纲常。各省督以学政，改名曰教政，佐以教职。各邑各乡增设明伦堂，领以师儒，聚讲儒书，生徒之外，许人旁听，立之期会，令乡老族长书其品行之优者，具结上陈。教官复核之，由教政考以四书各经经义，每州县拔取数人以至二三十人，统名为优行生，以备用为教官；并备学部咨取，用作学堂之国文教习，表以章服，树之风声。此教部之专责，无难陆续奏请扩充者也。”至于学部，则“以实用为重者也”。[②]

---

① 例如宣讲、读经、诵经，强调的是理解记忆和虔诚信奉，并以此为衡量与判断是非、立身行事的准则。

② 《戊戌变法》第 2 册，第 354～355 页。

王照的基本思路，是中体西用两分、各得其所，即学堂教育主要完成西学知识的传授，以裨西学之用；另建一套官方体系，以翰林院为中枢，将负责科举考试的学政及各地教官从学校事务中分离出来，专门负责保存旧学，实施道德教育和文化传承，以延续与维护中学之体。他认为，教、学“两部之事相辅而行，不相牵掣，庶乎道可卫而学可兴矣”，“倘蒙采纳施行，则疑惑祛除，然后新政递颁，概无阻滞矣”。① 其所奏主旨，应是试图消除兴学堂动摇国本的疑虑，使得卫道之士失去借口，从而为推行变法扫清障碍，但也确实为解决学堂与科举、新学与旧学的理念及体制的两难，指出了一条可行之道。遗憾的是，因王照此折中有敦请皇帝及太后出巡国外的内容，礼部堂官借口拒绝代奏，引发了戊戌期间震动朝野的礼部六堂官被罢黜事件。经此风波，所奏通过分设学部、教部，将文化传承与普通教育分而治之，使中西学相安共处的主要内容反而未得当道应有重视。

王照所担忧的中体如何维系问题始终存在。时隔数年，1902 年 3 月，张之洞与张百熙频电往返酝酿学制时，也对学堂教育能否保存传统文化忧心忡忡：“中国文章不可不讲。自高等小学至大学，皆宜专设一门。韩昌黎云‘文以载道’，此语极精，今日尤切。中国之道具于经史。经史文辞古雅，浅学不解，自然不观。若不讲文章，经史不废而自废。”② 坚持中体西用的张之洞，当然深知经史对文化传承的重要作用，力主将相关内容纳入新式学堂的课程体系。在张之洞看来，经史为中国之道，不言而喻，载道之文应列入学堂教学，使之不致湮灭。而有道之才、守道之学，理应为国家社会倚重并使之久远传承。

1903 年 7 月《鹭江报》发表的一篇社论与王照的思路颇为接近：“夫科举者，当变而不当废，于变科举之外，当广设学堂，于设学堂

---

① 《戊戌变法》第 2 册，第 354 ~ 355 页。

② 《致京张治秋尚书》，光绪二十八年正月三十日（1902 年 3 月 9 日），苑书义等主编《张之洞全集》第 11 册，第 8743 ~ 8745 页。

之外，又宜增一明伦科，使之维持种教大局。”科举改试策论，虽然增加了时事和各种学科的内容，但“如五大洲形势、声光化电等学，岂天下士克日所能尽乎？知其必不能，乃举而求之，则天下应科举者，惟袭西报之陈言，窃西书之陋语，曚耸主试，取曳功名而已。欲矫八股之弊，而其弊乃更甚于八股。徒多变更，究何所利用哉”。与此相关，“学堂之设，未必能得人才，但今日之势，需治内之才急，需治外之才尤急，交涉、通商、出使，在在需才，天下之偏才不得收于科举者，或冀其出于学堂。设立学堂，亦万不获已之举也”。① 作者实际上提出了三个具有警示意义的问题。其一，科举当变不当废，“种教大局”的中“体”应于学堂之外设法维持。其二，考试策论所增西学内容，不过皮毛，可能导致洋八股，危害更甚。其三，学堂或许可以培养各类应时急需之偏才与专才，却无法提供科举取士选官需要的道德文章皆优的通才，所以科举与学堂至多只能互补，不应彼此取代。

然而，在具体实行过程中，由于西学之“用”已通过学堂的分科教学来实现，经学文史虽然列为分科之一，却失去昔日的主导与垄断地位，与立竿见影的各专业课相比之下，变得最不切实用。概而言之，科举让位于学堂、考试内容的变化，某种意义上等于中学让位于西学，退缩为一科的经史，无力承担传道与载道的重任，其日趋衰微难以避免。所以立停科举颁诏后不及半月，翰林院侍读恽毓鼎已发现，壬寅癸卯章程关于旧学的安排并未妥善，“若即持此课士，恐十年之后圣经贤传束之高阁，中国文教息灭，天下无一通品矣”，② 呼吁重加修改。

1904 年 1 月御史左绍佐奏陈：“学制有可虑者三、有可商者六，请筹度万全、以防流弊。又奏：学生宜专习一经，不可删截经文；西

① 《社说·论苏朱二氏私议贡举得失与近代变通科举利弊》（续），《鹭江报》第 38 册，1903 年 7 月 24 日。

② 恽毓鼎：《恽毓鼎澄斋日记》，1905 年 9 月 14 日，第 276 页。

学亦宜专习一科。”[①] 所奏虽有风闻不实之处，但还是点出了癸卯学制功课多且杂的弊端，并指示了较为切合学生实际的改进办法，即专修一科与专习一经。遗憾的是，这一建议未被采纳。[②] 学堂学生在繁重课程与频繁考试的压力下，既不能成为“通才”，也难以成为真正意义的“专才”。立停科举后，价值标准、道德教化与文化传承未能找到有效的接续方式，伦理社会失去道德支撑，秩序失范，思想文化异常活跃的情景下，不免乱象纷呈。

据说雍正中期已“有议变取士之法、废制艺者”，雍正帝询问枢机张文和（即张廷玉），“对曰：‘若废制艺，恐无人读四子书，讲求义理者。’遂罢其议”。[③] 乾隆三年（1738），兵部侍郎舒赫德请废八股时文之际，张廷玉即在代礼部所拟的《议复制科取士疏》中坦承：“将考试条款改易而更张之，别思所以遴拔真才实学之道，似于士习人心方能大有裨益……今舒赫德所谓时文经义以及表判策论皆为空言剿袭而无用者，此正不责实之过耳。”然而，雍正朝张文和的忧虑不无来由，[④] 即科举无论改或废皆进退维谷，关键是改与废如何接续、以何接续的问题难以解决。老成谋国的张廷玉最终以礼部之名表达意见：“夫时艺取士自明至今殆四百年，人知其弊而守之不变者，非不欲变，诚以变之而未有良法美意以善其后。”乾隆初年的议废八股，

① 《德宗景皇帝实录》卷524，光绪二十九年十二月庚申（1904年1月27日），《清实录》第58册，第941页。

② 《德宗景皇帝实录》卷524，光绪二十九年十二月庚申（1904年1月27日），《清实录》第58册，第941页。

③ 陈康祺撰《郎潜纪闻初笔、二笔、三笔》下册，中华书局，1997，第602页。此处引文，系得益于王戎笙论文提示（王戎笙：《科举制度在清代从鼎盛走向衰亡》，陈捷先、成崇德等主编《清史论集》下册，第732页），特此说明。

④ 陈康祺对此却有不同见解：“康祺按：公（前引张文和——作者注）言良是。但不知宋、元以前，制艺未兴，《大学》《中庸》何以久列《礼记》中；《论语》《孟子》二书，何以不废。且宋、元诸儒，讲求义理至精，皆在制艺取士以前，而四子书无人不读。”陈康祺撰《郎潜纪闻初笔、二笔、三笔》下册，第602页。陈康祺的反问不无启发，但宋元科举与明清科举差距较大，尤其表现在书院、学校与科举的关系不同。至于具体关系及相互影响，另文详论。

因无法找到善后佳策，忧虑因变生乱，最终亦以“毋庸议”作罢。[①]

作为壬寅学制的参与者，吴汝纶在1903年也预见到学堂教育大规模推广后国学衰微的必然结局。因为中西学并重，原来学校以经学为主的格局势必破坏，“西学畅行，谁复留心经史旧业？立见吾周孔遗教，与希腊、巴比伦文学等量而同归澌灭，尤可痛也”。[②] 西学成为“有用”之学，追逐者自然趋之若骛，相形之下，逐渐变成“无用”的儒学，即使不停科举，只要更改其考试内容与调整场次顺序，失去其长期独尊的垄断地位，最终亦难免走向末路。早在戊戌改试策论的消息传来时，军机章京许宝蘅已断言：“然窃虑吾圣人之业由此而废者多矣。非必谓八股制艺，足以传圣道也，第新学日兴，旧业必废，当今之世，谁能守遗经而不坠者，余日望之。”[③]

事实上，遑论戊戌与壬寅，同治年间随社会变化而所学日趋实用，时人对经学日趋淡漠之兆，从一位庶吉士对翰林院情况的描述可见一斑：“翰林院今时，微特不及乾嘉老辈，即道光初、中年风气亦不同矣……同治初年……十日一次，每次十人，按资格轮班到署，典簿厅作为公所。见则问读何书，教以作人之法；间出论题，考其所得。人以为讲性理，恐涉空谈；而一片静气，令人久而愈念。”至同治后期，则“待诏、讲读、编检各厅久已尘封，从未闻有斋宿者。时事变迁，可为一叹！”[④] 所述同治后期已与前期风气迥异，而该庶吉士所记乃为光绪元年（1875）岁末之事，距颁停科举诏令尚有30年之遥。[⑤]

---

① 张廷玉：《澄怀园文存》卷4，沈云龙主编《近代中国史料丛刊》第52辑之516，第342～343、346页。

② 《答方伦叔》，徐寿凯、施培毅校点《吴汝纶尺牍》，黄山书社，1990，第260页。

③ 许恪儒整理《许宝蘅日记》，中华书局，2010，第27页。

④ 祁士长：《校士日记》，光绪元年十一月二十三日（1875年12月18日），姚锡光：《姚锡光江鄂日记（外二种）》，中华书局，2010，第195页。

⑤ 立停科举诏书乃光绪三十一年八月初四日（1905年9月2日）颁布。

伴随着晚清社会的激烈变动，儒学被视为“无用”，且被“有用”之西学逐渐取代的同时，传统“礼”的地位亦被动摇。随科举停止、学部成立，仿行宪政、改革官制，既往主管科举事务的礼部，其机构裁撤问题被提上议事日程。刑部郎中陈毅在《亟应保存礼部》的呈文中强调：“礼于我国所以为教，犹各国之有宗教也，其性质与学部相近，而实不同，虽各国之设官，文教皆并为一部，然波斯新制文部之外，实特立一教部。我国既以礼教治天下，且值更定官制之际，自当视新变法者而损益之。”① 所据也与王照奏章及前述评论异曲同工，重心则在教育与教化各有专司和侧重，西学无法囊括，也不能取代中国文化礼俗。其结论即保存礼部关乎“维国本而系人心”，举足轻重。然而，任何国家与社会，时代舟船顺流而下之时，价值判断的变动不可避免，昔日奉为圭臬者，此时宛如刻舟求剑于事无补。

在社会发展中因时变化的价值标准，伴随改科举与停科举的过程，通过官方的法令与学制颁布而有持续的重要调整，对教育与受教育者同样具有导向性作用，强调专业知识的有用与实用，举世急功近利的浮躁，必然动摇与削弱经史文章之地位。恽毓鼎的担心几年后不幸言中。1909 年 3 月京师督学局长孟庆荣赫然发现：“本年高等小学毕业，于经学、国文无一佳卷。”惊诧之下，召集各学堂职员于督学局开会专题研究高等小学的经学和国文问题。孟庆荣归咎于教师们教学无方：“本年毕业考试，各堂学生于经学、国文殊少合格。虽由于程度不齐，亦均系教授未能认真之故。朝廷培养人才，广设学校，高等小学为人才之初基，经学、国文又为各科之根本。今竟于考试之时，无一堪取。各堂长有督率教员，稽核学生之责。嗟我一辈青年，

① 该呈文引用中国古代事例进一步阐述：“巨豪大猾及流离失所之士吏，然而不敢比附匪党者，固由刑法足以慑之，实亦礼教所以渐渍而维系之者深耳。时势至此，蔑礼极矣。国家去一礼部不足惜，窃恐海内以为朝廷轻礼，相率以趋于乱，是乃大可惧也。周诸侯去礼籍，遂有战国之祸，晋士大夫弃礼法，遂有五胡之祸，唐藩臣脱略不守礼，遂有五季之祸，衣冠涂炭，人禽混一，言念及此，可为寒心。”《清末筹备立宪档案史料》上册，第 454 ~457 页。

其谁误之欤。”为了防止情况的继续恶化，孟庆荣宣布：“现本局议定办法，嗣后调查各学堂，所有经学、国文各课卷均须将原卷调局核阅，如教员改笔有不合法者，本局惟有将该教员立即撤退，断不稍事姑容，致使一误再误也。”[①]

近年关于清末学堂经学课程的研究表明，1904～1910年，经过癸卯、己酉、庚戌三次调整，读经讲经在初等小学课程中所占比例，分别为每周学时的2/5、1/3、1/6，[②] 明显呈递减之势。只是其时小学生尚未走向社会，而立停科举后为数不少学有根柢的旧学士子纷纷进入仕途，经学课程的增减还不至于对社会风气产生重大影响，民初以后，废止学堂读经，一些问题逐渐显现出来。

清代科举考试因内容与形式僵化遭人诟病，其取士实为选官入仕的预备，所重在于通过儒家经典的熏陶培育道德文章的通人，以便亲民教化，并且驾驭深谙办事门道的师爷胥吏等项人员，既非直接造就会做事的能员干吏，也不能涵盖一般教养之道。用西方近代功能政府、科层组织以及国民教育的标准衡量，当然百无一是。至于形式，对于统治者而言，将科举视为“抡才大典”，所重未必仅在士子的个人才干与文采，抑或检验其学习的程度，更多在引导社会风气与趋向，使天下的士子风从响应，遵循纲常伦理、修齐治平的大道。这与学堂考试旨在检验个人学习的效果大不相同。

问题在于，纳科举于学堂后，学部虽竭力调整取向，然因抡才与培才并途，仍不免本末倒置，使考试成为学习的指向。而混淆科举与学堂之弊，以步入仕途为荣光，学而优则仕始终是后科举时代教育的一大症结，迄今仍然为害匪浅。用中外不同的标准来观察评判彼此固有文化价值的误导之甚，由此可见一斑。

---

① 《北京·孟丞堂对于小学之箴言》，《大公报》1909年3月19日。

② 祝安顺：《从张之洞、吴汝纶经学课程观看清末儒学传统的中断》，《孔子研究》2003年第1期。

早在光绪六年，议改科举、兴办学堂尚未提上议事日程之时，郭嵩焘就曾在日记中对世风日下颇有感慨："宋儒苏文忠公之言：'国家所以存亡，在道德之浅深，而不在乎强与弱；历数所以长短，在风俗之厚薄，而不系乎富与贫。'若是者，强而无道德，富而无风俗，犹将不免于危乱。今吾民之弱极矣，而道德之消削亦愈甚；贫极矣，而风俗之偷薄亦愈深。此所以为可忧也。"① 而1897年孙宝瑄对国人甲午以来仿行西法实施改革，鄙夷旧学的原因亦别有见地："今人皆悟民主之善，平等之美，遂疑古圣贤帝王所说道义、所立法度，多有未当，于是敢于非圣人。"②

而对新式学堂大兴后可能导致传统文化的衰落，早期留学英国朴次茅斯大学、26岁便成为北洋水师学堂总教习的严复也早有预料："西学既日兴，则中学固日废，吾观今日之世变，中学之废，殆无可逃。"③ 他强调，倘若只注重西学之用，而忽略做人之本，重视智育而轻视德育，极易导致社会道德风气沦丧：

> 今夫诸公日所孜孜者，大抵皆智育事耳。至于名教是非之地，诸公之学问阅历，殆未足以自出手眼，别立新规。骤闻新奇可喜之谈，今日所以为极是者，取而行之，情见弊生，往往悔之无及，此马文渊所谓画虎不成反类狗者也。则不如一切守其旧者，以为行已与人之大法，五伦之中，孔孟所言，无一可背……须知东西历史，凡国之亡，必其人心先坏；前若罗马，后若印度、波兰，彰彰可考，未有国民好义，君不暴虐，吏不贪污，而其国以亡，而为他族所奴隶者。故世界天演，虽极离奇，而不孝、不慈、负君、卖友一切无义男子之所为，终为复载所不容，神人所共疾，此则百世

① 郭嵩焘：《郭嵩焘日记》第4册，湖南人民出版社，1983，第87~88页。
② 孙宝瑄：《忘山庐日记》（上），第158页。
③ 王栻主编《严复集》第1册，第154页。

> 不惑者也。不佞目睹今日之人心风俗，窃谓此乃社会最为危岌之时，故与诸公为此惊心动魄之谈，不胜太愿，愿诸公急起而救此将散之舟筏。惟此之关系国家最大。故曰德育尤重智育也。①

这段话出自因翻译《天演论》而闻名遐迩的严复之口，振聋发聩，时至今日，仍对反思近代以来以“有用”“无用”权衡取舍的教育取向偏蔽，有深刻的警示作用。

为救弊补偏，1907 年严复在为江宁提学使撰写的招考留学生的布告中，将国文科考试列于最前，课本注明四书五经、前四史、古文辞类纂，程度则清楚标示：“遵照学部定章，临考题一经义、一史论，以能完一篇在三百字以上者为及格。其未习国文或程度太低者，虽西学及格，例不由官资遣。”② 即采用首位淘汰法，无论其后所列西学如何，只要国文程度过低，就不能得到官费留学资格。严复这是试图对庚子以来兴学过于偏重西学的纠偏，在他看来，载道之文乃安身立命之本，中“体”理应重于西“用”，有“用”无“体”者，无异于丧失魂魄的行尸走肉。

即使到了已采用共和制的 1913 年，严复在中央教育会的演说中仍强调“治制虽变，纲纪则同”，不读经终将导致“无人格”进而“亡国性”，读经对于青少年人格之养成，有着不可忽视的基础作用。故积极提出读经，“中国之所以为中国者，以经为之本原……但以其为中国性命根本之书，欲其早岁讽诵，印入脑筋，他日长成，自渐领会”。认为荒经蔑古的结果，造成“是非乃无所标准，道德无所发源”，世风日下，“而吾国乃几于不可救矣”。③

严复后来拥护复辟帝制，倡导读经自然成为守旧的表征。不过，

---

① 《论教育与国家之关系》，王栻主编《严复集》第 1 册，第 168 ~ 169 页。

② 《代提学使陈拟出洋考试布告》，王栻主编《严复集》第 2 册，第 247 ~ 249 页。

③ 《读经当积极提倡》，王栻主编《严复集》第 2 册，第 330 ~ 332 页。

诚如陈寅恪关于王国维之死所论：

> 吾中国文化之定义，具于《白虎通》“三纲六纪”之说，其意义为抽象理想最高之境，犹希腊柏拉图所谓 Eidos 者……夫纲纪本理想抽象之物，然不能不有所依托，以为具体表现之用，其所依托以表现者，实为有形之社会制度，而经济制度尤其最要者。故所依托者不变易，则依托者亦得因以保存。吾国古来亦尝有悖三纲违六纪无父无君之说，如释迦牟尼外来之教者矣，然佛教流传播衍盛昌于中土，而中土历世遗留纲纪之说，曾不因之以动摇者，其说所依托之社会经济制度未尝根本变迁，故犹能借之以为寄命之地也。近数十年来，自道光之季，迄乎今日，社会经济之制度，以外族之侵迫，致剧疾之变迁，纲纪之说，无所凭依，不待外来学说之掊击，而已销沉沦丧于不知觉之间。虽有人焉，强聒而力持，亦终归于不可救疗之局。盖今日之赤县神州值数千年未有之巨劫奇变；劫尽变穷，则此文化精神所凝聚之人，安得不与之共命而同尽。①

逝者已与中国文化共命而同尽，可是缺少原罪意识和宗教信仰的中国人，在失去道德支撑后，如何填补精神文化的流失空缺，始终是不得不面对的巨大难题，并产生了无穷的困扰。伴随着学堂教育的推广，人们对“专业”知识与技能的日趋重视，对读书“修身”做人的道德品行要求却逐渐降低甚至漠视。1909 年，学部在奏报经科大学筹办情况时承认：“自近年学堂改章以来，后生初学，大率皆喜新厌故，相习成风，骎骎乎有荒经蔑古之患，若明习科学，而又研究经学

① 《〈王观堂先生挽词〉并序》，陈美延编《陈寅恪集·诗集》，生活·读书·新知三联书店，2001，第 12～13 页。

者，甚难其选，诚恐大学经科一项，几无合格升等之人，实与世教学风大有关系。”[①] 严复亦指出“晚近世言变法者，大抵不揣其本，而欲支节为之，及其无功，辄自诧怪。不知方其造谋，其无成之理，固已具矣，尚何待及之而后知乎，是教育中西主辅之说，特其一端已耳”。[②]

由此可见，社会变革的过渡时代，有识之士已对中体西用的宗旨及实践予以质疑，而因旧道德的支撑坍塌，新道德此时尚未成形，新教育的宗旨亦未深入人心并内化为自律的信条，多元化的价值取向，在使社会具有更多选择且变得更为宽容的同时，也付出了没有确立为世人认同遵循的新道德规范，而不可避免地失去社会稳定性并中断优秀道德传统自然传承之惨痛代价。而道德失范的恶果必然是整个社会精神的混乱无序。

更为重要的是，清末学堂教育与取材选官较多强调“做事”能力而忽视“做人”的本色，晚清以来对“商”的重视，以及绅商的崛起，使得发展中的近代中国社会有着日益浓重的商业色彩。社会风气的变化之下，一些科举功名之士常有教学与从商并重的经历，如王锡彤既做过实业学堂的主讲，又多年经商或从事实业。[③] 原来处于四民社会首尾两端的士子与商人，不仅身份地位升降浮沉，而且出现互渗兼容的情形，以至产生新的社会群体。商场谋利、官场争胜，进一步加剧了道德失范。这虽然是近代社会发展尤其是城市化进程的必然趋势，但停罢科举无疑也起到一定的助推作用，使之速度加快、程度更深、隐患更甚。

不仅如此，诚如美国学者艾尔曼所指出的那样，由于清季朝野均“毫无批判地将西方学校和日本教育作为成功故事来描述被广泛地接

① 《学部奏请遴选保送旧学士子入经科大学肄业》，《大清宣统新法令》第 5 册，第 32 页。

② 《与〈外交报〉主人书》，王栻主编《严复集》第 2 册，第 560 页。

③ 王锡彤：《抑斋自述》，前言第 2 ~ 3 页。

受了”，“经学儒士的价值（自然研究的价值植根于其中）、皇朝的权力以及精英绅士的地位之间的社会、政治和文化联系被拆散了。清朝到处都充满了对经学的贬黜以及相伴随的对格致学与现代科学的性质和范围的反思。通过第一次对经典的非经典化，十九世纪末儒士希望能使他们摆脱‘考试生活’中对道德和经典的要求；但是他们也开始使自己远离有关自然研究、医学和技术的传统观点和方法”。[①] 结果导致知识人普遍不以追求基础扎实的真正学问为人生目标，对圣贤之说嗤之以鼻、抛诸脑后，对西学仅重视其部分能够立竿见影的实用技能，断章取义地猎取西学中的政治原理且做孤立片面的、教条式的理解应用，无论中学或西学均难以精通。

如果说价值失位与道德失范在清季强化了社会动荡，形成有利于变革与革命的氛围，那么一旦皇权退出历史舞台，失去政治重心，新权威尚未能支撑大局，社会就自然陷入集体精神迷失状态，谨慎者不知所措，胆大者为所欲为，使得民初社会政治弥漫着令人生厌窒息的空气。后来一些知识人回到书斋，恰好是出于对时政的厌倦。民国2年成为首届国会众议院国民党籍议员的张维，在1913年6月所撰《中国之现在》一文中，这样描述民初的乱象：“今者旧学已亡，新学未成，拾西人之唾余而髦弁旧说者有之，守陈说之迂腐而反对新学者有之，或守株而待兔，或矫枉而过直；而其最狡猾、最模棱者，又复飘摇于新旧两者之间，无所依附。既无真正之学术，其由学术发生之各项事业，当然无确定之根据……中国数千年来所恃为拘束士民之旧物，既一旦破坏无余，而人民自治思想能力又非常之薄弱，于是其结果乃至强者专横，弱者摄息，演成一嚣叫狂乱之世界。而政府又毫无法律，以为之维持，为之限制，甚者乃利用此时蹂躏民权，而秩序益为之扰乱。总中

---

① 〔美〕艾尔曼：《从前现代的格致学到现代的科学》，蒋劲松译，庞冠群校，《中国学术》2000年第2期。

国今日而言之，直可谓之无秩序。”[①] 晚清西学东渐后，社会的急速变化导致朝野价值取向体用分裂、新旧递嬗之际的混乱无序，伴随着近代政体的频繁变动加剧，对于民国初年的影响尤其深刻。

晚清社会历经劫难，礼崩乐坏、纲纪坠地，由多重因素交互作用而逐渐形成。科举制的终结，本身即是晚清社会剧变的结果，这一结果反过来又进一步加剧了社会的变化。后科举时代给中国留下两个难解的世纪命题，迄今仍困扰人们。其一，价值标准及道德评判的重建。当一千多年来人们约定俗成的价值取向与固定规范被打破，其主要载体不复存在，又面对一个与既往截然不同的剧变中的社会，各种思潮学说流派纷呈，重塑社会价值标准与实施道德教育异常艰难繁重。离开宗教信仰和道德伦理，如何使人们的思维言行保持自尊自律，成为一大难题。其二，在社会剧烈变化与快速发展的进程中，中国文化能否摆脱劫尽变穷的宿命，把握协调继承与扬弃的关系，实现尽力吸收外来文化与不忘本来民族地位相辅相成的转型，使之绵延永续，再创辉煌？中西新旧文化的兼容并蓄决非朝夕可以完成，中国传统文化的精义是否应该保存以及怎样保存，这一千钧重担显然不能仅仅由学堂教育来承担。况且，虽然近代以来国人提出过各种各样的准则甚而尝试，其中不乏高瞻远瞩，但实行与推广仍然屡屡难以如愿——因为近现代中国社会变动异常剧烈，重塑新道德从原则到可行之间，空间太大。标准与眼界不同，取舍各异，令人无所适从。要想在学习先进的同时不迷失自我，保持中国传统文化的精髓又能与时俱进，依然任重而道远。

---

① 张维著、王希隆主编《还读我书楼文存》，第64页。

参考文献

档案文献

北京市档案馆藏：北平市教育局全宗

中国第一历史档案馆藏：宫中档朱批奏折全宗

中国第一历史档案馆藏：会议政务处全宗

中国第一历史档案馆藏：军机处录副奏折全宗

中国第一历史档案馆藏：军机处全宗

中国第一历史档案馆藏：赵尔巽全宗

陈宝琛等撰《大清德宗景皇帝实录》，中华书局，1987。

陈宝琛等撰《清宣统政纪实录》，中华书局，1987。

《大清法规大全续编》，政学社，清末石印本。

光绪朝《钦定大清会典》，1899 年石印本。

刘锦藻编《清朝续文献通考》，浙江古籍出版社，1988。

马端临：《文献通考》，中华书局，2006。

乾隆官修《清朝通典》，浙江古籍出版社，2000。

乾隆官修《清朝文献通考》，浙江古籍出版社，2000。

商务印书馆编译所编《大清光绪新法令》，商务印书馆，1910。

商务印书馆编译所编《大清教育新法令》，商务印书馆，1910。

商务印书馆编译所编《大清宣统新法令》，商务印书馆，1910。

沈桐生等辑《光绪政要》，宣统元年崇义堂刻，江苏广陵古籍刻印社，1991年影印本。

台北“故宫博物院”编《宫中档光绪朝奏折》，1973～1975年（据光绪朝武英殿本）印行。

学部总务司编《学部奏咨辑要》，1909。

《谕折汇存》，撷华书局，1908年铅印本。

赵尔巽等撰《清史稿》，中华书局，1998。

中国第一历史档案馆编《光绪朝上谕档》第21～34册，广西师范大学出版社，1996。

中国第一历史档案馆编《光绪朝朱批奏折》第1、19辑，中华书局，1995。

中国第一历史档案馆编《乾隆朝上谕档》，广西师范大学出版社，2008。

中国第一历史档案馆编《宣统朝上谕档》第35～37册，广西师范大学出版社，1996。

朱寿朋编《光绪朝东华录》，张静庐等校点，中华书局，1958。

资料集

北京大学校史研究室编《北京大学史料》，北京大学出版社，1993。

陈弢辑《同治中兴京外奏议约编》，上海书店，1985。

陈学恂、田正平编《中国近代教育史资料汇编·留学教育》，上海教育出版社，1991。

故宫博物院明清档案部编《清末筹备立宪档案史料》，中华书局，1979。

国家档案局明清档案馆编《戊戌变法档案史料》，中华书局，1958。

李桂林等编《中国近代教育史资料汇编·普通教育》，上海教育出版社，1995。

刘真主编、王焕琛编著《留学教育——中国留学教育史料》，台北："国立编译馆"，1980。

钱实甫编《清代职官年表》，中华书局，1980。

清华大学历史系编《戊戌变法文献资料系日》，上海书店出版社，1998。

璩鑫圭、唐良炎编《中国近代教育史资料汇编·学制演变》，上海教育出版社，1991。

璩鑫圭、童富勇编《中国近代教育史资料汇编·教育思想》，上海教育出版社，1997。

璩鑫圭等编《中国近代教育史资料汇编·实业教育师范教育》，上海教育出版社，1994。

盛康辑《皇朝经世文编续编》，沈云龙主编《近代中国史料丛刊》第84辑之833，台北：文海出版社，1972。

舒新城编《近代中国教育史料》，《民国丛书》第2编第46册，据中华书局1933年版影印，上海书店出版社，1990。

王延熙、王树敏辑《皇清道咸同光奏议》，沈云龙主编《近代中国史料丛刊》第34辑之331，台北：文海出版社，1968。

武汉大学历史系中国近代史教研室编《辛亥革命在湖北史料选辑》，湖北人民出版社，1981。

《宪政最新搢绅全书》第1~3册，宣统己酉京都荣宝斋刊。

杨凤藻：《皇朝经世文新编续集》，台北：文海出版社，1972。

张静庐辑注《中国现代出版史料》甲编，中华书局，1954。

中国人民大学清史研究所编《清史编年》第12卷，中国人民大学出版社，2000。

中国史学会主编《中国近代史资料丛刊·戊戌变法》第2册，上海人民出版社、上海书店出版社，2000。

中国史学会主编《中国近代史资料丛刊·洋务运动》第2册，上海人民出版社、上海书店出版社，2000。

中国史学会主编《中国近代史资料丛刊·义和团》第1~3册，上海人民出版社、上海书店出版社，2000。

中华民国教育部编《第一次中国教育年鉴》，开明书店，1934。

朱有瓛主编《中国近代学制史料》，华东师范大学出版社，1987。

文集　年谱　方志

蔡尚思、方行编《谭嗣同全集》（增订本）上册，中华书局，1981。

陈夔龙：《庸龛尚书奏议》，沈云龙主编《近代中国史料丛刊》第51辑之507，台北：文海出版社1970。

陈美延编《陈寅恪诗集》，生活·读书·新知三联书店，2001。

陈其栋修《云南省宣威县志稿》，《中国方志丛书·第卅四号》，据民国23年铅印本影印，台北：成文出版社，1967。

陈善伟编著《唐才常年谱长编》，香港中文大学出版社，1990。

丁文江、赵丰田编《梁启超年谱长编》，上海人民出版社，1983。

樊增祥：《樊山政书》，那思陆、孙家红点校，中华书局，2007。

冯桂芬：《校邠庐抗议》，上海书店出版社，2002。

凤冈及门弟子谨编《民国梁燕孙先生士诒年谱》，台北：台湾商务印书馆，1978。

甘韩：《皇朝经世文新编续集》，台北：文海出版社，1972。

顾廷龙、戴逸主编《李鸿章全集》，安徽教育出版社，2008。

顾廷龙编《王同愈集》，上海古籍出版社，1998。

顾廷龙主编《清代朱卷集成》，台北：成文出版社，1992年影印本。

〔英〕赫德：《这些从秦国来——中国问题论集》，叶凤美译，天津古籍出版社，2005。

胡翯羽纂《贵州省三合县志略》，《中国方志丛书·第一五五号》，据民国29年铅印本影印，台北：成文出版社，1968。

胡钧撰《张文襄公（之洞）年谱》，沈云龙主编《近代中国史料丛刊》第5辑之047，台北：文海出版社，1967。

胡珠生编《温州文献丛书·东瓯三先生集补编》，上海社会科学院出版社，2005。

湖南省哲学社会科学研究所编《唐才常集》，中华书局，1980。

江钟岷修、陈廷棻纂《贵州省平壩县志》，《中国方志丛书·华南地方·第二七九号》，据民国21年铅印本影印，台北：成文出版社，1974。

蒋永敬编著《民国胡展堂先生汉民年谱》，台北：台湾商务印书馆，1987。

雷瑨编《中外策问大观》，光绪癸卯仲春砚耕山庄石印本。

李席纂《河北省晋县乡土志》，《中国方志丛书·华北地方·第一五九号》，据民国17年抄本影印，台北：成文出版社，1968。

梁启超：《饮冰室合集》，中华书局，1989。

廖一中等整理《袁世凯奏议》（上、中、下），天津古籍出版社，1987。

刘汝骥：《陶甓公牍》，安徽印刷局1911年校印本。

《民国杭州府志》，《中国地方志集成·浙江府县志辑一》，上海书店出版社，1993。

孙延钊撰《温州文献丛书·孙衣言孙诒让父子年谱》，上海社会科学院出版社，2003。

汤志钧编《康有为政论集》，中华书局，1981。

陶模：《陶勤肃公奏议遗稿》，沈云龙主编《近代中国史料丛刊》第45辑之441，台北：文海出版社，1970。

汪叔子、张求会编《陈宝箴集》，中华书局，2003。

汪叔子编《文廷式集》，中华书局，1993。

王栻主编《严复集》，中华书局，1986。

王韬：《韬园尺牍》，中华书局，1959。

王韬：《韬园文录外编》，中华书局，1959。

吴汝纶：《吴汝纶全集》，施培毅、徐寿凯校点，黄山书社，2002。

夏东元编《郑观应集》，上海人民出版社，1982。

许宝蘅：《许宝蘅先生文稿》，中国书籍出版社，1995。

许同莘编《张文襄公年谱》，商务印书馆，1946。

严修自订、高凌雯补、严仁曾增编《严修年谱》，齐鲁书社，1990。

杨恺龄撰编《民国吴稚晖先生敬恒年谱》，台北：台湾商务印书馆，1987。

叶觉迈修、陈伯陶纂《广东省东莞县志》，《中国方志丛书·第五十二号》，据民国10年铅印本影印，台北：成文出版社，1967。

奕䜣：《乐道堂文抄·自序》，沈云龙主编《近代中国史料丛刊续编》第32辑之311，台北：文海出版社，1976。

俞天舒编《温州文献丛书·黄体芳集》，上海社会科学院出版社，

2004。

苑书义等主编《张之洞全集》，河北人民出版社，1998。

恽毓鼎：《恽毓鼎澄斋奏稿》，史晓风整理，浙江古籍出版社，2007。

张集馨：《道咸宦海见闻录》，中华书局，1981。

张謇研究中心、南通市图书馆编《张謇全集》，江苏古籍出版社，1994。

张居正：《张太岳集》，上海古籍出版社，1984。

张廷玉：《澄怀园文存》，沈云龙主编《近代中国史料丛刊》第52辑之516，台北：文海出版社，1970。

张维著、王希隆主编《还读我书楼文存》，生活·读书·新知三联书店，2010。

张文伯编《民国张怀九先生知本年谱》，台北：台湾商务印书馆，1980。

张宪文辑《孙诒让遗文辑存》，浙江人民出版社，1990。

中国科学院历史所第三所主编《锡良遗稿·奏稿》，中华书局，1959。

中国科学院历史研究所第三所主编《刘坤一遗集》，中华书局，1959。

周馥：《秋浦周尚书（玉山）全集》，沈云龙主编《近代中国史料丛刊》第9辑之082，台北：文海出版社，1967。

朱一新：《京师坊巷志稿》，北京古籍出版社，1982。

书信　日记　笔记　回忆录

包天笑：《钏影楼回忆录》，中国大百科全书出版社，2008。

陈康祺撰《郎潜纪闻初笔、二笔、三笔》，中华书局，1997。

澹庵撰《癸卯汴试日记》，李德龙、俞冰主编《历代日记丛钞》第154册，学苑出版社，2006。

辜鸿铭、孟森等：《清代野史》第4卷，巴蜀书社，1998。

郭嵩焘：《郭嵩焘日记》，湖南人民出版社，1983。

何刚德：《春明梦录·客座偶谈》，上海古籍书店，1983。

继昌：《行素斋杂记》，上海书店，1984。

康有为：《我史》，江苏人民出版社，1999。

李燧、李宏龄：《晋游日记·同舟忠告·山西票商成败记》，山西人民出版社，1989。

刘大鹏：《退想斋日记》，乔志强标注，山西人民出版社，1990。

陆保璿辑《满清稗史》，汪庆祺、汪德轩校订，沈云龙主编《近代中国史料丛刊》第53辑之523，台北：文海出版社，1967。

《鹿传霖日记》，《文物春秋》1992年第2期。

吕珮芬：《湘轺日记》《特科纪事》，李德龙、俞冰主编《历代日记丛钞》第154册，学苑出版社，2006。

皮锡瑞：《师伏堂日记》，国家图书馆出版社，2009。

清华大学历史系编《戊戌变法文献资料系日》，上海书店出版社，1998。

邱琮玉：《青社琐记》，清末抄本，青州图书馆藏。

《瞿鸿禨朋僚书牍选》（上），《近代史资料》第108号，中国社会科学出版社，2004。

荣孟源、章伯锋主编《近代稗海》第1辑，四川人民出版社，1985。

上海图书馆编《汪康年师友书札》，上海古籍出版社，1986。

孙宝瑄：《忘山庐日记》，上海古籍出版社，1983。

王尔敏、吴伦霓霞主编《盛宣怀实业朋僚函稿》，香港中文大学中国文化研究所，1997。

王闿运:《湘绮楼日记》,岳麓书社,1997。

王庆云:《石渠余记》,沈云龙主编《近代中国史料丛刊》第8辑之075,台北:文海出版社,1970。

王锡彤:《抑斋自述》,郑永福、吕美颐点注,河南大学出版社,2001。

王振声:《心清室日记》,李德龙、俞冰主编《历代日记丛钞》第152册,学苑出版社,2006。

吴汝纶:《吴汝纶尺牍》,徐寿凯、施培毅校点,黄山书社,1990。

谢兴尧整理、点校《荣庆日记》,西北大学出版社,1986。

《徐世昌日记》(未刊本)。

许恪儒整理《许宝蘅日记》,中华书局,2010。

颜惠庆:《颜惠庆自传——一位民国元老的历史记忆》,吴建雍等译,商务印书馆,2003。

姚锡光:《姚锡光江鄂日记(外二种)》,中华书局,2010。

由云龙:《北征日记》,《尚志》第2卷第7号。

于荫霖:《悚斋日记》,沈云龙主编《近代中国史料丛刊》第23辑之224,台北:文海出版社,1972。

袁世凯著、骆宝善评《骆宝善评点袁世凯函牍》,岳麓书社,2005。

恽毓鼎著、史晓风整理《恽毓鼎澄斋日记》,浙江古籍出版社,2004。

张守中编《张人骏家书日记》,中国文史出版社,1993。

张一麐:《心太平室集》,台北:文海出版社,1966。

张㭎撰、俞雄选编《张㭎日记》,上海社会科学院出版社,2003。

章伯锋、顾亚主编《近代稗海》第11辑,四川人民出版社,1988。

中国历史博物馆编《郑孝胥日记》，劳祖德整理，中华书局，1993。

钟毓龙：《科场回忆录》，浙江古籍出版社，1987。

朱德裳：《癸卯日记》，《湖南历史资料》总第10辑，湖南人民出版社，1980。

《朱峙三日记》（连载之二），中南地区辛亥革命史研究会、武昌辛亥革命研究中心编《辛亥革命史丛刊》第11辑，湖北人民出版社，2002。

《朱峙三日记》（连载之三），中南地区辛亥革命史研究会、武昌辛亥革命研究中心编《辛亥革命史丛刊》第12辑，湖北人民出版社，2005。

《朱峙三日记》（连载之一），中南地区辛亥革命史研究会、武昌辛亥革命研究中心编《辛亥革命史丛刊》第10辑，湖北人民出版社，1999。

报纸　杂志

《北洋官报》

《大公报》

《邸抄》

《东京朝日新闻》

《贵州教育官报》

《国民日日报》

《河南官报》

《湖北教育官报》

《华北杂志》

《汇报》

《岭东日报》
《鹭江报》
《内阁官报》
《清议报》
《申报》
《神州日报》
《盛京时报》
《时务报》
《顺天时报》
《台湾日日新报》(汉文)
《统计季报》
《万国公报》
《香港华字日报》
《湘学新报》
《新民丛报》
《选报》
《学部官报》
《政治官报》
《知新报》
《中华教育界》
《中外日报》

论著

白新良:《中国古代书院发展史》，天津大学出版社，1995。
曹树基:《中国人口史》，复旦大学出版社，2001。
陈东原:《中国科举时代之教育》，商务印书馆，1934。

程燎原：《清末法政人的世界》，法律出版社，2003。

邓洪波、高峰煜：《长江流域的书院》，湖北教育出版社，2004。

邓洪波：《中国书院史》，东方出版中心，2004。

邓嗣禹：《中国考试制度史》，考选委员会，1936。

方志钦主编《康梁与保皇会——谭良在美国所藏资料汇编》，天津古籍出版社，1997。

费正清编《剑桥中国晚清史（1800～1911）》，中国社会科学院历史研究编译室译，中国社会科学出版社，1985。

傅增湘：《清代殿试考略》，天津大公报社，1933。

关晓红：《晚清学部研究》，广东教育出版社，2000。

何怀宏：《选举社会及其终结——秦汉至晚清历史的一种社会学阐释》，三联书店，1998。

黄光亮：《清代科举制度之研究》，台北：嘉新水泥公司文化基金会，1976。

蒋纯焦：《一个阶层的消失——晚清以降塾师研究》，上海书店出版社，2007。

科文：《在中国发现历史——中国中心观在美国的兴起》，林同奇译，中华书局，2002。

李世愉：《清代科举制度考辩》，沈阳出版社，2005。

李细珠：《张之洞与清末新政研究》，上海书店出版社，2003。

刘海峰：《科举考试的教育视角》，湖北教育出版社，1996。

刘兆璸：《清代科举》，台北：三民书局，1975。

罗志田：《权势转移——近代中国的思想、社会与学术》，湖北人民出版社，1999。

罗兹曼主编《中国的现代化》，陶骅等译，上海人民出版社，1989。

钱穆：《中国历代政治得失》，生活·读书·新知三联书店，

2001。

任爽：《唐朝典章制度》，吉林文史出版社，2001。

桑兵：《晚清学堂学生与社会变迁》，学林出版社，1995。

商衍鎏：《清代科举考试述录》（2003 年增补），百花文艺出版社，2004。

商衍鎏：《清代科举考试述录》，生活·读书·新知三联书店，1958。

苏云峰：《中国现代化的区域研究：湖北省（1860～1916）》，《中央研究院近代史研究所专刊》（41），台北：中研院近代史研究所，1981。

汪小洋、孔庆茂：《科举文体研究》，天津古籍出版社，2005。

王炳照、徐勇主编《中国科举制度研究》，河北人民出版社，2002。

王德昭：《清代科举制度》，中华书局，1984。

王戎笙：《科举制度在清代从鼎盛走向衰亡》，陈捷先、成崇德等主编《清史论集》下册，人民出版社，2006。

王树槐：《中国现代化的区域研究：江苏省（1860～1916）》，《中央研究院近代史研究所专刊》（48），台北：中研院近代史研究所，1984。

王先明：《近代绅士——一个封建阶层的历史命运》，天津人民出版社，1997。

王先明：《中国近代社会文化史论》，人民出版社，2000。

吴仰湘：《通经致用一代师——皮锡瑞生平和思想研究》，岳麓书社，2002。

谢国兴：《中国现代化的区域研究：安徽省（1860～1937）》，《中央研究院近代史研究所专刊》（64），台北：中研院近代史研究所，1991。

徐茂明：《江南士绅与江南社会（1368～1911年）》，商务印书馆，2004。

杨念群：《儒学地域化的近代形态：三大知识群体互动的比较研究》，生活·读书·新知三联书店，1997。

杨齐福：《科举制度与近代文化》，人民出版社，2003。

杨天宏：《中国的近代转型与传统制约》，贵州人民出版社，2000。

应星：《社会支配关系与科场场域的变迁——1985～1913年的湖南社会》，杨念群主编《空间·记忆·社会转型——“新社会史”研究论文精选集》，上海人民出版社，2001。

张朋园：《中国现代化的区域研究：湖南省（1860～1916）》，《中央研究院近代史研究所专刊》（46），台北：中研院近代史研究所，1983。

张希清：《中国科举考试制度》，吴宗国审定，新华出版社，1993。

张亚群：《科举革废与近代中国高等教育的转型》，华中师范大学出版社，2005。

张亚群：《科举革废与近代中国高等教育的转型》，华中师范大学出版社，2005。

张玉法：《中国现代化的区域研究：山东省（1860～1916）》，《中央研究院近代史研究所专刊》（43），台北：中研院近代史研究所，1987。

张仲礼：《中国绅士：关于其在19世纪中国社会中作用的研究》，李荣昌译，上海社会科学院出版社，1991。

张仲礼：《中国绅士的收入》，费成康、王寅通译，上海社会科学院出版社，2001。

阿部洋『中国近代学校史研究——清末における近代学校制度の

成立過程』、福村出版社、1983。

市古宙三『近代中国の政治と社会』、東京大学出版会、1971。

Benjamin Elman & Alexander Woodside, eds. , *Education and Society in Late Imperial China* : *1600 – 1900*, Berkeley : University of California Press , 1994.

Benjamin Elman, *A Cultural History of Civil Examinations in Late Imperial China* , Berkeley, C. A. , 2000.

Marianne Bastid, *Educational Reform in Early Twentieth - Century China*, Translated by Paul J . Bailey, Ann Arbor: Center for Chinese Studies, The University of Michigan, 1988.

William Ayers, *Chang Chih – tung and Education Reform in Ching* , Cambridge, Mass. : Harvard University Press, 1971.

Wolfgang Franke, *The Reform and Abolition of the Traditional Chinese Examination System*, Cambridge, Mass. : Harvard University Press , 1960.

论文

安东强：《清代学政沿革与皇朝体制》，博士学位论文，中山大学，2010。

陈燕平：《从〈申报〉看晚清学堂风潮（1905～1911）——以江浙为中心的考察》，本科学位论文，中山大学，2010。

戴逸、孔祥吉：《荣庆其人与〈荣庆日记〉》，《清史研究通讯》1987年第3期。

干春松：《科举制的衰落和制度化儒家的解体》，《中国社会科学》2002年第2期。

葛天：《清末陕西新政研究》，硕士学位论文，西北大学，2009。

关晓红：《科举停废与清末政情》，《中国社会科学》2004 年第 3 期。

关晓红：《张之洞与晚清学部》，《历史研究》2000 年第 3 期。

关晓红：《种瓜得豆：清季外官改制的舆论及方案选择》，《近代史研究》2007 年第 6 期

郭友琪：《入仕的新径与旧途—论科举废除后清政府对旧士人的再安排》，《广西梧州师范高等专科学校学报》2006 年第 3 期。

黄景声：《清代考试制度》，硕士学位论文，香港珠海书院，1979。

姜新：《评清末民初的留学生归国考试》，《史学月刊》2005 年第 12 期。

李涛：《“失去重心的传统”——略论清季科举制度废除的社会影响》，《浙江省委党校学报》2002 年第 4 期。

李细珠：《张之洞与〈江楚会奏变法三折〉》，《历史研究》2002 年第 2 期。

李志茗：《科举制度之废除及其后果——兼析科举制度的合理内核》，《华东师范大学学报》2002 年第 4 期。

刘佰合、蒋保：《科举制度的废除与社会整合的弱化》，《安徽史学》2000 年第 3 期

刘海峰：《外来势力与科举革废》，《学术月刊》2005 年第 11 期。

刘海峰：《中国科举史上的最后一榜进士》，《厦门大学学报》（哲学社会科学版）2004 年第 4 期。

刘海峰：《中国科举史上的最后一科乡试》，《厦门大学学报》（哲学社会科学版）2003 年第 5 期。

刘龙心：《从科举到学堂：策论与晚清知识转型（1901～1905 年）》，《中央研究院近代史研究所集刊》第 58 期，2007 年 12 月。

刘绍春：《晚清科举制的改革与废除》，《社会科学辑刊》2001 年

第5期。

罗荣渠：《中国早期现代化的延误——一项比较现代化研究》，《近代史研究》1991年第1期。

罗志田：《科举制的废除与四民社会的解体——一个内地乡绅眼中的近代社会变迁》，（新竹）《清华学报》新25卷4期，1995年12月。

罗志田：《清季科举制改革的社会影响》，《中国社会科学》1998年第4期。

吕玉新：《清末民初仕进途径略论》，硕士学位论文，复旦大学，2004。

马勇：《从废八股到改科举：以1898年的争论为中心》，《商丘师范学院学报》2005年第1期。

皮德勇：《废科举前后关于旧有举贡生员出路初探》，《上饶师范学院学报》，2005年第1期。

沈洁：《废科举后清末乡村学务中的权势转移》，《史学月刊》2004年第9期。

田澍：《科举的利弊及清朝废除科举的教训》，《西北师大学报》（社会科学版）2005年第1期。

王莹莹：《清末科举制的废除与知识分子的出路》，《文史杂志》2002年第2期。

王跃进：《论科举制的废除对晚清应试文人的影响》，《南京化工大学学报》（哲学社会科学版）2001年第4期。

肖宗志：《政府行为与废科举后举贡生员的出路问题》，《北方论丛》2005年第2期。

萧功秦：《从科举制度的废除看近代以来的文化断裂》，《战略与管理》1996年第4期。

徐辉：《废除科举制与中国社会的现代转型》，《厦门大学学报》

（哲学社会科学版）2003年第5期。

杨齐福、吴敏霞：《近代新教育在废科举后发展取向的偏差》，《福建师范大学学报》（哲学社会科学版）2001年第2期。

张华腾：《袁世凯与千年科举制度的废除》，《安阳师范学院学报》1999年第3期。

张晓东：《废除科举后清朝文官录用的专业化和技术化》，《临沂师范学院学报》2001年第1期。

张昭军：《科举制度改废与清末十年士人阶层的分流》，《史学月刊》2008年第1期。

章清：《“策问”中的“历史”——晚清中国“历史记忆”延续的一个侧面》，《复旦学报》（社会科学版）2005年第5期。

赵利栋：《1905年前后的科举废止、学堂与士绅阶层》，《商丘师范学院学报》2005年第1期。

周振鹤：《官绅新一轮默契的成立——论清末的废科举兴学堂的社会文化背景》，《复旦学报》（社会科学版）1998年第4期。

朱贞：《清季民初的学制、学堂与经学》，博士学位论文，中山大学，2012。

祝安顺：《从张之洞、吴汝纶经学课程观看清末儒学传统的中断》，《孔子研究》2003年第1期。

左松涛：《“闹塾”与“毁学”：晚清民国的私塾与学堂之争》，博士学位论文，中山大学，2006。

左玉河：《论清季学堂奖励出身制》，《近代史研究》2008年第4期。

索　引

A

B

C

D

E

F

G

H

J

K

L

N

P

Q

R

S

T

W

X

Y

Z

后　　记

自2003年3月确定该选题始，本书的准备和写作修改已近10年，交稿前，依然彷徨踌躇——对于一个维系千年、终结后的百多年间仍众说纷纭的制度而言，仍有许多问题与疑惑盘桓其中。限于篇幅，不少问题只能留待今后展开，而相关的若干重要部分，例如私塾、学政、学堂读经、礼部裁改等，已分别由本系博士生作为学位论文的选题继续深入。是故本书只是迄今个人对于选题研究的阶段性小结。所做努力，不过是循着前贤足迹，尝试通过搜集历史残破与零散的碎片，细致梳理晚清议改科举的背景与过程，竭力将科举停废置于晚清社会剧烈变动的整体下考察，着重澄清改科举至停科举决策的酝酿、跳跃的原因，以及善后措施的落实和反馈，以期深入了解这一决策对近代中国社会在宏观与微观方面的真实影响。

本书题目颇费思量。“停废科举”原本是时人与今人熟悉习惯的词语，却与袁世凯等六督抚奏章的原意，以及清廷决策并颁发诏令的意向并不相符。鸦片战后至1905年的半个多世纪，科举改革实际经历了纳学堂于科举及纳科举于学堂两个截然不同的阶段。就通过考试取士抡才，以期“学而优则仕”而言，科举迄今未废。立停的只是清代科举童试、乡会试与朝考的形式，频繁的考试并非“科举余毒”，而是科举在学堂里延续的方式，即在所谓公平客观的考试标准下拔优黜劣。然而，在某种意义上，即以四书五经的儒家圣典来辨析选才、拔擢“通才”方面，科举又的确被彻底废除了——以“专才”取代“通才”，强调“做事”才干而忽略“做人”的根本，成为后科举时代的通病。轻视文科课程、鄙夷人文教育，正是体用分裂的恶果。修齐治平这一“士”安身立命之准则，则多被抛弃，导致清末民初的国民教育难以真正教育出有理想、有道德的“国民”，更无法培养与选拔出有良好操守与道德约束的官吏。就此而言，科举终结的同时，文以载道而沉淀在传统文化中的不少精髓，被奉实用主义为圭臬者毫不吝惜地废除了。百年以来，社会价值判断与道德规范重新塑造的问题，严峻而急迫。

本书写作过程中，我因罹遇车祸坐立困难，幸有丈夫、父母和弟妹关怀照顾，安东强、朱贞、吴昱博士与叶倩莹、廖志伟、张文苑、姜帆等同学，好友苏丽贤、周顺坤帮我解决了不少实际困难，在读博硕士生们均在精神上给予我支持鼓励；冉献立、邓锦春、罗先福医生坚持不懈的针刀治疗，使我基本康复。承蒙桑兵、罗志田、狭间直树、村田雄二郎、石川祯浩、高嶋航、袁广泉、汪荣祖、潘光哲、王汎森、陈以爱、章清、刘海峰、杨齐福等教授给予的提示帮助，徐思彦编审的鼓励，特别致谢！书稿完成后，朱贞博士帮我认真地校对了书稿，纠错正谬，感动之余十分汗颜。因本书稿评奖后出版易主，对三联书店的宽容理解，一并致谢！学海无涯，因精力和学识所限，本专题的研究及资料或仍有手眼未及之处，不少问题还有待今后进一步深入，就此而言，此书作为本专题研究的阶段小结，仅是新一轮研究的开始而绝非结束。

2012 年 12 月 9 日于广州蓝色康园

再版后记

本书初版四年来，十分荣幸地得到来自各方的肯定与鼓励。社会科学文献出版社拟将拙著列入社科文献学术文库，给予我一次重新审视与校勘本书内容的难得机会。在本书基本内容与结构未更动的前提下，个别问题（如朝考授职、余论部分的中西体用等）吸取了自己最新研究的成果，个别表述与注释亦更多考虑到读者的理解而予以完善，增补内容提要，则概括了本书的主要学术进展。

我的博士生徐铮帮助翻译了此书再版的英文提要，本系桑兵教授、吴义雄教授、教研室古小水主任、安东强副教授、赖雪枫、张文苑老师，均在我身体多病之时予以理解、关怀与帮助，社会科学文献出版社徐思彦编审、宋荣欣编辑为本书再版付出辛勤劳动，在本书入选国家哲学社会科学成果文库以及各项评奖过程中，那些迄今我仍不知晓的匿名专家在评议此书时给予肯定，在此谨致谢忱。

2017 年 5 月 26 日于广州怡雅斋

图书在版编目（CIP）数据

科举停废与近代中国社会／关晓红著．--修订本
．--北京：社会科学文献出版社，2017.11（2024.7 重印）
（社科文献学术文库．文史哲研究系列）
ISBN 978-7-5201-0995-6

Ⅰ．①科… Ⅱ．①关… Ⅲ．①科举制度-研究-中国-清后期 Ⅳ．①D691.352

中国版本图书馆 CIP 数据核字（2017）第 149311 号

社科文献学术文库·文史哲研究系列
科举停废与近代中国社会（修订版）

著　　者／关晓红

出 版 人／冀祥德
项目统筹／宋荣欣
责任编辑／梁艳玲　智　烁
责任印制／王京美

出　　版／社会科学文献出版社·历史学分社（010）59367256
地址：北京市北三环中路甲 29 号院华龙大厦　邮编：100029
网址：www.ssap.com.cn
发　　行／社会科学文献出版社（010）59367028
印　　装／三河市东方印刷有限公司

规　　格／开　本：787mm×1092mm　1/16
印　张：29.5　字　数：388 千字
版　　次／2017 年 11 月第 1 版　2024 年 7 月第 3 次印刷
书　　号／ISBN 978-7-5201-0995-6
定　　价／168.00 元

读者服务电话：4008918866